中西认识论视域融合之思

ZHONGXI RENSHILUN SHIYU RONGHE ZHISI

喻承久◎著

人民出版社

目　录

导论　中西认识论融合何以可能 …… 1

一、审视"爱智慧" …… 1

二、对流行的关于"认识论"基本理念的反思 …… 23

三、认识的价值维度为何如此脆弱 …… 34

四、中西传统认识论融合何以可能 …… 39

第一章　ON与中西认识论的"分叉" …… 54

一、Ontology情结就是科学认识论情结 …… 55

二、西方传统认识论的基本特征 …… 61

三、中国传统认识论的基本特征 …… 71

第二章　中西视域融合的基础 …… 95

一、大生命观释义 …… 95

二、大生命观与"太和" …… 105

三、大生命观对认识活动的规约 …… 115

第三章　认识的目的 …… 124

一、认识境界与认识能力 …… 124

二、对流行的关于认识目的的反思 …… 130

三、认识外物与认识人自己 …… 133

第四章　认识的前提 …… 139
一、马克思对认识前提的基本主张 …… 139
二、"不依赖于人的客观实在"评析 …… 149
三、人的感性活动与实事求是 …… 160
四、生命庄严神圣之光对人的感性活动的照耀 …… 172

第五章　信仰与理性 …… 177
一、信仰 …… 178
二、理性 …… 186
三、信仰与理性的关系 …… 200

第六章　神话认识 …… 210
一、神话活动 …… 211
二、神话的认识特征 …… 217
三、神话认识与其他认识形式的关系 …… 226

第七章　日常认识 …… 233
一、日常活动 …… 233
二、日常认识对神话认识的根本变革及其现存性特征 …… 235
三、日常认识的形式、形态、主要问题 …… 246

第八章　科学认识 …… 252
一、科学活动 …… 252
二、科学认识对日常认识的扬弃及其抽象实在性特征 …… 257
三、科学认识过程 …… 261
四、科学认识的思维方法 …… 269

第九章　价值认识 …… 277
一、价值认识作为认识形式的必然性 …… 277
二、价值互主客体 …… 279
三、价值认识的基本途径——评价 …… 290

第十章　审美认识 …… 302
一、审美认识的本质 …… 302
二、美感的基本类型:阳刚与阴柔 …… 314
三、审美认识的诗性特征 …… 334
四、审美认识中真理的主体性 …… 343

第十一章　真理 …… 352
一、对几种主要的真理观的评析 …… 352
二、有机真理 …… 373

参考文献 …… 385

后记 …… 389

导 论

中西认识论融合何以可能

中西认识论融合何以可能这一命题,包含着连锁反应的问题:中国传统哲学有没有认识论?如果没有,就根本谈不上所谓融合;如果有,它是否够"资格"与西方认识论对话?因此,这首先是一个为中国传统认识论的合法性辩护、为它能够同西方认识论进行对话而进行"资格论证"的问题。欲论证中国传统哲学中有认识论并且有"资格"同西方传统认识论对话,又必须先行厘清什么是认识论这样一个基础性问题。欲厘清什么是认识论,又必须对人们早已有极高共识度、不假思索地便以西方传统认识论为认识论的唯一合法性标志这样一个深深的成见进行审视。欲审视这个深深的成见,又不得不对西方的"爱智慧"传统来一番考察。显然,这是一个很艰苦的、具有拨乱反正性质和意义的学术创新事业。它所形成的成果,必然具有新的风貌。

一、审视"爱智慧"

西方哲学起源于希腊,希腊哲学孕育于希腊神话。希腊神话与中国传说很大的不同点,就是希腊神话是宇宙起源论的,而中国传说没有宇宙起源论(盘古的故事从印度传来,即使有盘古,他也不是创世神,因为盘古在开天辟地之前,混沌中已具备了质料)。希腊神话以猜测的形式认识着宇宙的发生发展过程,这给最初的希腊哲学以深刻的影响。马克思说过,哲学最初在意识的宗教形式中形成,从而一方面它消灭宗教本身,另一方面从它的积极内容说来,它自己还只在这个理想化的、化为思想的宗教领域内活动。其所以消灭了宗教,是因为哲学不再以信仰或幻想的方式,而是以理性的方式思考宇宙起源和本质。这意味着希腊人已经背离了只靠原始神话思维所留下的遗产勾勒宇宙图景的致思方式，要从经验事实中归纳出宇宙图景。其所以还在宗教领域内活动，是因为最初的哲学家仍然采用“神”作为哲学的核心概念。

中外学界普遍认为，自柏拉图、亚里士多德起，西方哲学就背离了早期希腊哲人规定的“爱智慧”的路径，走上了“研究世界最普遍规律”这一“科学的科学”的知识论歧途。海德格尔力图发掘最早的希腊哲人之“爱智慧”的“真谛”，找到西方哲学旨趣的本原所在，以廓清西人治哲学的千年迷雾。他的努力在当今人类思想界产生了极大的影响。于是，一种重新认识“爱智慧”的思绪一发不可收拾。人们对海德格尔的理路怀有的普遍的心理是，似乎只有“回归爱智慧”，才是拯救哲学的“良方”。但是，笔者发现一个简单的事实：人们不怀疑“爱智慧”同对人类进行终极关怀的哲学“应当如此”的本旨之间到底有没有隔障，也不思考“爱智慧”与西方已然形成传统的“科学的科学”的“知识论的认识论”之间，到底有没有内在的必然联系，只是一味地依据现代人对哲学的理解，来诠释智慧和爱智慧。一些人又以这样的溢美性诠释为“蓝本”，去道说“爱智慧”，结果积弊甚深。笔者认真地反省了“爱智慧”，认为它同“揭示世界最一般规律”的路向并无实质性的差别，甚至可以说后者是前者合乎逻辑的发展。

讨论“爱智慧”这个问题首先要有一个共同的前提，这个前提其实相当简单，那就是“类存在”的最高需求。人类无论生活在西方还是东方，都不能不思考“终极”问题，这就是“类存在”的最高需求。西方人思考“世界的始基”、“是”、“真理”、“美德”、“幸福”、“自由”等等问题，从西方人的主观愿望看，是为了满足“类存在”的最高需求；同样，中国人思考“天道”、“人道”、“仁”、“义”、“性”、“诚”等等问题，从中国人的主观愿望看，也是为了满足“类存在”的最高需求。中国人把这种关于“终极”问题的思考称做“体道”、“妙道”等，而最初的希腊思想家把它叫做“爱智慧”。

现在，中国和西方都把对“终极”问题的思索叫做“哲学”，但这至少对中国思想传统来说，根本上是一个错误，但又是一个明知道错了还不得不犯下去的无奈之举。说它是个错误，是因为“哲学”这个舶来品还是从日本贩回的，称“聪明学”已然不符合希腊“爱智慧”之意，况且“爱智慧”中的“智慧”，有西方特定的理解，与中国的“悟道”、“体道”不是一回事。

吴寿彭先生在翻译《形而上学》时，对“智慧”有过详细考察。他说：

> “智慧”(σοφὶα)一字出自伊雄语，其要义有三：(1)一般聪明与谨慎，(2)敏于技艺，(3)学问与智慧。其后在学术方面分别了小巧与大智，遂以此字专主大智。其初尝以σοφ όζ(智人)专称毕达哥拉斯。迨诡辩者滥用机巧小慧，为人所鄙薄，遂另以φιλ όσοφοζ(爱智者[哲学家])别于σοφιστήζ(诡辩家[智者])，以φιλοσοφία(哲学)别于σοφιστιχὴ(诡辩术[智术])。①

从这个注释可见，“智慧”的对立面是滥用机巧小慧的诡辩，而与科学知识是一回事。可以这样理解：懂得很多很高深的知识，那就是智慧。

泰勒斯的一首诗中，出现了“智慧”这个词，这吐露出希腊人最早关于智慧见解的信息：

> 多说话并不表示有才智。
> 去找出一件唯一智慧的东西吧，
> 去选择一件唯一美好的东西吧，
> 这样你就会箝住许多哓舌汉的嘴。……②

在这首诗里，中国古代思想家会同意其中关于“箝住许多饶舌汉的嘴”这一主张，因为中国思想家多主张多思慎言，但是不会同意关于“去找出一件唯一智慧的东西”，因为这意味着所思考的终极是“现存的”，所要做的事情只是把它“找出”。中国没有关于“现存的终极”这样的理念，“道”是走出来的，而不是现成的要我们“去找出”的东西。

西方人关于终极的“现存性意识”是根深蒂固的。真理、本质、规律等等都是现存的，绝对不变地在某物背后、在不依赖于人的意识而存在的某处所，要求人“去找出”，如果能够“找出一件唯一智慧的东西”，就成了有智慧的人。在泰勒斯头脑里，“智慧”是用来修饰“东西”的，即“智慧的东西”。“智慧的东西”具有唯一性，谁要是找出这样一件东西并能证明它是“一件唯一美好的东西”，谁就有“智慧”。泰勒斯抱着这样的识度找出“水”这样“一件唯一智慧的东西”，他开启了寻求终极实体的先河。

---

① [古希腊]亚里士多德：《形而上学》，吴寿彭译，商务印书馆1959年版，第4页(注释①)。

② 北京大学哲学系外国哲学史教研室编译：《古希腊罗马哲学》，商务印书馆1961年版，第3页。

据说"爱智慧"首先出自毕达哥拉斯。在他与弗琉斯的统治者雷翁对话中,为了澄清对方将他的"思想力"(姑且用这个词——引者注)理解为某种技艺的肤浅认识而使用了"爱智慧",并用一个比方解释了它:生活就像奥林匹亚赛会,聚集到这里来的人们抱有三种动机:一是参加竞赛以夺取荣誉的桂冠,二是来做买卖以牟利,三是单纯地做一名观察者。在生活里,有些人为的是名,有些人为的是利,只有少数人做了最好的选择,他们把自己的时间用来思考自然,做爱智慧的人。

从这个传说中可以看出:在毕达哥拉斯心目中,"爱智慧"就是一不为名、二不为利地醉心于"把自己的时间用来思考自然",探索其奥秘。十分明显,"爱智慧"就是一种纯粹自然科学家为其神圣的科学事业献身的崇高境界。

然而,毕达哥拉斯眼中的智慧,还不只是执著于"外求",根本的问题乃在于开启了"缘数以穷理"的探讨现存态的所谓"终极"的西方传统。毕达哥拉斯和他的学派提出了将事物归结于数的哲学与相应的思维方式,从而开启了用数学方法研究宇宙的路径。

哲学史上有一则由古代的塞克斯都·恩披里柯和扬布利科记载的故事,反映毕达哥拉斯从打铁发出的不同音响得到启迪,从而测定出不同音调间的数的关系:

音　程	比率
八音程	2:1
五音程	3:2
四音程	4:3

这则记载已然奠定了毕达哥拉斯在科学发展史上的地位,诚如伽莫夫所言:

> 这一发现大概是物理定律的第一次数学公式的表示,完全可以认为是今天所谓理论物理学的第一步。①

毕达哥拉斯的数学知识是从古代巴比伦那里学到的。但是,毕达哥拉斯在运用这些知识的指导思想上已经完全不同于古巴比伦人了。在古巴比

① 转引自汪子嵩、范明生、陈村富、姚介厚:《希腊哲学史》第一卷,人民出版社1997年版,第274页。

伦人(还有埃及人)那里,数学知识只是用以解决丈量土地面积这类实用性的问题,直接是解决现实生活问题的软工具。而在毕达哥拉斯那里,它们则是为了解决西方思想家心目中的终极问题的思想工具,是思辨地探讨世界本质这样的形而上问题的万能工具,竟至于被看成是世界的本原。这样,在古巴比伦人和古埃及人那里还是同现实生活联系紧密的数学知识,在希腊爱智者那里,就完全脱离了它们赖以产生的经验环境和内容,成为数自身,不但无须经验事实支撑,相反,经验事实却由它们构造。通过数与事物在思维中的分离,人在现实的认识活动中,不仅并没有丢掉任何实在的东西,反而使认识更明晰、更深刻。这个"奇迹"给了古代希腊人一个很深刻的体验,使他们牢固地树立起一个信念:形式比质料真实而能动。世界的本质是形式的而非质料的;形式是破译宇宙一切密码的万能钥匙。这在毕达哥拉斯哲学中是核心内容。可见,数学在希腊哲学家心目中的地位,远非一般技巧,而是足以引领人走进"绝对"、"永恒"等等的"神物",只要牢牢抓住数学这个"形式",就可以推演出"真理世界"。

有学者这样评说:

> ……这里的最关键处并非如一般哲学教科书上讲的,在于通过这些抽象,哲学家们可以从特殊达到普遍,或从变易的现象界上升到永恒的本质世界,而是在于纯数学的出现激发了这样一种信心,即通过"形式",人才可以达到事物本身、存在本身,才能进入一个可被理性切身理解的敞亮世界之中去。没有这种存在论意义上的开启力和演绎力,抽象化、形式化和体系化就只是叠床架屋之举而已。这种有改天换地之能的"形式"就是海德格尔所说的"技艺"(technē),或更严格地说,是由技艺衍生的"格式塔形状"和"缝隙"(Gefuege)……这种通过"形式"以及它的"概念"替身来处理终极问题或理解存在本身的做法最深切地塑造了整个传统西方哲学。①

西方形而上学之所以要确立一个抽象的概念作为最高的理论支点,乃在于学者的意识中关于纯形式的实在性以及纯形式构造万有的信念,如果没有这样的坚定信念,上述理论支点就确立不起来。而对于这个信念的形

---

① 张祥龙:《海德格尔思想与中国天道——终极视域的开启与交融》,三联书店 1996 年版,第 195—196 页。

成和巩固,毕达哥拉斯开辟的研究路径,起到了决定性的作用。

事实上,罗素也是这么看的,他指出:

> 毕达哥拉斯对数学的专心致志,促使我们发展随后将遇到的诸如理念论或共相的理论。当一个数学家证明一个关于三角形的命题时,它并不涉及他所说的画在某处的任何图形,而且所建立的命题是无保留地和永恒地是正确的。从这个观点达到可知的才是真实的、完美的和永恒的……这些是毕达哥拉斯主义的直接推论,以后一直支配着科学,又支配着哲学思维。①

把具体事物中的某种普遍性在思维中抽取出来独立地研究,其结果又具有普遍实用性,这种思维方式形成了西方那种执著于追究不可感本体的传统。但是,需要澄清的事实是,在毕达哥拉斯那里,还不能完全说是把"数"当成本体了,因为,把数作为世界本体,这是一个纯粹唯心主义的命题。据笔者看来,毕达哥拉斯所处的那个时代还不可能具有产生真正意义上的唯心主义的条件,如果把毕达哥拉斯的主张理解为"量"是世界的本体,这样的理解应该是比较合情合理的。这意味着,虽然毕达哥拉斯促进了真正形而上学的诞生,但在他自己,本质上还是同前人一样,属于寻找宇宙"始基"一路,实属自然科学家的原始先驱。

关于这一点,笔者早在1985年就指出来了:

> 毕达哥拉斯认为数目先于事物而存在,意为量先于质而存在,这当然是错的,然而这只是割裂了量与质的联系,并不是颠倒了二者的关系,因为,被颠倒了的真实关系只要再调过来就是真理,而如果针对"量先于质",反过来说"质先于量",仍然是谬误。明乎此,就更不能认为主张"量先于质"就是"陷入了唯心主义"。因为说"量先于质",绝不等于说"意识先于物质"……毕达哥拉斯则坚持了阿那克西曼德的道路,同时又吸取了阿那克西美尼哲学思想的合理因素。尤其是明确了量变引起质变的问题。认为不同数目构成不同事物,数目的增减引起事物的变化。不过却错误地认为数是第一性的。"数"概念的哲学意义不只在于用量的规定性说明事物的本质,更在于:他把世界看做按一定规定性运动。"数服从于一定的规律,同样,宇宙也是如此。于是

① [英]罗素:《西方的智慧》,世界知识出版社1992年版,第23页。

宇宙的规律性第一次被说出来了”（恩格斯语——引者注）。①

由此可见：第一，毕达哥拉斯心目中的“爱智慧”，是爱研究物理世界的终极构造，并且宣称“量”（他称为数）是世界的始基，这是自然科学的原始形态。第二，他心目中的“爱智慧”是一套独特的科学方法——数学方法。

赫拉克利特的残篇有十多处涉及“爱智慧”、“智慧”，是先苏格拉底哲学家残篇中涉及“智慧”最多的。具体内容：

第一，宣称智慧属于神不属于人，人即使有智慧，同神的智慧也不可同日而语。残篇第三十二：“智慧是唯一的，它既不愿意又愿意接受宙斯的称号”；“人类的本性没有智慧，只有神的本性才有”。② 这说的是神的智慧；而“最智慧的人同神相比，无论在智慧、美丽或其他方面，都像一只猴子”。

第二，指出神的智慧是“一”，人的智慧是承认“一”。他说：“那‘一’，那唯一的智慧，既愿意又不愿意接受宙斯这一称号”；“智慧是与一切事物有分别的东西”。就是说，神的智慧是“一”，即唯一、普遍、确定、产生、包容、主宰一切。人的智慧是承认“一”。他说：“如果你们不是听了我的话，而是听了我的道（译为‘逻各斯’较好——引者注），那么，承认‘一切是一’就是智慧的”；“思想是最大的优点，智慧就在于说出真理，并且按照自然行事，听自然的话”；“智慧只在于一件事，就是认识那善于驾驭一切的思想”。③

第三，认为就人而言，智慧既有赖于知识，又不等于知识。他指出：“爱智慧的人必须熟悉很多很多的东西”，但“博学并不能使人智慧”。

海德格尔满怀深情地开发“逻各斯”的原始含义，意在开启一个非现成的境界。但是，逻各斯的内容极其宽泛，现成的资料根本不足以说明赫拉克利特宣称的逻各斯明显具有海德格尔强调的意蕴。实际上，这个“逻各斯”既有开“研究世界的本质和最普遍规律”先河的可能，又有开启往后的现象学存在论的可能，但即使是后者，也还是概念式地面向事实本身，不同于中

① 喻承久：《也谈关于毕达哥拉斯哲学的性质问题》，《华中师范学院学报》1985年第2期。

② 汪子嵩、范明生、陈村富、姚介厚：《希腊哲学史》第一卷，人民出版社1997年版，第502页。

③ 北京大学哲学系外国哲学史教研室编译：《西方哲学原著选读》上卷，商务印书馆1982年版，第26页。

国思想那种“天人合一”的天然灵性。

赫拉克利特思想中那团永恒的活火，渐渐被爱利亚学派越来越强烈地追求现存的、绝对稳固的世界之基的理性的冰水所冷却。塞诺芬尼提出了“神”和“一”的理论。这个神是所有运动的原发推动者，而神自己是绝对不动的。神用不着花力气，而是以他的心灵的思想使万物活动。

> 神永远保持在同一个地方，根本不动，一会儿在这里一会儿在那里动来动去对他是不相宜的。①

可以把塞诺芬尼所认为的“神”合理地看成是他所思索的整个宇宙的本质，但这本质是现成性的、不动的。一个这样的不动的本质，造就了一个生生不息的现象界，这就是以后西方关于彰显着的世界和隐匿着的本质之绝对二分思绪的最初表达（事实上，当赫拉克利特说出那“一”的时候，是可以启发后人朝着这种绝对二分方向来思考问题的，不过，赫拉克利特本人并没有将“一”与现实世界分开，世界还是一团永恒的活火，活火是受逻各斯支配的活火，逻各斯是活火的逻各斯）。按照亚里士多德的说法，塞诺芬尼这个“一”已经与赫拉克利特说的“一”完全不同了。塞诺芬尼的“一”已然同物质世界分开，“根本不动”，万物是受这个“根本不动”的“一”支配着活动的。塞诺芬尼的“根本不动”的“一”，催生了后来形而上的“本体”。

塞诺芬尼的思想对巴门尼德具有开启的意义。巴门尼德用“是”来代替关于“神”的观念。这个可以被翻译成中文的“是”，对塞诺芬尼提到的“一”的现成性、绝对静止性进行了强化。巴门尼德指出：

> 存在物（译为“是”比较好——引者注）是不动地局限在无始无终的巨大锁链之内；因为产生和消灭已经被赶得很远，被真正的信念赶得无影无踪。存在永远是同一的，居留在自身之内，并且永远固定在同一个地方。因为强大的必然性把它局限在这个锁链之内，这个界限四面八方地围绕着它。②

这里的所谓“巨大锁链”，实际上是对逻辑推理的钳制力的象形说法。因为，那“一”如果是如同赫拉克利特说的既存在又不存在、既燃烧又熄灭，

---

① 北京大学哲学系外国哲学教研室编译：《古希腊罗马哲学》，商务印书馆1961年版，第47页。

② 同上书，第53页。

这在巴门尼德看来，就失去了研究的前提，所以，它只有是不动的，人才能认识它。这样强化“不动”的结果，必然是在矛盾中作出非此即彼的选择——选择“存在”或“是”而排斥“非存在”或“不是”；选择“真理世界”而排斥“意见世界”；选择“一”而排斥“多”。

这样一种取向，对整个西方几千年认识论传统的形成，有着不可磨灭的影响，尤其是对柏拉图的“相”的大观念，具有深刻的开启意义。如果说，最早的希腊哲学家如米利都学派的智慧是要“找出”终极性的东西的话，那么，爱利亚学派的智慧是在对“多”的反思中，逻辑地推导出“一”这样一个终极性的范畴，它仅仅是一个范畴，但却被认为是绝对存在的，并且万物都受其支配。

“爱智慧”是先苏格拉底哲学家特有的哲学观，人们尽管可以通过对它的诠释赋予某些新意，但诠释的本性毕竟坚决抵制对历史真实的亵渎，用史料说话才是应有的立场和态度。

有趣的是，尽管爱利亚学派那绝对静止的“是”严重冒犯了现象世界，严重挑战着其他思想家对永恒活火的坚定信念，但是，那些激烈反对爱利亚学派的人们，在其理论深层，仍然被这个绝对静止的“是”牢牢地控制着。譬如原子论就是一个典型的例子，原子论者尽管力争“虚空”的实在性，从而宏观上为原子的运动及其自由结合与解体争取了合法性，但是，绝对静止的“是”却钻进那些微观的原子本身，原子就是不可入，原子里头绝对没有“虚空”。应该进一步看到，原子论作为哲学理念，相对于巴门尼德的“是”，不是进步了，而是退步了，从形而上坠落到形而下，在原子论者看来，原子不过是一块“宇宙之砖”，这些本身绝对不可入的砖头的互相组合、分解以及重组，构成了感性的、变动的宇宙图景，这更是科学的而非哲学的思绪。诚然，把哲学当“科学的科学”来对待，固然是知识体系产生分化以后的事情，从亚里士多德到黑格尔，是把哲学当做“科学的科学”来对待的一个漫长历史时期。但这只是就现实性而言的，就可能性而言，只要是以探讨“始基”（ἀρχὴ）为旨归，就具备了使哲学发展为“科学的科学”的根据。因为，研究万物所从ἀρχὴ而出，死亡解体之后又回归于这个ἀρχὴ所形成的知识体系，同宇宙“最终必然性”是同一个级别的，任何研究具体事物的科学都是它的下属科学。所以，判别先苏哲学家心目中的“爱智慧”究竟有没有后来发展为“科学的科学”的理论根据，一条基本原则是看他们是不是以“ἀρχὴ”为旨归。

那么,先苏哲学家究竟是不是以“ἀρχὴ”为旨归呢?有两个资料是完全可以回答这个问题的。

第一个资料是克塞诺封关于苏格拉底的记载:

> 他不象(像——引者注)大多数其他的哲学家那样争论事物的本性是什么,猜测智者们称之为世界的那个东西是怎样产生的,天上的每一件事物是由什么必然的规律造成的,而是努力指出,选择这种思考对象的人是愚蠢的。他常常劈头就问他们,是不是认为自己对人事已经知道得很透彻,所以进而钻研那样一些沉思的题目,或者质问他们,他们完全不管人事,而对天上的事情加以猜测,是不是认为自己在做本分的工作,他也觉得奇怪,那些人似乎看不出那种问题是人根本不能解决的,因为即便是那些以讨论这类问题自命不凡的人也不是持相同的意见,而是彼此彼此,都像(像——引者注)疯子。①

学界公认苏格拉底是希腊第一位把哲学从天上引回人间的哲学家。这就等于认可了这段陈述的信度。因为,“第一位”就意味着,在苏格拉底之前的哲学家都以研究“ἀρχὴ”为旨归(“争论事物的本性是什么”,“猜测智者们称之为世界的那个东西是怎样产生的,天上的每一件事物是由于什么必然的规律造成的”),在苏格拉底看来,就哲学的本旨而言,这是没有“做本分的工作”。如果我们连这一点都质疑,就无法承认苏格拉底在历史上所进行的哲学革命。

第二个资料是亚里士多德对他的前辈的陈述:

> 那些最早的哲学研究者们,大都仅仅把物质性的本原当做万物的本原,因为在他们看来,一样东西,万物都是由它构成的,都是首先从它产生,最后又化为它(实体始终不变,只是变换它的形态),那就是万物的元素、万物的本原了。因此他们认为,既然那样一种本体是常存的,也就没有什么东西产生和消灭了……因为一定有某种本体存在,这本体可能只有一个,也可能不止一个,别的东西都是从本体产生的,本体则是长存的。至于本体有多少,属于哪一种,他们的看法并不

① 北京大学哲学系外国哲学史教研室编译:《西方哲学原理选读》上卷,商务印书馆1982年版,第60页。

一致。①

这个资料的真实性同样是学界公认的。但其中的“大都”可能会引发歧义,即是否意味着有少数哲学家并非以寻找“ἀρχὴ”为旨归呢?其实这里的“大都”,是指将某种“实体”性的东西当做“ἀρχὴ”如“水”、“气”、“火”之类,但也有少数不将“实体”性的东西当做“ἀρχὴ”,而是将某种“普遍属性”当做“ἀρχὴ”的,如“ἄπειρον”(不定型)。

需要指出的是,尽管爱利亚学派的“是”,不是实在之物,有别于“水”、“气”之类的实体性质,但我们很难将“是”归之于“普遍属性”。“是”这个理念的确立,最终是为了给科学研究找到一个绝对确定的前提。关于这方面的看法,后面还要涉及。

下面来考察苏格拉底、柏拉图、亚里士多德这三代具有师承关系的哲学家的主张,从中窥视他们对于“智慧”和“爱智慧”的看法。

前文已经指出,哲学界公认苏格拉底把古希腊哲学从天上拉回到人世。要补充的是,笔者认为,这里的“拉回”,应该被理解为把注意力从天上向人间转移,并非是连同思维方式、研究路径都来了一番大变革,恰恰相反,苏格拉底对智慧的理解,依然继承了前辈的传统。

先来看看苏格拉底是基于何种原因而把研究的精力转移到人间来的。苏格拉底回忆说,他年轻的时候,也曾经热切地希望知道那门称为自然研究的哲学,希望知道事物的原因,知道一切东西为什么存在,为什么产生,为什么消灭。他认为这是一件很高尚的事业。他也为此进行了广泛的求索,譬如,探索动物生长的本质是什么、人借以思想的元素是什么、科学知识产生的(心理)机理是什么,等等。但是,他不得不承认:“我自己是完全没有能力做这种研究的,绝对不行”。

> 就连一加一,我也不敢说那么一加,是被加的一变成二,还是被加的一和加上的一变成二。我想不通,怎么把这个一与那个一分开了,哪个一就都是一,不是二;把它们放在一起,这一放就是它们变成二的原因。我也无法相信,把一分开,这一分就使它变成了二;因为这么一来,不同的原因就会产生同样的结果——在前一例中,二的原因是把一加

① 北京大学哲学系外国哲学史教研室编译:《西方哲学原理选读》上卷,商务印书馆1982年版,第60页。

上或放进另外一个一,在后一例中,二的原因却是把一与另外一个一分开或挪远。①

在这种极度困惑的情况下,他接触到阿那克萨戈拉的思想,后者关于心灵是安排一切的原因的主张,令他十分振奋。苏格拉底对阿那克萨戈拉有很高的期望值,他想阿那克萨戈拉会告诉他,这大地是扁或是圆的,进而进一步说明其所以如此的原因和必然性,然后再告诉他,那最好的东西的本性是什么。如果阿那克萨戈拉说大地在中心,从而进一步说明这一地位最好,那么,他也就满足于阿那克萨戈拉所做的解释,不再要求什么别种原因了。苏格拉底会进而再问日月星辰的问题,期待阿那克萨戈拉会向他解释它们的相对速度、运转周期和各种状态,包括主动的和被动的,以及何以这一切都是最好的。苏格拉底不能想象,既然阿那克萨戈拉说过心灵是它们的安排者,既然如此,他除了说这是最好的以外,还能做什么别的说明?苏格拉底还期待阿那克萨戈拉向他详细说明每件东西的原因和一切东西的原因之后,进一步说明什么对每件东西最好,什么对一切东西都好。苏格拉底正是带着这些期待抓住阿那克萨戈拉的书拼命读。但是,阿那克萨戈拉的书并没有满足他的期待。这位哲学家完全不用心灵,也不用任何其他安排事物的原则,而是求助于气、清气、水以及其他稀奇古怪的东西。苏格拉底将阿那克萨戈拉比做这样一个人:开始的时候,提出一般的主张,说心灵是苏格拉底一切行动的原因。可是等到后来,要提出具体的原因来说明苏格拉底的某些行动了,却接着说,苏格拉底之所以在监狱里服刑,是因为苏格拉底的身体是由骨肉构成的,骨头是硬的、一节一节的,肌肉是有弹性的,包在骨头上,外面又有一层皮包着,肌肉收缩或放松,就把骨头顺着关节拉起来,所以苏格拉底能够弯曲四肢坐牢,等等。苏格拉底认为,阿那克萨戈拉可以指出一万种诸如此类的原因,却忘了真正的原因,即雅典人认为惩罚苏格拉底比较好,苏格拉底服从人民的意志,认定留在这里服刑比较好,比较正当。进一步,苏格拉底得出结论,这里没有分清原因和条件。诚然,如果没有骨头和肉等等就不能坐着,可是,如果说,苏格拉底在监狱服刑仅仅是因为有骨头和肉等等,就分不清什么是真正的原因,什么是使原因起作用的条件

① 北京大学哲学系外国哲学史教研室编译:《西方哲学原理选读》上卷,商务印书馆1982年版,第62页。

了，而这正是苏格拉底最乐意知道的本原，他希望有人能够这样教导他。可是这“最好”的本性，苏格拉底既不能发现，又不能从任何别人那里学到。于是，苏格拉底说：

> 我想不如求助于心灵，在那里寻求存在的真理。……我首先看准一种我认为最强的道理（编者特意在此处加了注解，这里的道理即“共相或定义”——引者注），不管是原因方面的，还是别的方面的，然后肯定：凡是我觉得合乎这个道理的，我就把它看成真的，凡是不合的，就把它看成不是真的。①

有学者认为，这是以哲学研究的目的论取代了实在论。这个看法值得商榷。诚然，苏格拉底确实多次提到作为事物之所以要安排得“好”这一概念，从“好”是很容易想到评价问题的，由评价是很容易想到价值论的，而由价值论又是很自然会想到从人入手来考察事物的路数来的。如果初读关于苏格拉底批评阿那克萨戈拉学说的资料，容易认为“目的论转向”确乎持论有据，譬如，苏格拉底讲到：“首先这大地是扁的还是圆的；不管是圆的还是扁的，他会进一步说明其所以如此的原因和必然性，然后告诉我那最好的东西的本性，并指出这就是最好的；如果他说大地在中心，他会进一步说明这一地位最好，我也就满足于他所做的解释，不再要求什么别种原因了”。这里的确有先说明一个东西“是什么”即知其然，进而阐明“为什么要是这样而不是那样”的所以然，最后要指明“这样有什么好处”。但是，如果仔细分析，就可以看出苏格拉底别有一番意思。以他讲他坐牢一事为例。他所强调的是，就揭示坐牢的真正原因是什么，如果只是从骨头和肌肉上看，就完全离开了本质，必须切合雅典人民的意志以及苏格拉底对雅典人民意志的服从来进行揭示。这个例子说明，所谓好或不好，是指如实地将事物的本质揭示出来还是远离事物的真正本质，这仍然是存在论领域的问题，而不是真正价值论意义上的问题。也就是说，他“最乐意知道的本原”仍然是本质论的。“我想不如求助于心灵，在那里寻求存在的真理。……我首先看准一种我认为最强的道理，不管是原因方面的，还是别的方面的，然后肯定：凡是我觉得合乎这个道理的，我就把它看成真的，凡是不合的，就把它看成不是

① 北京大学哲学系外国哲学史教研室编译：《西方哲学原著选读》上卷，商务印书馆1982年版，第64—65页。

真的”，这段话是这种本质论的集中表达。其所以要求助于心灵，就是因为只有心灵能攫住事物的本质，那“存在的真理”就是存在的“本质”，这与巴门尼德的“真理世界”并没有两样。他所看准的所谓“最强的道理”，其实就是他平日常常跟人辩论诸如什么是诚实之类的问题时，所执著追求的“定义”，只有那个定义才是真的，才是好的，其他的都是貌似真而其实似是而非、貌似好而其实不好。这也就是为他的弟子柏拉图所发展成的“共相”。这样来解读所谓“凡是我觉得合乎这个道理的，我就把它看成真的，凡是不合的，就把它看成不是真的”，就能够说得通了，就将他跟别人讨论问题的焦点抓住了。

在做了以上的澄清之后，再来看苏格拉底对智慧的看法。苏格拉底的死也与他的智慧观有关。苏格拉底是因为神谕指称他是最有智慧的人，而他坚持认为自己没有智慧，因而触犯了不信神的律条（当然他还被指控犯有别的罪）。柏拉图的《苏格拉底的申辩》提供了一些关于苏格拉底智慧观的信息：苏格拉底听到关于他是最有智慧的神谕的时候，苦苦琢磨神谕的真谛。因为他明明知道自己是没有智慧的，而神说自己最有智慧，神又是不说谎的，他想，如果能找到一个人比自己有智慧，那就可以到神那里提出异议了。于是，他就去访问一位以智慧著名的人物，对他进行观察，结果是苏格拉底认为此人实在不智慧。他还访问了许多知名人士、工匠，结果都一样，人们并没有智慧却自以为有智慧。于是，苏格拉底道出了自己的智慧观：

> 其实，公民们，只有神才是真正智慧的，那个神谕的用意是说，人的智慧没有多少价值，或者根本没有价值。看来他说的并不是苏格拉底，他只是用我的名字当做例子，意思大约是说：“人们哪！像苏格拉底那样的人，发现自己的智慧真正说来毫无价值，那就是你们中间最智慧的了。”所以，我就到处奔波，秉承神的意旨，检验每一个我认为智慧的人，不管他是公民还是侨民。如果他并不智慧，我就给神当助手，指出他并不智慧。①

要进一步真切地了解苏格拉底心目中关于智慧的底蕴也不难，只需看他对那些自以为是的人讨论了些什么。这里，不妨拿色诺芬《回忆录》第四

---

① 北京大学哲学系外国哲学史教研室编译：《西方哲学原理选读》上卷，商务印书馆1982年版，第68页。

卷第二章披露的苏格拉底同欧绪德谟的谈话为典型案例。

欧绪德谟自信自己是有智慧的人，并且这种智慧还不是诸如医生、建筑师那样的工匠型智慧，而是治理城邦的高级智慧。苏格拉底就同他展开讨论。

首先，他们明确一个前提：能够正确治理城邦的人必须能够分辨什么是正义，什么是非正义。他们共同将正义的事情摆在“d”（dikaios，正义）项下，将非正义的事情摆在“a”（adikos 非正义）项下。苏格拉底让欧绪德谟承认：像虚伪、欺骗、做坏事、奴役人这类事必须归于非正义一边。然后，苏格拉底提问：将领奴役敌国的俘虏难道是非正义的吗？在战争中欺骗敌人难道是非正义的吗？欧绪德谟对于这些提问当然要作出否定的回答。但这样一来，就与他们先前达成的共识相冲突了，即原来置于非正义项的内容，通过苏格拉底的例子而被认同为正义的了。为了维护原来的论点，欧绪德谟不得不对已经确定的前提进行必要的修正：只有欺骗敌人才是正义的，如果将这种行为施诸自己人或朋友，那就不正义了。对于这一修正方案，苏格拉底诘难：如果一个将领为了改变他的军队士气消沉的情形而谎称援军快到，这一谎言具有鼓舞士气的效果；如果父亲对不肯服药的儿子谎称药物是食物，欺骗儿子服下后有利于恢复健康；如果为了避免意气消沉的朋友发生自杀的悲剧而将他的剑偷走，这些欺骗、偷窃的行为是不是应该归于正义呢？这样一来，欧绪德谟作出的修正也不能成立了。欧绪德谟在理屈词穷的情况下，抛出一个论点：有意说谎要比无意说谎更非正义一些。苏格拉底就发问：是有意把字写得或念得不正确的人，还是无意把字写得或念得不正确的人更有学问呢？欧绪德谟认为，有意写错或念错字的人更有学问，只要他愿意就可以写得或念得正确；而无意写错或念错字的人即使想正确也做不到。同理，知道正义和非正义的区别而有意骗人的人，只要不再想有意骗人，就可以不骗人了，而不知道什么是正义、什么是非正义的人去骗人，就很难不再骗人。因此，知道正义的人要比不知道正义的人更加正义一些。这样一来，欧绪德谟的新主张又被颠覆了。

从这个案例，我们可以很清楚地知道，苏格拉底心目中的智慧，原来就是善于分梳被认识对象，而为此就必须搞清楚“是什么”这样一个讨论问题的前提，也就是要揭示一类认识对象的本质特征，亦即善于给讨论的对象下定义。否则就是自以为有智慧而实际上愚蠢。凡是他认为人们并没有遵循给事物下定义的思路就宣称自己具有智慧的，他都致力于在论辩中将其信念无情摧毁。至于他自己，由于他认为自己只是知道要这么做而又没有建设性的成就，所以他就认为自己没有智慧。

亚里士多德如下的评论是中肯的：

有两样东西完全可以归功于苏格拉底，这就是归纳论证和一般定义。这两样东西都是科学的出发点。①

这就很清楚地点出了苏格拉底心目中的智慧的真谛，那就是，在科学研究的出发点问题上的敏感和执著。

苏格拉底的这种智慧观不仅没有违背先苏哲人爱智慧的传统，而且与先苏哲人爱智慧传统是一脉相承的。首先，苏格拉底继承了赫拉克利特智慧观中的主要思想。赫拉克利特认为“人类的本性没有智慧，只有神的本性才有”，苏格拉底也认为“只有神才是真正智慧的，那个神谕的用意是说，人的智慧没有多少价值，或者根本没有价值”；赫拉克利特主张“智慧是与一切事物有分别的东西”，苏格拉底则以毕生精力去排除人们那种把抓住现象的努力当成智慧的思想迷雾，开启人们去揭示“与一切事物有分别的东西”。其次，苏格拉底与巴门尼德也有很大的共同点。巴门尼德主张“要使你的思想远离这种研究途径，别让习惯用经验的力量把你逼上这条路，只是以茫然的眼睛、轰鸣的耳朵或舌头为准绳，而要用你的理智来解决纷争的辩论”，“要用你的心灵牢牢地注视那遥远的东西，一如近在目前”，②苏格拉底在与人讨论问题时展示的思路，恰好是巴门尼德上述主张的体现。当然，苏格拉底的学术活动有其时代价值，因为那个时代希腊“爱智慧”传统信念发生了危机，思想界被相对主义、个人主义、主观主义思潮所充斥，这些思潮严重地冲击着关于真理的客观性、普遍性的人类信念，希腊社会的理论界亟须要将古代朴素的感觉主义、经验主义进一步提升到理论理性主义高度。不管苏格拉底是不是高度自觉地意识到自己所处的历史方位以及所承担的历史使命，他的哲学研究行为都足以充分说明他是这一使命的合格的承担者。苏格拉底首次从认识论上使用“ειδοζ”，在他之前，这个词一般只

---

① 北京大学哲学系外国哲学史教研室编译：《西方哲学原理选读》上卷，商务印书馆1982年版，第58页。

② 同上书，第31页。

有“种”、“属”的意义。苏格拉底就用这个“种”、“属”来表达关于事物常变而“种”、“属”恒在的哲学信念。在苏格拉底看来，能足以表明掌握着真理的内容，才算得上是知识，而能足以表明掌握着真理的内容，就是揭示出恒在的“种”、“属”；而要做到这一点，靠感觉是不够的、并且往往是靠不住的，要靠“灵魂”去把握。大概相当于我们所说的要靠理性去把握。《费多篇》谈到了苏格拉底认为灵魂是怎样达到“真实存在”的问题。这样看来，他关于“ειδοζ”的思想应该属于科学知识的体系。亚里士多德后来就将这个“ειδοζ”发展成范畴体系，成了人类用语言来把握变化着的感性世界的本质及其规律的思想工具。苏格拉底力图用这样的工具摆脱感觉的偶然性，用定义的办法攫住不变性、必然性、普遍性。由此可见，苏格拉底的理性主义知识论色彩是很浓的。

柏拉图对智慧的观点主要集中在他的“相”的哲学体系之中。根据《希英大辞典》的解释，“ἰδέα”的含义有：1. 形式、形状；2. 和实在相对应的外观或外部现象；3. 种、类；4. 修辞学上的文学形式、风格；5. 逻辑上的类、种，引申为分类的原理；6. 其复数，柏拉图哲学中指理想的形式、原型；7. 概念、观念。陈康先生把“ἰδέα”译为“相”。他的理由是，这个词缘自动词“观看”，由视觉进而联想，就有了“相”。汪子嵩、范明生、陈村富、姚介厚著的《希腊哲学史》第二卷，通过《斐多篇》的文字内容，对“相”的特征进行了归纳，他们认为：一、“相”是单一的、同一的，不是组合成的，而具体事物是组合或混合成的，不是单一的、统一的；二、“相”是不变的，而具体事物是经常变化的；三、“相”是看不见的，不能感觉到而只能由思想掌握，具体事物是看得见、可以感觉到的；四、“相”是纯粹的，具体事物是不纯粹的；五、“相”是永恒的，不朽的，具体事物不是永恒的，是要毁灭的。① 他们把这些特征同巴门尼德关于“是”的特征进行了对比，巴门尼德关于“是”的特征是：第一，它是永恒的不生不灭的；第二，它是连续的不可分的“一”；第三，它是不变动的；第四，它像球体；第五，它只能被思想所认识。这样一比较，他们得出结论：“柏拉图的相论主要是从巴门尼德的存在论哲学发展出来的”。这是令人信服的。自此，西方理性主义认识论传统已经很完善了，但是，在这

① 参见汪子嵩、范明生、陈村富、姚介厚：《希腊哲学史》第二卷，人民出版社 1993 年版，第 711—712 页。

个传统里，概念思维的霸权同样被确立起来了。

乃师苏格拉底那种以追求定义为特征的寻求普遍性的思路，对柏拉图很有影响。不过，与乃师相比，柏拉图有较大不同之处：第一，苏格拉底把主要注意力放在伦理领域，而柏拉图企图探究大全。其“相”应该是笼罩宇宙大全之“相”。苏格拉底探讨的那些所要求得的定义特定对象的内容，乃是大全之“相”的组成部分。诚如亚里士多德所言，“苏格拉底正忙着谈论伦理问题，他遗忘了作为整体的自然界，却想在伦理问题中求得普遍真理”。①第二，柏拉图著名的“洞穴理论”——且不追究他完全否认感性认识重要作用的过错——至少表明他严重的重理性、轻感性的倾向。

亚里士多德对乃师有过这样的陈述：

> 在青年期，他最初与克拉底鲁相熟识，因此娴习了赫拉克利特诸教义（一切可感觉事物永远在流变之中，对于事物的认识是不可能的），在他晚年还执持着这些观点。②

从这个资料可以认识到，柏拉图从克拉底鲁那里所受到的启示，远不是否认相对静止这种存在论的观点，而是坚定地相信，跟从现象所引导，将一无所获，这实在是属于巴门尼德尊真理世界而贬意见世界的理路。

柏拉图是这样理解“两个世界”的，如图：

A————D————B————E————C

（1）　　（2）　　（3）　　（4）

图中，线段 AB 是“相”世界，线段 BC 是“意见世界”。线段(4)属于影子世界，是感官所及之世界。线段(3)是影子所本的实物，如人、动物和植物等等。线段(3)和线段(4)是实物与影子的关系。而线段(2)视(3)为其研究和建立理论系统的影子，线段(2)其实就是关于数和形的知识原理。它们具有自明性，可用以说明具体事物，但它们却是一系列的假设，从它们出发便可以推论出前后一致的结论，并能够有效地运用于感性事物。线段(1)才是最真实的存在。它们就是一些“相”。线段(1)与线段(2)是因果关系，即(1)是(2)的因，(2)是(1)的果。对于线段(1)，只有理性或逻各斯

① ［古希腊］亚里士多德：《形而上学》，吴寿彭译，商务印书馆 1959 年版，第 16 页。

② 同上。

才能通达。线段(1)是线段(2)、从而也是线段(3)、(4)的终极根据。由于“相”不能用任何器官发挥其功能来进行研究,所以对它们的研究,只能从(2)亦即一些假设出发,然后再超越假设,达到“相”本身。其路径大体上是这样的:第一步,先有一个坚定的信念,凡与之符合就信其为真,否则,凡与之不符合,就认其为假,这在介绍苏格拉底时已经交代过了。第二步,努力去证明所信的假设之信念,直到得出的结论具有不矛盾性为止。“如果有人[用某个假定]抓牢你,你不必在乎他,或者直到你能看出由此得出的结论是否彼此一致时,再答复他。”①第三步,提出新的假设来试探着进行归纳。“当你需要进一步对这个假定给予说明时,你要用同样的方式假定某个更高的主张,它是你以为可以找到的最好的说明,直到你达到一个满意的停靠点。”②柏拉图从假设出发,对假设进行论证,获取不矛盾的结论,然后使认识升华,进到更高一级的假设,如此循环,直到最终达到认识真实的“相”的最高知识境界,那些不断提出的一个高于一个的假设,恰如通向高悬于思想上空的天梯,它们承载着理性一步一步走向真实存在即“是”的使命。然后,认识就又走下这个高悬的“天梯”,用那“最高知识”来说明和规定那些较低的原理,使它们获得最高的理论支撑,从而进一步完善这些较低的原理的知识系统。在这整个过程中,不掺杂一点点感觉的东西。这就是柏拉图的辩证法。其实,这不过是科学认识所使用的“归纳”与“演绎”的最初说法。

柏拉图的确是将辩证法看成是最高的科学的,他明确地指出:

> 辩证法,唯有辩证法,才一直达到第一本原,它是唯一的这样一门科学,要废除各个假定以便使自己获得可靠的基础。③

柏拉图的“相”论完全颠倒了共性与个性的真实关系,背离了科学抽象的正确途径。康德幽默而生动地批评道:

> 一只敏捷活泼的鸽子自由飞翔时,把空气分开,感觉着空气的抵抗力,它也许会想象在真空里将飞翔得更轻快些。正是这样,柏拉图离开了给知性以如此严格限制的感觉世界,驾着“相”的羽翼冒险超出了那

---

① 柏拉图:《斐多篇》101D。

② 同上书,101D—E。

③ 同上书,533D。

个世界来到纯知性的真空里。他没有注意到费尽了力气也还是没有前进一步——因为他根本没有遇到抵抗力。①

考虑到柏拉图后期对相论进行了重要的自我批判，这里就不纠缠于共性个性关系之是非，但即使我们能够完全将柏拉图的"相论"作所谓"科学的"理解，也只能表明，古希腊"爱智慧"发展到柏拉图这里，已经完全变成了仅仅有"科学认识"这一个维度的"智慧"和"爱智慧"。这不是柏拉图一个人的过错，它乃是由古希腊"爱智慧"的底蕴所致。在此，引用一段第欧根尼·拉尔修的话也许是很恰当的：

早期哲学只讨论了一个主题，自然学；苏格拉底加上了第二个主题，伦理学；柏拉图加上的第三个，就是辩证法，这样就使哲学完善了。②

这里所谓"哲学完善了"，就是哲学"科学化了"的意思。

亚里士多德同乃师在学术观点上存在着比较大的分歧，他力图拯救经验。柏拉图企图通过对"种"（若干最重要和最高的"相"）间的对立统一关系的研究，来建立"通种"论。在亚里士多德看来，这依然是成问题的。他批评道："一般说来，哲学是寻求可感知的事物的原因的，可是我们的柏拉图派却放弃了这个任务"③。在亚里士多德看来，只有首先正确解决个体事物与"形式"（即普遍性，亦即"相"）的关系，科学和哲学才能获得其坚实的前提与基础。

但是，亚里士多德在深入进行逻辑方面的思辨时，继承和发展了乃师的传统，并将其推进到一个新的高峰。

亚里士多德更加明确地把哲学这种"爱智慧""科学化"了。他主张，有经验的人较之只有些官感的人为富于智慧，技术家较之经验家为富于智慧，大匠师又较之工匠为富于智慧，而理论部门的知识比生产部门的知识更应是较高的智慧。这样，明显地，智慧就是有关某些原理与原因的知识。他先假定：哲人知道一切可知的事物，虽于每一事物的细节未必全知道；谁能懂得众人所难知的事物，我们也称他有智慧（感觉既人人都有而易得，这就不

---

① 转引自杨适：《古希腊哲学探本》，商务印书馆2003年版，第372页。

② 同上书，第376页。

③ 同上书，第444页。

算智慧);此外,谁能更擅于并更真切地教授各门知识的原因,谁也就该是更富于智慧的人;因为,为一门学术本身而探求的知识,总是较之为其应用而探求的知识,更近于智慧;由此推论,高级学术必然较之次级学术更近于智慧。他认为,哲人应该积极作为,不应是被动作为,哲人不应听从他人。相反,那些智慧较少的人却应该听从哲人的教诲。他在讲述了这些内容之后,十分明确地告诉读者:

这些就是我们关于智慧与哲人的诠释。①

按照亚里士多德对智慧的诠释,赫拉克利特主张的"智慧不等于知识"的观点就被颠覆了,变成了智慧等于知识了。这样,在赫拉克利特那里还颇有灵气的逻各斯,在亚里士多德这里,就变成了庞大的逻辑体系,哲学就变成了"科学的科学",而对终极的思考就变成了对现成性、不变性的所谓普遍规律的研究和对一切科学知识的概括和总结。按照亚里士多德这样的诠释,说哲学是对科学知识的澄清,完全是"合乎逻辑"的。

另外,亚里士多德对知识所作的上述层次划分,强调研究自然比研究人及其实践更具有本体性,表明科学由于坚持那种纯思辨和纯知识的特征而有意无意地把自然和人割裂,并有可能把人挤到科学的边缘。

亚里士多德认为:自然哲学(physics)的研究对象是独立存在并运动变化着的事物,这应该被理解为各门具体科学,如植物学、动物学等等;数学和几何学这种理论科学研究的对象只能是不能运动变化的对象,它们只是存在于质料之中的数和形,是研究数和形的科学;第一哲学是研究独立存在而又自己绝对不运动变化的,他认为这就是"神",第一哲学研究"神"。

概括起来,亚里士多德的智慧观就是:智慧是研究原因的知识。他在《形而上学》里提出的问题是:我们称为"智慧的知识"是关于哪一种原因和本原的呢? 接着他就详尽地论述了"智慧"的特征。根据罗斯的分梳,其要点有六条:第一,智慧的人应该尽可能通晓一切,而不是一个一个地认知个别事物。只有最高的普遍的知识才能通晓一切,因为认识了普遍就能知道属于它的一切实例。第二,智慧的人还要能知道那些困难的不易知道的知识。感觉是人人都有的,所以是容易的,算不得智慧;只有离感觉最远的知识才是最难认知的。第三,智慧应该是最确切的知识。根本原理(本原)的

---

① [古希腊]亚里士多德:《形而上学》,吴寿彭译,商务印书馆1959年版,第4页。

知识是最确切的,只包含少数原理的知识比那些包含多数辅助原理的知识更确切,所以数学比几何学更确切。第四,善于传授的知识才是智慧。关于原因的思辨易于传授,因为传授就是要讲出事物的原因。第五,在各种知识中,那种为知识自身而不是为其他目的去寻求的知识,是更加智慧的。因为这种为知识自身而寻求知识的人,能以最大的努力去寻求最高的知识,他自然会选择那最真的最应知道的知识。第六,智慧不是附属品,智慧是人应该发号施令而不是服从别人,智慧低下的人却应该服从他。根本原理和原因是最值得知道的,因为由于它们,人们才能获得别的知识,而不是由附属于它们的知识去认知它们。只有认知了个别事物"为什么"(即目的)的知识才具有权威,它对一切从属的知识起指导的作用,它就是"善",在自然整体中它就是"最高的善"。①

亚里士多德自己对智慧所下的结论是:智慧是一切事物的根本原理和原因的知识。

在《范畴篇》里,亚里士多德把希腊前人关于"是"的种种观点梳理成十个范畴:本体、数量、性质、关系、地点、时间、姿态、状况、活动、遭受。本体是独立自存的,其他都随附于本体。而有资格作为本体者又只有三:个体事物、属、种。个别事物是第一本体,余二者是第二本体。第一本体具有这样的特征:表示"这一个",即具有单一性、个体性。既无相反者也不容许有程度上的差别,个别事物保持着自身的绝对同一。当其保持为数量上的一和同一性时,能够容许对立的性质,而别的东西则不具有这样的特点。例如,同一个人,可以有时白、有时黑,有时善、有时恶,而同一种颜色却不可以既白又黑,同一种行为却不可以既好又坏。

亚里士多德关于十范畴以及三本体尤其是第一本体等理论,对过去人们关于 ὀν 的各种见解进行了分析,使原来含混不清的概念得到一定程度的澄清,更重要的是维护了个体事物在认识中的权威(第一本体)。

但是,亚里士多德却又排除了质料进入本体的资格,他只认事物的形式为第一本体。原因是,质料虽然是事物存在的原因之一,但这种原因不足以决定事物之为该事物,能够说明个别事物的个别性的,只能是形式。这样,原先认为是第二本体的属和种,就反而成了第一本体。因为,个别事物的本

---

① 参见汪子嵩等:《希腊哲学史》第三卷下,人民出版社 2003 年版,第 631—632 页。

质是靠种加属差的方式来决定的。

> 亚里士多德就这样总结和看待了从阿那克西曼德以来的自然哲学家以物质为本原的观点，认为他们是不对的。于是天平就向着他所并不满意的柏拉图的相和数的学说方面倾斜了。①

通过以上对自泰勒斯至亚里士多德的考察，充分揭示出，希腊所谓“爱智慧”，就认识论而言，本质上是一种只为科学认识服务的“科学认识论”。所以，有理由认为，现当代西方人士满怀激情地企图通过恢复传统的“爱智之忧”，来矫正“唯科学”的弊病，其动机诚然可嘉，但不会有什么实质性的效果。

二、对流行的关于“认识论”基本理念的反思

究竟何为认识论？这是本书不得不提出来的问题。

自从人们将西方“爱智慧”当成唯一合理的哲学路向后，关于认识论的含义也就傍依它而定，人们的思维定势竟然如此顽强，以致于从来没有想过要对这种傍依“爱智慧”来定认识论的思绪的合法性进行追问。

但是，现在就必须进行这种追问了，本书的宗旨是要融合中西认识论，而在流行的关于“认识论”的基本理念及其支配下的流行认识论框架里，中国传统的认识论，就像曹梦德笔下的乌雀，绕树三匝，无枝可依。

实际上，当我们陈述了西方“爱智慧”那种概念思维特征时，已经显露出按照这种特征来界说认识论的弊病。我们不得不首先追问：在那样的“爱智慧”支配下的认识论是具有绝对权威性的吗？

在古希腊，认识论就是由“认识”与“知识”合成的词。“认识”和“知识”都是建立在把人与世界分成主观与客观两极对立基础上的，“认识”是主观反映客观的活动；“知识”是主观所把握到的、在不同程度上反映了客观规律性的东西。这个主观反映的过程及其规律，就是西方的认识论，它直接就是人类的科学认识活动的哲学诠释，完全可以把它称为“科学的认识论”。由于近代以来西方文化成了强势文化，尤其是它的现代化及其科学技术的无与伦比的效果和魅力，西方传统的认识论似乎就“名正言顺”地成

① 杨适：《古希腊哲学探本》，商务印书馆2003年版，第492页。

了唯一有资格称做“认识论”的理论体系，别的民族要不就被说成是“只有认识的经验而没有认识的理论体系”，要不就被说成是“没有认识论”。

一种集人类活动之大成的认识论，显然要有足够的包容性。这个不言而喻的基本要求足以颠覆“废黜百家，独尊西术”的主张。因为，如果只是按照西方传统的认识论模式来界说认识论，那就会产生唯西方传统是尊而排除其他民族认识论的严重问题，进而会引发一系列荒诞不经的看法。例如，按照这样的见解，中国传统的认识论就会在西方的认识论视野中被无情地抹掉。因为，被那样理解的认识论，同中国传统认识论是不相容的。在西方是“知识论”的，而中国古代讲认识，是以儒家“心性论”为主流的；在西方是主客二分的，而中国是不分主客的；在西方是“外求型”的，而在中国是以“内求型”为主要特征的；在西方是逻辑思维的，而中国并不太求助于逻辑思维，主要倾向倒是对体验、体悟、直觉等非逻辑思维情有独钟。

要驳倒只把传统西方的认识论当成正统的认识论、其他民族的认识论都不算合格的或者是伪认识论这样一种偏见，粗略地看，似乎有一个要说清楚的难点，就是：主客二分到底是一个基本事实而别的民族没有概括出来呢，还是根本就没有进行主客二分的根据？其实，细想起来，这根本就不是一个难点，而是一个“陷阱”。

认识的能动性所要求的是坚持“对象性的活动”。如果表面看问题，就会陷入这样的推论：既然是“对象性的活动”，想必就一极是人——主体，另一极是对象——客体了。其实不应该这样简单地看。认识的对象不是与人绝然分离的物，而是从主体方面看待的感性活动。“对象性的活动”即是“感性活动”，亦即“实践”。在这里，主体之所以为主体，是因为它扬弃纯粹主观性而向客体转化了。所谓“纯粹主观性”一开始便不过是个空洞的假设。即使是动物的生存本能所展示出来的纯粹欲望，也还是被环境严格规定的对客观性的皈依。但是，被这种皈依严格操控的生命，不是人的生命，从而也就无从进入主体。同样，客体也以人的活动扬弃纯粹自在性而获得了规定性并向主体转化。所谓“纯粹自在性”也不过是一纯粹空洞的假设，没有跟主体联系起来的“物”几乎可以说等于“无”，不过是混沌，它“寂”着，就连亚里士多德所谓的“个体的本体”的资格也没有。在对象性活动中，只有认识着的人与被认识的对象相互生成、相互转化的无穷过程，没有泾渭分明的所谓主体、客体两极。因此，提出“主客二分到底是不是一个基本事实”这样的问题,本身所暗含的前提依然是:关于科学的认识论是唯一合法的认识论。

承认实践是人类唯一的生存方式,就必须承认,中西方的哲学都要研究认识。任何民族的哲学都不能说没有它的认识论。只是由于中西方的人类从事实践活动的环境不同,解决生存和发展的途径不同,在此基础上产生的认识论,又会有很大差异。因而造成了中西方各自对认识有不同的理解,这是自然而然的事情,就像一座山上开了两个品种的花儿一样正常。如果仅仅以西方哲学所规定的认识论为标准,则包括古代中国哲学和古代印度哲学在内的好多民族的哲学,都“没有认识论”。这是人类感情所不能接受的对基本事实的严重歪曲。各个民族在其生存和发展的历史上积淀起来的认识理论系统,都有其存在的理由,没有必要也不应该把某一民族关于“认识的智慧”,作为衡量别的民族是否有认识论的判准。

在20世纪六七十年代,以西方传统认识论为本位来裁判中国传统认识论是非的现象十分普遍,这种情况现在仍然存在。譬如,有些当时的著作现在再版时,那些基本思绪依然如旧。即以西方知识论的标准评价中国几千年的认识理论,将那种通过向内省以求“德性之知”的理论,统统说成是“先验论”、“唯心论”,将少数虽然也基本属于中国传统,但有一定的外求“闻见之知”倾向的理论,则说成是“反映论”、“唯物论”,从而整理出一个中国式的两军对垒的“阵营”。这样来谈论中国哲学上的认识论,就把中国哲学扭曲了。

按照那种“万般皆下品,唯独西方尊”的逻辑,非西方的认识学说特别是中国传统的认识学说,是没有其合法性的。黑格尔就在其《哲学史讲演录》第一卷里很轻蔑地说,《论语》只是“老练的、道德的教训”和“散文式的机智”。

说古代中国没有西方那种模式的认识论是可以的，但是，要说没有西方那种模式的认识论就等于说没有认识论，就必须据理力争了。若中国没有认识论，灿烂的文化从何而来？浩瀚的中华典章凭何而出？那样必然走向民族虚无主义。例如，有一本名为《中国龙脉》的书，竟然宣称：“没头脑的汉武帝，宣布独尊最没头脑的思孟学派的儒学，使此后两千多年里最优秀的中国头脑因为读儒书而变得毫无头脑。……既然士大夫的头脑被儒学的淤泥堵死，人民的头脑被巫术迷信堵死，中原文明的优势自然就不复存在”!① 难道我们能够相信中国人几千年来仅仅靠“儒学淤泥”和“巫术迷信”生存吗?所以,必须坚决抨击那种认为中国古代没有认识论的见解。对于本书来说,如果不坚决抨击那种荒谬见解,那么,所谓中西认识论融合就成了一个“假命题”。

张祥龙描述过不少西方哲学史家否认包括中国在内的东方有哲学的心态,他指出:

> 绝大多数写哲学史的西方人,将人类探求终极的纯思想等同于哲学,将哲学又等同于概念哲学。据此,他们否认东方有过真正意义上的纯思想。用蒂利的话来说就是:“东方人的理论,印度人的、埃及人的和中国人的,主要是由神话的和伦理的学说组成,因而不是完全意义上的思想系统。其中充斥着诗和信仰。”这种由西方学者们编出的“神话”直到今天在西方文化圈中还是极有影响的。②

笔者认为,认识论是人类为了达到人与自然的和谐、社群与社群的和谐、人与社群的和谐、个人与个人的和谐以及个人基于全面发展需要的身心和谐而反映、感受、体验以及观念地再现认识对象的理论体系。认识论固然强调认识的效用,但更强调认识的目的和价值,在内容上,不光是强调反映,还重视感受、体验,突出人的全部心理活动的认识意义和价值。因此,认识论必须满足人的外求的需要和内求的需要这样两个方面,必须涵盖感知、想象、情感、思维等全部心理过程,而不应该只是青睐感知而不顾其他;认识论甚至要充分重视信仰、信念在认识中的地位和作用问题,研究信仰与理性的内在关系,而不应该只是关注理性甚至严格排斥信仰;它应该包容神话认识、日常认识、科学认识、价值认识、审美认识于一身,并对它们之间的相互关联作出说明。总之,人类用以指导生存与生活的一切领域、一切手段,都应该是认识研究的对象,不应该只是指导科学研究的理论体系。

目前在中国哲学界,关于“什么是认识论”的理解,西方传统知识论的认识论牢牢地控制着解释权。人们几乎毫不怀疑地以主客二分的理论述说着认识论,把古希腊语义上由“知识”和“学说”两个字的结合而成的认识论

---

① 李湘主编:《中国龙脉》,中国社会出版社 2004 年版,第 124 页。

② 张祥龙:《海德格尔思想与中国天道——终极视域的开启与交融》,三联书店 1996 年版,第 204 页。

当做唯一正确的解释路径，形成知识论的解释框架，描绘出一幅外求型的关于认识的对象和来源、认识的能力和限度、认识的形式和方法、认识的目的和任务、认识的过程和认识正误的检验标准等构成的认识图景。在这个图景中，主体与客体的矛盾是纵贯一切的矛盾，由它而生成、整合外求型的知识论的认识论的一切矛盾，构成一个体系。人们以思维和存在、精神和物质何者为第一性、何者为第二性作为认识论的出发点，将严格说来是西方哲学史上不同哲学派别在认识论上的斗争，归纳成围绕这个问题展开的两条根本对立的认识路线。并由此揭示可知论和不可知论的对立。人们用实践来阐释主客二分及其统一的必然性和意义，把实践说成是人的仅仅只有外求意义的物质活动。进一步，阐明意识和存在、主观和客观是对立的统一，用主观和客观的矛盾运动来解释认识的发展。在此基础上，人们界定：认识是在实践基础上能动地把感性材料加工为理性知识，能动地从个别性的认识上升到普遍性的理解，又能动地用理论指导实践活动的过程。在这样的定义下，认识被理解为仅仅只有感性与理性两种类型；认识的任务被规定为：由感性上升到理性，即透过现象抓住本质。对终极问题的现成性、概念论的理解，依然顽强地存在着。关于认识的方法，人们多半只是论述“辩证思维的形式和方法”。最后，认识论被归结为辩证法、认识论、逻辑学的一致，尤其是得出了“逻辑学也就是认识论”这样的结论。

不是说这样解释认识论就多么地悖理，作为对西方传统意义上的认识论——探求关于外在事物的知识的本质、来源、证明及其发展的一般规律——的揭示，尽管其中也有值得商榷之处，总的来说，作为认识论的一种类型、一个部分，有它存在的合理性。但是，赋予这种解释以全人类的认识论智慧的唯一合法性，就太霸道了。在这样一种霸权话语中，中国几千年来必然不存在认识论。因为，中国几千年传承下来的关于认识的思想，主流性的特点在于，不怎么看重主、客体的区分，也就不凸显所谓主体客体这个前提。此外，中国传统哲学，就主流而言，也不以探究逻辑规律为要务，当然也就没有所谓逻辑学与认识论的统一的研究宗旨；不仅如此，中国哲学总体上缺乏那种外求型的实践观，儒家说的“知”，从根本上说是心性的觉解，尽性而知天；它的“行”，从根本上说是心性修为，是正性、诚意、修身，从而进一步拿这种修为的工夫去齐家、治国、平天下。要务在“内圣”，不在“外王”。道家说的“知”，是“为道”的，不是“为学”的。庄子主张工夫在修身，其余绪才用以治国平天下。老子和庄子是主张“涤除”、“玄览”、“心斋”、“坐忘”的。这样，中国传统的认识学说就很不合西方认识论的规范。墨子、荀子倒是主张外求知识，但对于过玄之理，也不怎么感兴趣。名家对概念明晰有所主张，诚如冯友兰先生所言，“名家与西方传统哲学中的智者学派、逻辑家、辩证法家确有某些相似之处，但并不完全相同”①。惠施有小大之辨，提出“至大无外，谓之大一”和“至小无内，谓之小一”等命题，想要澄明概念，并作出了有益的尝试。公孙龙有“白马非马”等辨，他的《指物论》，指系共相，物系事物，论及实物和它们的共相的关系，表明他有着弄清事物和概念之间关系的意识。但是，毕竟在那个时期，惠施和公孙龙这样的旨趣不太有市场，诸子对他们颇有贬斥。荀子说惠施“好治怪说，玩琦辞”②。《吕氏春秋》说公孙龙“言意相离”、“言心相离”③。这里不是说应该对惠施和公孙龙怎么看，而是指出，他们的旨趣确实被放在先秦思想者的视野边缘，不怎么受重视，没有像儒家有源源不绝的继承者，这一现象说明了我们这个民族在古代整个的思维偏向远不是“科学思维”的。

以西解中的结果，就必然产生一些不好理解的结论。譬如，有人认为，中国哲学“不是对象论、认识论的，而是主体论、价值论的”。说中国哲学是主体论、价值论的，这显然是正确，而说它不是认识论的，所使用的衡量标准恐怕还是西方知识论的认识论。

目前流行的是只认可西方传统的认识论形态，认为中华民族传统的东西只可做些研究，但在认识论的教学等严肃场合则不准它们掺和进来这样的主张。如果人们用这种宗派主义的情绪对待中西并存的传统认识论，并将这样一种做法视为当然合法的话，就需要有一个东西作为支点，那就是：中国的传统哲学中没有认识论。因为，只有本土文化里没有认识论，舶来品才可以原汁原味地搬过来。但是，谁敢断言中国几千年居然没有认识论呢？谁敢断言“中国古代的认识论”这个提法根本就是子虚乌有呢？一个对世界文化作出伟大贡献并且其传统一直像长江流水从未断流、迄今还充满活力的文化大国，居然没有认识论，那是可以想象的吗？文化应该是多元的，

① 冯友兰：《中国哲学简史》，新世界出版社 2004 年版，第 73 页。
② 《荀子·非十二子》。
③ 《吕氏春秋·审应览》。

同样，哲学中的认识论也应该是多元的，人们可以对不同的认识论形态说长道短，见仁见智，却不可以在认识论形态上搞只此一家，别无分店。西方传统的认识论探求人之外的物理世界及其规律有其合法性，同样，中国传统认识论不采取西方认识论的样式也有其合法性，没有任何根据说前者是正宗的，后者则不入流。

现在，有一些学者开始意识到为中国传统的认识论"正名"的重要性了，他们作出了不小的努力，但总体来说，力度不大，而且还有些说不明的地方。譬如有学者指出：

> 就人类能够形成知识系统以适应自然与社会发展的需要而言，西方社会与中国社会并无多大差异。中国古代社会积累的知识的丰富和广博并不亚于西方社会。因此，说中国古代哲学中的认识论思想不丰富是没有道理的。认识是人类生存与发展的主要手段之一。认识的结果就是知识。但认识不只是局限于对对象的认识，而且主要地也是对认识主体自身的认识。从这后一方面说，中国古代哲学不关注对认识本身或认识过程、认识结果的反省、研究。什么是知识？知识的逻辑结构是什么？知识增长的规律是什么？获得知识的主要途径是什么？检验认识成果真伪的标准是什么？知识有确定性的吗？等等上述问题并未普遍地引起中国传统哲学的关注，因此它们不构成中国传统哲学的内容。与此不同，古希腊的哲学家们却对这些问题给予了更多的关注与讨论。①

这段话的前半部分是正确的，中国当然有自己的认识论。后半部分中有些内容也是正确的，譬如，认为中国传统哲学中对知识的逻辑结构是什么、知识增长的规律是什么等问题不太关注。但是，有些说法值得商榷，譬如，认为什么是知识、获得知识的主要途径是什么、检验认识成果真伪的标准是什么、知识有确定性吗等等，对于这些问题，中国古代的哲学家其实给予了足够的关注，只不过理路不同于西方认识论罢了。如果一个民族对于这样的基本问题都不加关注，那也就等于没有认识论。

总之，如果仅仅以西方哲学所规定的认识论为标准，则包括古代中国哲学和古代印度哲学在内的很多民族的哲学，都"没有认识论"。在古代中

① 胡军：《知识论》，北京大学出版社2006年版，第4—5页。

国，西方那种特殊的"怎样认识"长期不具备。但是，长期不具备对逻辑思维的系统研究并自觉地运用逻辑思维去进行认识活动，并不意味着就没有认识论。我们民族自有其区别于西方民族的认识智慧，它已然指导了中国人几千年的认识活动，自有它存在的理由。

对于那种认为中国只有关于认识的"非系统的思想"，不具备同西方认识论对话的"资格"，同样要据理力争。这种认识同样是以西方为中心来剪裁中国的认识学说的产物。对于本书而言，如果不坚决排除"中国认识论档次低"的见解，所谓中西认识论融合也就成了"攀龙附凤"之举。

回答中国古代关于认识的探讨有没有达到同西方认识论对话的水平这个问题，依然要看人们以什么样的标准谈论"认识论"。如果以西方主客二分标准框裁，以逻辑思维作为认识论存在的合法性标志，那么，的确，中国传统哲学没有达到足以同西方传统认识论对话的水平。我们要在自家浩如烟海的典籍里，寻找一些符合西方口味的东西，的确十分困难。我们找不到能够同柏拉图的《巴门尼德斯篇》、亚里士多德的《逻辑学》相匹敌的内容，也只好拿"合同异"、"离坚白"、"白马非马"去同西方的认识论比较，这当然逊色一些了。但要是按照中国古代自己的特色，则西方传统的认识论同样也拿不出什么东西同《老子》、《论语》、《易传》、《庄子》等相匹敌的内容来供我们欣赏。是故各有千秋，都有看家本领，长于思辨的认识论同长于意象的认识论都是人类的瑰宝。

雅斯贝尔斯提出文明的"轴心时代"这一观念，认为基督教纪元前800—前200年是人类文明的轴心时代。各大文明"几乎同时在……互不知晓的地区发展起来"，这之后，人类就"一直靠轴心时代所产生的思考和创造的一切而生存……轴心期潜力的苏醒和对轴心期潜力的回归或复兴，总是提供着精神的动力"。① 根据这一见解，我们自然认为中国的轴心文明时代是先秦时代，之后的内部发展尽管曲折复杂，但总还是"一直靠轴心时代所产生的思考和创造的一切而生存……轴心期潜力的苏醒和对轴心期潜力的回归或复兴，总是提供着精神的动力"。中国真正所缺的是近代科学主义的认识论，但这并不意味着中国的认识论就够不上同西方对话的水平。

---

① ［德］雅斯贝尔斯：《历史的起源与目标》，魏楚雄、俞新天译，华夏出版社1989年版，第14页。

人们不应该有唯西方马首是瞻的心理，汤因比、海德格尔以及其他的西人都对中国传统哲学怀有深深的敬意。就医治西方现代性的诟病而言，中国传统哲学的智慧无疑是良方。

毛泽东早就给我们提出了马克思主义中国化的历史任务，他要求我们创造新鲜活泼的、为中国老百姓所喜闻乐见的中国作风和中国气派。这里，"中国作风和中国气派"是一个宏大的命题，它包容在"从孔夫子到孙中山"的珍贵的遗产之中，这个"中国作风和中国气派"显然必须摆在重要位置，否则整个理论旨趣、思维方式、话语系统都同几千年传统断裂，无疑是文明的断层，将造成无法想象的民族灾难。对待马克思主义尚且要创造出中国作风和中国气派，何况对于西方传统的认识论？

这里有一个长期没有被正视的心理，就是对西方哲学，人们在高度珍视的同时，又过于神圣化了；对于中国哲学，一些人又过于看不起它。于是，就把中国哲学和西方哲学看成是完全不可以同日而语的了。例如，有人就直言，"现代新儒学……对它作实事求是的科学研究和评价是必要的，但是却不能过高地估计它在中国现当代思想史上的地位和作用"。我这里无意于为新儒学辩护，只是想提请人们关注一个基本事实，即在人们争相以西方的理路解释外域哲学的背景下，只有新儒家一群少量的人苦苦地支撑着属于中国自己的东西。

有的人明言，中国哲学与西方哲学相比，档次太低：

> 自先秦而两汉而宋明的这一朴素的辩证而唯物地说明世界的传统，……是中国人民能够接受科学形态唯物主义的观念深层方面的契机。但是，这一传统还不是中国人民接受马克思主义哲学的直接津梁。中国作为一个长期处于自然经济和封建大一统状态的文明古国，人们在探索和说明世界时，其思维方式一直表现出一种有机而浑沦的特征，直接领悟、当下触机，一直是人们认识世界、把握自然的基本方式。而天人合一、物我一体，又始终是人们理论思维所追求的最高目标。这种有机而朴素的哲学思维传统，与产生于近代大工业与阶级斗争实践、近代自然科学重大发现基础上的马克思主义哲学，不仅有着朴素形态与科学形态方面的重大差异，而且有着封建主义意识与无产阶级认识武器方面的本质区别。这也就是说，从古代朴素唯物主义到马克思主义的辩证唯物主义与历史唯物主义，其间尚需要经过一系列理论思维方

> 式方面的突破和变革。而在中国哲学史上,充当从朴素唯物主义到科学唯物主义发展中介的,是自鸦片战争以来的努力向西方寻找真理,试图综合中、西方思想文化的中国资产阶级启蒙哲学。①

这段文字说的是这样的意思:自先秦而两汉而宋明的哲学,虽然是中国人民接受马克思主义哲学的"契机",却不是"直接津梁"或"中介"。原因一是它的"有机浑沦的特征",二是它属于"封建主义意识",没有达到"一系列理论思维方式的突破和变革",实际上是没有变成像西方那样"科学"或曰知识论的哲学。能够充当"中介"的是中国资产阶级启蒙哲学,而它之所以能充当这种"中介",是因为它"努力向西方寻找真理",从而"试图综合中、西方思想文化"。这也就等于说,只有西方那种"科学"的认识论才有可能成为接受马克思主义的中介,而中国传统的认识论是办不到的,换句话说,档次太低。

简单地以中国传统的认识论缺乏支持探索科学所必要的理论理性,简单地以中国传统认识论产生在自然经济和封建专制的社会历史环境,或者更加简单地以中国传统文化不能提供近代救亡的实践理性等等为理由,就把中国传统的东西当成明日黄花,并认定它对我们接受马克思主义哲学没有中介作用,是没有道理的。

第一,中国传统认识论缺乏支持探索科学所必要的理论理性是一个基本事实,固然也是一大缺憾,但是这不能遮蔽它深度的人文关怀的旨趣和它对非逻辑思维在培养人的灵性方面的执著探索的光辉。特别是在全人类反思生存困境,呼唤建立人的精神家园的现实情境中,中国传统认识论可贵的一面越来越受到全人类有识之士的青睐。

第二,不能简单地因为中国传统认识论诞生地的经济、政治状况落后就判定它"落伍"。诞生地的经济、政治条件固然对由这方土地生产的思想有重大影响,但是,思想的发展却有它的相对独立性。经济、政治都曾在西欧十分落后的德国,它生产的哲学不也是欧洲的"第一小提琴"吗? 其实,中国先哲的空灵是世上少有的,他们的悟性极高,很多在西方哲学界看起来是最前沿的成果,他们于两千年前都发表了独到见解,只是我们这些后人

---

① 赵德志、王本浩:《中国马克思主义哲学七十年》,辽宁大学出版社 1991 年版,第 11—12 页。

没有把先人的伟大创造放在眼里，以为真的是西人拥有了首创权。譬如，迈克尼于1985年才在他的代表作《个人知识》中，对研究难以言传的“隐性知识”给予关注，认识到“我们知晓的比我们能够说得出的多”。于是他指出：

与个体的不可分离是具有隐性特征知识资源的本质。具有隐性特征的知识来自个体对外部世界的判断感知，是源于经验的，源于个体与客体长期互动的主观感受，这种判断与感觉具有极强的个性。①

但是，庄子早就说过：

不知深矣，知之浅矣，弗知内矣，知之外矣。……道不可闻，闻而非也；道不可见，见而非也；道不可言，言而非也。知形形之不形乎，道不当名。②

庄子在《天道篇》中设计了轮扁与子产的对话，生动地表达了“隐性知识”的私人性和不可传授性。

再如，“赞天地之化育”，“赞”就是“佐助”，人与天地一体，天地化育万物，人顺其自然而佐助之，于是三才和谐化育，人也很好地发挥了能动“裁成”、“辅相”的作用，使自己伟大起来，与天地参。这样的境界至今说来，也是西方哲学应该瞻仰的。

第三，中国传统认识论的确没有提供抗击资本主义列强入侵、拯救中国的实践理性内容，但这不是中国传统认识论的过错。根据马克思提出的“人类始终只提出自己能够解决的任务”的论断，在中西方民族间绝少沟通的情况下发展起来的中国哲学认识论，不可能为尔后的子孙提供解决民族历史向世界历史转变情境下抵抗西方入侵、救亡图存的理论理性良方。而且中国哲学基本上是一种在“治世”起作用的思想，至于谋“乱世”之事功，别说是企求它如何指导抵抗现代列强，就是指导古代群雄争霸，它也没有太多的直接效用性。人们如果因为它在这方面的缺失而小看它，这当然是极不公正的。况且，衡量一个民族哲学的生命力，要从整个历史长河过去的流向、今天的情境以及未来的流向做全面考察。

---

① 转引自肖渡：《知识时代的企业合作经营》，北京大学出版社2000年版，第53页。
② 《庄子・知北游》。

三、认识的价值维度为何如此脆弱

离散集合是西方思维方式的一个重要特征。按照这样的思维特征进行运思，西方把哲学离散为若干板块，由于分工精细，哲学的学科化促进了研究的深入。单单从理论上看，这些离散的学科也被要求“集合”，成果共享，功能互补。但是，事实上，这种思维方式常常造成把作为人类智慧大成的哲学进行肢解的问题。本来属于重要前提性的内容，往往被所谓“学理规范”所拒斥，久而久之就被边缘化、甚至被遮蔽了。现行的西方认识论模式就是在这样的思维方式的笼罩下形成的，它将认识的价值维度交给本体论和伦理学，自己只管“真的获取”与“假的排除”。在理论上它可以为自己的专攻方向的合理性辩护，可以主张把认识论同本体论、伦理学结合起来，似乎这样一“结合”，就既充分发挥了自身的认识功能，又起到了关心人和人类社会的作用。可是，这样给人的却是一种似是而非的心理满足，实际上带来的是迷茫。

马克思当年批判国民经济学的时候，就揭示了这种基于离散集合的思维方式而进行辩护的虚假性。马克思说：

> 如果我问国民经济学家：当我靠出卖自己的身体满足别人的淫欲来换取金钱时，我是不是遵从经济规律（法国工厂工人把自己妻女的卖淫称为额外的劳动时间，这完全是对的），而当我把自己的朋友出卖给摩洛哥人时，我是不是在按国民经济学行事呢……于是国民经济学家回答我：你的行动并不违反我的规律；但请你看看道德太太和宗教太太说些什么；我的**国民经济学的**道德和宗教丝毫不反对你的行动方式，但是……——但是我该更相信谁呢——国民经济学还是道德？①

马克思的意思是说，国民经济学本应是考察人的科学，本应全面考察人的本质和全面需要，但是，资产阶级的国民经济学却对人及其需要强行作出离散，只考察其中作为劳动力的人如何被最有效地使用的问题。把人的别的需求交给“刑事司法、医生、宗教、统计表、政治和乞丐管理人去做”，自以为这是合理的。人若在经济学那里得不到所要的答案，可以去找别的学科

---

① 《马克思恩格斯全集》第四十二卷，人民出版社 1979 年版，第 136—137 页。

部门。但实质上,“国民经济学家把工人变成没有感觉和没有需要的存在物”①。

马克思上述见解完全适用于对流行的认识论进行批评。

认识作为人类的重大的基本活动,总有其价值尺度。人类认识各种问题,归根结底是为了诗意地栖居在这个世界上,认识总得服务于人类的福祉,这是一个朴素的真理。可是到目前为止的人类认识进展,在很多重大问题上却恰恰显示出了认识获得成果却给人类带来灾难的悲剧性悖谬。无论是对技术的认识成果的运用,还是对社会发展的认识成果的运用,这种悲剧是人们所深切体验到的。哲学本是对人的一种终极关怀,这种终极关怀的情愫应该充满哲学研究的各个领域,认识论尤其不可以例外。认识论应该从对生命价值与意义的哲学思考的价值维度上来搭建框架。基于对人类生存状态的关怀,不仅是基于物质关怀以满足人的生命存在的物质需要,还要基于精神的关怀以满足人的精神生活的需要,更要基于满足人追求厚重的生命价值、追求生命超越性、追求人性的神圣性、追求宇宙意识与自我意识的统一的需要。认识论不仅是讨论怎样去获得认识,更重要的是要讨论认识是为了什么!牢牢抓住在认识论中塑造人的认识活动的精神气度和理想信念这样的主旨,而不要过分强调生存论、人生观、伦理学、历史观、认识论等的学科分殊。认识论不应画地为牢地把自己局限于所谓“求真”,人类所需要的真、善、美是水乳交融无法分开的。离开了善与美,就无从谈真,真一定要在真、善、美的有机统一中存在,离开这种有机整体的真,如果不是谎言,就一定是空洞的抽象,其结果往往是使得恶与丑滋生泛滥。因此,认识论在求真中不仅探究人类如何认识外部宇宙,更要探求如何认识人生,认识人自己。认识论也要探究人们的行为方式与社会利益目标、人与自然、人与人、人自己的心灵与肉体怎样相契合。还要探求人在实践活动中陶冶审美情趣的美的问题。这样说并不是违反学理规范要求认识论去“种别人的田”。认识作为人生存和发展的基本活动,本来就有真、善、美三个统一的尺度。人懂得按照任何一个种的尺度来进行生产,并且懂得怎样处处都把内在的尺度运用到对象上去,因此,人也按照美的规律来建造。认识论如果肢解了“任何一个种的尺度”与“人的内在尺度”,只取前者不取后者,那就

① 《马克思恩格斯全集》第四十二卷,人民出版社 1979 年版,第 134 页。

是把人只当做对象性的存在物，不当做自由的存在物；只要工具理性，不要价值理性；只要科学境界，不要人文境界。因此，认识论没有理由不终极地眷注着人的真善美境界。

西方近代哲学史上发生过所谓“认识论转向”。这个“转向”的标志性口号是：没有认识论的本体论为无效。应该说，通过笔者前面对西方“爱智慧”传统的考察，得出下述结论并非独断，即西方近代的认识论转向，是西方“爱智慧”几千年传统所必然导致的结果。如果从存在决定意识的原理来看，这一转向是新兴资产阶级彻底打破禁欲主义桎梏，实现社会和人的存在由古典形态向现代性“转向”的反映。现代性是这样一种生存形态：它把自身建立在个人主义的基石上，凸显以物为本，张扬工具理性，以私人支配生产资料并在此原则上进行交易游戏，作为制度安排的常态形式，人在现代性的社会中，心态结构体现为谋求个人利益最大化。哈贝马斯说：

> 现代性的话语，虽自十八世纪以来名称一直不断翻新，但却有一个主题，即社会整合力量的衰退、个体化与断裂。简言之，就是片面合理化的日常实践的畸形化，这种畸形化突出了对宗教统一力量的替代物的追求。①

在这样的背景下，那种追寻终极存在、反思终极解释、探求终极价值以求安顿灵魂的兴趣已然退隐，发展就等同于物质经济指标的不断增长，人的丰富关系单一化为货币关系。利润取代了上帝的位置，而最能带来利润的工具理性却成了价值皇冠上最璀璨的明珠，人成为物的奴隶。哲学由本体论向认识论的转向无疑也带来了哲学发展的新天地，它否定了独断论，大大增强了哲学的理性化水平。无论是西方的经验论还是唯理论，都在夯实知识的基础，提升逻辑思维水平，从而引动科学技术长足进步，最终带来生产力奇迹般的发展，它在这方面为人类作出了不可磨灭的贡献，也使人的潜能获得了空前大开发，人的力量获得前所未有的展示，人的物质生活获得空前改善。从历史主义角度来看，即使现代性伴随着很多的恶，那也是促进社会进步和人的发展的动力。在这样的大背景下凸显的哲学基本问题即思维与存在的关系问题，无论是机械唯物主义还是唯心主义，其所主张的存在或思

---

① 转引自唐文明：《与命与仁——原始儒家伦理精神与现代性问题》，河北大学出版社2002年版，第82页。

维，都是空洞的抽象物。活生生的感性、有血有肉的现实人，都被抽象掉了，所要的只是运思的严密精确和对普遍规律的把握。这就是那个时代人前所未有地失落了自己的哲学的反映。

这样的认识论，首先就要求消解终极关怀，因为高节奏、强竞争中沉浮不定的人们，本来就在精神状态上显得极端“无根”，在占尽上风的人们看来，金钱既可以收买一切，也可以亵渎一切，金元的光辉足以把意义、崇高、永恒、无限逼得退隐到可怜的角落；而挣扎在都市滚滚红尘中惊魂不定的人们，也会感到意义、崇高、永恒、无限等等对于解决人当下的危机，好像是软绵绵的东西，生活好像是走一步算一步的，现实好像既同传统断裂，又与未来目标的高尚性和确定性无缘。连同人生在内，一切好像都是机械拼装的。因而终极关怀就被当做大而无当的东西处理掉了。认识论一上来就以抽象物质与抽象意识作为逻辑起点，演运出旨在产出一套追求思考与行动效率的概念体系。这样，认识的效率维度就与其价值维度极不对称了——一个被无限凸显，一个被置于边缘。

直到现在，认识论研究中关于“为什么而认识”这一原则性、根本性问题，也没有被鲜明地提出来，更不用说作出深入探讨。倒是有一些其他的主张这样那样地涉及认识的目的。这些主张是难以经得起推敲的。剖析这些主张，更能看出认识的价值维度脆弱的情形。

其一，认识是为了实践，实践是认识的目的。这个观点初看起来很有道理，但是，它是经不起追问的。人们往往把实践只看做是劳动者遵循着外部世界的因果律而开展的物质活动，只是中性地提到“有目的有意识”，不谈论目的意识的方向性。是工具论意义上的实践观，并且把政治的、法律的、道德的、宗教的实践活动都加以排除了，割断了人文关怀一维。当代西方一些思想家鉴于对实践的这种误解，往往采用别的概念，例如，哈贝马斯用“交往行动”来显示同“工具目的性行动”的区别。事实上，尽管“工具目的性行动”对人的生存十分重要，但是，深切的人文关怀却必须从政治的、法律的、道德的、宗教的实践活动中显现。基于上述理由，所谓认识是为了实践这个论断，只有当实践被规定为“善”的活动时，才能成立。但在事实上，很多工具目的性的活动却是非善的和恶的。例如，基于短视、浮躁、愚昧而展开的劳民伤财的工具目的性活动就是这样的。造成当今人类生存困境的，哪一样不是恶的工具目的性的活动实践？近代传统工业化的物质活动，创造了一个敌视自然也敌视人的荒谬的存在,实践也成了荒谬的实践——异化劳动。就自然而言,异化劳动使人不再作为自然存在物而与自然保持亲和性。人这个自然的骄子成了自然的死对头。人类把人对人的奴役、压迫、杀戮的关系图景投放到人与自然的关系中去,就连用语都是一模一样的:开战、夺取、征服、统治等等。在这种战争式的图景里,实践成了从事着推翻自然界的平衡以利己的活动。人的实践使这个地球越来越丧失其组织性和良性循环的再生能力。从事这样实践的主体,全然缺失了郭沫若吟颂《地球,我的母亲》那动人的感激报恩情怀,人们拿着科技的铁锤对母亲敲骨吸髓。就人而言,异化劳动使人不再像本真的人,人几乎变得只有经济这一“单向度”了,人生等于金钱,拜物教诠释一切,连上帝经过新教改革也资本化了。劳动者不仅是不劳动者的奴隶,还是机器的奴隶,不劳动者又是金钱的奴才。人的精神在大工业的喧闹中成了精神流浪者。就社会而言,社会也“单向度”化成了技术社会,科层制的统治与管理,只追求汲取财富的效率。人们在无情的竞争中将丰富的人际关系变成了一滩利己主义的冰水,又横溢到民族与民族之间,霸权话语成了人际交往的基本话语。

其二,认识是为了指导实践有效地达到预期的目的。这里,“预期的目的”只表示活动者预先有某个目的,而不管这个目的在人类终极关怀上的合理性与合法性。现行认识论研究没有关于“预期的目的”的善恶界说。事实上,“预期的目的”是一个明显缺乏人文关怀意蕴的功利性概念。它只表示通过活动把目的物化了,从而达到预先想象中的“应然”状态。这就是“正确的认识”,至于说这个预期的目的是否有利于社会进步和人的发展,是短期、局部看来是“非善”的但长远、全局看来则是善的,还是短期、局部看来是善的但长远、全局看来则是“非善”的,抑或把短期、局部的善与长远全局的善统一起来等等重大问题,被束之高阁。大肆破坏生态的乱砍滥伐也有其预期目的,而有效达到这个目的则明显是非善的。

其三,认识是为了改造世界。这个提法与认识是为了实践等值。因为实践被理解为“有目的有意识地改造世界的物质活动”。即使承认这个命题的合理性,也还有一个质疑:人在改造主观世界上下的工夫算不算、能不能成为认识的目的要研究的内容之一?显然,这在现在的认识论研究中是不算的。不仅不算,而且还要被当做主观唯心主义的实践观来批判。我国传统的认识论在这方面的深邃思想以及康德的很有价值的实践理性,正是在这样的成见中被贬斥的。但恰恰是这方面的内容，才体现对人类的深切关怀。

认识活动必须为人生的德性和幸福服务。“知识论”的认识论的缺陷，根本在于人文关怀的缺失：它只管真假，不问善恶。它只有一个总理念，那就是：被事实和严格的逻辑证实即为真。它只讲感性上升到理性，而人的情感、意志、想象等非理性因素全部被排除，典型的表述是：认识论就是逻辑学。这是很成问题的。认识论要有利于养人的心性文明，认识活动要受普世伦理规范的约束。有很多活动，单就科学技术可能性和物质经济效益而言，是完全可以达到“预期的目的”，但是，在普世的伦理规范看来，却是要禁止的，当今这个问题越来越重要。人的认识活动要以相当大的工夫讲求“内圣”。以探索发展的路向为例，直至现在，不少人谋求发展，重点放在“外王”上。忘记了古人强调的“壹是以修身为本”的教导。罗马俱乐部的领导者奥雷利奥·佩西却发表了一个深刻的见解，表明在“内圣”上下工夫改造主观世界以提高人的素质，才是发展的正途。他说：

> 实际上，人类所需要的发展恰恰是现在发展概念的颠倒，即发展的注意力不是集中于人类的需求，而是集中于人类的贡献能力，也就是发展的注意力集中于人类的素质和创造性。人类的内在价值越提高，越纯炼，其生活水准和生活质量也水涨船高，不会造成体系平衡上的紊乱。总而言之，把人类需求作为人类进步新阶段的出发点是错误的，会令人误解的。唯有人类素质和能力的发展才是取得任何新成就的基础，才是通常所说的“发展”的基础。如果我们要求真正地“增长”，我们就应该竭尽全力向着这一方向前进。①

这样的洞察力是值得钦佩的。

四、中西传统认识论融合何以可能

哲学历来就是在人类的各文化圈内部成长发展起来的。承认多元认识论形态的合法性，作为中国的哲学研究者，就要高度珍惜自己祖先开创的认

---

① ［意］奥雷利奥·佩西：《人类的素质》，薛荣久译，中国展望出版社 1988 年版，第 183 页。

识论理路,对于西方的认识论形态,我们过去是遵循拿来主义原则把它都搬进来了,现在必须下工夫进行融合。

中西认识论传统既有很强的个性,也有很强的共性。马克思在分析不同商品何以能够交换时,用全力去揭示凝结在商品中的共性即价值,再从价值中揭示社会必要劳动时间,从而破解了交换之谜。这一方法启示我们,要说明中西认识论融合何以可能,必须找到它们的共性。雅斯贝尔斯的“轴心时代”观念所揭示的是人类在封闭时代所创造的文明的个性。人类的初期,西方人的祖先与中国人的祖先在原始人类的心理上,应该没有实质上的差异,即“性相近也”。列维-布留尔说:

> 这里,有一个因素是在这些关系中永远存在的。这些关系全都以不同形式和不同程度包含着那个作为集体表象之一部分的人和物之间的“互渗”。……所以,由于没有更好的术语,我把作为“原始”思维所特有的支配这些表象的关联和前关联的原则叫做“互渗律”。①

可以把这看成是中西认识活动的所谓“性相近”,它如同所有的儿童在尚未受到特定文化熏染时都“性相近”一样。但是,也如同“性相近”的儿童必定要出现“习相远”现象一样,中西认识活动也必定“习相远”。由于种种复杂的原因,作为西方哲学原创者的希腊人,选择了与原始传统断裂的发展道路,希腊神话中以宙斯为首的“弑父英雄”及其“辉煌业绩”,是这种选择的记录。同样由于种种原因,中国人的祖先选择了对原始传统承续的“维新路径”。侯外庐、赵纪彬、杜国庠在他们合著的《中国思想通史》(第一卷)中,简明地概括了中国文明发展的特殊道路,揭示出中国古代观念文化发展的社会基础和根据。他们以恩格斯在研究人类文明起源时所使用的三大概念即家族、私产、国家作为人类文明最初发展路向上的基本指标,以此对东西方文明发展进行比较,发现中国氏族公社的解体和进入文明社会的方式不同于西方。西方走的是从家族到私产再到国家的路径,国家取代了家族;中国走的是从家族到国家,以社稷把国家包裹在家族里面,私产没有充分发展起来。西方是新的东西冲破了旧的内容,可以说是走了一条“人唯求新,器唯求新”的革命路径,中国是新旧纠葛,旧的拖住了新的,可以说走的是一条“人唯求旧,器唯求新”的维新路径。这里所谓“器”,指由社会阶级分

---

① [法]列维-布留尔:《原始思维》,商务印书馆 1981 年版,第 69 页。

化而产生的进行社会统治的政权形式;这里所谓“人”,就是氏族血缘纽带所束缚着的人,从大写的人讲,是指氏族的联盟体。

> 古代东方国家走进文明社会的路径,便依存于这些传习等等,再把它固定化起来。这个转变可以叫做“古代的维新制度”,亚西亚生产方式就是这样地支配社会的构成。……灌溉和热带等自然环境是亚西亚古代“早熟”的自然条件。氏族公社的保留以及转化成为土地所有者氏族王侯(古称“公族”),是它的“维新”的路径,土地国有而没有私有地域化的所有形态,是它的因袭的传习,征服了周围部落的俘获,是它的家族奴隶劳动力的源泉。①

中华民族特别是其中的主体——华夏族选择“维新路径”,就呈现出对先民的生存方式以继承为主的取向,当然也有革命性的发展,但它是在稳中求变的。逻辑上,中华民族的认识活动应该与该民族的基本性格吻合。于是乎,中西认识论就逐渐显出了极不相同的特征,这应该是一个“冰冻三尺,非一日之寒”的长久分殊过程。对于我们这些后人来说,过程性已经难以深切感受了,而结果的大相径庭则被明显感受到。笔者所要强调的是:无论是稳中求变,还是激烈变更,由原始人类那种主客不分的浑然一体的总特征所表达的、要求以现实的人和现实人的感性活动为起点和归宿来展开认识活动的思绪,是绝不会消失的,它就像原始的花岗岩一般坚固地存在于人类心理结构的深层,不断地召唤人们向它回归。当代西方一些著名的思想家,都在致力于回应此种召唤。由马克思所发动的“实践论转向”、当代西方哲学中从不同层面、不同角度对理性主义所作的批判与解构的努力等等,可以被看做是上述“回应召唤”的明证。

西方传统的认识论既有引领现代思潮的明显优势,也有缺乏建设人类精神家园的目的性意蕴的先天不足;中国传统的认识论既有追赶世界历史进程意识不强的先天不足,也有引领现代思潮的后发优势。二者有着很强的互补性。

西方沿着发展科学技术的方向展开认识论构建,具有历史合理性。毕竟,人类从西方近现代历史上看到了努力发展科学技术的巨大好处,我们也

---

① 侯外庐、赵纪彬、杜国庠:《中国思想通史》第一卷,人民出版社1957年版,第8—9页。

从自己民族近代一部屈辱历史以及现代依然被西方的科技强势逼迫的窘境中,认识到依靠科学技术发展自己的极端重要性和紧迫性。既然如此,就得肯定西方认识论取向的历史合理性和历史进步性。必须承认,对人类科学技术发展贡献最大的,就是希腊哲学——西方哲学的源头。古希腊哲人坚信理性能破译宇宙的一切密码,他们激情满怀地探究"始基",希望得到对宇宙的终极解释。前苏格拉底哲学特别是米利都学派的学说"打破了希腊人关于世界起源的神话信仰而代之以纯粹的理性解释"①。他们共同形成两条交织的探源路径:一条是寻找"终极实体":水(泰勒斯)、气(阿拉克西米尼)、火(赫拉克利特)等等;另一条是寻找普遍属性:"无限或不定型(阿那克西曼德)、数(毕达哥拉斯)等等——这两条道路既对立又统一,演化成若干肯定——否定——否定之否定的"圆圈"。例如,泰勒斯(终极实体)——阿拉克西曼德(普遍属性)——阿拉克西米尼(终极实体);或者:阿拉克西曼德(普遍属性)——阿拉克西米尼(终极实体)——毕达哥拉斯(普遍属性),等等。每一个环节都是另一个环节的扬弃,既克服又保留。如阿拉克西米尼的"气",既坚持了寻求"终极实体"的探源道路,又明显地具有"不定型"(普遍属性)的特征。同样,毕达哥拉斯的"数"(正确的应当理解为"量")既坚持了寻求普遍属性的探源道路,又明显地具有能包容阿拉克西米尼关于气的浓厚(量的增加)或稀薄(量的减少)构成不同实体的学说的合理内核。如此传承下来,到巴门尼德提出"是",标志着希腊理性主义的一度辉煌——超越存在物而要求探索作为"是者"的"是",而且到他那里,哲学具有了逻辑论证的特点。

> 实在(自然,宇宙,世界)是依据理性或逻各斯而运行的合理的存在结构;人是理性的存在物,因而人可以通过理性把握人同事物的关系,把握世界的本质,从而控制自然和操控自然。显而易见,古希腊哲学家所显现和塑造的理性主义文化模式完全不同于中国先秦哲学所代表的自然主义文化模式,它对西方后来的工业文明产生了决定性的影响。②

---

① [美]菲利普·李·拉尔夫等:《世界文明史》上卷,赵丰等译,商务印书馆1998年版,第234页。

② 衣俊卿:《文化哲学》,云南人民出版社2001年版,第15页。

从泰勒斯一直到德谟克利特的一批醉心于寻找“终极实体”的思想家，实际上就是现代自然科学的先驱，尤其应该被看成是现代粒子物理学的鼻祖。他们寻求“终极实体”的兴趣，就像基因一般传给了现代物理学、生物学等基础学科的研究者，“基本粒子”这一概念本身就足够说明问题。那些坚持从“普遍属性”来对终极存在作出解释的哲学家，也对科学技术的发展作出了伟大贡献，在科学方法论上的贡献最为独特。譬如，毕达哥拉斯开创的数学方法至今放射着它耀眼的光芒。此外，当今脍炙人口的系统方法，追溯起来也与这路学者的关系甚为密切（中国哲学天然具有丰富的系统思想，但未发展出系统方法论）。即使在社会科学领域，西方传统认识论的贡献也是不可磨灭的。苏格拉底那种讨论伦理道德和其他社会问题的方式，总是能够不断开启人们对思考问题的前提进行反思与批判，从而能够防止人们滞留于意见而遮蔽了真理。那样一种廓清前提的执著，那样一种思维缜密的用心，那样一种对逻辑验证的守望，使得社会科学研究得以理性化，这也是值得欣赏和学习的优长。更加值得我们考虑的是，西方认识论中“爱智慧”那种纯粹的境界和那种火样的热忱。毕达哥拉斯关于“爱智慧”的见解中，已经表明了智慧追求者那种弃绝名利，为求知而求知的境界，“scorlar”原初的含义就是“闲人”，它也透露出这样的信息：“爱智慧”必须有淡泊宁静的心态，这是唯真理是依的主观条件。“爱”在希腊语中是厄罗斯，理解为爱情和渴求。柏拉图为“爱”杜撰了一个神话故事：女性的贫穷神趁丰富神酒醉，与其发生性关系，生下了厄罗斯。他既有其母贫乏的秉性，又有其父追求善和美的气度。渴望得到智慧，终身寻找真理。他介于智慧与无知之间，所以才那么热爱智慧，视智慧为最美的东西。所以，厄罗斯就是智慧的爱好者，其实也就是哲学家。

中华民族的伟大复兴任务，使得中国人对西方科学有一种不可遏制的渴望，看到西方的某种学科内容深刻、某种技术先进，从而以拿来主义为原则去学习、引进，这种精神是极宝贵的。在科学这一国家核心竞争力上，我们最缺乏的是原创的意识和能力。在这方面，好好学习西方那种爱智之忱，少受或免受庸俗功利见解的影响，是增强原创意识、提高原创能力的重要方面。

还必须看到，这种外求型的、主要是产生科学成果的认识论，在今后世界历史进程中的作用和贡献，并不是与时间的进展成反比的。也就是说，它并不是随着时间的推移,其作用会越来越退隐。恰恰相反,它的作用还会与时俱进。譬如,当今中西方人高度认同的可持续发展观的诞生,西方的科学认识论是有重大功劳的。因为,可持续发展观本身也是在生态科学、生态伦理学和诸多社会科学研究共同努力之下而产生的。同样,实现这样一种美好的发展,必须获得科学的强有力支撑。人与自然和谐相处是人类的基本渴望,它植根于许多文明之中,成为人类的原型价值,其核心是对生命的理想生存状况的追寻。在这一价值原型的统摄下,西方认识论走的那条崇尚理性的路子有它独到之处。它表现为修天以顺己,通过认识作用于自然来把握自然在回应人的活动中显示出来的规律,发明技术控制来使自然规律为人所用。它把外求所得到的知识再纳入自然的物理结构中,物化为人的自然。今天,发展观中一系列理论的建立,需要西方那种外求型的认识论作指导。譬如,要认识可持续发展理论,需要借助于热力学第一定律和第二定律所提供的知识,来支持万物都是一个寿命过程的世界观。在这种世界观指导下,明确地球只能同球外环境交换能量,不能交换物质,存在着热寂和物质混乱的宿命;了解所有的生命都从环境中吸收有效能量以维持自身低熵状态,同时排除高熵废物;认识人类任何活动都只能使地球的总熵增加,等等。要认识可持续发展理论,需要确立净初始生产力(Net Primary Productivity)科学概念,需要认识地球的人口承载力,需要借助数学工具对人口压力指数、资源压力指数、生态压力指数等求解以及进行总体的、局部的指标体系的设计、能力评估,等等。没有这些东西,再好的发展理念也显得可爱而不可信,而要弄清这些,人类就必须继续加强西方认识论内容方面的学习和研究。

当然,在充分肯定西方传统认识论的同时,也必须看到它内在的缺乏建设人类精神家园自觉意识的先天不足。关于这一点,最有说服力的办法是让那些有洞见的西方学者说话。多伊森(Paul Deussen,1845—1919)说:

> 西方人饱尝了过度的物质文明的痛苦,对于缺乏精神的颓废生活感到厌倦,这就是所谓的"欧洲疲劳病"、"文明疲劳病",对于那些极力想摆脱这种疲劳的人们来说,自然而然地被东方强烈地吸引了……①

德国人凯瑟林(Hermann Keyserling,1880—1946)1912 年在上海发表题

---

① 转引自[日]中村元:《比较思想论》,吴震译,浙江人民出版社 1987 年版,第 31 页。

为《东西方以及两者对共同真理的探索》的演说时提到：

西方人重视物质生活的手段，而忽视了生命本身的意义……基督曾说天国是内在的，在我们每一个人的灵魂当中潜藏着无限，初期基督教哲学家对此深信不疑。可是，他们认为在抽象的概念当中可以找到无限，由此，他们的努力导致了烦琐哲学。烦琐哲学认为，“实在”可以用形式逻辑的方法，从神的观念当中推论出来。……德国的唯心论哲学家们……试图用纯粹理性来构筑世界，这只不过是又重犯了烦琐哲学的错误。因此，当我们去寻找道德和宗教的真实基础的时候，当我们发现了“实在”就存在于我们自身的时候，古代东方的智慧就像黎明时分冉冉升起的太阳，向我们放射着光芒。我们——对人生的奥秘怀有真切的关注的人们——正感受到东方的魅力！她将会使我们展现出我们西方人自己的形象，她超越了东方和西方，她给了我们开启人类心灵大门的钥匙。①

瑞士心理学家荣格说：

西方意识的尖锐性及其严峻问题，不得不面对东方更普遍更稳定的性质而软化；西方的理性主义和片面分化不得不屈服于东方的兼容并包和简易单纯。②

夏威夷大学教授穆尔（Charles A. Moorce，1901—　）指出：

西方人总是看不到这样一点：行动只不过是为了达到某种目的的手段而已。……尽管人们认为西方有发展生产的天才，但是在西方文明中有一种难以满足的贪婪性、破坏性。……东方人的贡献在于他们向西方人指出了这样一个道理：不能在繁忙的生活中迷失了生活的方向。不仅如此，东方人还向我们西方人指出：人类的唯一目的，即避免混乱和贪婪的唯一目的，就是精神上的满足和心灵上的平静。……西方的哲学以及西方人的生活的不足之处在于，他们未能成功地向人们提出和强调东方人的这些思想。③

中国沿着其维新路径发展自己的认识论，同样也有自己的历史合理性。

---

① 转引自［日］中村元：《比较思想论》，吴震译，浙江人民出版社 1987 年版，第 37—38 页。

② ［瑞士］荣格：《心理学与文学》，三联书店 1987 年版，第 56 页。

③ 转引自［日］中村元：《比较思想论》，吴震译，浙江人民出版社 1987 年版，第 144 页。

马克思说：

> 理论只要说服人[ad hominem]，就能掌握群众；而理论只要彻底，就能说服人[ad hominem]。所谓彻底，就是抓住事物的根本。但是，人的根本就是人本身。①

引用这句话的用意并不是说，中国传统的认识论就具有了彻底的品格，而是想指出，中国传统的认识论并没有把世界二重化为感性的世界与理性的世界，更没有让感性的世界去服从理性的世界。中国传统的认识论从来不去追寻那种超感性的绝对精神。孔子早就宣称“道不远人”。

海德格尔苦于西方人盲目地继承自柏拉图开创的理性主义传统而造成对真理的重重遮蔽。他认为此在不仅有一种趋向，就是要沉沦到它所在的它的世界去并依这个世界的反光来解释自身，而且与此同时此在也就沉溺于它的或多或少是明白把握了的传统之中。传统就从此在那里把对自己的领悟，把追问和选择都拿过去了。这种情形未必适用于此在的本已存在中的那种领悟（即存在论的领悟）以及可以造就这种领悟的近况。似这般取得统治地位的传统，首先与通常都使它所“传下”的东西难于接近，竟至于倒是把这些东西掩盖起来了。传统把承袭下来的东西当做是不言自明的，并堵塞了通达“源头”的道路，而流传下来的许多范畴和概念一部分本来曾是以真切的方式从这些源头汲取出来的。传统甚至根本使这样的渊源被遗忘了。传统使人们以为甚至无须去了解一下是否有必要回溯到渊源处去。传统把此在的历史性连根拔除，竟至于此在还只对哲学活动的五花八门的类型、方向、观点感到兴趣，它靠这种兴趣活动于最疏远最陌生的诸种文化中并试图用这种兴趣遮掩自己的无根基状态。结果是：此在无论具有多少历史学兴趣以及在文字上进行“实事求是”的阐释的热衷，它仍然领会不了那些唯一能使我们积极地回溯过去（这里指的是有创造力地占有过去）的最基本的条件。海德格尔作为西方文化圈中的人，深切地知道那样的理性主义传统对通向人类“道不远人”的原始“源头”的严重堵塞。

但是，中国认识论传统却没有堵塞“道不远人”的“源头”的弊端，中国的认识论主要是继承了先秦开创的植根于现实社会和现实人的传统。中国思想从根本上讲来只运作于一个世界之中，并没有产生出所谓两个世界及

---

① 《马克思恩格斯选集》第1卷，人民出版社1995年版，第9页。

其相互关系的论域，但这并不意味着它缺乏终极关怀的意蕴，运作于一个世界即人的现实世界，这正是中国哲学开启终极视域的特质。

有学者指出：

> 周文化从根子上讲就是理解天意和维持天命的文化。周人有"天命靡常"的深刻感受……但从中既没有得出应崇拜人格神的结论，也没有抛开天命而自行其是；而是发展出了一种以人的存在方式来"配天"的"惟精惟一，允执其（厥——引者注）中"的识度，并通过一整套礼乐典制来维持这些天意于人间。这在世界文明史上是很罕见的。①

中国人的精神攫住着"天"，但这个天与人的生存不分离。中华民族罕言"创世"，当然也就罕言"天"之前的人格神，它把天看成一个既成事实，只关注"大道"运行，万物自然运化，并把这种宇宙观推广到认识人的生存发展，遂认为人生之法须以"大道"之法为"母法"。《说文解字》："天，巅也，至高无上，从一、大。"可是，也不能用现代天文学的观念来看待古代中国人意识中的"天"。"天"是有灵验的，能够惩恶佑善。然而，也不能因为这一点就断言这"天"就纯然是道德义理之天。总之，"天"在中国文化境域中，的确只可意会不可言传。自西周以降，它就是中国古人力求去理解的终极。

春秋战国时，由"天"衍生出"道"。《说文解字》："道，所行道也，一达谓之道。"道，有天道、人道，但绝对不是两个不相容的道。根据人法地、地法天、天法道、道法自然的观点，道通为一。天道，指自然界万物都必须遵循的运动路线。但中国人只是承认尊崇"天道"，并不打算把它弄个清楚明白，中国的典章里没有出现破解天道的理论系统。承认"天道"而不对"天道"进行理论追问，这是中国先哲的独特智慧。中国祖先最关心的还是"人道"，子产说得透："天道远，人道迩，非所及也，何以知之？"中国古人对终极所探求的，从一开始就与"天下"结缘，这"天下"就是我们生活于其中的现实世界，人间与自然浑然不分。世俗但不失高远，"义理"但不失清纯。

中国文化重人，域中四大，人占其一，天地之性，人为实，唯人为万物之灵。但是，人固然高贵，却必须顺天依天。中国文化中的人，对于天来说，没有霸气。天人一体，相与化育。夫大人者与天地合其德，与日月合其明，与

① 张祥龙：《海德格尔思想与中国天道——终极视域的开启与交融》，三联书店1996年版，第245页。

四时合其序，与鬼神合其吉凶。中国古代的人文诉求，是通过对自然现象的比附而悟得的，其朴素性很明显。

中国认识论当然认识的是人事，但这人事要认识得有哲学品位，乃在于从天道来认识，如果撇开天道来孤立认识人事，那仅仅是日常认识，不会有终极追求的厚重。很多西方人不了解中国认识论的这一特点，就认为中国人只是纯粹讲日常生活的经验而已，没有哲学。

中国人有自己独特的终极关怀情愫。海德格尔对"关怀"进行过西方文化意义上的词源上的考究，他认为，关怀指的是用眼睛去注视，并在注视之中呼唤自己，要求自己单独去占有关注的东西。中国人眷注终极，但既不以单纯信仰的方式，也不采取单纯理性的方式。中国式的终极关怀，既不借助神灵救赎，又不借助所谓"万能的理性"去创造一个高于并支配感性生活世界的理性世界或曰"绝对精神"，而是强调自己创造自己的价值，自己寻找生命的真谛。儒家用追求人生崇高的"不朽论"来引领人们建功立业、造福社会、完善自我。道家用追求无为的"自然论"卸去精神重压，使人以从容心境坦然面对生老病死和得失荣辱。这种关怀，遵天道、尚人文、远鬼神、近世俗。它不空谈生命与死后灵魂的安顿，而是眷注现实的生存状态。后期，中国引进了佛教，遂也有了自己的宗教式的终极关怀。但是，在中国佛教式的终极关怀中，更多的是追求"上求下化"。上求，通过修行，达于涅槃境界；下化，普度众生。淡化以致努力消解业报观念、神不灭观念、轮回观念。

> 为了缓和人们对佛教因果报应说的批评，佛教学者越来越肯定儒家天命论，并把它引为佛教因果报应论的同道了。①

魏晋时的佛教以黄老"无为"之论诠释涅槃，强调人不以情感牵累生命，不以生命牵累精神，看中生命的净化。南北朝时期，佛学家用生死不二的观念来解释涅槃，强调涅槃乃众生之本性，众生是佛，能得性便是涅槃。减少了许多出世的思想成分。隋唐时期主张用佛性诠释涅槃，并且主张人应当追求智慧，圆净即涅槃，智慧之至极曰"圆"，妄惑灭绝曰"净"。要求以契合理智来寂静地观照众生，保持自身不变而又随缘任运，这就把涅槃解释为心性自由的一种状态了。宏观地看，整个中国佛学体系是围绕人生而开

---

① 方天立:《中国佛教哲学要义》上卷，中国人民大学出版社 2002 年版，第 97 页。

出的：

> 大体上是循着先是人生论、次是宇宙论、再是实践论的脉络发展……人生哲学居于中国佛教哲学体系结构的中心地位。①

中国人的这种终极关怀情愫产生了这样的共同认识：必须使自己正在做的事情合于天地运作，上至天子下至庶民，壹是以此为本，否则社稷不存、家道不幸、性命不保。严格地说，奉天承运并不单是帝王遵循的极则，百姓也都是如此的。然而，究竟怎样来奉天承运呢？中国的认识论对这个把握终极问题的理解，不倾向于“闻见之知”，不通过考问自然的办法让自然交代出秘密来。它强调“观乎天文，以察时变；观乎人文，以化成天下”。“文”通“纹”，所谓“观乎天文”，也可以理解成“古者包牺氏之王天下也，仰则观象于天”那样的行为，由于中国人有一种“唯天唯大”的想法，所以，就有以观天来总览人的生活世界的一切迹象的行为。“观乎人文”就是观察人事沧桑变化的迹象，求得对人事走势的把握。用这样的办法教化于人，最终达到人的行为“与天地合其德，与日月合其时，与四时合其序，与鬼神合其吉凶。先天而弗违，后天而奉天时”。《礼记》就道出了努力知天时的认识论取向：

> 是故夫礼必本于天，殽而之地，列于鬼神，达于丧、祭、射、御、冠、昏、朝、聘。故圣人以礼示之，故天下国家可得而正也。②

这样的察时变，求化成，迥异于西方那种逻辑运思。它是一种随时而变、与时俱化、简易可行的体悟，就像观一叶落而知秋那样。它是非现成性的，是天然显现的，没有概念化的那种呆板弊病，也少了呆板的概念与鲜活生动的事物之间关系处理的麻烦，更避免了要使生动的事物服从呆板概念切割的那种削足适履的悖谬。

按照海德格尔的说法，中国人的这种致力于“知天时”的认识发生，也算是一种生存的“技艺”，但它不同于西方的那种概念逻辑的“技艺”，它没有固定的形式，可以在日常生活随处都找到达到认识目的的机缘。

必须指出，说“道不远人”，并不是说中国传统认识论的话语就是那么缺乏“玄思”。玄思与空洞抽象不是一个意思，玄思并不必然离开感性现

---

① 方天立：《中国佛教哲学要义》上卷，中国人民大学出版社2002年版，第61—62页。

② 《礼记·礼运篇》。

实，而空洞抽象则必然离开了感性现实。其实，中国传统认识论的话语，玄思的程度至少不亚于西方。老子心目中的“道”是玄而又玄的，他以“无”来称“道”，说“道”：

> 视之不见，名曰“夷”，听之不闻，名曰“希”。搏之不得，名曰“微”。此三者不可致诘，故混而为一。其上不皦，其下不昧，绳绳兮不可名，复归于无物，是谓无状之状。无物之像，是谓恍惚。迎之不见其首，随之不见其后。①

荣格提出一个“浑然整体原型”说，认为原始先民的心理结构受“浑然整体原型”观念支配，尽管这种“浑然整体原型”被不断发展出来的理性深深地尘封起来，以致于当它凭着某种机缘出现时，会被人们拒绝，但它却以一种“集体无意识”的心理现象顽强地存在并对人起作用。人类心灵必然是一个整体，失去其中任何一部分，都必然导致心理上的不平衡。这反映在哲学认识论上，就会导致认识危机的发生。照这样来看，老子那种对玄而又玄的“道”的表征，恰恰是集体无意识的有意表达，是先民那种由“浑然整体原型”支配的心理结构的“遗传”，是最有人的生存意蕴的内容。

《老子》明白地提出“为学日增，为道日损”的区别，所谓“为学”，就属于人们现在按照西方认识论模式所理解的认识论内容，“为学”必须留意经验积淀和知识积累，是向外求，所以是“日增”；“为道”，是直达大本大原之所在，对本原东西的把握，必须舍弃日常知识，所以是“日损”。“为道”的损，要“损之又损，以至于无为”②。老子认为“道”是难以用“名”（概念）、难以用概念的联系所构成的言说来把握的，“道可道，非常道”。老子的有无之论，表明他对那种知识论的认识论的平常心。他追求对“无”的探究，而非对“有”的认知。

> “无”，名天地之始；“有”，名万物之母。故常“无”欲以观其妙；常“有”欲以观其徼。此两者，同出而异名，同谓之玄，玄之又玄，众妙之门。③

牟宗三认为：

---

① 《老子》第十四章。

② 《老子》第四十八章。注：有的文本中没有最后的“为”字，笔者从陈鼓应。见陈鼓应：《老子注译及评介》，中华书局1984年版，第250页。

③ 《老子》第一章。

> 玄思的境界一定比逻辑思考高，依《道德经》言玄之意义，其层次在逻辑思考之上。①

不过，老子也承认逻辑思考那种郑重抽象也还是一种玄，所谓"同谓之玄"，此之谓也。一是重在探究"无"，二是重在探究"有"。老子价值取向于"以观其妙"，而那种重在探究"有"的逻辑思维的价值取向于"以观其皦"。王弼说：

> 妙者微之极也，万物始于微而后成；始于无而后生，故常无欲空虚可以观其始物之妙。皦，归终也。凡有之为利必以无为用，欲之所本适道而后济，故常有欲，可以观其终物之皦也。②

科学的认识，必然有其物理对象，是探索成物的内在结构及其与他物之关系及其规律的认识，当然属于"以观其皦"了，而老子钟情于探究"无"，"以观其妙"。

张岱年谈到中国哲学的优越性时指出：

> 中国哲学家都承认本根不离事物。西洋哲学中常认为本根在现象背后，现象现而不实，本根实而不现，现象与本体是对立的两世界。这种"本根是虚幻现象之背后实在"之观点，多数中国哲人，实不主持。中国哲人决不认为本根实而不现，事物现而不实，于本根即含现象。……本根与事物的关系，不是背后的实在与表面的假象之关系，而是源流根枝之关系。③

这段议论是经得起检验的，当年东郭子问庄子"道"在哪里，庄子说在蝼蚁、在稊稗、在瓦甓、在屎尿，无非是说，"道"在很具体的问题里。至于说原始儒学，它依寓现实的特点自不必说。连凯瑟林（Hermann Keyserling，1880—1946）1912 年在上海演说时都承认，中国文化真正的伟大性在于有这样一个显著特点：认为真理是具体表现在人的实际生活当中的。孔子学说是很具体的，其理论落实在日常生活之中，是对实际生活和具体现象的抽象表现。

当然，我们同样要看到中国认识论的严重问题，那就是它在"理性"方

---

① 牟宗三：《周易哲学演讲录》，华东师范大学出版社 2004 年版，第 3 页。

② 《诸子集成》（三），中华书局 1954 年版，第 1 页。

③ 张岱年：《伦理学原理》，商务印书馆 1983 年版，第 15 页。

面的"短板"。朱熹就认为它存在着一个"用沙炒饭"的大问题,近代一些学者对这方面的毛病认识得更为真切,批判得更尖锐。如严复批评中国传统的思维方式"不知求诸事实……但服膺于古人之成训"①。如一桶水倾向这桶,又倾向那桶,倾来倾去,总是这水,何处有新智识来?严复认为,传统思维在逻辑上有比较乱的地方,"孟子何以非子?诗经何以非集?凡此皆以意为分,羌无定理者矣"。认为由于存在着逻辑乱的问题,就在分类上经不起推敲了。他举例说,古人把鲸、鲲等归为鱼类。胡适认为,程、朱的直觉"口说'致知',但他们所希望的,并不是这个物的理和那个物的理","丢了具体的物理,去求那'一旦豁然贯通'的大彻大悟,决没有科学"。主张必须"注重事实,服从证验"。还主张,我国先秦的墨学也有逻辑思想,可以使它同西方逻辑学结合起来。王国维也认为,西方"长于抽象而精于分类,对世界一切有形无形之事物无往而不用综括及分析之二法",中国则"不长"。金岳霖则潜心钻研逻辑学和认识论,以"注重分析"著称。他的著作本身的逻辑力量,对于传统思维方式的变革,起了不小的作用。

总之,人类认识活动服从于生命的生存这一共同目的,在这一共同目的上,中西认识论有共同性可作为相互融合的根本依据,而中西认识论明显的优势与不足又使它们具有很强的互补性。当今,要求中西文化的融合已经成了强烈的共识。德国的印度学家格拉泽纳普(Helmuth von Glasenapp,1891—1963)指出,由于东方人对西方的政治、经济和精神生活来说,正显得日益重要起来,所以有必要"去理解与西方各民族的思维方法(Denkart)显然不同的思维方法,去把握推动他们前进的本质力量"②。凯瑟林认为,中国人是一个伟大的国民,其文化将作为中国精神流传下来,如果抛弃了自己历史悠久的文化基础,中国早就停步不前了,也就会永远丧失自己的文化。中国的改革必须立足于中国自身的文化,而这种文化是世界文明的一部分,中国不能蹈袭西方文明的方法来进行改革。如果想抛开自己的文化基础,去实现西方化,中国必然会崩溃消亡。③ 凯瑟林主张通过东西方之间的相互理解、彼此合作实现人类的本质。而且,要是认识了人类唯一的本

---

① 《严复集》(第二册),中华书局1986年版,第281页。
② 转引自[日]中村元:《比较思想论》,吴震译,浙江人民出版社1987年版,第6页。
③ 参见同上书,第38页。

质，我们就能充分认识到为什么会出现各种不同的文化现象的原因，最终就能创造出一种更美好、更完善的新文化。① 女哲学家田缅尼卡在第 17 届世界哲学大会上说，中国哲学至少有三点值得西方学习，那就是：第一，崇尚自然；第二，体证生生；第三，德性实践。

这些资料足以证明，融合中西认识论，是历史赋予中西方人们的共同任务，中国人不去完成，西方人也会去做的。我们不可以在这个历史任务面前不作为，必须积极有为。

① 参见［日］中村元：《比较思想论》，吴震译，浙江人民出版社 1987 年版，第 39 页。

第一章

ON 与中西认识论的“分叉”

人类任何一个地域的原始时期的认识活动样态都是基本一样的，只是到后来，不同地域、民族的人们的认识活动，才具有了极不相同的样态。认识活动的演化在发生这种质的变化之前，理论上，可能的分叉处应该很多，这意味着演化的多种可能性，究竟选择哪一分支，这是由其内在的随机因素的“涨落”决定的。涨落即系统此起彼伏的波动，包括系统内部的涨落及系统与外部环境之间的涨落。涨落在认识样态变化发展的全过程并非总是具有决定的意义，但是，当认识的样态变化处在旧有样态存在的临界点附近时，小涨落便会被关联放大为巨涨落，从而对一个民族往后认识的发展具有决定的意义。“人猿相揖别，只几块石头磨过”，但绝对不会是所有的猿被必然性支配着一致地去磨石头，肯定只是某一个体最先这样做，至于该猿这样做是出于怎样的心态，那完全是随机的，也只是小涨落。但由于效应奇特，众猿也跟着做，就形成巨涨落，于是便造就了人类，而那些没有这样做的猿群便与新兴人类永久地揖别了。这就是由巨涨落导致的“分叉”。相信中西认识活动产生分叉，也是出于某种具有决定意义的内在随机的涨落。笔者认为，这个涨落就是系词“是”。

其实，胡适就说过这个观点，他认为：

> 一个中文的命题或者词和西方的与之相当的东西不同在于系词。系词在西方的逻辑中具有十分重要的地位，而在中文的命题里却被省略，……在西方逻辑中围绕系词发生出来的一切神秘的晕就这样被消除了。①

---

① 胡适：《先秦名学史》，学林出版社 1983 年版，第 41 页。

一、Ontology 情结就是科学认识论情结

在西方哲学中，Ontology 就是本体论。本体论是 17 世纪德国哲学家郭克兰纽斯（Rudolphus Goclenius，1547—1628）于 1613 年编写哲学辞典时首次提出来的，后来被德国哲学家沃尔夫（Christina Wolff）采用，以表示研究 Onto 的学问。在此之前，亚里士多德的提法是"第一哲学"。

对于本体论，一般是这么认识的：所谓本体，就是用来指称终极存在的哲学范畴，它标示着根本属性、本质、本原，是超越具体事物之存在的存在自身。按照亚里士多德的说法，它是"作为存在的存在"。作为这样的纯存在，具有普遍性、绝对性、永恒性、终极性、超感性、逻辑先在性、根源性、基础性以及原动力性。但是，这样来解释本体论比较抽象，没有紧扣 on 这样一个关节点，恐怕会偏离 Ontology 的本来面貌和它的诉求而一相情愿地为行上追求的合法性辩护，从而遮蔽了西方传统的 Ontology 那种对人的生存"拔根"（海德格尔的用语）的问题。

希腊文中的 on，译成拉丁文便是 ens，译成英文是 being。由汪子嵩、范明生、陈村富、姚介厚合著的《希腊哲学史》第一卷，对这个词做了词源上的考证，他们指出，在印欧语系中，"是"的词根有两个。一是"es"，在希腊语中就是"eimi"，原来的意思就是"依靠自己的力量能运动、生活和存在"；说某物 es，就是说某物自然而然地出现在那里，生存在那里，本意有显现、呈现的意思，包括后来"存在"的意思。另一个是"bhu"、"bheu"，在希腊文中就是 φῦω（phyo，希腊文的意思就是产生 produce、成长 grow、本来就是那样 be by nature），原来的意思是"依靠自己的力量，能自然而然地生长、涌现、出现"。以梵文为表述工具的古印度哲学中，"as"偏重于单纯的、抽象的存在，或静止的、绝对的存在；以 as 为词根的 sat、satra，在印度哲学中表示最终的、真实的存在；而 bhu、bhuva 表示变化的、相对的东西，指现象方面的事物。在希腊语中，es 词根的 eimi，后来演变成系动词"是"，而 phyo 后来指自然而然成长的、变化的东西，最后变成 φυσιζ（Physis，自然、本性），指本性上就有力量成为"如此如此"的东西。它同另一个希腊词 τέχνη（Techne，人工造成的）相对。Techne 以后就专指人造的工艺品、手工业品及制造技术。他们还认为，在拼音系统的文字中，大体上最后都形成了一个最通用的系

词。在希腊语中,这个系词的形成有一个过程,最早的文献中使用 eimi 的并不多。他们查阅《神谱》第1至第100行,仅有4处出现过系词 eimi 的变化形式;《田功农时》的第1至第200行只有6处。到巴门尼德那里,情况就不一样了,在"序诗"和"意见之路"部分,eimi 还很少用,而在"真理之路"中却大量使用了。① 他们分析这一演变情形时指出:

> 以 as 为词根的希腊文 eimi 成为系动词以后,随之而来的语言现象就是动名词、分词、不定式的出现。这样,eimi 不仅有时态、语态、语气、人称等的变化,而且也名词化了,也就是个体化、实体化了。作为动名词,同名词一样有性、数、格的变化,还有词义的问题。作为名词,人们就要追问它"是什么"? 这样,语言发展的本身就推动人们追问:作为动名词的"是"是什么意思? 本来印欧语中,as、bhu 就有依靠自身而存在、成长的意思。"某某是什么"就等于"某某作为什么而存在,而成长"。现在,系词"是"还有个动名词形式,很自然地,人们就像研究别的名词一样,要去思考这个"是"的意思了。②

我们从这些考证和分析中明白了两个意思:一是 Ontology 的研究对象就是"是"。因此,就西方哲学本意而言,本体论也就是"是论"。二是"是"作为专门研究的对象有其希腊语言学上的依据。

要进一步弄明白的是:西方人那执著的"是论"情结究竟意味着什么?

我们知道一个十分简单的特征,那就是古希腊人泰勒斯、阿那克西曼德、阿那克西米尼、毕达哥拉斯、赫拉克利特、色诺芬、巴门尼德、芝诺、留基波、德谟克利特以及苏格拉底、柏拉图、亚里士多德等等,都有一个执著的思绪,那就是,要把捉那绝对不变的东西。他们之间的差别只在于,有的要在变动不居的感性事物中认识那绝对不变的东西或者把某感性事物"提升"为绝对不变的东西,而有的人则是要否弃感性世界而另外寻找那绝对不变的东西。笔者认为,不管古希腊人是否自觉到这一点,这种执著,实际说来,都是要为科学活动找到绝对坚实的基础。他们有一个基本的共识,即科学活动的全部生命乃在于它的基础究竟是否能够被撼动。基础不牢,地动山

---

① 参见汪子嵩、范明生、陈村富、姚介厚:《希腊哲学史》第一卷,人民出版社 1997 年版,第 610—612 页。

② 同上书,第 612 页。

摇。我们看到，直到现在，科学认识论仍然是在这方面做不懈的努力，并且它的成就也主要体现在这方面。

泰勒斯提出水是万物的始基，就是要寻找牢固的认识基础。始基，有 beginning 的意思，不过它不是日常所理解的“起初”、“开头”，它有“统摄”后来者的意味。

前面提到亚里士多德介绍最初的希腊哲学家的思绪，即一个东西，如果一切存在物都由它构成，最初都从其中产生，最后又都复归于它，那么，它就是始基。这里，万物从它而出又都复归于它、没有产生与消灭、常住不变，就是寻找科学基础的思绪，只是这个基础建立在“某物”上而已。从根本上说，以某物为科学研究的基础必定是靠不住的，泰勒斯的命题从提出来就注定会遭到质疑。泰勒斯用来得出结论的方法也是科学研究方法之一——归纳法：

A 由 X 构成且复归于 X；

B 由 X 构成且复归于 X；

……

所以，一切由 X 构成且复归于 X。

只要在所能观察到的范围内没有例外，世界“始基”的结论就可以这样下了。

亚里士多德就是这么认为的。他说：

> 他（指泰勒斯——引者注）之所以得到这个看法，也许是由于观察到万物都以湿的东西为滋养料，以及热本身就是从潮湿中产生，并且靠潮湿来保持的（万物从其中产生的东西就是万物的始基）。他得到这种看法，可能是由于这个缘故；也可能是由于万物的种子就其本性说是潮湿的，而水则是潮湿的东西的本性的来源。①

阿那克西曼德不同意以水为始基的看法，他认为始基是ἄπειρον（无定型或无限）。亚里士多德说：

> 他们都把无限看成是被他们称为元素的某一自然物（如水或气或

---

① 北京大学哲学系外国哲学史教研室编译：《古希腊罗马哲学》，商务印书馆 1982 年版，第 4 页。

它们的中间物)的属性。①

事实上,阿那克西曼德就只提了ἄπειρον,并没有提出什么"如水或气或它们的中间物",没有凭据断言ἄπειρον只是某一自然物(如水或气或它们的中间物)的属性。亚里士多德的这一看法极大地影响着后人所进行的希腊哲学史研究。譬如,我国学者译为"无规定者"、"无定体",其所以一定要带"者"、"体",就是摆脱不了亚里士多德的上述成说。其实他们都知道,α表示否定,πειρον是"限制"、"规定"、"界限"。如实地看,阿那克西曼德所提出的"ἄπειρον"比起泰勒斯提出的"水",更像是哲学的。因为ἄπειρον属于形而上。不诉诸观察与实证。后人无论怎样把"水"说成是"哲学的水",将其与自然的"水"相区别,也于事无补,顶多只能说明那是个诗性的比喻。阿那克西曼德思绪的特点是,要穿透感性事物而认识那不可感知而包容一切、支配一切的内容。

不过,没有人思考过阿那克西曼德提出ἄπειρον与系词"是"有何干系。笔者认为,在"水是始基"这样的命题中,主项和谓项都是名词,从寻找始基意义上看,名词"水"与名词"始基"应该是等值的,即都是标志终极实体的范畴,这样来使用系词"是",是以后人们下定义所通用的。但是,系词还有另外两种用法:一是,譬如"妈妈是人";二是,譬如"树叶是绿的"。在前一种用法中,应该理解成"妈妈属于人",这是归类法,把一个外延小的名词,归位到统摄它的、具有更大外延的名词中去。如果从这个意义上理解水,那么,它就像"妈妈"这个名词一样具有有限性,被归到了无限之中,因而,无限才是始基。毕竟,如果"××是××"这样的命题是表达终极性的命题,那么,它的逆命题在逻辑上应该成立。可是,"水是始基"却不好反过来说"始基是水"。因为,作为"始基",它自身不应该显现为跟它所派生的其他实体一样具有有限性。ἄπειρον就不同,人们既可以说"无定形或无限是始基",又可以反过来说"始基是无定形或无限"。在后一种用法中,主项是名词,谓项则是用以说明和限定该名词的形容词,指某物隶属于一个普遍的属性,属性则大于或外于(至少是部分地)属下的某一具体事物。当然,在"树叶是绿的"中,"绿的"仍然只是一个有限的属性,而只有"无限"才足以担当

---

① 汪子嵩、范明生、陈村富、姚介厚:《希腊哲学史》第一卷,人民出版社1997年版,第183页。

始基。

可是，说“始基是无定形或无限”，不仅在心理上与人们对感觉的基本信念相抵触，而且在系动词的使用上也成了问题。如果把“始基”理解成属性的话，则始基是属性，那么，无限是属性，也就没有覆盖实体，这说明该命题没有最大的普遍性的品格；如果把“始基”理解成实体的话，那么，实体属于属性便有逻辑上的不通，因为属性总是“属于……的”的属性，既谓之“属于……”，就没有资格僭越到始基的地位。我们看到，早期希腊哲学家的始基观就是在由系词“是”引出的这许多“麻烦”中摇摇摆摆。

经过阿那克西曼德思绪的开启，才有爱利亚学派那种自觉理性主义的产生。塞诺芬尼的主要贡献是明确地要追究那“一”是什么，变灭的事物怎么可能从不动的“一”中生出，抑或变灭的事物是不是幻象这类问题。

这仍然是对科学认识的基础作深入的前提追问的需要。塞诺芬尼以前的哲人不去思考这样的问题：永恒不变的“一”怎么能够生成变动不居的“多”来？塞诺芬尼把这个问题挑明。他自豪地宣称：

> 真正说来，从来没有、也决不会有任何人认识神灵以及我所说的一切事物。因为即使有人偶然说出了极完备的真理，他自己也不会知道的。因为决定一切的只是意见。①

巴门尼德提出“是”这个哲学范畴，主张“是”是“一”，是“全”，因而，“是”永恒和无始无终。但是，“是”又是“受限制”的。

> 但是存在物（我理解为“是”——引者注）不动地局限在无始无终的巨大锁链之内；因为产生和消灭已经被赶得很远，被真正的信念赶得无影无踪。存在永远是同一的，居留在自身之内，并且永远固定在同一个地方。因为强大的必然性把它局限在这个锁链之内，这个界限四面八方地围绕着它。②

他所说的赶跑产生与消灭的那个“真信念”正是科学认识活动赖以立足的坚实基础。他所说的那个用锁链从四面八方捆着“是”的“强大必然性”，正是严格而冷峻的逻辑。那么被这样的“真信念”和“强大的必然性”

① 北京大学哲学系外国哲学教研室编译：《古希腊罗马哲学》，商务印书馆1961年版，第47页。

② 同上书，第53页。

操控着的所谓“是”是什么呢？我们仍然要从“××是××”的句式分析中加以辨析。这个句式不管是用来下定义的，还是用来作归类的，就探索世界的本原来说，它在功能上是足可囊括宇宙大全的。我们按照主项、谓项、系词来逐一考察。首先，作为主项的“××”虽然可以是任何东西，可是单有这个“××”是毫无意义的，不过是一个词而已，人们既无从知道它的确切含义，也无从知道它的真假，更无从知道它是变动不居的还是永恒不变的，等等。孤立的“××”不过是一个符号而已。相对于科学认识所要寻找的基础，它没有任何价值，它只有被联系到一个认识活动中，成了待揭示或待分类的主项，认识活动所期待于它的全部内容才有现实的可能性加以展开。但是，这却与作为主项的“××”无关，作为主项的“××”，不过是待认识的“被动的”“质料”（请参考亚里士多德对“质料因”的看法）。其次，作为谓项的“××”虽然可以是任何东西，同样，如果不捆绑在“××是××”这根逻辑的链条上，那也不过是一个词语而已，没有任何认识论上所需要的东西存在其中。当且仅当被捆绑在“××是××”这一“锁链”中，它才获得了认识论中的一个用以解释或规整主项的角色，并且自身才具有了不得重复或包含主项的约束性。同样，它也不过是被用做认识“对象”的“被动”的“质料因”。最后，我们看，系词“是”就不同了。“是”是“××是××”的纽带、灵魂、核心。没有“是”，“××××”完全如同凑在一起的一堆乱石头，根本就没有认识上的价值和意义。可是，有了这个“是”，“××”与“××”才分别具有了认识上的对象和说明对象的地位与价值，才有了逻辑架构中的“主项”、“谓项”地位，才获得了逻辑条件，才产生了逻辑上的真、假值和认识上的真理与谬误问题。因此，“是”是“能动的”“形式因”（请参考亚里士多德对“形式因”的看法）的核心。并且，作为主项和作为谓项的任何内容，常识告诉我们，都是生灭不息、永远变动的，所谓“可感”，是就常识而言，所谓“不实”，是就作为科学认识的基础而言的。可是，“是”就不同了，“是”永远不变。因此，只有将“是”作为科学认识的基础，才具有唯一的“合法性”。

由此可见，on 所强调的是“科学”的认识方式的根本前提。巴门尼德提出“真理世界”与“意见世界”的分野，并且褒前者而贬后者，也是基于对那个前提的捍卫。清理作为“科学”的认识方式之大忌的变灭，是巴门尼德的根本任务。

由此观之,就不能笼统地将 Ontology 说成就是追求普遍性、绝对性、永恒性、终极性、超感性、逻辑的先在性、根源性、基础性以及原动力性,就是对终极存在、终极价值、终极意义作出解释的体现人类终极关怀的学问。这样的学问应该是有的,但不是研究 on 这样的理路所能够获得的。如果说,在巴门尼德那里,on 的执著已然有悖于人类对生存关切的话,那么,到柏拉图那里,所创立的ἰιδὲα(相)论体系,就大大地背离了哲学爱人、属人、眷注人的宗旨,而在黑格尔那里,所创立的万能的"绝对精神"就反过来压扁了现实生活和现实的人。

二、西方传统认识论的基本特征

西方传统认识论的特征可以一言以蔽之曰:理性主义。

如果仅仅说希腊民族钟情于科学,这不是对这个民族真正独到气质的概括,应该说,这个民族钟情于理性,特别执著地寻求一般原因。据说,埃及人世世代代对尼罗河水的泛滥司空见惯,不曾思考尼罗河周期性泛滥的原因是什么,而希腊人一到那里就追究尼罗河水为什么会周期性地泛滥,并且提出种种假说。这显然是一种理性主义的精神气质。希腊民族爱科学是不假,但是在文明发展史上,西亚的东方民族一度比希腊民族的科学成就高得多。希腊人潜心向东方民族学习科学技术,但是它不单是吸收消化这些科学技术,更重要的是,它注重把这些科学知识上升到普遍性。希罗多德和亚里士多德都指出过,西亚的东方人有出色的天文学、数学以及其他科学技术方面的知识积累,但只限于事功以及为宗教服务,没有使这些知识上升到一般的理性阶段。唯希腊人以寻求"逻各斯"的执著精神,从具体的学问中提炼一个层次又一个层次的原因,这种乐此不疲地寻求原因、一直到最高原因的精神,是别的民族所不能比的。

读亚里士多德的《形而上学》,我们可以了解到希腊民族一种独特的价值取向:

> 凭经验的,知事物之所然而不知其所以然,技术家则兼知其所以然之故。我们也认为每一行业中的大匠师应更受尊敬,……他们知道自己一举足一投手的原因……他们具有理论,懂得原因。……谁发明了超越世人官能的任何技术,就为世人所称美;这不仅因为这些发明有使

> 用价值,世人所钦佩的正在于他较别人敏慧而优胜。……而理论部门的知识比之生产部门更应是较高的智慧。这样,明显地,智慧就是有关某些原理与原因的知识。①

在后来的叙述中,他宣传着一个道理,即普遍性越大的认识成果,价值就越大,哲学乃最高的学问,具有最高的价值。这样的价值取向,是希腊人自觉追求事物深层原因的内在驱动力,他们凭此建立起理性主义的强固信念,在认识的追求上总是充满激情地向最高原因进军。

西方人坚信终极原因可以找到,可以说得清白。其所以有如此坚定的信念,是因为他们认为自己找到了最好的研究方法,即科学方法,亦即逻辑证明,后来又加上了实验。这种理性主义特征十分明显。本来,希腊人也有"天命靡常"的苦恼。最明显的反映是希腊神话中俄底冉斯被命运所捉弄的悲剧。俄底冉斯猜中了斯芬克斯之谜,又有效地治理了自己的国家,可是他却无法逃避命运的捉弄:鬼使神差地杀了自己的生父、娶了自己的生母,最终不得不悲痛地刺瞎自己的双眼,到处飘零。这个神话表明,希腊人领悟到人的力量的有限性。但希腊人对命运的抗争,与炎黄子孙不同,他们把自己想象成是一群提坦式的英雄的后裔,想要完全破解"天命",并且坚信这样是办得到的。这种风格、态度或许与搏击海洋的生涯息息相关,在茫茫大海行船要想不迷航,胜利到达目的地,要想与风暴搏斗并战而胜之,要想在海上成功地进行交易,就需要高度的精确性,就需要科学技术。这样的生涯,实际上很可能有利于形成和强固所谓相信理性能够破译天意的一切密码的信念。

关于这一点,亚里士多德有这样的表述:

> 要获得这样的知识也许是超乎人类的能力;从许多方面想,人类的本性是在缧绁之中。照雪蒙尼得的话,"自然的秘密只许神知道",人类应安分于人间的知识,不宜上窥天机。如诗人之语良有不谬,则神祉亦复怀妒,是故人之以此智慧(泄露天机)胜者,辙遭遇不幸。然神祉未必妒(古谚有云:诗人多谎),而且人间也没有较这一门更光荣的学术。因为最神圣的学术也是最光荣的,这学术必然在两方面均属神圣。于神最合适的学术正应是一门神圣的学术,任何神圣事物的学术也必

① [古希腊]亚里士多德:《形而上学》,吴寿彭译,商务印书馆1959年版,第2—3页。

是神圣的；而哲学确正如此：(1)神原被认为是万物的原因，也被认为是世间第一原理。(2)这样的一门学术或则是神所独有；或者是神能超乎人类而所知独多。所有其他学术，较之哲学确为更切实用，但任何学术均不比哲学为更佳。①

亚里士多德在这里所表达的是破天命而用之的理性主义立场。我们民族是遵天命的，天机不可尽窥的古训是有的，中国古人虽然对此内心未必相信，但也没有像亚里士多德那样提出相反的主张，中国古人大都采取“悬置”的策略，打天命的旗帜，其实着重研究社会人事。屈原发表过“天问”，但后人却没有乐此不疲地追问下去，这不能不说是与我们民族的性格相关。希腊人不采取变通的策略，而是一定要对一切进行追问。据说，德谟克利特甚至说过，只找到一个原因的解释，也比成为波斯人的王好。

古代希腊理性主义特征可以说在泰勒斯那里就发轫了，但是真正把理性主义张扬起来，把科学思维方式的优势从理论和实践的结合上确立起来的，是具有师承关系的苏格拉底、柏拉图、亚里士多德。

苏格拉底要寻找认识“存在”的稳定的“入口”。在苏格拉底看来，面对如此繁复的宇宙，人类认识如何以简驭繁，这才是要解决的重大问题。他回忆说他年轻的时候，在放弃了自然哲学的认识进路之时，于迷茫中听到了阿那克萨戈拉关于“努斯(nous)是安排一切的原因”的观点，开启了一个全新的视域。但是，认知结构仍然局限在自然哲学上的阿那克萨戈拉满足不了苏格拉底寻求一个能引导他作新的哲学拓荒的精神需求，他不得不依靠自己奋斗，“在(nous——引者注)那里去寻求存在的真理”。努斯(nous)，一般译为“心灵”，但他有“reason”(理性)的含义。苏格拉底要表达的思想是，由理性所做的安排一定是合理的、最好的。苏格拉底与人讨论各种问题时，都充分体现了他的理性自觉。

苏格拉底欲建立一个“努斯”的思想体系，但最终还是壮志未酬。这个历史性的任务，由其弟子柏拉图创立的“相”的逻辑辩证法和认识论统一的庞大哲学体系而告成。《美诺篇》强调，要在各种各样的美德中找到一个共同的“相”，知道了这个“相”，才能知道属于“相”的各部分。柏拉图关于“相”的观点，要义有：“相”本身不可分割；“相”的特征：单一性、同一性、非

---

① ［古希腊］亚里士多德：《形而上学》，吴寿彭译，商务印书馆1959年版，第5—6页。

组合性、不变性、可思而不可感性、纯粹性、永恒性；只有逻辑才能使人认识“相”。这样，柏拉图就把人类的思维兴趣移到了逻辑及其对概念的把握。黑格尔在《哲学史讲演录》第三卷中曾这样说：

> 哲学之发展成为科学，确切点说是从苏格拉底的观点进展到科学的观点。哲学之作为科学是从柏拉图开始而由亚里士多德完成的。

亚里士多德自觉地发展逻辑思维，他所创立的形式逻辑体系，使现代的逻辑研究都没有对其成就作太大的超越，到了近代，形式逻辑的兴盛和普及，使科学思维方式成了人类全部思维方式的代名词。亚里士多德的逻辑学是同他的哲学发展的需要分不开的。他在关于本体及其级别的分殊，关于意义的分析和范畴构建方面所作出的努力、关于数量与关系以及性质的分析、关于对立和运动的界定、关于次范畴和后范畴的透视等等方面，表现出了逻辑思维的惊人水准。他在形而上学和逻辑思维上面的创新，是对称的，其逻辑公理同样是通达形而上的公理。自此，科学的霸权地位确立了，哲学只不过是顶级的科学，并且凭借逻辑实证可以穷尽对本体的认识。一种科学万能的坚定信念，在欧洲就这样贯彻到生活中去了。人们坚信，对任何事物都可以通过观察、实验和逻辑论证加以认识，对任何结论，经观察、实验验证之后，方可决定真伪；人们崇尚符号世界，认为符号世界能统摄现实世界和未来世界的一切，任何认识对象，关于它们的认识，只有用符号表达，才算完善，因而运用数量的原则即运用精确测量的数学方法达成对事物的定量分析这样的路径，被高度重视，逻辑学得到高度发展。人们认为，一切因果关系，都可运用抽象的普遍规则或方程式推导出来，而且经得起观察与实践的检验。人们坚信科学是唯一能够给人类带来福祉的东西。

整个说来，西方对于实证方法的研究是锲而不舍的，以下资料足以说明问题：

柏拉图	全部抽象理念	善；相等
亚里士多德	逻辑公理	矛盾律
F. 培根	种族假相	“形状知觉”
休谟	本能，推理规则	经验推理
笛卡尔	第一原理	自我的存在；上帝
莱布尼茨	全部必然真理	数学和逻辑学
	许多理智观念	统一性；实体

	若干实践原则	趋利避苦
康德	直观形式和 范畴的“根据”	空间直观的 可能性
赫尔姆霍茨	空间直观	三维性
洛伦茨	行为模式	交配行为
	直观形式	空间直观
	范畴	因果性
皮亚杰	反应格局	
	认知结构	平面知觉
荣格	原型	真我;二重性
列维-斯特劳斯	结构	烹饪三角
乔姆斯基	普遍语法	A—uber—A 原理

资料来源:[德]格哈特·福尔迈:《进化认识论》,舒远招译,武汉大学出版社 1994 年版,第 129—130 页。

近代以后,西方的实证性思维方式已经达到了非常成熟的境地。那里的思想家和科学家们创造了一个实证研究的方法论体系。该体系从大的方面讲,分观念知识成分和方法评价成分两大模块。

观念知识成分主要的内容包括本体预设的三个原理,即齐一性原理、实体性原理、因果性原理。齐一性原理认为自然界的变化中,类似的状态总是有类似的状态相伴随。罗素称之为“第一公设”。其陈述为:

> 已知任何一个事件 A,经常发生的情况是:在任何一个相临的时间,在某个相临的地点有一个与 A 非常类似的事件。①

齐一性原理的基本思绪是引导科学研究还原为寻求多样性中的统一,它渴望发现规律或统一性并且由此使理性的努力经济化。

实体原理主张:实体是永恒存在的,既没有创生也没有湮灭,变化仅是实体的改变。实体是质料性的,占有全部空间。新的宇宙论认为,可能只存在一种实体,差异仅仅在于量上或集合结构上。这样,就把(尤其是近代力学)无限丰富的世界变成了“量”的变化,好像宇宙是用数学语言写成的。

因果性原理认为所有的变化都有原因。因果性原理在近代科学中体现为定域性原理,即因果性影响扩散的速度不能超过光速。

知识成分主要体现为科学的世界图景和世界观。世界图景为解释经验

---

① [英]罗素:《人类的知识》,张金言译,商务印书馆 1983 年版,第 581 页。

现象提供了基本模型。科学的世界图景“根据被赋予的历史阶段上的整个自然界及其主要领域里科学知识所取得的某种统一的图景……[它]具有由一定历史时期的自然科学及其主要领域的科学认识成果所赋予的基本特征”①。近代科学在很长一个时期内,世界图景是机械论的。

方法评价成分与基本的思想工具相联系,有实验、数学化、分析。此外,还有一套认识评价准则。这些最先是属于西方人特有的思维习惯和科研技巧,现在已经普及为全人类的了。实验包括发现型实验(对事物的属性或函数之间的关系尚未有确定性假说前的一种旨在发现相应的属性或关系的实验)和检验型实验(对某种经验性预言进行实验验证)。数学化把自然界想象为按照数学的方式设计、具有严格的数学结构的系统。

伽利略宣称,没有数学语言和数学符号,人们就会在黑暗的迷宫中徒劳地徘徊。爱因斯坦说:

> 迄今为止,我们的经验已经使我们有理由相信,自然界是可以想象到的最简单的数学观念的实际体现。我坚信,我们能够用纯粹数学的构造来发现概念以及把这些概念联系起来的定律,这些概念和定律是理解自然现象的钥匙。经验可以提示合适的数学概念,但是数学概念无论如何却不能从经验中推导出来。当然,经验始终是数学构造的物理效用的唯一判据。但是这种创造的原理却存在于数学之中。因此,在某种意义上,我认为,像古人所梦想的,纯粹思维能够把握实在,这种看法是正确的。②

数学化方法把物体的可量度的数学特征看成是最基本的性质,至于那些不可度量的属性,则被作为基本性质的衍生物来对待。这样一来,感性的丰富内容都有可能被当成“无关紧要”的东西,甚至还有可能被当做“虚幻”的东西加以排斥。

分析,如牛顿所言:

> 这种分析方法包括做实验和观察,用归纳法去从中作出普遍结论,并且不使这些结论遭到异议,除非这些异议来自实验或者其他可靠的

---

① [日]岩崎允胤等:《科学认识论》,于书亭等译,黑龙江人民出版社1984年版,第454页。

② 许英良等编译:《爱因斯坦文集》第1卷,商务印书馆1976年版,第316页。

真理方面。……用这样的分析方法，我们就可以从复合物论证它们的成分，从运动到产生运动的力，一般地说，从结构到原因，从特殊原因到普遍原因，一直论证到最普遍的原因为止。这就是分析的方法。①

西方的实证方法形成了一套评价准则，用以评价答案的准确性，进而对可能的理论方案作出选择，这些准则主要是：融贯性和经验检验性。

融贯性强调：一个假说与占主导地位的理论不得矛盾，假说内部的结构要保持逻辑上的一致。西人倾心于数学，必定追求融贯。

经验检验性缘自齐一性预设。自然界只有是齐一的，经验的结果才可能是可交流的。经验检验有三类：符合性检验、包容性检验、简洁性检验。符合性检验用来确定某一理论的推论与对实在世界所作的检验观察是否相合。某个理论链对经验观测的语言能力越强，它就越容易使人们相信它与现象世界是符合的。包容性检验用来判定理论是否能够包容与它的研究题材相关的所有已知事实。一种理论所能解释的事实越多，它就越能使人相信它的包容性。简洁性检验用来确定理论结构中的某种要素安排的简洁性程度。简洁性检验（包括它的内在假定）对于经验观测是十分必要的。某种意义上讲，如果从某种理论中去掉某个因素并不降低这种理论的解释能力，那种因素就应视为多余。②

希腊重实证的传统应当说是商业传统和民主传统的伴生物。商业活动讲效费比，讲经济效益，就必然要求对风险与收益进行预测、论证，必须求助于分析的精细等等。所以，生存在商品经济中的人们要想立于不败之地，必须养成逻辑论证的思维习惯，这是适应生存竞争社会环境的必要条件。民主，要充分发挥言说的力量，要靠论争来说服人，在争论中赢得话语权。希腊的辩证法产生于论辩中并与对话有语缘上的联系，这一事实本身就很能说明问题。说服力求助于严密的逻辑论证，这是不争的事实，人们在这样的民主环境中生存，养成重逻辑实证的思维方式是不足为奇的。近代大工业把民主政治与商品经济同时提到了空前未有的崭新境界。逻辑实证的方式也就空前地受到重视，逻辑实证无可争议地为西方科学昌明带来了福音，也

① ［美］H. 塞耶编：《牛顿自然哲学著作选》，上海外国自然科学哲学著作编译组译，上海人民出版社1974年版，第212页。

② 以上关于西方实证思维方面的材料参考和引用了陈中立等：《思维方式与社会发展》（社会科学文献出版社2001年版）的研究成果，详见第八章。特此致谢！

是西方超越中国的原因之一。

崇尚理性的力量，自然是很好的精神气度，它有利于人的主体性意识的健康发展，有利于较快地脱离神的怀抱而运用人自身的本质力量来获得谋求生存与发展的自由。但是，如果不使得人类的良知与理性得到共同发展、相互制约和补充，那么，理性就会盲目地跟着人类主宰世界的无限欲望而膨胀，从而更加助长人类的自私和贪婪，使世界遭到劫难。现代性的最大弊病也正在这里，这一弊病不能没有西方文化史上的病根，在西方传统认识论中，存在着抽象二元对立、孤立求知、缺乏对人的生存观照等严重的不足。直到现在，西方还有一种强大的呼声，主张哲学的所有合理因素都只在科学之中，哲学所能做的唯一有意义的工作，只是澄清科学这个真正精巧的理论构架的逻辑语法或运作方式。这样一种固执，是不利于认识论的健康发展的，严格说来，是要毁灭认识论的。

逻辑实证的凸显，在西方一度产生了对它的疯狂崇拜，似乎思维的正统性就在于逻辑实证，一切只有通过逻辑实证这把“筛子”筛过后才是合法的。逻辑实证的思维无限膨胀，其他的内容就日渐萎缩，于是，逻辑实证把活生生的事物及其联系抽象成了概念的冰冷体系甚至符号体系，就连人也变成了概念。海德格尔说的“在的遗忘”终于发生了，人被连根拔起了！

西方近代哲学的认识旨趣，主流是一种关于科学活动的认识，在西方很长的历史时期，科学认识是唯一具有合理性、至上性、万能性的认识。西方人只是在经验论与唯理论的框架中述说着科学认识，经验论以经验事物为认识的基石，要求通过实验，进行理性的归纳；唯理论以不可质疑的“第一原理”为认识的基石，致力于以严密的逻辑推论来揭示真理，建立扎实的知识系统。科学取得长足的发展，使西人物质生活条件变得富裕起来之后，西方人几乎把崇奉理性主义而成功地成为科学泰斗的人物，崇拜成了上帝的使徒，甚至于高过了上帝。其忘乎所以之状溢于言表，我们似乎可以把那种狂热用一个很矛盾的术语来表达——“理性的迷狂”。

例如，亚历山大·蒲柏为牛顿写的墓志铭道：

自然和自然的法则在黑夜中隐藏；

上帝说，让牛顿去吧！

于是一切都已照亮。

又如，安培的儿子写道：

宣告科学救世主的来临，
开普勒已驱散了凯旋门上的阴云。
于是，
圣经自此编成。
这是人的圣经，
他看到了柏拉图曾敬重的上帝，
这个人就叫做牛顿。
他来了，他揭示出最高的原则，
永恒、普适、唯一，就像上帝自身。
万物都肃静下来，听他说道：吸引，
这个词正是那造物的字音。

当然，对于这一主流旨趣，康德（Emmanuel Kant）无疑是另类。他把人要认识的对象分成两类。一类是科学活动所要认识的对象，另一类是哲学活动所要认识的对象。人的认识有能力达到前者，却无力达于后者。康德关于“先天综合判断如何可能”的思考，关于“分析的判断”和“综合的判断”的分殊，关于认识的“三个阶段”的主张以及关于自在之物等等见解，都是为了回答他关于认识对象划界而必然衍生出来的内容。康德认为，人在认识活动中陷入“二律背反”，原因是人要求对宇宙大全的绝对认识，而所获得的经验对象总是局部的、受限制的，人只能认识现象界。康德的见解动摇了关于经验归纳或知性分析足以认识一切的西方传统信念。

西方传统认识论以普遍与特殊、现象与本质、主体与客体、语言与对象的分裂为基本的理论前提，整个体系是以探究这种二元之间的关系为中轴建构的。这种体系中不乏机智、深刻之处，严谨性也令人叹为观止。但是，它纯思辨的特征，使它总体上缺乏人作为万物之灵的灵气，也避免不了僵化的宿命。原因就在于思辨离开了现实的人和现实的感性活动这一源头活水。它可以长于探究型质层面的内容，却不善于探求人的深层的生存机缘，它可以长于对器物制造的导引，却相形见绌于理想生活与精神家园的洞见。

西方传统认识论不是把外部世界当做人的感性活动来理解，而是要么抽象地接受外部世界的优先地位，静观地令反映去符合被反映者的所谓本来面貌；要么抽象地谈论理性对物质系统的统摄，没有根基（即现实生活基础）地讨论人的能动性。上述二者共同的特点，就是静止地将主观世界和客观世界进行二分，使之对立起来，然后谋求它们的结合，这种“离散——结合”模式有明显的机械性质。

自巴门尼德把世界分成绝然不同的“意见世界”和“真理世界”，拒斥依靠感官提供认识材料的路径之后，西方的认识论就顽固地存在着一种所谓纯粹物理世界与经验世界二分的思绪。其实，这个思绪在引发研究纯粹存在的兴趣的同时，就以同样的力度引发了对它的怀疑，它坚信逻辑思维能够破译纯粹实在的一切密码，但怀疑论和不可知论者则以其人之道还治其人之身，致力于消解这个纯粹实在。有趣的是，西方的认识论养育了自然科学的研究方法，可是，自然科学研究的成果恰好给它关于纯粹实在的信念以重重的打击。人认识外部对象的途径是感觉，人的精致的认识成果只能在感觉提供的经验对象基础上进行加工。如果人们既要把实在区分成纯粹的实在与经验的实在，又要承认这二者之间没有鸿沟；那就不得不陷入一种二者择一的艰难选择：要么就持先验论的解释，要么就持反映论的解释。持先验论的解释在这里不去说它，持反映论的解释，那种对象不依赖于人的感觉而独立存在的理论立场也难以立足。以视觉为例，恩格斯说过，“什么是光，什么是非光，这是以眼睛的构造为转移的”。对象发出电磁波，眼睛接受到其中有一定波长的电磁波，可是，被眼睛接受到的电磁波本身并没有任何颜色，人的视网膜里存在着棒状细胞与椎状细胞，前者含有名为“视紫”的物质，产生被所接受到的电磁波分解的生理化学过程，具有把接受到的电磁波转换成明暗的功能。后者根据托马斯·扬格与赫尔姆霍茨的看法，含有红、绿、蓝色觉物质，产生被所接受到的电磁波分解的生理化学过程，具有把接受到的电磁波转换成色彩的功能。另据黑林假设，三种色觉物质中有黑—白、蓝—黄、红—绿以拮抗方式存在的六种基色。这些假设都获得了科学成果的支持。它说明，最基本的视觉是依赖于人的视觉器官（还不包括其他复杂因素），人类没有不依赖于人的经验内容，没有“神目”。

总之，西方认识论开启的科学方法又对它的基本信念是一个沉重的打击。按照科学方法的要求，用做推理的前提一定要绝对坚实可靠，但是，无论是演绎推理还是归纳推理，在其前提的绝对可靠性方面，都是有懈可击的。演绎推理的大前提经常被质疑以致于被推翻，这已是不足为奇了，至于归纳推理那种由果推因得出的作为演绎推理前提的结论，其不确定性就更大了。

诚如有的学者指出的那样：

> 概念化的哲学从根子上就是笨拙、自闭和不入境的，做不出真正有趣的思想游戏。①

西方认识论在近现代的这种悲剧遭遇，从自身检讨，乃因为它固执于离开现实生活而孤立地、静止地、抽象地进行主客二分。就它这种认识论样态而言，它遭到现实生活的空前冷落，用它所熟悉的行话来说是：“逻辑的必然”。

我们绝不是否定西方传统认识论的优长。相反，追求严密逻辑的理性思维是人类智慧的瑰宝，而且也是哲学之所以为哲学，区别于宗教的标志之一。但是，人类对自己理性的发展应该有正确的方向感，对理性能力应该有一种谦虚的、明智的意识，应该面向有血有肉的人的需要、情感、意志，为认识人、丰富人、发展人服务。

三、中国传统认识论的基本特征

亲和生活，这是中国传统认识论的基本特征。

中国传统认识论没有刻意地进行主客二分的弊病。中国虽然有所谓“三极之道”（《周易·系辞·上传》）之说，但不是指分离后的“极”。

> 三极是一，不是有三个极。②

中国哲学所讲的“天”，具有笼统的整体性。中国典章在不同场合，对“天”有不同的意指，但总的来说，不是自然科学所过滤了的那种纯自然。天，是把人含于其中的。所谓“天人合一”，不是分了以后求合，而是不能分也没有分，谓之“一天人”。这是中华民族走着“维新路径”进入文明社会的产物。因为，原始先民的思维是人天浑然一体的。进入文明社会后，中国人继承了天下为公的传统、整体主义价值体系、整体思维等等。所以，它没有也不允许天人二分。但是，没有天人二分不等于说它就只停留在原始思维阶段，它在漫长岁月的流逝中，沿着有自己特色的路径，把原始思维精致化

---

① 张祥龙：《海德格尔思想与中国天道——终极视域的开启与交融》，三联书店1996年版，第200页。

② 牟宗三：《周易哲学演讲录》，华东师范大学出版社2004年版，第102页。

了。搞出一套与天地合其德、与日月合其明、与四时合其序、与鬼神合其吉凶的思想体系。迥异于西方那种绝对排除人与社会，把天当做纯自然客体考察的"科学"方向。它不太重视逻辑实证，而重视直觉把握，对于运用逻辑实证方法来外求对于世界的把握之道，中国的先哲不以为然。"为学日增，为道日损"以及"闻见之知"与"德性之知"的界分，相当程度地表明了中国传统认识论对自己的认识传统的自觉。

天，对于中国，不管是对于帝王还是对于思想家抑或对于庶民，都是最高最强有力的精神支柱。原始儒学也讲"知天"，但它却不离开活生生的人和人的生活世界。它采取由近达远、由下达上、由人通天的办法来"知天"。孟子曰：

尽其心者，知其性也；知其性则知天矣。①

作为对认识对象的"天"的认识过程，是指体天道之真昧，因而，这是形而上的，不是用实验或者数学方法所能奏效的，它是要靠直觉和体悟来通达。在这里，我们发现，中国孔子及其门人同苏格拉底的思绪到底是不一样的。苏格拉底是把哲学认识的对象从天上拉到地上，而所采取的理路，仍然是他的早期希腊前辈那种探求本源的知识论的理路，他的致思方式诉诸思辨和实证，要求概念的清晰性和普遍性。在中国，既然从来不曾发生苏格拉底所怒斥的不管人事而醉心于天上的事情那种情形（荀子批评庄子知于天而蔽于人，那与苏格拉底批评他的同时代人"不管人事"完全是两回事情。庄子是主张六合之外君子存而不论的。在希腊人那里，所醉心于研究的是"在发现了支配每一件事物的规律之后，能够随心所欲地制造风、雨、季节变化以及诸如此类的事物？还是并没有这个打算，只是满足于知道自然是怎样化生万物的"②），也就没有从天上拉回来的问题，它依然沿着非逻辑证明的办法。如果西方学者推崇苏格拉底在哲学上的变革的话，那么，中国学者也照样推崇儒家明确坚持根植于现实社会、人伦日用的方向和原则。

中华民族通过"维新路径"从原始社会过渡到文明社会，不仅是把原始先民的价值观和传习保持下来并在新的历史条件下加以发展，而且把那种

① 《孟子·尽心上》。

② 北京大学哲学系外国哲学史教研室编译：《西方哲学原著选读》上卷，商务印书馆1982年版，第60页。

拟人化的致思方式也继承下来、发展起来了。在中国思想家特别是儒家的思想深处,天地是灵性的,天地有其大德,“天地之大德曰生”。这根本不用去求证,需要的只是虔诚地信其如此,并在行动中自觉地“与天地合其德”,做到这样就可以知天。所以,中国先哲不会把哲学的对象放在自然科学探索宇宙秘密的那个意义上。这不同于苏格拉底不主张过分地把精力放在研究自然上,他那是一种功效意义上的见解,即是说,他觉得那样是陷于恶性循环,找不到研究的起点,也为他的能力所不及。所以,在苏格拉底思想深处,如果不是能力所不及的话,那种研究路径是“最好”的,只是由于达不到,所以,他就追求他的“次好”。① 在中国儒家这里,人心、人性、天道的相通是一个铁的信念,在苏格拉底那里,并没有这一个信念,天仍然是天,人仍然是人,相通与否至少有待于证明。

儒家把周易的真精神解读为:乾以易知,坤以简能;易则易知,简则易从。乾以易知,这里的“知”作“主宰”解,即是说,宇宙是以“易”而不是“难”的方式“主宰”万事万物。儒家所孜孜以求的是“乾以易知”中那个“易”的真昧何在,宇宙毕竟包罗万象,我们何以使之简约,从什么方向删繁就简?古人认为,就从人本身。从人本身切入,就必须有一个关于认识论的真精神,那就是,认识现实的人及其活动的明晰意识与坚定信念。

牟宗三指出:

> 在根源的层面上才可以说易简。……易简是生命中的问题。返到“乾以易知,坤以简能”那个地方说易简原则,这是属于内圣之学,不要当一个泛泛的形而上学看。在西方,亚里士多德讲物理许多原则,往后归到几个基本原则,这种工作是形而上学的工作。……这是西方的讲法。最后讲第一原则,从现象往后返,这个归纳而来的第一原则,不是

---

①　这不是笔者的猜测,的确有史料方面的证据。柏拉图在《斐多篇》中载,苏格拉底对克贝说:“他们从来没有想到,把这些东西安排成现在这个样子的,正是一种要把它们安排得最好的力量;他们不在事物中找出一种神力,却希望另外找出一个支撑世界的阿特拉斯,比这种神力更强大、更不朽、更能包罗万象。他们丝毫不想‘好’这种担当一切、包罗一切的力量。然而这正是我最乐意知道的本原,如果有人愿意教我的话。可是‘最好’的本性我自己既不能发现,又不能从任何别人那里学到,所以我愿意向你说说,什么是我所发现的次好的研究原因的方式。”参见北京大学哲学系外国哲学史教研室编译:《西方哲学原著选读》上卷,商务印书馆1982年版,第64页。

中国人讲的简易。①

概括地说,中国传统的认识论有以下特征。

一是非对象化、非实体化、非概念化。

这里的"非",就是"非难"的意思,在特别的场合甚至还有"拒斥"的意思。说"非某某",意指否定与批判,与之划清界限。具体地说,"非对象化"就是与对象化不同,它主张机体性;"非实体化"就是与实体化不同,它主张有无之境;"非概念化"就是与概念化不同,它主张意象性。

非对象化。对象化就是主客二分,把人作为认识的主体,把人要认识的东西当做客体。这种二分法在具体科学中是必要的,但从哲学上讲是行不通的,因为,这样一来,人就和世界分离了,世界成了人认识的对象,本来融于世界之中的人却魔术般地置身于世界之外了。这便是西方认识论的前提,取消主体客体,就没法谈论西方的认识论。

儒学的核心是"仁",依笔者看,"仁"其实就是对生命机体性的敏锐知觉。譬如,我们现在还使用"麻木不仁"这个词,当说某人对另外的人或事"麻木不仁"的时候,意思是说,这"另外的人或事"本来与某人是具有有机体联系的,某人本来应该对这"另外的人或事"有所作为,但某人却不作为,生生地把"机体"的一部分从己方切割了,就像生生地将人体的一只手臂从人体切割掉一样,"麻木"是为了形象地托出"不仁"。当我们说某人"为富不仁"的时候,有了意义的延伸,但还是能够体味出那种切割机体的含义。某人本来与他人具有有机联系性,他致富本当遵循"恻隐之心"、"羞恶之心"、"辞让之心",以"己所不欲,勿施于人"和"己欲达而达人"、"推己及人"等原则来善待周围的人们,可是他却把周围的人们从自己的"机体"中切割了,专门干损人利己的勾当。至于"不仁不义"的意思,就延伸得更多了,但仍然可以在上述意思上解释,只是仁和义有不同侧重而已,"仁以直内,义以方外"。

中国哲学讲"三才之道"。天、地、人是一体相通的。天大、地大、道大、人亦大,域中四大,人居其一。

人的大,不是在广延性和持续性上的无限量,而是因人与天地一体相通而大,若把人从天地切割开,无疑十分渺小,尽管有理性,也同样渺小,凭借

① 牟宗三:《周易哲学演讲录》,华东师范大学出版社2004年版,第97页。

理性而自卖自夸是现代人无知的悲哀。

中国传统的认识论强调能动性，但不是在天人相分上谋求能动，而是在“赞天地之化育”方面谋求能动。西方哲学先是在“分”上下工夫，当今，西方一些思想家就想向中国传统哲学那样“谋求合”（这只是西方思想界一些人的认识而已，前面反复说过，中国传统哲学认为人天本于一，不存在所谓“谋求合”），可是，他们毕竟缺乏中国传统哲学的生存论的底蕴。中国传统哲学发挥人的能动性是建立在天——人“生命肌体”上的。按照儒家的说法，是要做到与天地合其德。天之“德”就是原发创生性。“生生之谓易”，前一“生”即“原生”，乃无形无象的“太极”生“两仪”即阴阳，后一“生”即“再生”、“再再生”即两仪生四象，四象生八卦，八卦定吉凶，吉凶生大业，等等。原生与再生、再再生都是创生。这是人在亲身经历的生活世界中体悟到的自强不息的、大化流行的原发创生性。地之德在于顺从作为万物资始所统之天。所以儒家又把天地之德合论，谓“天地之大德曰生”。此乃儒家所感悟到的生生之谓易的根本。

儒家的哲学是整体性的“天道性命之学”。天道实现为人性才有意义，天道命于人而使人接受成为人性。所谓“命”，谓宇宙通过自身的大化流行而赋人以“性”。人只要穷其精力反观自身，对自己的“性”达于真知，就有可能对天道达于真知。所谓“尽性以至于命”或“尽性知天”，应作如是解。就《易》理而言，八卦图是一个天人混一的模式。卦爻的象是大象无形而动态整体之象，唯无形，才不会主客二分；唯动态整体，才不会僵化，永远保持那原发创生的生机。所以在儒家那里，人只要正心、诚意、修身，用其工夫来治国平天下，那就是参与整体的大化流行过程，当然也就“知天”了，不必像骑驴找驴那样，在人之外寻找人要寻找的东西。

道家同儒家是一样的主张，儒家的世界模式是所谓太极生两仪，两仪生四象，四象生八卦，八卦定吉凶，吉凶生大业。《老子》的世界模式则是道生一，一生二，二生三，三生万物，万物负阴而抱阳，冲气以为和。二者异曲而同工。老子虽然反对儒家的内求圣人境界，但他却是主张内求伸张人的自然之性的，能尽这种自然之性，乃是“人法地”了，所以，其哲学的非对象化主张是与儒家一致的。

非实体化。西方的哲学之所以对象化，在于在最初的哲学研究路向上寻求所谓“始基”，这就蕴涵了“实体构成论”。在希腊最初的哲学家信念里，有一种不可再分的基质性的东西，万物由它构成，变灭后又复归于它，派生物有生有灭，而这种基质性的东西则永远不变。关于这一点，前面已经有论说。这里要说的是，无论希腊哲人把水还是气或者是火当成世界的"始基"，这"始基"都已经实体化了。一实体化，就必然对象化。中国传统的哲学之所以没有对象化，就因为它不寻找什么"始基"。中国哲人的世界观不是"实体构成论"的，即使是汉代产生的"五行说"的宇宙论，也不同于希腊的实体构成论。在中国古代，天就是蕴涵人与万物于其中的整体，不细析内部的实体构成。就像庄子在《应帝王》结尾中描述的那个混沌帝，他作为整体本来很鲜活生动，而硬是被倏与忽给凿七窍，结果就被折腾死了。混沌之死，寓意庄子的见解。混沌寓意为"道"，这是很明白的，老子曰："有物混成，先天地而生"，以及"惚兮恍兮"、"恍兮惚兮"就是指的混沌。如果一定要使他具有七窍构成，也就是灭其"道"。当然，"道"是不可灭的，而是人犯下离开"道"的致命错误。

《易》是观物取向，"本卦"也好，"别卦"也罢，都不过是象，象就是象征，并不是实际的东西。阴爻、阳爻只是符号而已，可指代天地，可指代男女、刚柔等等。它关键是一种非现成的又能够原发地创生出一切现成物。德文的"Dasein"经过张祥龙借用佛教里的"缘"的活性而翻译成"缘在"。在笔者看来，有点像中国哲学中的"象"的意思，但此中的真意，欲辩已忘言，妙在有其"缘构发生"的无穷性，有无穷的开启、开显、开扬、开展的动力。正因为这样，儒家的多数人从来不与天比高，更不要征服天，而是人天一体化育，更确切地说是"天地之化育"，人参与其中。人因为其"赞"，就"与天地参"。这种"缘构发生"无须在人之外探求，就从人及其活动切入。

《老子》中对非实体化有高度自觉。他提出"大象无形"的观点。惚兮恍兮，其中有象；恍兮惚兮，其中有物。老子用"玄之又玄"来形容"道"。《说文解字》："玄，幽远也。"在《老子》中是说"无"和"有""同出而异名"的有无相通境界，即不仅"无"玄，"有"也"玄"。"玄"，就不是实体化，实体化就没有了"玄"。不仅"玄"，更是"玄之又玄"，那就不仅是幽远这层意思上的"玄"，更是创造力无穷、变化无穷这层意思上的"玄"了，只有这样理解，"众妙之门"亦即万物所从出，才顺通。唯其非实体化，才不可以"科学"地"说"，而是以人的"自然"之性去"体"。《老子》还有"玄牝之门，是谓天地根"的说法，用子宫比喻"玄"之道对世界的创生，但不能把这个比喻当成是实体化的，它仍然是非实体化的。

牝以雌柔而能生，玄犹幽远而不见，虽子物如母，莫靓其形。①

非概念化。道家的非概念化意识是很强的。《老子》开篇就表示：道可道，非常道，名可名，非常名。可以用概念来指称的所谓道的形态，已然不是它的本真了。这里的“不可道”，特别忌讳的是绝对不变地用逻辑的方法去“道说”——用概念、判断、推理以求取真信念的证实，当然也包括用什么样的话去道说都难免走样这一层意思，但是，用别的方式道说要比用概念化的方式为好。老子在内心里不想说“道”，但是，必须用语言和文字同他人交流，说“道”乃不得已而为之。正因为道本玄，非实体化，所以，体道也得“玄”着来，不可实体化，老子谓之“玄览”。不仅如此，老子还在“玄览”前面加了一个“前提”条件，谓之“涤除”。此中有深义。

陈鼓应指出：

“涤除玄览”即是洗清杂念，摒除妄见，而反自观照内心的本明。②

王树人对此有一个重要的补充，他说道：

显然，对陈先生所论还需要发问：“洗清”什么“杂念”？“摒除”什么“妄见”？对于这个问题，也许在老子和庄子那里，也不是很清楚的。③

他通过解读认为：

那就是概念思维和常识思维进行规定、分析、解释的僵化性和局限性。如果说，这种概念思维和常识思维，由于不能超越主客二元的对象化，而把思隔离在天地人“三才”的动态整体之外，不可能进入诗意的“情志”之境域，那么，它就更不可能进入与“道”一体相通的“原发创生”之思了。从理想状态来说，“玄览”确实如禅宗那样，要把一切概念思维的逻辑都破除，从而能真正“识心见性”，也就是回归“本心”的澄明，此之谓“玄览”。只有这样，才能使思进入“原发创生”而“透视”万物的“神思”境界……④

庄子则采用那种诙谐而生动的寓言形式来抒发他对道的体悟。这是人

① 严遵：《老子指归》，王德有点校，中华书局1997年版，第128页。
② 陈鼓应：《老子注译及评介》，中华书局1984年版，第101页。
③ 王树人：《回归原创之思》，江苏人民出版社2005年版，第57页。
④ 同上书，第57—58页。

所共知的事实，故不必赘述。

需要着重说明的是，指出中国哲学的非概念化特征，绝对不是说，中国哲人可以不要概念的明晰性，或者说，他们的逻辑思维水平不高。绝对不是这个意思！一种思想在陈述中必须做到概念明晰，否则便歧义丛生。中国早在子产治郑的时代，邓析的察辨活动就闻名于天下。《吕氏春秋·离谓》说："子产治郑，邓析务难之，与民有狱者约；大狱一衣，小狱襦裤。民之献衣襦裤而学讼者，不可胜数。"如此说来，邓析应该是一位很优秀的讼师。作为讼师，当然其论辩能力极强，在概念辨析方面有过人之处。据说他的辩术高明到了使"郑国大乱，民口讙哗"的程度，可惜文献资料永远地遗失了，我们不得见其运用逻辑的那种深厚功力。孔子强调"正名"，认为"名不正则言不顺，言不顺则事不成，事不成则礼乐不兴，礼乐不兴则刑罚不中，刑罚不中则民无所措手足"。这里的"正名"，虽然服务于"君君、臣臣、父父、子子"的政治伦理主张，但也含有逻辑意义。《论语》关于"质胜文则野，文胜质则史，文质彬彬，然后君子"的论断，《老子》关于"为学日增，为道日损"的论断，那种野史与学道之辩，是相当精准的。儒家中的孟子和道家中的庄子，都是善辩的高手，孟子关于"诐词知其所蔽，淫词知其所陷，邪词知其所离，遁词知其所穷"的见解，有其深刻的逻辑思想。当然，他关于概念的把握，也是服务于君臣上下政治和道德的关系的。庄子与惠施关于鱼之乐的辩论，双方都很好地运用了概念的知识，逻辑性都很强。荀子固然不主张有独立的名实论，但其逻辑思想是很丰富的。惠施和公孙龙以及后期墨家则专门研究了逻辑思想中的重大问题。譬如，惠施关于辩者的二十一个命题，在性质上都属于逻辑学范围内的，没有和政治的、社会伦理的内容搅和在一起，是纯然的逻辑知识问题。如果说在孔子、老子的著作里，我们所读到的都是一些论断式的言论的话，那么，到了战国诸子，情况就大不一样了，我们读《孟子》、《庄子》、《荀子》等等著作，篇篇都是论据充足、论证绵密的好文章，其逻辑思维水平令人佩服。至于说这以后的文献，其中所体现的逻辑水准，就更加进步了，譬如《礼记·乐记》中关于声、音、乐的辨析，是相当精细的；而理学中甚至对"自诚明"和"自明诚"这样初看起来没有太大差别的概念，却能够辩论出思绪迥异的大文章来。中国的注疏文献中，显示了相当精准的察辨能力。但是，有一个基本事实万万不可忽略，那就是，所有这些中国思想家连同他们的著作，都没有像古希腊人那样，主张在事物之外、之后追求一个概念世界(巴门尼德谓之“真理世界”,柏拉图谓之“相”),亚里士多德死后,其门生把他关于研究一些抽象性很强的内容取名为“物理学之后”,这样的取名,在中国文化境域是不可能出现的。中国的翻译者借助于“形而上者谓之道,形而下者谓之器”中的“形而上”,来翻译“物理学之后”。但笔者认为,作为“形而上”的道与器的关系,和“物理”与“物理后”的关系不可同日而语,形而上是就思维攫住的目标而言,道重于器,在器之上,但“道”不离器,这是中国道器之论的精华;而“物理学之后”则以二分为前提的,是讲一个操控另一个,即巴门尼德、柏拉图所强调的不顾“意见世界”而要“真理世界”或不顾事物而要“相”。笔者正是在这个意义上,主张中国的认识论具有非概念化的特征。离开这个基本点,就会大错特错。

二是重内向、重情感、重实践、重直觉。

这里的“重”,就是权重的意思。说“重某某”,总是相对于这个“某某”的对立面而言的。具体地说,“重内向”,是相对于外向而言的;“重情感”,是相对于理性而言的;“重实践”,是相对于思辨而言的;“重直觉”,是相对于论证而言的。这意味着,中国传统的认识论并非一味排斥外向、理性、思辨、论证,只是权重于内向、情感、实践、直觉。

重内向。中国关于认识的智慧是内向型的。把认识的重心放到人的精神世界建设上。儒家提出“反求诸己”的主张。孔子说:

> 为仁由己,而由人乎哉?①
>
> 我欲仁,斯仁至矣。②

这种不主张向外界环境或者物化对象探求仁的本质和行为法则的思想,被孟子用一个浅显的例子说明白了。孟子说:

> 仁者如射,射者正己而后发,发而不中,不怨胜己者,反求诸己而已矣。③

做人的道理就在人心里而不在心外。故不需要外求。当然,人还是要重视对物理的探讨的,但中国是个宗法制的小农经济国家,人们不太权重于物理的追求。

---

① 《论语·颜渊》。
② 《论语·述而》。
③ 《孟子·公孙丑上》。

但即使是做人的道理，是否也要向心外之事拓展呢？这个问题到了理学时代被提了出来。有人认为应当，有人认为不应当。朱子哲学已经有了外求的知识论取向，而王阳明是主张不应当的。他认为：

圣人之道，吾性自足，向之求理于事物者，误也。①

正德七年王阳明与徐爱同舟南下省亲，途中二人有过一次讨论，被徐爱记录整理为《传习录》，其中有如下对话，为了体察王阳明的基本思绪，进而管窥古人思绪之一般，不妨将有关对话抄录如下：

爱问：知止而后有定，朱子以为事事物物皆有定理，似与先生之说相戾。先生曰：于事事物物上求至善，却是义外也，至善者心之本体，只是明明德到至精至一处便是。然亦未尝离却事物。

爱问：至善只求诸心，恐于天下事理有不能尽。

先生曰：心即理也，天下又有心外之事，心外之理乎？

爱曰：如事父之孝，事君之忠，交友之信，治民之仁，其间有许多道理在，恐亦不可不察。

先生叹曰：此说之敝久矣，岂一语所能悟！今姑就所问者言之，且如事父不成去父上去求个孝的理？事君不成去君上求个忠的理？交友治民不成去友上民上去求个信与仁的理？都只在此心。心即理也。……

爱问：闻先生如此说，爱已觉有省悟处，但旧说缠于胸中，尚有未晓然者，如事父一事，其间温凊定省之类有许多节目，不亦须讲求否？

先生曰：如何不讲求？只是有个头脑。只是就此心去人欲存天理上讲求。就如讲冬之温，也只是要尽此心之孝，恐怕有一毫人欲间杂；讲求夏凊，也只是要尽此心之孝，恐怕有一毫人欲间杂。只是讲求此心，此心若无人欲，纯是天理，是个诚于孝亲的心，冬时自然思量父母的寒，便自要去求个温的道理。夏时自然思量父母的热，便要去求个凊的道理……若只是温凊之节，奉养之宜，可一日二日讲之而尽，用得甚学问之思辨？惟于温凊时也只是此心纯乎天理之极，奉养时也，只要此心纯乎天理之极，此则非有学问思辨之功，将不免于毫厘之缪，所以虽在圣人犹加精一之训。若是那些仪节求得是当，便谓至善，即如有扮戏

① 《年谱·戊辰条》。

子,扮得许多温凊奉养的仪节是当,亦可谓之至善。

从以上对话,我们可以得出几点结论:第一,王阳明所关注的是社会政治伦理范围的问题,对于徐爱所提的“朱子以为事事物物皆有定理”的驳斥,没有做到符合周延的要求。从这个方面看,也体现了中国传统认识论所研究的对象的特色,即不离人伦日用。第二,王阳明虽然强调不外求诸物,但他并没有否定外物,相反,他强调“然亦未尝离却事物”。第三,对王阳明来说,明明德到至精至一处与讲求事物之理是本与末的关系,以尽孝为例,“此心……是个诚于孝亲的心,冬时自然思量父母的寒,便自要去求个温的道理。夏时自然思量父母的热,便要去求个凊的道理”,这就是以本带末,就好比老师对学生说,只要学生悟出了好好学习的道理,明确了学习的目的,端正了学习动机,他们自己会去探讨学习方法的。这里并不是笼统反对认识具体事物之理,是强调把本突出来。“戏子”演孝亲惟妙惟肖,但不过是演技高而已,没有孝之本。这是把舍本逐末的悖谬说到了极端处。第四,在王阳明看来,求物之理实不难,以尽孝为例,他认为“若只是温凊之节,奉养之宜,可一日二日讲之而尽,用得甚学问之思辨”?而明明德到至精至一处则是一辈子孜孜以求而永无止境的。这在古人那里有相当大的代表性,古人关于“德性之知”与“闻见之知”的分殊,充分体现了这个特点。这也是中国古代不太十分看中自然科学知识的特点。

儒学的内向性导致它把“诚”当做道德本体来对待。《中庸》有言:

诚者,天之道也;诚之者,人之道也。诚者不免而中,不思而得,从容中道,圣人也。诚之者,择善而固执之者也。

孟子也说:

诚者天之道也,思诚者,人之道也。

此处“思诚”亦即“明善”。就是“择善而固执之”,所择之善,不在外,而是人本有的善良本性,所谓“诚者自诚也”(《中庸》语),“君子所性,仁义理智根于心”,只是要人们“反身而诚”(孟子语)。待自诚其诚之日,亦即开显天道之诚之时,其意义又超出了“自诚”,恰如《中庸》言:诚者非自诚而已也,所以诚物也。诚己,仁也;诚物,知也。性之德也,故时措之宜也。

诚己是最根本的,诚物是诚己的产物。儒学告诉我们,人达于自诚之后,就成其性从而知天,更进一步与天地相参了。《中庸》曰:唯天下至诚,为能尽其性;能尽其性,则能尽人之性;尽人之性,则能尽物之性;能尽物之性;则可以赞天地之化育;可以赞天地之化育,则可以与天地参。需要说明的是,不可将这句话理解为成性然后知物,而要理解为诚性的过程便蕴涵知物的过程。所以,中国认识论的工夫是老老实实地下在认识自己上的。尤其是孟子笃信尽性就可以知天。孟子的这个思想对后世儒学的发展具有决定性的影响。

曾经足以与原始儒学抗衡的墨学,提出过"知,接也"的论断。明确地主张认识是人接触到外部事物的产物。但是,这一认识只开了个头,并没有被如愿地继承与弘扬,后期墨家虽然有所拓展,然其阵势、其成果、其影响力,到底不如儒家。这说到底是中华民族的民族心理没有作出外向的选择。这并不是说,中国传统的认识论就绝对堵塞了外求的认识路径。事实上孔子是主张"每事问"的。只是在价值权衡上,重视内求,而对外求报以平常心。被公认为儒家哲学典籍的《易传》提出了"穷理尽性",其中,"穷理"应该具有容纳外求的张力,不过,"尽性"却是旨归。朱子曾经努力阐述"心外有理"之论,并且也着实形成了自己的自然哲学思想。但是,他遭到了陆象山、王阳明等强烈的反对(实际上,直到现代儒家譬如牟宗三都对朱子此举不满)。只是在明清之际,才有人如王夫之等将"格物致知"的思想弘扬起来,试图为接纳西方自然科学方法提供依据。但是,王夫之还是不出儒学定下的原则,宣称:盖吾之性,本天下之理也,而天下之物理,亦同此理也。天下之理无穷,则吾心之理无不现也。

道家同样是重内向的。道家虽然主张崇尚自然,但这里的自然与西方所言的外部世界完全不同。这里的自然就是自然而然之意,指的是人的本真存在性,没有人为的痕迹,是人的一种返璞归真、见素抱朴的始原状态。虽然老子反对儒家行仁成圣的道德说教,但这不等于说道家就倡导外求。老子甚至就主张"绝圣弃智",断然是不会外求的。他明确地区分了"为学"与"为道"。庄子更是提出"虚室生白"说,主张心要处在绝对虚静状态,以便它放射光明。庄子要求"坐忘",从而"离形去知,同于大通"。庄子弃绝向外求知的理由主要有两个:一是认为以有限的生命去求无限的知识,最终还是得不到知识。吾生也有崖,而知也无涯;二是认为向外求知会令人变坏,危害"大道"。这里有批判文明的向度。《天地篇》中有这样一则寓言:

子贡南遊于楚,反于晋,过汉阴。见一丈人,方将为圃畦,凿隧而入井,抱瓮而出灌,搰搰然用力甚多,而见功寡。

子贡曰：有械于此，一日浸百畦，用力甚寡而见功多。夫子不欲乎？

为圃者卬而视之曰：“奈何？”

曰：“凿木为机，后重前轻，挈水若抽，数如泆汤，其名为槔。”

为圃者忿然作色而笑曰：“吾闻之吾师，有机械者必有机事，有机事者必有机心，机心存于胸中，则纯白不备，纯白不备，则神生不定，神生不定者，道之所不载也。吾非不知，羞而不为也。”①

“羞而不为也”，点出了疏离向外求知的自觉意识。关于这一点，比较一下庄子与康德对文明发展的心态是有趣的。

康德在他的“世界公民观点之下的普遍历史观念”一文中认为：大自然使人类的全部禀赋得以发展所采用的手段就是人类在社会中的对抗性，但仅以这种对抗性终将成为人类合法秩序的原因为限。这里的对抗性一词，据康德自己说，指的是“人类的非社会的社会性”，这种对抗性又是和一种经常威胁着要分裂社会的阻力结合在一起的。人注定有一种要使自己社会化的倾向，人只有在这样的一种状态里，才感到他的自然禀赋得到了发展。然而，人也具有一种强烈的、要求自己单独化（孤立化）的倾向，因为他同时也发觉自己有着非社会的本性，想要一味按照自己的意思来摆布一切，并且因此之故就会处处都遇到阻力。正是这种阻力才唤起了人类的全部能力，推动着他去克服自己的懒惰倾向，并且由于虚荣心、权力欲或贪婪心的驱使而要他在他的同胞们中间为自己争得一席之地。于是就出现了由野蛮进入文化的真正的第一步，而文化本来就是人类的社会价值之所在。于是人类全部的才智就逐渐地发展起来了，趣味就形成了，并且由于继续不断的启蒙，就开始奠定了一种思维方式，这种思维方式可以把粗糙的辨别道德的自然禀赋转化为确切的实践原则，从而，那种病态地被迫组成了社会的一致性终于转化为一个道德的整体。

康德充分肯定了人的这种非社会性，也就是庄子在《天地篇》中所警惕的“纯白不备”的“机心”。他认为，没有这种非社会性的而且其本身确实是并不可爱的性质，人类的全部才智就会在一种美满的和睦、安逸与互亲互爱的阿迦底亚的牧歌式的生活之中，永远被埋没在它们的胚胎里，就难以为自己的生存创造出比自己的家畜所具有的更大的价值来了；他们便会填补不

① 《庄子·天地篇》。

起来造化作为有理性的大自然为他们的目的而留下的空间。因此,康德大声感叹地说:

> 让我们感谢大自然之有这种不合群性,有这种竞相猜忌的虚荣心,有这种贪得无厌的占有欲和统治欲吧!没有这些东西,人道之中的全部优越的自然禀赋就会永远沉睡而得不到发展。①

康德《世界公民观点之下的普遍历史观念》一文所表达的是另外一种生存智慧,这种智慧虽然看到了文明的可怕后果,但它还是对贪欲等等东西采取了"放一码"甚至可以说是怂恿的对策。而中国文化尤其是道家文化则采取的是"绝不宽容"的态度。中国古人的智慧似乎洞觉到人天相分的可怖,从而死守"天人合一"底线,绝不剪断人与大地之母的脐带。中国传统文化并不过分看重求知,但求过一种理想生活。当然,也应该看到,这一思路固然有其智慧的一面,但是,它使我们民族失却的东西太多,它轻视了人类发展的杠杆——利益机制。

王弼明言:"吾何以得知天下乎?察己以知之,不求于外也"。郭象同样认为:"求内不得,将求于外,舍内求外,非惑如何"?郭象探讨了向内求何以达于知外物的问题,他认为每个人都是一个"迹",有"迹"必有"所以迹","所以迹"是获得知外物之知的根据。所以,他强调物无贵贱,未有不由心知耳目以自通者也。而世不知知之自知,因欲为知以知之,故心神驰于外,耳目竭丧于外,处身不适而与物不冥矣。

中国的佛教哲学主张明心见性,用人的"心本体"改造了佛性,不再看重原本在佛教发源地十分重视的所谓"能"与"所"和"性"与"相"之差别与对立,亦即主观与客观的分殊。同样也淡化此岸世界与彼岸世界的划分。这样一来,就对外域的教义进行了颠覆。本来,外域的佛教教义是主张"无我"、"无性"的,可是到了中国,却使得佛性在"我"心中栖居了。尽管竺道生最初因破天荒提出"一切众生皆有佛性"而被逐出佛门,但是,他的学说很快便为佛教界所广泛接受,原因就在于他的学说既符合儒家关于仁义理智根于心,以及人皆可为舜尧的主张,又符合道家关于道法自然的思想。他不反对向外求知,认为:"苟若不知,焉能有信?"但他进一步指出这样得来的知识,只是"理在我表",至多"可以至我",有助于"日进",但关键的还是

---

① [德]康德:《历史理性批判文集》,何兆武译,商务印书馆1996年版,第7—8页。

要靠“我知”即自我觉解，没有这样的“我知”，“何由入照（顿悟——引者注）？启不以见理于外，非复全昧。知不自中，未为能照也”①。天台宗主张“反观内照”，“心是诸法之本，心即总也”；主张通过心的排除杂念（即心用）而达于般若智慧（即心宗），从而成就心体。

重情感。西方传统的认识论，清除了人在认识中的情感因素，过分冷峻地谈论冰冷的逻辑，仿佛认识并不是有情感意志的人的事情，或者仿佛人在认识中带有情感，就得不到真理。中国传统的认识论则不然，它不但不忌讳情感，反而权重于情感体验。

孔子的情感体验色彩是非常浓厚的。

首先，从“学”和“习”的范围看，如果不加分析地谈论他的“学而时习之，不亦乐乎”，似乎他是一个无所不涉及的“爱智者”，其实，他的所谓“学”和“习”，都以他的情感偏好为转移。“学”，主要是学做人的道理，“习”，主要习做人的道理，整个的学习都是围绕做人进行的。他有一个自我总结：

> 吾十有五而志于学，三十而立，四十而不惑，五十而知天命，六十而耳顺，七十而从心所欲，不逾矩。②

“志于学”，就是立志学礼乐制度，归根到底是学做人，学做圣贤。“学”叫“下学”，“下学”是为了“上达”，上达于仁德。“而立”就是立于礼。“不惑”就是不惑于非礼。“知天命”就是知“安身立命”的道理，而且这个“知”绝对不是闻见之知，闻见之知在中国古人看来很简单，用不着到五十岁才获得，只有切身体验，使自己修行得乐天知命，才需要那么长久地下工夫追求。后来的“耳顺”和“从心所欲，不逾矩”，则是达到了立身做人的澄明和自由之境。

其次，从学习的层次看，孔子把学习分成知之、好之、乐之的由低到高三重境界。

> 知之者不如好之者，好之者不如乐之者。③

“知之者”是不够自由的，有所牵累；“好之者”就有情感体验在里头，有价值评价与取向在其中，所以优于“知之者”；“乐知者”的求知过程同时成

---

① 《广弘明集》卷十八，《答王卫军书》。
② 《论语·为政》。
③ 《论语·雍也》。

了享受人生快乐与幸福的过程,有美的追求在里头,这才是真正的学习。孔子的这种理解,代表了儒家关于认识活动中重情感体验的特点。

道家也是重情感体验的。它不说“学道”,而说“体道”。“体”,没有情感是谈不上的。所以尽管老庄都反对情感,但他们不过是反对世俗之好恶情感、儒家之道德情感,他们自己却还是在倡扬人的自然之情感体验。关于这一点,庄子同惠施的辩论表现得很充分。惠施发问:“人固无情乎”?庄子对曰:“然”。继问:“人而无情,何以谓人”?对曰:“道与之貌,天与之形,何得不谓之人”?再问:“既谓之人,恶得而无情”?对曰:“是非吾所谓情也。吾所谓无情者,言人之不以好恶内伤其身,常因自然而不益生也”。还问:“不益生,何以有其身”?对曰:“道与之貌,天与之形,无以好恶内伤其身。今子外乎子之神,劳乎子之精,天选子之形,子以坚白鸣”。这里不仅表明了庄子主张纵人的自然之情,更强烈地抨击了“离坚白”之类的概念思维。

庄子同惠施展开的那场关于“鱼之乐”的辩论,可以看成是基于思辨与基于情感的论战。

> 庄子曰:“倏鱼出游从容,是鱼之乐也。”
>
> 惠子曰:“子非鱼,安知鱼之乐?”
>
> 庄子曰:“子非我,安知我不知鱼之乐?”
>
> 惠子曰:“我非子,固不知子矣;子固非鱼矣,子之不知鱼之乐全矣!”
>
> 庄子曰:“请循其本。子曰:‘汝安知鱼乐’云者,既已知吾知之,而问我。我知之濠上也。”①

惠施是遵循逻辑思维的,其实,庄子的思维也是遵循逻辑法则的,一点也不输给惠施。在惠施那里,我们从“我非子,固不知子矣;子固非鱼,子之不知鱼之乐”可知,惠施的大前提是这样一个预设:只有生命个体才知道自己是否快乐,每一生命个体都无法知道他者是否快乐。根据这样一个前提,惠施不是庄子,因此惠施不知道庄子是否快乐,同样,庄子不是鱼,庄子不知道鱼是否快乐。站在惠施大前提的立场,应该说,有资格向庄子发难。但是,这个大前提恰恰是西方逻辑思维必须把世界机体切割成主客二元化导致的根本性悖谬。在西方,每个人把自己当成主体之后,就和别一个主体不

---

① 《庄子·秋水》。

相安了，他就难以把自己作为主体的感受传导给别一个主体，主体之间不可相通，感觉纯粹是私人的事情，相互间不可传递。他者的存在即我的地狱，每一个主体就像一个“美杜莎的头”，谁见了就得死。庄子就抓住问题提问：“子非我，安知我不知鱼之乐”？这并不是庄子认可的大前提，庄子只是循着惠施的大前提顺势而为。庄子的聪明就在于，他抓住了惠施在论辩中出现的一个重大的逻辑失误，即诘难自己所不当劫难者。惠施反正是不知道庄子是否知道鱼快乐的，所以最好的办法是不发问，发问本身在逻辑上不通。既然惠施在不当发问时发问了，那么，庄子已经明白地告诉他，“我知之濠上也”，惠施再问就多余了。按照西方认识论的传统，从纯逻辑思维论，则庄子与惠子是有得一番纠缠的。但惠施之所以词穷，在笔者看来，惠施毕竟是在中国文化传统里成长起来的，没有受过西方彻底的主客二分思维的洗礼。设若惠施是西方哲人，问题会立即上升到大前提（每一个生命个体能且仅能知道自己是否快乐）的论战上。要是这样的话，论战将持续下去。而惠施毕竟有“合同异”的立场。“合同异”本身是与惠施预设的鱼乐之辩的大前提有冲突的，是支持对方观点的东西。在笔者看来，惠施不自觉地设置的大前提并不等于他有西方那样自觉的主客二分的世界观，惠施思想上发生了方法论与世界观的冲突，他不能放弃自己关于“合同异”的世界观，所以语塞。在庄周一方就不存在这个问题，庄周的世界观彻底地贯彻到论辩之中，当庄周宣称鱼快乐着的时候，他所预设的前提是他关于“天地与我并生，而万物与我为一”的“齐物”观。在庄周看来，“万物皆种也”，可“以不同形相禅”，呈现出“始卒若环”的局面，从而人们“莫得其伦”即无从厘清其伦次。既然如此，就应该淡化以至于消解物物（人物）之间的界限，泯除那种分明的对待性，以无待之心情代物。如果是这样的话，自然可以欣赏鱼之乐了。在这里，我们看到，惠子诉求于主客二分基础上的逻辑证明，而庄子则诉求物我为一基础上的感官证明，都有可凭依。同时，为了在论战中取胜，关于能够被证明的真实的信念才是知识的知识论原理，庄子也同样地加以利用，因为，不仅是严密的逻辑论证才算证明，按照马克思的观点“人不仅在思维中，而且以全部感觉在对象世界中肯定自己”，“感觉通过自己的实践直接变成了理论家”。① 当然，从西方知识论立场看，鱼到底快乐

① 马克思：《1844年经济学—哲学手稿》，人民出版社1979年版，第78—79页。

与否是无法搞清楚的，但是在庄子看来，鱼快乐不快乐，不是一个知识性的问题，而是人的体验问题。鱼在徜徉着，没有缺乏氧气时那种困厄的情形，没有被天敌追赶时那种死里逃生的行动，没有饥饿时那种寻寻觅觅的状态，就可以根据这些来判定它快乐着。因为我们人满足了这些大体也会快乐。庄子谓鱼之乐，是他自己体验到的融于自然之乐。

中国传统认识论重情感的特征还表现在传导感受上并不太依赖语言。这也是按照西方认识论不大好理解的。西方长于逻辑思维，逻辑思维过分依赖语言特别是科学术语。概念、判断、推理离开了语言就不能进行，因此，在西方，语言同思维所表达的意义是形式与内容的关系，而在中国古代，语言同意义则是手段（还并非唯一）与目的的关系。所谓“以言害意”、所谓“得意忘言”就是从两个方面表达的这种关系。中国哲人甚至主张“不言”，也可以用“取象”来思维，甚至还可以“得意忘象”。“意”是最主要的，为了意之故，言、象皆可抛。这“意”不是别的，就是人的情感体验的精华。中国独特的书法和绘画，讲传神，而不追求形似。传神就是书法家、画家情感体验的精华。

重躬行。按照“纯粹理性”的标准，传统中国哲学是达不到的，但中国的先哲多数都没有要朝这方面努力的愿望，他们在这方面的“不作为”，依笔者之见，乃是故意的。公孙龙曾经致力于建立明晰的概念系统，但是，他得不到民族心理的支持与响应，连比较注重向外求知的荀子都批评他“不法先王，不事礼义，而好治怪说，玩琦辞，甚察而不惠，辩而无用，多事而寡功，不可以为治纲纪”①。这说明中国哲人崇尚的是实用理性或者也可以叫做实践理性，只是这里的实践，仅仅指道德方面的躬身践履。对那些白马非马一类的概念辨析不大感兴趣。儒家的实用标的是内圣，“壹是皆以修身为本”，内圣之功使用出来的成果，才是“治国平天下”的“外王”。这又回到重内向的特征上来了，用朱子的话说，“夫学问岂以他求？不过欲明此理而力行耳”。② 由是而引起了中国哲人对所谓“真知”的独特理解。按照西方的传统，真知应该是像笛卡尔那样将人类的知识普遍地怀疑一遍，然后从“我思故我在”的“第一原理”建基而获得的知识，或者像培根的新归纳法那

① 《荀子·非十二子》。

② 《朱文公文集》卷五十四《答郭希吕》。

样严密滤出的知识，但是，中国哲人不太看重这样的知识。儒家强调“真知”正是为了区别于外求的知识即所谓常知。他们强调的是切身体验到的内容。程颐用这样的比方来说清他对真知的理解：

> 真知与常知异。尝见一田夫，曾被虎伤。有人说虎伤人，众莫不惊，独田夫色动异于众。若虎能伤人，虽三岁童子莫不知，然未尝真知，真知须如田夫乃是。故人知不善而犹为不善，是亦未尝真知，若真知，决不为也。①

陆游有诗云：“纸上得来终觉浅，绝知此事要躬行”，真知就是通过躬行而获得的。还必须强调，这种知，限于德性之知。在儒家，知是受仁限制的。“仁者先难而后获，可谓仁矣。”②到明清之际，一些哲学家对把知限制在心性有强烈不满，主张扩大知的范围，但是，仍然坚持由躬行获得，并且强调要“实功实事”。

道家同样重躬行，“庖丁解牛”强调躬行得出神入化，可以达到目无全牛的境界，解牛时“以神遇而不以目视”。虽然这里没有像儒家那样把真知局限在仁义之内，而是放到个人的非伦理性活动之中，但是，那种真知仍然是躬行获得的绝知，并且有极强的私人性，缺乏公共的可接受性。这与亚里士多德的观点不同。亚里士多德认为，有极强的私人性的知识由于不可以传授，因而是低层次的，“谁能更擅于并更真切的教授各门知识之原因，谁也就该是更富于智慧”③。

关于由私人躬行而获得的、没有可传授性的知识才是真知这种见解，庄子用一则寓言表达了。

> 桓公读书于堂上，轮扁斲轮于堂下，释椎凿而上，问桓公曰：“敢问公之所读者，何言邪？”
>
> 公曰：“圣人之言也。”
>
> 曰：“圣人在乎？”
>
> 公曰：“已死矣。”
>
> 曰：“然则君子所读者，古人之糟魄（有糟烂的意思，也可作粕——

① 《河南程氏遗书》卷二上。

② 《论语·雍也》。

③ ［古希腊］亚里士多德：《形而上学》，吴寿彭译，商务印书馆 1959 年版，第 4 页。

引者注)已夫。”

桓公曰:“寡人读书,轮人安得议乎?有说则可,无说则死!”

轮扁曰:“臣也以臣之事观之,斲轮徐则甘而不固,疾则苦而不入,不徐不疾,得之于手应于心,口不能言,有数存焉于其间,臣不能以喻臣之子,臣之子亦不能受之于臣,是以行年七十而老斲轮。古之人与其不可传也,死矣。然则,君之所读者,古人之糟魄已夫。①

庄子用这则寓言说出一个道理,那就是他在这则寓言前面的一通宏论:世之所贵道者,书也。书不过语,语有贵也。语之所贵者,意也。意有所随,为其贵非其贵也。故视而可见者,形与色也;听而可闻者,名与声也。悲夫,世人以形色名声为足以得彼之情。夫形色名声,果不足以得彼之情,则知者不言,言者不知,而世岂识之哉!

重直觉。在我国古代,直觉思维在任何时期都受到普遍的重视和自觉的运用,这是中国文化的重要特征之一。道家的直觉思维传统在汉代得到明显承续。尹君平的《道德真经指归》对这种方式作了探讨。尹君平认为,“天地所由,物类所以,道为之元,德为之始”,对这样一个始源、总体、大全的把握,是感性方法和理性方法难以胜任的。听之寂寥,视之虚易,上下不穷,东西无极,天不能裹,地不能囊,规不能圆,矩不能方,度不能度,而量不能量,金玉不能障蔽,水火不能寉落,万物莫之能领,患祸莫之能作。知虑不能得,有为不能获,思之逾远,为之益薄,执之不我擒,纵之不我释。唯一的把握方式是“含德”,就是使心变成“道德”的寓所,用心将其珍藏起来,从而观之。而要做到心成为道德的寓所,人就要“无欲”。虚心以原道德,静气以存神明,损聪以听无音,弃明以视无形,览天地之变动,观万物之自然。他认为,此“道德”是不可以言说的,只能是“以意存之物”,“可闻而不可显也,可见而不可阐也,可得而不可传也,可用而不可言也”,要靠“无为之关,不言之机”来做到与天道契合,这种契合是“精妙”、“神微”的。只有在这时,才能有“生无根蒂,出入无门”的把握能力。要体验“道德”心,就要驰骋八极,使自己“无形无容,简情易性,化为童蒙,无为无事,若痴若聋,身体居一,神明千之,变化不可见,喜欲不可闻,若闭若塞,独与道存。”尹君平强调要像赤子那样体道,主要是强调不要主客体二分。

---

① 《庄子·天道》。

佛教传入我国以后，中国的直觉思维又有了与佛教中的直觉思维相结合的新特点：一是比附性思维。就是将相似的现象进行类比以直觉其意味，这种比附性思维，初起可能出于翻译经书上传播与接受上的功能性考虑。用中国人熟悉的儒家道家的话语去比附相应的佛教理念。后来发觉这样做真的行得通，效果不错，也就积淀成了思维习惯。二是圆融性思维。就是将若干不同之处融通，淡化差别，直觉其共同本质。天台宗、华严宗是这方面的典型，它们把佛与儒、道都看成是“体道”，而不是用逻辑去界说其差异。三是顿悟。唐代慧能提倡的顿悟思维有“无念为宗”、“触类是道”、“即事而真”等。禅宗不立文字，为的是排除语言对思维的束缚，其传道多用暗示、双关语等。

直觉思维在中国文字艺术中得到成功运用。比如《白雨斋词话》中有十分丰富的直觉语词，《文心雕龙》十分看重直觉。中国画强调写意，把直觉体验的东西表达出来，不受形质局限，突出“神似”。中国书法也强调直觉，从舞剑、锥画沙、屋漏痕、枯藤等现象中，直觉书法艺术的本质。

中国传统思维中，直觉是基本的，一定意义上可以说，剔除直觉，就很难说中国再有什么思维。

直觉思维，其特点是对思维对象不进行由概念到判断再到推理的“蒸发”处理过程，而是径直地从感性直观的对象整体出发，通过意象组合与直觉判断，揭示意象中蕴涵的内在的东西。简言之，主体不舍弃表象而达到对深层次的把握。在这种思维中，主体于瞬间抓住了对象中深藏着的某种东西，他可能难以言说，但对自己的感受坚信不移，有一种冲动攫住他调动自己的智慧去感受、体验、捕捉。在若有所得之后，就使之同同类意象进行组合，从而由此及彼地使认识得到拓展。

譬如，道家对“道”的体验，道家知道物各有其“道”，但他不去做逻辑上的“蒸发”，搞出一个普遍的“道”的定义来，他们坚信“道通为一”，于是便从感性事物中直观它。老子想从水来获得“道”的底蕴。他于是反复地进行意象组合。兹列举如下：

1. 上善若水，水善利万物而不争，处众人之所恶，故几于“道”。居善地，心善渊，与善仁，言善信，政善治，事善能，动善时。夫唯不争，故无尤。①

① 《老子》第八章。

2. 古之善道者，微妙玄通，深不可识。夫唯不可识，故强为之容：……涣兮其若凌释；……混兮其若浊；澹兮其若海；……①

3. 譬“道”之在天下，犹川谷之于江海。②

4. 柔弱胜刚强。鱼不可脱于渊。③ 昔之得“一”者：……谷得“一”以盈，……谷无以盈，将恐竭。④

5. 上德若谷。⑤ 大邦者下流，天下之牝，天下之交也。牝常以静胜牡，以静为下。⑥

6. 江海之所以能为百谷王者，以其善下之，故能为百谷王。⑦

7. 天下莫柔弱于水，而功坚强者莫之能胜，以其无以易之。⑧

以上表明，老子从水这一事物中敏感地意识到有一种对“道”的认识具有启迪性的内容，他于是反复地取其意象：滋润万物、无欲而无争、甘居卑下地位、柔、静、淳朴、坦荡、大容等等，由此来完成他对“道”的觉解。荣格指出：

水是对无意识的最普通的象征。……水是“道”的飞龙，它的本性像水一样——一个怀抱在阴中的“阳”。⑨

古代中国的思想家对通过直觉去把握事物的本质的做法和它们的妙处的认识，是很自觉的。他们非常看好自己凭直觉把握事物的思维方式。中国哲学一直以追求天地人澄明之境为传统，它特别重视隐喻地表征思想（如上文引《老子》的言论中充满诗意的比喻），它很早就有意地从日常语言中发展出诗性的语言，而不去发展“科学语言”，不使语言向符号化、数学化方向发展，有意地保留而不是排除语义中附带的象征含义。从象征言说的方向发展语言，有意识地不作科学所需要的那种描述。为什么老子不像苏格拉底那样去启发人下一个关于“道”的确定不变的普遍性的定义呢？其

① 《老子》第十五章。
② 《老子》第三十二章。
③ 《老子》第三十六章。
④ 《老子》第三十九章。
⑤ 《老子》第四十一章。
⑥ 《老子》第六十一章。
⑦ 《老子》第六十六章。
⑧ 《老子》第七十八章。
⑨ 转引自周春生：《直觉与东西方文化》，上海人民出版社2001年版，第22页。

所以不肯以精确的语言去描述、判断“道是某某”，是因为老子本来知道“道”一旦可以“道出来”，就已然“非常道”了。后人深明此中真昧，遂说：

神道难摹，精言不能其极。①

“道”是不可说的，但治道者又非说不可，就只有采取“非言非默”的方式了。直觉而又诗意地表达它，就形式而言，是言而非默了，然而就内容而言，乃是默而不言。人们所自觉追求的，就是要达到一种“意在言外”的意境。要的是造就一种言近旨远、余音绕梁三日不绝的效果。《易传》明确地定下了这种取向：

其称名也小，其取类也大；其旨远，其辞文；其言曲而中，其事肆而隐。②

中国人善于用直觉思维，这也与中华民族文明“早熟”有关。“维新路径”既然保留了原始社会的整体价值体系和整体思维，它也一并保留了原始的直观思维方式。原始人的思维如果按照现代人的逻辑去衡量，是无论如何也行不通的，原始人有一种“互渗意识”，万物都是神秘共生且相互渗透的，他们借助自己的情感去体验其中的奥秘。在他们的思维中，因果性是可以超时空的。

这些（作为原因的——引者注）力量可以说是从一个不可及的地方冒出来，辐射出去，充塞着整个宇宙；它们从四面八方包围着原始人，所以后者感到它们同时在几个地方出现而不以为奇。③

这种思维方式一直对中国人起着重大作用。譬如，“自强不息，厚德载物”，而这八个字是从周易中得来的，周易就是运用直觉去观天察地，把自己力图提升境界的情感注入天体运行和大地对万物的承载呵护，获得了这八个字的启迪。直到现在国人视之如瑰宝。李约瑟说得好：

当希腊思想从这种古老的观念（互渗律），移向于机械的因果概念（预示出文艺复兴时的完全破裂）时，中国人是在发展他们的有机思想方面，而将宇宙当作一个充满着和谐意志的有局部的有整体的结构。④

中国的以隐喻为特征的直觉思维方式应该在对宇宙人生的哲学思考中

① 《文心雕龙·绛旨》。
② 《周易·系辞下》。
③ ［法］列维-布留尔：《原始思维》，丁由译，商务印书馆1981年版，第405页。
④ 转引自潘常如：《中西比较美学论稿》，百花洲文艺出版社2000年版，第49页。

占有重要的一席之地。因为,隐喻对于哲学乃至人的存在来说,具有阐发"体"的作用。广义的隐喻,可以通过作为"此在"的"我"的有限性,来彰显广大"在者"的无限性,这恰恰不是在"用"的层次上看待隐喻了。因此,隐喻对哲学研究来说,不应被看成是一种简单的技艺甚至是辅助性技艺。只有把它当成是人借以理想地为在者"去蔽"的方式,才能够很好地彰显真理。海德格尔说:"艺术的本质是诗。而诗的本质是真理之创建。"庄子说"天地有大美而不言",这些富有哲理的话语,值得我们咀嚼。

但是,人类的思维方式是为人类把握自己的生活世界服务的。人类把握自己的生活世界不应只有直觉的方式,还应有其他的思维方式,其中科学的思维方式应是必不可少的。否则人类就摆脱不了朴素甚至是愚昧的状态。而中国先人几乎都有轻视实证的倾向,不习惯作周详细密的分析。它往往"用观念的、幻想的联系来代替尚未知道的现实的联系,用想象来补充缺乏的事实,用纯粹的臆想来填补现实的空白。它在这样做的时候提出了一些天才的思想,预测到一些后来的发现,但是也发表了十分荒唐的见解"①。这样,他们建立起来的知识体系就因缺乏分析与求证基础而失之粗略、笼统、模糊,常给人一种不太确定的满足。其实,对这种思维方式的弊病,古人也有所认识,例如,阮元就说它"但言其当然,而不言其所以然"②。此外,由于缺乏严格的论证,古圣贤往往没有留下体系严谨的鸿篇巨著。诸如《论语》、《老子》这类语条体式的学术著作构成中国文化典籍的主体,表明中国学者大都不以构筑论理性的体系为职责,而专事记载偶感所得和片段考察的结论。③

朱熹也提出过严厉的批评:

> 兀然存心于一草木一器用之间,此是何学问?为此而望有所得,是炒沙而欲成饭也。④

轻视科学思维方式还是中国科学与技术落后的重要原因,这是人尽皆知的事情。

---

① 《马克思恩格斯选集》第4卷,人民出版社1995年版,第246页。

② 《畴人传》。

③ 参见冯天瑜、周松明:《中国古文化的奥妙》,湖北人民出版社1986年版,第110页。

④ 《晦庵先生文集》卷三十九。

第二章

中西视域融合的基础

中西认识论在什么样的基础上融合,这是接着要探讨的又一个大问题。如果没有一个共同的客观基础,双方就只能彼此僵持,各行其是。如果一定要在缺乏共同基础上“融合”,那也是不成样子的,或者是玩文字游戏,或者是削足适履。中西方认识论中打不完的官司乃是外求与内求谁比谁更优越,可以暂且搁置这种争论。健全的意识使我们认识到:完整的认识论必须很好地将外求与内求包容起来。不论是主张“内圣”可以开出“外王”的,还是主张“内圣”开不出“外王”的,其中就存在这一种共识,那就是,“内圣”“外王”得兼最理想。基于这样的共识,健全的认识论就必须预设一个前提:即宇宙与人具有同质性。笔者认为,宇宙与人的同质性就是:生命。基于此,笔者提出“大生命观”。

一、大生命观释义

大生命观是相对于小生命观而言的。要理解大生命观,还得从小生命观开始。小生命观即近代之生命科学所揭示的关于生命本质的基本观点。生命科学把生命控制在机体(这里是被严格限定在生命科学语境内的“机体”,超出这个范围,整个宇宙无疑也是一个巨大的机体)的新陈代谢以及性状的传承和变异的本质以及由此展开的过程上,它是在这个严格的论域来研究生命的基本统一性的,从细胞水平到分子生物学水平。这在生命科学来讲,是无可非议的,并且对揭开生命之谜具有重大意义,当然,也对哲学研究发生积极影响。但是,这样的生命观是“科学的”,而不是“哲学的”。因为,在这样的生命观里,宇宙间的事物被分割成两类,一类是“生命事物”，另一类是“非生命事物”，并且，后者远比前者更原始、更广袤。而哲学是要研究“宇宙—人生”的，这里的“宇宙—人生”，不是“非生命系统”+“生命系统”=“宇宙—人生”，也就是说，不是分别研究，不是按照物理学的方法把关于宇宙的知识陈述一番，再来陈述“生命科学”+“社会学”+“思维科学”的内容，然后把它们加总起来，这样的大杂烩显然不是哲学研究。真正的哲学研究必须是把“宇宙—人生”看成是一个有机体，而这个“看成”，并不是主观的一相情愿，而是的确有其内在根据的，就是：“宇宙—人生”是一个“大生命”系统。

但是，这个生命系统不能靠作为自然科学的生命科学来揭示。作为自然科学的生命科学，把生命看做是新陈代谢以及性状的存在形态。它认为，这样的“生命机体”来自“非生命系统”，在实现了从“非生命系统”向“生命系统”这一质的飞跃之后，“生命系统”就展开了自身由低级向高级进化的漫长历程，其最高级别的“生命”是“智慧生命”即人。作为自然科学的“生命科学”，最伟大的成果是揭示了人的自然生命的本质，从而告别了人类对自身生命认识的愚昧时代，开出了对人的生命作唯物主义理解的道路。但是它没有、也不可能揭示人的精神生命的本质。于是，人们就用“社会科学”来揭示人的社会属性方面的内容，这使得人类穿透了庸俗进化论的厚重迷雾，把精神生命的本质还给了人的实践活动本身。但是，它的合法性仍然可以被质疑。因为，现代科学把宇宙间绝大部分事物都排除在生命之外，它建基于二元世界——“无生命世界”和“生命世界”，它只是具有关于这二元世界相统一的意愿，从它本身的二元构造中，开不出统一性来。它最多只能用大量的确切知识告诉人们，人类只能来自猿，而猿来自别的动物，如此追溯，“生命实体”来“自非生命实体”。仅仅是“来自而已”的联系，往后的联系不过是人要向“非生命实体”取用其所需而产生的改造与被改造关系——一方是伟大的能动的“智慧生命”，另一方是丰厚的但必须经过人的改造后才成为现实的人类生命的营养库。这不是真实的“宇宙—人生”图景！我们看到，现代哲学越来越重视研究生命，譬如重视研究生态，这是正路子，也是被人的生存的困境逼出来的。但是，仅仅把生命建基在生命科学限定的那种小生命观上，就太受局限了。事实上，把“宇宙—人生”分解为两个不同的世界，然后硬把它们粘连在一块，这是西方哲学尤其是近代西方哲学的毛病。罗素指出：

> （笛卡尔的哲学——引者注）完成了或者说接近完成了由柏拉图开端而主要因为宗教上的理由经过基督教发展起来的精神、物质二元论……笛卡尔体系提出来精神和物质界两个平行而彼此独立的世界，研究其中之一能够不牵涉另外一个。①

这种以精神界与物质界的外在关系立论的思绪，关键的问题是对于“宇宙—人生”的研究没有解决好统一的基础。

有鉴于此，就需要确立起“大生命观”。

“大生命观”是一种大化流行的生命观，与生命科学把生命控制在“机体”的新陈代谢以及性状的传承上研究生命的基本统一性所不同，大生命观考察的是包括人的生命在内（把文明也看成是一生命过程）的万物在宇宙大化中成型与解体的有寿命的过程。黑格尔曾经说过：世界是一个过程。大生命观也把世界当做过程来理解。不过，不能使用科学的分类方法进一步把过程再分为机械过程、物理过程一直到社会过程等等，而是综合地理解成生命过程。

大生命首先是一个哲学的元概念。它是一个基本预设：一切都是生命过程，都遵循由生到死的历程。更重要的是，大生命观不仅坚信一切都是生命过程，还坚信，一切都从宇宙大全化育，都有它必有的位置，所谓“天地位焉，万物育焉”，一事物与他事物具有内在的必然联系，万物构成的是一个大全生命整体。这个大生命观是形而上的，是无法由科学的实验或者理论论证来检验的，它是一个最高信仰。强调这一点十分重要。

必须承认，一些关于宇宙之谜的宇宙学破解方面的陈述，在很大程度上与笔者主张的“大生命观”有相似之处。譬如《宇宙与人》，就模仿进化论的风格，在天体物理学意义上使用物种进化论的原理，它受生命科学将不同物种还原为细胞从而揭示其共性、在细胞水平上寻找生命基本统一性这种研究方式的影响和启发，把行星、恒星等等还原到“基本元素”，揭示其类似生命的“进化”。它描述了一个在我看来符合我说的大生命观的图景。恒星是一个由能量维持的大气球，或者说是一个火和气的建筑，核聚变支撑它不断张大。当这个建筑越来越庞大时，其实也越来越危险。当聚变到铁元素的时候，由于铁元素在聚变时结构稳定，恒星就不仅不释放能量，而且还吸

---

① ［英］罗素：《西方哲学史》（下卷），马元德译，商务印书馆 1988 年版，第 91 页。

收周围的能量，这就意味着恒星这座巨大建筑的地基崩溃了，当然也就意味着恒星整体的坍塌。在宇宙中，大级别的自由落体非常可怕，整个恒星的物质在一秒钟之内全部塌到它的核心，这是一个巨大质量的运动物体突然被静止的一瞬间释放出的位能转化为动能再变成热能的过程。这个能量远远超出恒星内部的核能，其温度也在瞬间远远高出核能。虽然这个极高的能量在宇宙中只能持续左右，但是足以完成宇宙赋予它的使命——制作所有的元素。在这一瞬间，宇宙中一个巨大无边的炽热的几百亿公里辽阔的火球消失了，一切正在燃烧的熊熊烈火被无形的手拉向一个极小的核心，这个核心可能只有原来巨大恒星的一万亿分之一。然而，黑暗只是一瞬间，接着，在那被压缩的极小的点上，亮起了灿烂耀眼的光芒，一下子把宇宙的这部分加亮了1000亿倍，这就是超新星的爆发。它的能量等同于一个拥有几千亿颗恒星的星系。这是个明亮的瞬间，宇宙的一切物质都应该为这一瞬间感动。因为，宇宙中物质演化的全部奥妙，就在这一瞬间之中，极高的能量将生产出宇宙中构造大千世界的全部砖瓦——100余种元素。

> 宇宙选择这种方式生产元素还有一个意义，就是不仅在超级能量中制造出所有的元素，而且还要把这些元素播撒出去。因为如果没有特殊手段，宇宙一旦被引力束缚住，就很难再挣脱它的控制，犹如人们在高压锅里焖熟了一锅好菜，高压锅的盖子却打不开。在引力的核锅炉中合成的所有元素，终究难逃脱这个锅炉的约束。而超新星的爆炸，恰恰粉碎了引力这个高压锅，让宇宙中的好东西能够自由地在宇宙中飘荡。100余种元素的气体在宇宙中游荡，就能创造宇宙中的一切奇迹，包括我们这种不可思议的智慧生命。①

这说明，现代科学的最高成就也能够足以使人们把宇宙中天体的演化描述成一串“生命”的新陈代谢序列（恒星——红巨星——白矮星——超新星）并以光明的死亡把万物的生命元素贡献给宇宙。它代替了造物主——“神”，而描述了一个物质系统的造物过程，令我们心灵震撼地思考人类的存在与这些物质运动的千丝万缕的联系。显然，这无疑是有助于认识大生命观的。

但是，这只能说明“天地化育”的大生命观与当代科学所揭示的真理并

① 忻迎一：《宇宙与人》，中国电影出版社2001年版，第22页。

不悖谬，而不要就此以为，大生命观是完全可以用科学研究的方法和手段及其最新成果去证明的，不要把大生命观自然科学化。如果那样的话，就重蹈将认识论科学化的覆辙了。大生命观是人基于对自身个体生命和类生命的体验、基于对智慧生命之外的、与我们最亲密的动、植物个体生命和种群生命的关爱基础上，而牢固确立起来的最高信仰，对于这个形而上的信仰，我们不奢求去实证它，只要我们能够坚信实证的力量无论多么强大，也无法将其证伪，它就可以理所当然地成为中西视域融合的基础。

大生命观具有以下基本特征。

有机整体性。认为世界是一个整体，这是人类的基本信念，不为大生命观所独有，但是，主张有机整体的大全，却是大生命观的特征。唯物主义运用人类一切科学成就去证明世界是一个物质统一体，固然是具有伟大哲学史意义的事件，但是，由于这个物质被认为只是外在于生命的可以被智慧生命感知的“客观实在”，就变得缺少了生命气息和神圣庄严。它即使宣称自己完成了对统一性的论证，也没有“有机性”了。有机，是一个排斥机械组合的重要概念，大全不是一机械拼装且可以拆零还原的总体，而是一个“一损俱损、一荣俱荣”，每一具体都承载总体全息有如“一叶落而知秋”般的普遍联系，此乃生命之生死相依。这才是有机整体性的真义。

进化性。机械论的世界观之所以不能说明真实的世界，就在于：机械无论是组合，还是拆散，它都是形质变化而已，形质之间没有生命意义的关联，形质的变化，不过是变化而已，没有价值坐标判别其变化的性质和方向。在笔者看来，没有生命作为参照系，就根本没有发展观。因为，当我们谈论发展的时候，脱口而出的话是：前进性、上升性运动，旧事物的灭亡与新事物的产生，事物由低级向高级的运动，等等。可是，倘若没有生命为参照，凭什么说一种形质向另一种形质的转化就是旧事物的灭亡，而相反的转化就是新事物的产生呢？恰恰是生命给我们进行根本性的价值判断提供了现实可能性。人类的发展是以人的生命与类生命作为价值判断准则的，宇宙的发展是以大生命作为价值判断准则的。所以，进化性是生命的属性。

同一性。我们讲大生命，并不否定生命形态的多样性。生命系统是千姿万态的，它们以怎样的样态生存着，是环境与生命体相互作用的结果。但是，每一种具体的生命，都具有大生命的禀赋，它们身上留存着大生命的信息、秘密、密码。尤其是人这种高级生命更是如此。人的生命运动涵盖着自然界很多运动:机械运动、物理运动、化学运动、生物运动、生理运动、心理运动等等,是一种真切的复合性运动。人的生命形式集中体现着大生命的本质,体现着大生命的基本特点。就认识论来说,我们为什么主张世界是可知的?就因为人的生命天然地沟通着大生命,没有绝对屏障存在。就知识论而言,当我们说一切知识都基于三大预设:齐一性、因果性、实体性的时候,我们应该想到,从归根到底的意义上看,齐一性乃是生命与生命的齐一性;因果性乃是大生命固有的,实体性乃是大生命实体意义上的实体性。当我们谈论辩证法的有差别的同一时,实际上这种同一范畴归根到底是大生命系统的有差别的同一被我们所领悟。

在西方认识论体系中,我们十分遗憾地发掘不出太多的关于大生命观的思想资源。从根本上说,在基本预设上,西方认识论是二元性对立的:它把宇宙预设为一个巨大的机械的东西,而它又显然特别注重在生命的基础上谈论人。这种二元前提预设,必然导致人与万物的严重不相安,必然导致掠夺万物以利人类的人类中心主义。我们说西方认识论把宇宙预设为一个巨大的机械的东西,还并不仅仅是指西人长期认为宇宙不变、不灭,更重要的是说,西人有一种关于宇宙内部状态的均质分布以及任意置换而不变其性质这样一种纯粹几何性的意识,这才是机械论最显著的特点。法国哲学家让-皮埃尔·南在其《希腊思想的起源》中认为,公元前6世纪初在小亚细亚的希腊殖民地米利都出现的那种标志着古代希腊哲学和科学开端的新思考,主要有三个特征:首先,它形成了一个外在于宗教的、与宗教无关的思想领域。其次,它提出了一种有关宇宙秩序的思想:宇宙秩序建立在宇宙的内在规律和分配法则之上,这种规律和法则要求大自然的所有组成部分都遵循一种平等的秩序,任何部分都不能统治其他部分。最后,这种思想具有明显的几何性质。不论是地理学、天文学还是宇宙演化论,它们都把对自然世界的构思投射到了一个空间背景上,这个空间由相互的、对称的、可逆的关系组成。

> 世俗的、实证的性质,对一种建立在严格的平等关系上的自然秩序的抽象构思,以及对一个处在均质、对称的空间中的宇宙的几何学看法,这三个特征是密切联系的。它们共同确立了希腊理性思想在形式和内容上所具有的创新性(相对于过去而言)和独特性(与希腊人曾经

接触过的近东文明比较而言)。①

这带来一个问题:如果宇宙只具有纯粹抽象的几何性质,而人类是一种生命存在,那么,在这样的预设中,就存在着冲突——生命有机体与机械宇宙的冲突。我们看到,现代科学是这样来“解决”这一冲突的:生命从无生命中产生出来。从机械运动或者物理运动中产生高级的生命运动。可是,这并没有解决上述冲突,只是掩盖了冲突。尽管科学对生命有所定义,譬如,它把生命定义为蛋白体的新陈代谢或者基因的自我复制等等,但这还是无济于事。我们可以问,整个宇宙不都是在新陈代谢着的吗?宇宙学不是也证明,太阳也是可以“克隆”自身的吗?②

但是,在古代西方文化中,也还是能偶然发现有一些依恋大生命的情结。希腊化时期后,希伯来文化流入西方,从此在那里得到发展,虽然不算是本初的西方内容,但也可以看出是西方吸收东方文化后的重要成分。《圣经》说:“神在东方的伊甸设了一个乐园给人安居”。伊甸通常被文学作品用以隐喻人类的天然淳朴状态。心理学家认为,伊甸园是人类集体无意识中母亲原型的象征性表达。在希伯来语中,花园(gan)的词性一般为阴性。荣格认为,母亲原型往往被人类用大地、森林、湖泊、溪流、洞穴、花园来表达。伊甸园表达了人类归根返本的无意识冲动,它体现了人类的恋母情结。那是人类的母腹的象征。人在那里发育成熟,然后诞生,然后被赶出伊甸园。从此,饱尝劳作艰辛、环境险恶的人类常有恋母的意识。笔者猜想,关于“人,诗意地栖居”中,可能含有这种情结。这就表明,西方人至少从《圣经》里接纳了“大地母亲”的理念,尽管还未从中开出人类呵护大生命的天责。

同时,还要认识到,西方哲学关于“大机械观”而“小生命观”的内容,虽然在总体上不足以承载发掘中西认识论融合的基础的使命,但它关于自然和人、个人与集体、个人与个人相互关系的不少见解,对于论证中西认识论融合的基础,具有积极的建设性意义。“大生命观”虽然继承的是中华民族

① [法]让-皮埃尔·韦尔南:《希腊思想的起源》,秦海鹰译,三联书店1996年版,第3页。

② 忻迎一在《宇宙与人》中指出:在太阳90亿年寿辰的时候,其内部将会达到这个温度,同时氦聚度将会启动。这是一个辉煌的时刻,在原来的太阳内部,又诞生一个新的太阳,这个新的太阳以更高的热度辐射把原来的太阳推出去。参见该书第16页。

历史悠久的“生命观”，但是，光靠中国传统的“生命观”，“大生命观”也是建立不起来的，因为，以下的分析将展示，中国传统的生命观虽然有着论证大生命观的基础，但到底具有朴素性，缺乏“大生命”所具有的内在否定性。寻求这种内在的否定性，可以在西方哲学中获得重大的启迪。可以说，中国传统的生命观是“大生命观”的基本内核，而西方的“小生命观”是“大生命观”的否定性内核。

牟宗三说：

> 中国文化之开端，哲学观念之呈现，着眼点在生命，故中国文化所关心的是“生命”。①

这个见解对于研究中西认识论融合，起到了“开启智慧”的作用。

中国先民心目中的生命，原本就是很有气派的“大生命”。周易所反复咏叹的元、亨、利、贞，其实就是生命过程。元者，物之始生；亨者，物之畅茂；利者，则向于实也；贞者，则实之成也。所谓“生”，是造化的意思。《说文解字》曰：生，进也。象草木生出土上。意为破孳去蔽，生发彰显。《诗经·卷阿》中的“梧桐生矣，于彼朝阳”，讲的是梧桐这类个体事物的自生状况，潜在的东西转化成了显在的东西（如梧桐树苗中潜在的大树成了可感知的大树）；《诗经·生民》中的“厥初生民，时维姜嫄”，讲的是（“第一代周人——后稷”）一物从另一物（“姜嫄”）（孕育）而出；而所谓“有天地然后有万物”或“道生一，一生二，二生三，三生万物”，讲的是本源性的创生。儒家把乾作为“生”的源泉，“大哉乾元，万物资始，乃统天”。所谓“命”，是秉受的意思。中国哲学把坤作为“命”的渊源：“至哉坤元，万物资生，乃顺承天”。儒家有时也将天地不作“生”与“命”的区分，统统视为“生”之源泉，只是具体指出某种功能性差异。如《易传》曰：“夫乾，其静也专，其动也直，是以大生焉；夫坤，其静也翕，其动也辟，是以广生焉”。整个易学就是生命之学，“生生之谓易”，所谓“天地之大德曰生”，是其主旨。儒家是以生命的延续来解释天地万物的关系的。《说卦》曰：

> 乾，天也，故称乎父。坤，地也，故称乎母。震一索而得男，故谓之长男。巽一索而得女，故谓之长女。坎再索而得男，故谓之中男。离再索而得女，故谓之中女。艮三索而得男，故谓之少男。兑三索而得女，

---

① 牟宗三：《中西哲学会通十四讲》，台湾学生书局1996年版，第18页。

故谓之少女。

这里所谓“一索”、“再索”、“三索”，是说乾卦或者坤卦中有爻去到对方里面取代了对方一个相应的爻的地位，这个去到对方中并取代对方一个相应的爻的位置的爻，就叫“索”，它占了对方那个爻的位置，就叫“某索”。如，占对方第一爻的位置叫“一索”；占对方第二爻的位置叫“再索”；占对方第三爻的位置叫“三索”。这有点像男女DNA的X和Y染色体的不同配对决定子代的不同性别的学说。可见，它把自然界的雷、风、水、火、山、泽，都看成是由天地而生成的儿女。无论它如何幼稚，却并不违背科学成就所昭示的事实。难道雷、风、水、火、山、泽不是地球这个天体与宇宙整体（具体说是与太阳系整体）的相互作用而生成的吗？

道家虽然同儒家的生命观有不同的地方，但本质上还是非常接近的。道家把宇宙未成型的那种状态视为“生”之本源。老子说：

> 有物混成，先天地生。寂兮廖兮，独立不改，周行而不殆。可以为天地母，吾不知其名，强字之曰“道”，强为之名曰“大”。①

“道”的规定性是“无”，所谓“天下万物生于‘有’，‘有’生于‘无’”②。

中国哲学是始终以宇宙大化流行那自然而然的大生命观作为人类立命之基的。特别是儒家，认为人的性受诸天命，天命之谓性。因此，探索宇宙大化流行之生命不离现实人的此生。道家却是以另外的诉求而不离此生，即人法地，地法天，天法道，道法自然，执柔处卑，虚静淡泊，遥契那宇宙大化的无滞，体会那天地与我为一，万物与我并生之高妙。

中国哲学是“乐生派”的哲学，没有像希腊那样树立了一个不可感的抽象本原，然后由此抽象本原外化为有限物；也没有像印度哲学那样，完全放弃此生。在印度，古代哲人似乎不大热爱此生，视人的血肉之躯、有欲望与意志的生命为精神的拖累，印度正统佛教也只是把此生视为无边苦海，所谓渡苦海的目的也不过是那不再有此生的“涅槃”；希腊后来的基督教哲学把生命当做罪恶；中国宋明理学虽然吸收了佛教哲学力图超越自然生命达于精神生命飞扬的意向，但是，第一，在中国土地上立根的佛教是如来藏，它在印度并不那么正统，它主张“心、性一如”，而且，佛教义理也受到中国哲学

---

① 《老子》第二十五章。

② 《老子》第四十章。

观念的改造,生出了肯定生命现实的积极态度。第二,即使在朱熹的“理”、“气”之辩中,理也并不是西方那种纯概念式的抽象。朱熹虽然说:“天地之间,有理有气,理也者,形而上之道也,生物之本也。气也者,形而下之器”,但他还是主张理气“本无先后之可言,然必欲推其所以来,则须说先有是理。然理非别为一物,即存乎是气之中。无是气,则是理亦无挂搭处”。①他强调的是一种“逻辑在先”的叙述原则,从事实上看,理气没有先后,但叙述起来,理要逻辑占先。他认为“未有天地之前,毕竟也只是理。有此理,便有此天地。若无此理,便亦无天地。无人无物,都无该载了。有理便有气,流行发育万物”。② 是理,似不可理解为类同于希腊“逻各斯”一般的内容,理解为“秩序”比较好,因为朱熹这样说:“若无太极(朱熹认为:“太极只是一个理字”。——引者注),便不翻了天地”③? 此外,各种事物都有其“理”,也应理解成具体事物的“秩序”。这就产生了“理一分殊”的理论,“理一分殊”犹“月印万川”,一理摄万理。天理流行就化育万物。“天地之化,往者过,来者续,无一息之停,乃道体之本然也。然其可指而易见者,莫如川流,故于此发以示人。欲学者时时省察,而无毫发之间断也。”④理一分殊和天理化育之论的旨趣也还是要人们体悟内心流行的“天理”,做到“胸次悠然,直与天地万物上下同流”。⑤ 他认为张载的“气质之性”“极有功于圣门,有补于后学”,对之作了诠释。认为人在禀气而生的过程中有“蔽锢”,“得气之清明浑厚者,则不蔽锢此理,顺发出来。蔽锢少者,发出来的天理胜。蔽锢多者,则私欲胜”。⑥ 可见,他离开人的社会实践谈论人性,最终走到宿命论的地步! 虽然如此,朱熹还是认为,人禀气而生固然先天就有堵塞善性的问题,但还是可以通过后天努力来“去蔽”的。那就是要认识到“所性之全体,无一毫人欲之伪以杂之”,从而在内心做到“人欲尽处,天理流行”,为此要“明明德”。何况还有陆象山、王阳明一派,陆象山主张心即性即理,形上行下不分,统于心。工阳明诠释了“维天之命,于穆不已”,认

① 《文集·答王子合》。
② 《语类》卷一。
③ 同上。
④ 《论语集注》。
⑤ 同上。
⑥ 《语类》卷四。

为是良知生机不息的流动，把“逝者如斯”解释成“自家心活泼泼地”①。

大生命就是大全的生命，其中任何部分，不管是按照现代科学标准划分的无生命部分、还是包括智慧生命在内的生命部分，不管是大自然、还是人类社会，都是大生命中的部分、器官，没有游离于此大生命之外的内容。我们宿命地在着，就是说，我们只能存在于此“大生命”中。大全既然谓之大生命，就有其生期亦必有其死期。这是因为，“大生命观”虽然是一个形而上的范畴，但是，它以宇宙为基础提炼出来，而宇宙是有生命的，宇宙学已经揭示出宇宙有其产生和死亡的“生命”过程。既然作为“大生命”的基础的宇宙是有生有死的，这也就是说，大全之生命也必定是有生有死的。我们不回避谈“大生命”的死亡，如同不回避谈我们自己的大限一样。我们相信，那死亡是真正壮丽的涅槃。但是，我们不空议“大生命”的生与死，要紧的是尽责任守护它，使它放射出光彩。大生命中，人是它的意识。横渠四句中的首句——“为天地立心”，是对人在大生命中的位置的自觉。“民胞物与”，是对人承负的守护大生命的责任的领悟。“唯天下至诚为能尽其性，能尽其性则能尽人之性，能尽人之性则能尽物之性，能尽物之性则可以赞天地之化育，可以赞天地之化育则可以与天地参矣”②，这是对人在履行对大生命的使命中所成就的价值的憧憬。

二、大生命观与“太和”

“大生命观”的要义，可以用中国传统哲学的一个重要范畴来表达，那就是：太和。因为，生命的根本特征是组成生命的各部分高度协调，各个系统保持最佳的无隔障状态。基于此，我们就能够理解张载为什么说“太和所谓道”③了。生命与和谐相互为证：生命需要和谐，生命发展起了和谐，生命过程体现为和谐过程，生命的维系体现为对无序的抵抗与对损害的修复，生命的完结体现为熵的增加达到了对和谐的根本破坏。和谐是生命的本质需要，和谐承载了生命，和谐成就了生命，和谐也美化了生命，和谐在生命中

① 《传习录》黄省曾录。

② 《礼记·中庸》。

③ 《正蒙·太和》。

得到体证。在大生命观里,无生命就无和谐,无和谐就无生命。

《象》曰:“乾道变化,各正姓命,保合太和,乃利贞。”这里,太和就是大和谐的意思。

> 太和,和之至也。……未有形器之先,本无不和,既有形器之后,其和不失,故曰太和。①

意思是说,在宇宙未分化出具体事物时,宇宙本来就是和谐,本无不和,就无所谓求和;当万物成型之后,就要设法使之和谐,使其和不失。这才叫做太和。大和谐的心理,应该说是中西方共有的。毕达哥拉斯有一句名言:美德即是和谐。Cosmos(宇宙)这个词本来的意思就是和谐。

从层次上看,作为大和谐的太和,应该涵盖五个层次。

第一个层次:整个自然界是和谐的整体。《周易》关于自然界的和谐体现为“元”、“亨”、“利”、“贞”的秩序性。“元”是一切事物的起始,“亨”是一切事物的生长,“利”是一切事物的成熟,“贞”是一切事物的完成。孔子认为,天是有序运作的,“天何言哉,四时行焉,百物生焉,天何言哉”②,庄子相信天地有大美而不言。王夫之认为,宇宙具有“合同而不相悖,浑沦无间”的特点。其实,追溯起来,现代的生态科学必定建立在相信整个自然界是和谐的整体这样一个信念之上,假如人类没有这样一个信念,人们就没有必要提出爱护生态、保护生态、维系生态平衡的历史任务了。当代很多科学家都坚定地相信天体运行是高度和谐的,开普勒发现他的著名的“行星绕太阳周期的平方正比于绕行星与太阳之间的平均距离的立方”定律,就是在宇宙和谐的信念鼓舞下研究出来的。他浪漫到认为行星在运行中定然发出无比美妙的“音乐”,想要证明太阳系的行星的运动是有节奏的,它们应遵从和声学规律,本身应是一首动听的歌,甚至还想象出它的主旋律来。哥白尼也是怀着揭示宇宙的“完美形式”和“令人惊叹的对称性”而写就《天体运行论》的。爱因斯坦在纪念开普勒的文章中提到:我们在赞赏这位卓越人物的同时,又带着另一种赞美和敬仰的感情,但这种感情的对象不是人,而是我们出身于其中的自然界的神秘的和谐。

第二个层次:人与自然和谐。天有天道,人必须有人道。天性刚健有

---

① 《张子正蒙篇》。

② 《论语·阳货》。

为，人必以自强不息与之对应；地性厚道爱生，人必厚德载物与之匹配。这可以看成是人与自然保持生命的一致性的自律原则。同时，儒家还提出"畏天命"的他律原则。认为人如果"获罪于天，无所祷也"①。认为"莫之为而为者天也，莫之致而至者命也"②。也就是承认天有非人力所为而成功的力量，有非人力所能达到而能够达到的神功。这种出自他律性的与大自然保持一致的要求，在今天依然具有重大意义。人的生存受生态环境决定，生态系统对于今天的人类来说，依然具有"莫之为而为者"、"莫之致而至者"的神奇性。也就是说，在生态系统面前，人类依然存在着太多太多的必然王国，仍然需要敬畏天命的他律来约束自己的行为，仍然需要有"获罪于天，无所祷也"的敬畏之心，不能把这简单地宣布为宿命论。人类现今的悲剧就在于，取得了一些相对于人类从前来说是十分了不起的科学成就，就狂妄得不知天高地厚了，以为大自然不过是被我们制服了的奴隶，我们想怎么役使它，就怎么役使它，结果，人类就累积下很多致命的灾难。事实上，人类要永久地敬畏"天命"，即使人类将来显示出比现在强大百倍的力量。儒家还提出了"知天命"的认识境界。依孔子的看法，"知天命"是认识达到的最高境界，即使是他这样的人也得通过大半生的艰苦努力方能达到（"五十而知天命"）。当然，孔子的"知天命"主要是道德意涵，缺乏认知自然规律的意识，但是，把"知天命"作为一个认识境界提出，是具有重大意义的事件。这样，儒家就开出一个"承天命"——"畏天命"——"知天命"的认识系统。如果再加上荀子后来提出的"制天命而用之"的"用天命"，若将这些思想在大生命观的统摄下加以改造，是很可以旧貌换新颜的。特别是由张载提出的"民胞物与"的思想，具有深厚的生态伦理的底蕴。

道家也有大生命观方面丰富的思想资源。1973 年马王堆出土帛书本《老子》，与今本不同的是，"德"篇在前，"道"篇在后，或许这种先"德"后"道"的安排，更有利于我们对《老子》中富含的大生命思想资源的发掘。王弼注"是以万物莫不尊道而贵德"曰：道者，物之所由也；德者，物之所得也。可知，"德"篇主要是讲人类尤其是治国理政者得之于"道"的自然之性的智慧。《老子》中的"圣人"是一种能够坚持无为而治的人王。

---

① 《论语·八佾》。

② 《孟子·万章上》。

> 是以圣人处无为之事，行不言之教，万物作而弗始，生而弗有，为而弗恃，功成而弗居，夫唯弗居，是以不去。①

这就是强调治国理政之真昧在顺民之自然——“圣人无常心，以百姓心为”。只要“顺民”，就能够受到“处上而民不重，处前而民不害”，而如果课税太重，民则饥寒；干涉太多，民则难治；搜刮太甚，民则反抗。在老子看来，采取暴力的高压政策，乃是加速统治者自身灭亡的愚蠢举动，就像暴风骤雨只能逞凶一阵子一样。好动兵戈，也只能导致社会阵痛，“大兵过后，必有凶年”。治国要“顺自然”。圣人要顺民，民是否可以为所欲为呢？民之处事，同样要顺自然。不过这里有一个很容易让人误会的“顺自然”。在西方，无论是在古希腊时期，还是在文艺复兴时期；无论是主张尽情享乐的，还是主张节制的，都把“顺自然”理解为“趋乐避苦”，这种从动物性方面来理解的所谓“顺自然”，主张纵欲也好，节制也罢，最终发展为依靠技术来（有节制地或无节制地）实现“趋乐避苦”。只是西方实际发展的事实是通过技术获得丰厚的物质而达到了“趋乐避苦”，却带来精神家园的荒芜和人本身的失落。而在老子这里，“顺自然”乃是根本不同于“趋乐避苦”的“见素抱朴”。“朴”与“道”是同一个等级的内容，“无名之朴”即道；“道常无名，朴虽小，天下莫能臣”。人禀承道而得到德，就是“复归与朴”。所以，老子曰：“常德乃足，复归于朴”。基于这样的意识，老子与古代西方思想界不同，他对“私”与“欲”是持批判向度的。“罪莫大于可欲，祸莫大于不知足，咎莫大于欲得”。由此可见，德者，得到“道”的真昧而已。

“道”的真昧就是“自然”。如果在大生命观视域，“道”者，物之生灭的必然过程也。对于“物”来说，“道”是其宿命的“在”。“道”无疑是形而上的，但“道”与希腊人的“ON”根本不同。“ON”是个纯粹理性的创造物，“ON”对世界的奴役，本质上是人类对自然母体疏离和反叛。而老子的“道”，既是宇宙生成论意义上的原始之在，又是本体论意义上的一切存在的根据。

说它是宇宙生成论意义上的原始之在，是因为老子明确指出：

> 有物混成，先天地生，寂兮寥兮，独立而不改，周行而不殆，可以为天地母，吾不知其名，强字之曰“道”，强为之名曰“大”。

① 《老子》第二章。

说它是本体论上的一切存在的根据，是因为老子明确指出：

“道”冲，而用之或不盈，渊兮，似万物之宗。①

这里的“宗”，就有根本、本体的意思。

老子认为，万物从道而出。

道生一，一生二，二生三，三生万物，万物负阴而抱阳，冲气以为和。②

道所生出的一，就是元气；一所生出的二，就是阴阳；二所生出的三，就是天地人。万物都有阴阳两个方面，阴阳的相互激荡完成了万物的发生发展过程。这显然是一个无隔障的大生命过程。道是大生命之总根源和绝对依据。道之寂兮廖兮、惚兮恍兮、恍兮惚兮，都是说道的非实体性。实体为有，有生于无。道唯一的是“法自然”，道法自然，所以万物也法自然，治国以及做人，当然也不例外。所以，我们在前面谈论“德”中治国和做人的时候，最终都聚焦于“自然”。但是，这并不意味着，自然是更早于道的异在，而是指道的本性。道法自然是说道依它自身的本性而存在，而生物。这里的自然，历来被理解为自然而然，这的确也并没有错，但是要更进一步地加以理解。《老子》第五十一章曰：

“道”生之，“德”畜之，物形之，势成之。

是以万物莫不尊“道”而贵“德”。“道”之尊，“德”之贵，夫莫之命而常自然。

故“道”生之，“德”畜之；长之育之；亭之毒之；养之覆之。生而不有，为而不恃，长而不宰。是谓“玄德”。

陈鼓应译成白话文为：

“道”生成万物，“德”畜养万物，万物呈现各种形态，环境使各物成长。所以万物没有不尊崇“道”而珍贵“德”的。

“道”所以受尊崇，“德”所以被珍贵，就在于它不加干涉，而顺任自然。

所以“道”生成万物，“德”畜养万物；使万物成长作育；使万物成熟结果；使万物爱养调护。生长万物却不据为己有，兴作万物却不自恃己

---

① 《老子》第四章。

② 《老子》第四十二章。

能，长育万物却不为主宰。这就是最深的"德"。

笔者认为，《老子》这一章是对"自然"最权威的解释。有人把道翻译成"规律"，这显然犯了以西解中的毛病。不能说道没有规律的意思，但西方关于规律的解释中，根本的意思是"强制实现"。而老子的道强调的是万物对道与德的"尊崇"和"珍贵"，而道与德对万物是长之育之、亭之毒之、养之覆之、生而不有、为而不恃、长而不宰的。也就是"常自然"。所以，自然的意义，必须从生命上来讲，就是万物的元、亨、利、贞。这和儒家的天地之大德曰生是一个意思，与生生之谓易是一个意思。

第三个层次：个人与社会整体的和谐。中国文化用"皮之不存、毛将焉附"来说明人类社会整体生命与个体人的生命之间的关系。孔子的杀身成仁和孟子的舍生取义都包含着必要时牺牲个体肉体生命保全社会整体生命的意思。孟子用舍鱼求熊掌说明了其中的道理。孟子系统发展了这方面的理论，他的义勇观、养浩然之气的主张以及所倡导的"大丈夫"英雄气概，对中国以爱国主义为核心的民族精神的形成和发展，具有不可磨灭的贡献。其实，这方面的价值取向，在古希腊也是被提倡的。例如，当伯罗奔尼撒人第二次侵入亚迪迦之后，雅典人的土地两次遭到蹂躏，同时又遭到瘟疫的袭击，不少雅典人不想打仗，而向斯巴达人求和又无望，便将他们的愤怒转向了自己的领袖——雅典十将军委员会首席将军伯里克利斯，伯里克利斯就对雅典公民晓之以理。他想提醒人们思考，这种愤怒和在灾难面前低头是不是合理的？主张每一个人在国家顺利前进的时候所得到的利益，比个人利益得到满足而整个国家走下坡路的时候所得到的利益要多些。一个人私人生活中无论怎样富裕，如果他的国家被破坏的话，也一定会牵入普遍的毁灭之中。但是只要国家本身安全的话，就个人有更多的机会从私人的不幸中恢复过来。这样说来，个人在痛苦中能够得到国家的支持，但是在政府肩上的重担不是任何人所能承担的。①

中国传统文化主张人类社会整体生命在价值上高于个体人的生命，但绝不是轻贱个体生命。用孟子的话说，这是在鱼和熊掌不可得兼的情况下的抉择，是生命的智慧。

---

① 参见［古希腊］修昔日底德：《伯罗奔尼撒战争史》，谢德风译，商务印书馆 1960 年版，第 145 页。

第四个层次：人与人的和谐。孔子主张“推己及人”，“己所不欲，勿施与人”，“己欲达而达人”。按照《礼记·礼运篇》的说法，孔子所理想的人际和谐是：“人不独亲其亲，不独子其子，使老有所终，壮有所用，幼有所长，鳏寡孤独废疾者皆有所养。男有分，女有归。货恶其弃于地也，不必藏于己；力恶其不出于身，不必为己。是故谋闭而不兴，盗窃乱贼而不作，故外户而不闭”。如果得不到这样的境界，那么，用“礼义以为纪；以正君臣，以笃父子，以睦兄弟，以和夫妇，以设制度，以立田里，以贤勇知，以功为己”，树立禹、汤、文、武、成王、周公为社会的榜样，以著其义，以考其信，著有过，刑仁讲让，示民有常。子贡说孔子具有一种“温、良、恭、俭、让”的品德，这也可以看成是儒家从我做起，改良人际关系的建设性思路。儒家希望人际间以诚信为本，自我以诚自律，所谓“吾日三省吾身——为人谋而不忠乎？与朋友交而不信乎？传不习乎”，是这方面的经典表达。儒家还主张通过祭祀祖先这样的仪式来进一步强固人际和谐，认为，慎终、追远，民德归厚。无论是儒家的“差等之爱”，还是墨家的“兼相爱，交相利”，都深刻地表达了中国人民建立人际和谐关系的理论思考。

第五个层次：人自身的身心和谐。孔子主张“文质彬彬”，文，就是发展个人生命中精神性的内容；质，就是使个人生命中物质性的内容以及与生俱来的东西得到必要的舒展，要防止因质胜文导致的野蛮或因文胜质导致的呆板，在人的自然属性与社会属性两极保持必要的张力。这是一种兼顾身心健康的主张。孔子对生活的物质质量是抱积极追求态度的，他并不反对追求物质生活的富裕。他说过：

> 富而可求也，虽执鞭之士，吾亦为之。如不可求，从吾所好。①

这里的“从吾好”是比物质生活条件更高的原则，即他心目中的“道”、“义”，因为他说：“不义而富且贵，于我如浮云”，他还说：“富与贵，是人之所欲也；不以其道得之，不处也。贫与贱，是人之所恶也；不以其道去之，不去也。君子去仁，恶乎成名？君子无终食之间违仁，造次必于是，颠沛必于是。”②鉴于当时天下失道，他就更多地强调弘扬生命中精神气度方面的内容，以人弘道、殉道。在这种情况下，他教育弟子说：“君子食无求饱，居无

---

① 《论语·述而》。

② 《论语·里仁》。

求安"①。"子贡曰:'贫而无谄,富而无骄,何如?'子曰:'可也;未若贫而乐,富而好礼者也'"②。孔子对个体身心和谐的主张,在很多方面都体现出保持张力的特点,譬如,对待色的问题,他认为,好色是人天然的本性:他没有听说过有人好德胜过好色的。《诗经》中的关雎是一篇男子追求漂亮女子的诗,十分质朴地说出,"关关雎鸠,在河之洲,窈窕淑女,君子好逑"。孔子喜欢这样的诗,说:"关雎,乐而不淫,哀而不伤"③。但是,他并不主张放任色欲,而是要以仁来驾驭。孔子关于身心和谐的理想境界可以用他的话来概括:

> 志于道,据于德,依于仁,游于艺。④

必须指出的是,"大生命观"绝不是对中国哲学中相关概念的简单运用。太和固然具有"大生命"的气象,但要真正达到"太和",还是应该发展"不同"的,也就是说,只有有分寸地开出"对立",和谐才真正合乎生命的保存与繁衍。在这方面,中国哲学的观念缺乏内在的否定性环节。

就对待大自然本身来说,大自然的一切变化都是自然而然的。但是,我们也应该挺立起以人类生命为代表的生命本位,去给大自然变化过程进行利物或害物的价值判断。这样,我们就找到了和中的不同。譬如,地震这种自然现象,完全从科学上说,无非是大地构造方面的变化,无所谓利物或害物。但是,今日的地球栖居着满满的人类,长满了植物,生活着众多的动物,我们当然应该对地震有一个"害物"的价值判断,从而张扬人类对自然造化做"裁成"、"辅相"的责任。如果不是这样的话,就连大禹治理水患,也会被看成"逆天行事"。

美国基督教伦理学家查尔斯·L. 坎默认为,基督教传统也承认自然界的毁灭。自然界本身往往是痛苦的来源,自然界中既有欢乐又有悲剧,疾病、先天不足、洪灾、旱灾——所有这些都是毁灭自然界的活动。我们与宇宙是共同的创造者,我们应该承担起改变和防止由于自然秩序的不当而导致悲剧的任务,实际上我们所需要的,恰恰是用我们的知识和技能来抵抗和控制疾病的影响,或者努力排除由于变化无常的天气而形成的对农业的影

---

① 《论语·学而》。

② 同上。

③ 《论语·八佾》。

④ 《论语·述而》。

响，从而将产生饥荒的原因缩小到最小程度。这种向自然界的挑战成为对自然界的灾难性影响的容纳和控制，从某种意义上，这种挑战是对宇宙万物最基本的善和内在价值的充分尊重和支持。①

就对待自我与群体、自我与他人的关系来说，必须坚持把群体（社群、民族等等）、他人的生命置于高于自我生命的地位。恰如查尔斯·L. 坎默所正确指出的那样："把我们自我发展的要求放入满足他人的需要的关系之中，如果给以正确的理解和运用的话，仍是一种合理的主张。这种主张本身是对我们顽固坚持的自我中心和我们的自我欺骗的重要纠正；……我相信，这种主张代表一种真正的原动力，这种动力将完整和完善赠与我们个人，也将和谐赠与我们的团体和我们作为关系的存在。……从而展现了一种新的未来，使我们看到他人的美德和其他观点的丰富多彩。它允许我们承认我们共同的人性，允许我们在我们的基本差异中去正确评价和赞扬美德。在我们自己奉献的过程中，我们通过赠与来实现我们的人性，因为我们从来不能只为自己创造，所以人类的共同富裕将成为可能"②。

固然，主张关爱群体生命（社群、民族等等）、他人生命优于个体生命的价值意识是积极健康的，但是，那种个人在群体中所具有的"原子"（即不可入性）位置，从一定意义看，也有其积极意义。帕特里克·威尔逊-卡斯特恩（Patricia Wilson-Kastner）下述主张值得足够重视：

> 一个完全的人，是不能被完全排除自我地去关心他人和利用他们，为他或她的目的而服务的观点所迷惑的。同时，她或他同样也不能完全致力于关心给予他人，为他人服务，不能通过充分满足他人的需要而得到自身的满足。他或她不能成为缺乏以自我为中心，缺乏"我"的意识而完全奉献于他人的人。而是积极地相互作用着的，他们之间的这种作用，是使人成为真正的人的基本倾向。③

这一主张之所以重要，就在于人的生命的和谐要防止一种致命的依附性，即人对群体的依附、对他人的依附。这种依附性是专制独裁所不可须臾离开的基本条件。笔者理解，查尔斯·L. 坎默所强调的关于把我们自我发

---

① 参见［美］查尔斯·L. 坎默：《基督教论理学》，王苏平译，苑利均校，中国社会科学出版社 1994 年版，第 80 页。

② 同上书，第 185 页。

③ 转引自同上书，第 184 页。

展的要求放入满足他人需要的关系之中的“给以正确的理解和运用”，应该主要包含这方面的内容。而帕特里克·威尔逊-卡斯特恩所强调的这一观点，同样应该包含防止和克服个人对群体、对他人的依附性存在的主张。

就对待身心关系来说，也必须保持身与心的适度分殊，这是人的身体自由与心灵自由的必要条件。中国历史上不许寡妇改嫁，政府别出心裁地设立“贞节牌坊”倡导所谓“节妇”，究其对生命和谐的理解，已经完全坠入了迷雾。所谓“饿死事小，失节事大”，完全是以心灵奴役身体。在这种理论看来，女子的丈夫死了，女子是绝不应该改嫁的，改嫁了，又对另一个男子投怀送抱，那必是对先前夫君灵魂和人格的“亵渎”和“摧残”。《红楼梦》里所谓“君在日日谈恩爱，君死又随人去了”，就反映当时对身与心的绝对不相容的对立的理解，人们不能适度地将肉体的需求与心灵的需求作出分离，不能承认女子改嫁依然可以珍藏对前夫爱情的记忆而重新享受爱人与被人爱的幸福，宁以将活人变成槁木死灰的“活死人”为代价来保存那份“名节”。这种可恶的“以礼杀人”的观念，在近代遭到讨伐，是大快人心的。

呵护大生命与谋求人的发展绝不矛盾。人类所从事的各种实践活动，对于人及人类的生存和发展而言，都不过是手段和中介，只有人和人类自身的生存、发展和彻底解放，才是最根本的目的。推动经济发展，从根本上讲，就是为了不断满足人的日益增长的物质文化需要，实现最大多数人的根本利益，就是为了促进人的全面发展。我们的认识不要进入一个误区，似乎当代生态危机都是由于人类谋求发展引起的。的确，这是一个很难说清楚的问题。笼统而言，主张生态危机是由人类谋求发展而引起的，似乎也说得通。但是，只要把思绪合乎逻辑地延伸，就会发现问题：既然人类发展是前因，生态危机是后果，那么，毫无疑问，要从根本上消除这个后果，唯一的选择就是消灭其前因，即立即阻止人类发展。可是，人类不发展，还能够存在吗？已经如此发达的人类，能够退回到自耕自食甚至是茹毛饮血的状态中吗？必须审视的，不是人类要不要再发展，而是怎样谋求发展，用什么样的发展观指导发展，以什么样的发展模式实现发展。发展，本身是只有生命才具有的范畴，只有以生命获得健旺的持续存在性与生命体内在的和谐性为标准来衡量生命的实存状况，才有“发展”这一范畴产生。更为重要的是，依寓生命健旺存在的客观需求，也仅仅是通过人这个唯一的生命活动才开显的，而人对这一客观需求的开显，乃是人谋求发展使然。人的生命与大生命具有对立统一的关系，人必须与大生命保持同一性，在自觉遵循生命存在的根本法则、保持人与大自然和谐关系的前提下，谋求自身的发展。但是，人对大生命的领悟需要长期的过程。人是从动物界提升出来的，所有的动物在自发性上都是生态的破坏者、威胁者，但生态之所以没有被它们构成实际的威胁，是因为生态规律支配着它们盲目服从，坚不可摧的食物链所构成的相生相克的联系，保证了大生命的生生不息。人这个特殊的物种具有特殊性，一方面，智慧所创造的技术使他似乎可以处在"食物链"之外（其实是不行的，那只不过是人的一种僭妄罢了），自由地对自然进行取用；另一方面，生命的基本规律强制着人对大生命的依附。人类在几千年的历史里，长足地发展着第一方面，而对后一方面逐渐疏离，这种成反比例的关系所造成的关于人类社会的发展观和实现发展的模式，乃是引起生态危机的根源，而生态危机与人类的生存危机是二而一的危机，这本身就以十分充足的理由说明，人只能在自觉维护大生命健旺存在的前提下发展自己。因此，只有从生命真谛才能认识和解决生存论上的矛盾。正如普里戈金所言："只有在理解了生命之后，科学才能指望得出关于自然界的任何连贯一致的看法"。①

三、大生命观对认识活动的规约

提出大生命观就是为了规约人类的认识活动，倘若不将关于大生命的认识聚焦到对认识的规约上来，那就忘记了理论的本旨。

第一，大生命观规定着认识的本质、目的、意义。大生命是囊括一切、给予一切的生命之源。哲学上的本原论，其实应该就是大生命论，是中国的"道"论（道家）或"天命"论（儒家），而不是西方的"是"论。"是"作为知识论的依据，在这种有限性上是可以的，但要拿到哲学认识论上来，就是一种"僭越"。它的实质是对精神实施"抽象的统治"，即抽象本质对人类精神的统治。当我们确立大生命观后，就清除了抽象统治，使认识返回到生命的真实本原，使我们的生命回到乾父坤母的本根上，去赞天地之化育，去体悟

① ［比］伊·普里戈金、［法］伊·斯唐热：《从混沌到有序　人与自然的新对话》，曾庆宏、沈小峰译，上海译文出版社 1987 年版，第 119—120 页。

"万物并育而不相害,道并行而不相背"的玄理。开阔我们的胸襟,自觉地在大化流行之中发挥人类"裁成"、"辅相"之功,摆正人类生命活动在大生命体系中的位置,我们就自然"与天地参"了。这就是儒家对认识论作出的启迪。按照道家的思绪,我们同样可以获得关于认识的本质方面的宝贵启迪。道家体认大生命为"无",有生于无。我们诚然可以去认识任何事物,"以观其徼",但更要聚焦到大生命之"无","以观其妙"。不要被"为学""日增"的知识迷了心路,要坚持"为道"所需要之"日损",以至于"无为",始终眷注终极。这样,可以欣赏道体之似亡实存的空灵、渊深、幽隐,体察其"谷神不死"之功。如此,使我们的认识达到"致虚"、"守静"、"极笃"之境,在万物生成发育、纷纷芸芸中认识那往复循环的道理,看到它们返回本根之"复命"。从而保持我们的澄明,这样就可以避开物役的凶险。人类的认识,都要聚焦到大生命这个根上来。时代不同,人类的具体历史任务可以不同,从而认识达到的具体目的可以有别,但不能饮鸩止渴,荼毒大生命以利己。当然,大生命是不会被荼毒的,人类所能荼毒的是人类认为对自己有使用价值从而贪婪役使之、攫取之的事物,从而挑战"万物并作而不相害,道并行而不背",最终荼毒的是人类自己。这样,被大生命所规定认识的本质、目的、意义,在陷入生存困境的当今人类,就起着振聋发聩的作用。

第二,大生命观决定了认识必定是内向的。如果离开大生命谈论认识,人类至少可以说,认识包括两个方面,一曰外向,认识外部事物;二曰认识人自己。但是,如果纳入大生命观的框架,则完全"一内外"了。这是因为,人们不能有"大生命之外"这样的想法,也就是说,大生命之外,无认识对象。这一点,从整体上规约着认识活动,使之不能有超越大生命的妄想。超越大生命去认识的企图,必然导致造物主这一幻象,那是神学的思绪,譬如,基督教企图去搞上帝存在的本体论证明。这种虚幻把一个虚无当做大生命,而把宇宙当做是完全没有生命的物理世界,仅仅是被他创造的人,才具有他的形象,而人之外的一切造物,被说成是上帝慷慨送给人的"礼物"。需要说明的是,这里不是中国传统认识论那种重内向的意思。中国传统认识论尤其是儒家认识论主张中,具有使我们获得关于"大生命决定了认识必定是内向的"这一认识的契机,譬如,它有尽性知天的构想,这完全可以引发我们思考大生命框架内认识必定是内向性的。但是,中国传统认识论那种内向型,主要还是重政务而轻自然,没有走出一条由尽性而知天的切实的路径。

第三，大生命观赋予认识以“为天地立心”的道德律令。从大生命观规定的认识的本质、目的和意义，完全可以合乎逻辑地推出“为天地立心”的道德律令。宇宙创造了万有，但宇宙本身不能认识自己，它通过创造人类来达到自我认识。人类的知觉灵明就是天地的知觉灵明，所谓“天地之帅吾其心”就是这个意思。因此，人类生来的宿命就是“为天地立心”。“为天地立心”，不是说，人有权力和能力支配宇宙做什么、不做什么，如同大脑指挥肢体那样，这样的支配与服从关系是永远做不到的。所谓为“天地立心”，是指人类必须把认识活动提升到一种天地境界，履行人类呵护天地的道德义务。按照海德格尔的话说，就是守望着“在”。为天地立心，要求人类从情感上做到“心于天道”。在张载看来，“仁人孝子所以事天诚身，不过不以仁孝而已”①，这就是说，人类要把仁孝之心推广到“事天”，而不以人际为限。冯友兰先生认为，这“是一种精神境界，也是一种生活方式”②。在笔者看来，这种生活方式应该被看做是人类要通过努力实现的理想的生活方式，就现存的生活方式而言，还远远达不到“为天地立心”的要求，只需看看目前关于人类中心主义的争论就可知了。但是，从冯友兰先生把“为天地立心”提到生活方式上认识，可以得到一个重要的启示：人类的认识活动必须以“为天地立心”为极则。这就要求认识论摆脱那种主客二分的局限，做到“合内外，一天人”，努力克服大写的和小写的“私”心。人类的认识活动只有遵循这样的道德律令，才能保持人天和谐，诗意栖居。

第四，处理好人类的当下需求与眷注终极的关系。宇宙大生命只能通过人进行自我认识，而人总是带着当下生存和发展的需要去进行认识的，这种由当下需要发动的认识与实践活动，形成了基本矛盾：以人的生命为本位展开认识的直接需要与以大生命为本位展开认识的终级需要的矛盾。这一矛盾规定认识始终要遵循提升认识境界与增强认识能力相对称的原则。从大生命观来看，人的认识活动，乃是一种“代理性”的活动，即大生命把认识自我的任务交由人类来完成，从这个意义说，认识必须向大生命负责。另一方面，人类又是一个相对独立的生命系统，有自身的利益、欲望、意志，直接

---

① 《西铭·诚明篇》。

② 冯友兰：《中国哲学史新编》下，人民出版社1999年版，第131页。

控制着认识活动。虽然说,人类的利益、欲望、意志在理论上可以与大生命赋予人的使命相安,但是,人类也容易偏离这一使命而进行认识活动,并进而引导改造世界的活动危害大生命以获得自己暂时欲望的满足。人类在这样做的时候,很多情况下并非有意杀戮大生命。此外,人类很容易认为自己并不是大生命的一部分,并不甘心接受"赞天地之化育",而有"彼可取而代之"的欲望。人类这个方面的偏向,也反映在《圣经》里,本来,《圣经》把人类定位为上帝所创造的世界的管理者,但神又说:"你们要生养众多,遍满大地。凡地上的走兽和空中的飞鸟,都必惊恐,惧怕你们;连地上一切的昆虫并海里一切的鱼,都交付你们的手。凡活着的动物,都可以作你们的食物,这一切我都赐给你们,如同菜蔬一样。唯独肉带着血,那就是它的生命,你们不可吃"。这里的"菜蔬",也只是中国基督教协会的译法,美国基督教会出版的《圣经》英文是"every green"。这样,《圣经》里出现了一个严重的问题:人被定位为管家,但主人与管家之间"产权界定不清",上帝的所有权缺位,这就难免人类胡作非为了。人既是大自然的管家,那么他在自然中的地位当然优于其他物类,他也要满足自己的欲求,上帝在这方面给予人类优厚的待遇,对人类的行为有一定的宽容,这是可以理解的。但《圣经》里过于无边的宽容则是不应该的,它娇纵了人类,使人类自私心理在自我中心意识的纵容下萌生、膨胀。但是,从人的发展过程来看,这是不可避免的一种状态。不能奢望人类当初不会向这个状态走。按照汤因比的解释,上帝作为一个辩证法"大师",他需要人类走向对他创造的世界的否定,上帝知道这个结局,他知道人类必然根据自己的意志自由而走向苦难,他要人类自己付出代价、教训自己,从而再皈依于他。那时,他将给予人类以永恒美好的生活。我们所要做的是认真地进行反思,得到指导今后人类生存的智慧。可惜的是,人类至今还死死抱着役使世界的危险观念不放。譬如,美国神学家查尔斯·L.坎默就说:

> 宇宙万物是一种礼物,是馈赠给所有人的礼物。就这点而论,任何人都有一种基本权力,去产生和支持那种使人的满足成为可能的宇宙万物;任何人都有权力积聚和霸占世界的财富而使另外一些人沦为贫困。①

① [美]查尔斯·L.坎默:《基督教论理学》,王苏平译,苑利均校,中国社会科学出版社1994年版,第79页。

在西方，也有人审视了《圣经》的严重缺陷，加以理论上的修整。如森林学家兼水利学家罗德米尔克（Walter C. Lowderment）提出了所谓的“第十一条诫命”，就是致力于这方面的努力：

> 你们当以忠心管家的身份，继承神圣的土地，并一代一代地保守其资源出产的能力。你们当保护你们的田地免遭土壤侵蚀，保护你们的活（疑为“河”字——引者注）水免遭干涸，保护你们的森林免遭荒漠，保护你们的山丘免遭过度放牧；以使你们的子孙永远富足。若有人不能完成管理土地的职守，那么，他们的丰饶田地就会变成贫瘠的石头地和废水坑，他们的后裔就会数目衰微，生活贫困，甚或从地球表面灭绝。①

又如，理查德·贝尔在他的《土地的误用：一种神学关怀》一文和后来一系列著作中，提出了“管理派”生态神学的几条基本原则：一是世界是属于上帝的，不属于人类，人对地球的统治自由是有限的，它处于一个更高的权威之下；二是自然的整体在上帝看来具有内在的价值，具有对人有用之外的重要性；三是事物之间的相互关系和相互依赖是上帝创造物的一部分，任何对环境的关系和整体性质的破坏都是对上帝的犯罪。②

第五，必须在大生命的层次上协调好德性之知与闻见之知的偏好。在中国哲学中，并没有出现像《圣经》那样的“管家”与“主人”的过度紧张，但是也长期存在着认识论上的内向与外向之争鸣，争鸣的实质是德性之知与闻见之知能否相安，如果能够相安，那么，如何相安？

先秦儒家都是秉承孔子的“下学而上达”的路数的，但也不是没有分歧。

《大学》主张：

> 古之欲明明德于天下者先治其国，欲治其国者先齐其家，欲齐其家者先修其身，欲修其身者先正其心，欲正其心者先诚其意，欲诚其意者先致其知，致知在格物。物格而后知至，知至而后意诚，意诚而后心正，心正而后身修，身修而后家齐，齐家而后国治，国治而后天下平。

---

① 转引自何怀宏：《生态伦理》，河北大学出版社 2002 年版，第 163 页。

② 参见同上书，第 163—164 页。

自天子以至庶人，壹是皆以修身为本。①

这种认识进路，主张由格物致知，外求获得物之理，进而达到修身诚意正心之内求内圣，再由内向齐家、治国、平天下外溢以求外王。

孟子发展了心性之学，他的认识论是内向的：

尽其心者，知其性也。知其性则知天矣。②

孟子强调要把人本有的四端之心充分实现，如此者，就能通天，这也是下学上达的路数。他的思绪是，天作为创造之大本大原，于穆不已，人企图从人的外部的物理世界去证实，那是找不到根据的，只能从人本有的道德本心入手，人的道德本心也是具有创造性的，类似康德那个能动的"自由意志"。从人自己的道德创造来证实那个于穆不已之天。

荀子又开一个思路，他主张：

凡以知，人之性也；可以知，物之理也。③

所以知之在人者谓之知，知有所合谓之智。④

不闻不若闻之；闻之不若见之；见之不若知之；知之不若行之。学至于行而止矣。行之，明也，明之为圣人。……故闻之而不见，虽博必谬；见之而不知，虽识必妄。知之而不行，虽敦必困。⑤

荀子是一种为学的路数，与孟子有极大的不同。牟宗三说"闻道尊孟轲，为学法荀卿"⑥。

这一分歧，可以说在儒家一派一直持续到理学，程朱与陆王之争就是一个见证。即使是现在，争论也还在进行着。

这个争论的底蕴，还是如何处置大生命观对人的认识活动的制约问题。心学一派的思绪充分考虑到大生命的一体性，强调了人与天的无隔障，人的生命活动与大生命活动的相通，强调人本身便是下学而上达的通道。理学一派的思绪充分考虑到大生命完成自我认识的特殊性，即必须通过人来完成大生命的自我认识。人作为一个生命系统，与横列的其他非人之生命系

① 《礼记·大学》。
② 《孟子·尽心上》。
③ 《荀子·解蔽》。
④ 《荀子·正名》。
⑤ 《荀子·儒效》。
⑥ 牟宗三：《周易哲学讲演录》，华东师范大学出版社2004年版，第23页。

统具有相对独立性，毕竟人与非人的对象之间，存在着许多隔障，打通这些隔障，不能完全依靠“尽心”来解决。

在西方近代认识论的争论方面，人文主义与科学主义之争是人所共知的事实。随着科学由社会生活的边缘走向中心，认识论中科学主义化的倾向日益严重，它所带来的反对——来自人文主义的反对也日益强烈。这实质上是知识与价值、科学世界与生活世界等多重紧张关系在现代性中的体现。科学主义的重要特征之一，就是把科学当做是最有价值的知识。科学主义者都认为，在他们愿意称之为科学的东西之外，根本无法设想知识和理性的可能性。不仅如此，他们还在他们愿意称之为科学的地方，存在着明显的嫡庶之分。例如，“逻辑实证主义的维也纳学派”奠基人莫里兹·石里克就主张哲学寓于一切科学之中。他相信，只有在各门科学这个故土中探求哲学才是通向哲学的唯一道路。他说道：

> 哲学家们只有在对这些自然科学的挖掘中，才能揭示出他们所追求的珍宝。历史学涉及的是一个单独星球上的单独物种的命题，而语言学则涉及支配着那个物种的非常特殊的活动的法则。与之不同的是，通过自然科学方法所发现的法则的有效性并不局限于任何一个个别的实在领域：原则上它可以推广到整个宇宙，不管在时间和空间上多么遥远的宇宙，因此，普通认识论一定要把自然科学知识作为它的出发点。①

以专门指向自然领域的活动为认识论之圭臬，科学主义具有将宇宙人生对象化的趋向。即习惯于把要认识的内容限定和凝固在主客体关系中，并且力求变成可计量的对象。与此相联系，科学主义喜欢单向地对世界提问，对世界进行构造，随之而来的是实证的向度，它面向经验事实。

应该承认，光是认识人本身，的确不足以使人获得自由，因为自然界中的其他存在物与人明显是不同质的存在形态，虽然大生命要求认识它们之间的共同性，可是，在承认这个前提下既然存在着多样性，就不能忽视它们之间的基本分殊。人的本质力量也要在这种科学活动中得到增强。在科学成为第一生产力的当代，无论是谋求社会的进步还是谋求人的发展，都离不开科学技术，科学技术推动生产力发展，必然最终推动社会与人的发展，因

① ［德］M. 石里克：《普通认识论》，李步楼译，商务印书馆2005年版，第一版序言。

此，认识论对科学技术予以格外的倾注，显然有其合理性。譬如，认识论高度珍视并努力汲取科学中孕育出的人类的理性精神，这是人类的瑰宝，也是人类走向自由、平等、解放的理想境界不可须臾失却的宝贝。

但是，也必须看到，将认识论科学化的思绪，明显地存在着三个弱点，这三个弱点对大生命的呵护来说，都是致命的。一是，它绝对不把人之外的物理世界当做生命看，它对自然的祛魅是非常干净的，干净得这个自然里没有灵性，科学思维中没有对自然的敬畏。它坚持认为自然界是供人类利用的物的世界，它相信，即使人在开物成务方面存在着问题，也是容易依靠单纯地发展科学的办法来解决的，其他的办法无济于事。其基本思绪是，一切问题都是可以通过发展科学和技术来解决的，即使有不能单纯由自然科学和工程技术途径来解决的问题，也可以吸收政治的、经济的办法来解决，而后者仍然是科学的。而且，即使面对生存困境，科学主义仍然有理由相信，自然资源其实是取之不竭的，看起来的资源危机仅仅是一时没有找到它们的替代品，那仍然是科学技术的不发达。退一万步，即使地球实在无法满足人类物质生活条件改善的进一步需要，还可以向广袤的宇宙想办法，那更加需要发展科学。二是，它为人类谋福祉的活动往往带有悖反性质。也就是说，它在一个时期给人类带来的幸福，往往需要往后连锁出现的痛苦作代价。这是现代人深有体会的。这个问题的严重性是它的逻辑：前人享福后人还债。人类如果老是按照这样的逻辑生存，总有一天会陷入背不动沉重的债务的绝境。三是，科学有一种自我延续、自我繁衍的特征，会牵着人类盲目地跟着这个特征走，从而不知不觉地离呵护大生命的真命越来越远。正如让·拉特利尔所说：

> 在现代社会中，科学（作为一个整体）仿佛具有一种趋势，即在自身内在功能作用的影响下，把自己建成一个由相互作用着的子系统构成的巨大系统，并朝着越来越复杂、越来越整体化、越来越自主的方向发展。①

认识论如果完全地依赖科学这匹千里马，而不给它套上缰绳，那就难免被这匹野马拖到偏离正确方向的危险境地。

认识论上的人文主义倾情于人化世界的解释、规定和评价，更加眷注于

① ［法］让·拉特利尔：《科学和技术对文化的挑战》，商务印书馆 1997 年版，第 32 页。

以解释的方式开敞人化世界,这种解释方式包括从神话到形而上学的思辨,这种解释样式展开于各个领域,聚焦于人化世界的应然性设定中的价值关怀。从认识论看,人文主义认识着意义世界,认识着真、善、美在社会生活所有领域、所有层次展示的意义关系。人文主义是内向性的,它由对人化世界的观照、敞开而进入主体间的理解与沟通,是对科学主义钟情的对象化思维方式的积极扬弃。科学主义的路数是尽量地向数学化靠拢,它难免使世界因数学化的抽象而失却感性的诗意光辉,人文主义咬住具体的感性的生活世界不放,坚持对血肉之躯、情感、欲望的肯定。人文主义往往能够十分敏感地反映生活世界的需要,范导包括甚至主要包括科学行为在内的人类行为系统。人文主义倾向固然有其优点,但是,人文主义不能离开科学来谈人文,不能谈人之外的外部世界就色变。毕竟,人之成为人,是靠建设人化世界而存在的,自从人猿揖别之后,人就不能直接在"伊甸园"中生活了,本原世界更不能直接地成全人的发展,文明乃是本原世界向人化世界转化的过程及其产物。而在近现代,文明的主要推动力只能是科学技术,人文精神可以范导科学技术,但是毕竟不能桎梏科学技术的发展,更不能对科学技术取而代之。

诺斯在《两种文化》中谈到现代科学与人文的分裂对峙状态,各有自己的话语系统,各自秉承一套标准,形成了鸿沟。这本不是大生命观所必然产生的现象。在大生命观中,科学的维度与人文的维度是相关之维。人若没有科学之维便不能强大,就不能认识大生命,愚昧无论如何是不能守护大生命的;同样,若没有人文之维,便不能澄清人化世界的意义,所谓科学的自我繁衍,说到底是人有疏离大生命并进而反过来奴役大生命的自发倾向,人文意识对科学意识的解释与范导,对于科学而言,绝对不是外在的束缚,乃是理性健全的内在需要。

第三章

认识的目的

认识的目的是由大生命观对认识活动的规约所必然生发出来的新课题。说它是一个新课题，并不是指它是一个新概念。作为概念，认识的目的早就被提了出来，并且早已有了权威的说法。之所以说是一个新课题，就在于它是与大生命观相联系的，在大生命观的视野，现行的关于认识目的的成说，极有检讨之必要。

一、认识境界与认识能力

认识境界是包含主体关于大生命的全部理解水平的范畴，它展示认识主体世界观、人生观、价值观的整体水平和状态。人的认识总是在特定世界观支配下的认识，现行的认识论是完全撇开世界观，那是一种根本不存在的纯粹机械的认识活动。真正人的活动，是有目的、有意识的。行为之前，先在着一个复杂的分析和解释框架。正确的解释可能带来正确的行为，错误的解释可能启动一个错误的行为。尤其是事关重大、极为复杂的行为，极大地依赖这种先在的解释框架。这个框架，从根本上说，是世界观。人类的世界观中具有一种关于终极的生活原则、终极目的的假设，这种假设是世界观的精要，构成人们该不该从事某种类型的活动、怎样进行某种类型的活动的依据，等等。形成某种世界观就意味着形成了某种信仰。当人们审视自己的世界观时，就会发现，他们其实是把自己的一生托付于一种世界观了。为此，人们充满希冀，也承担了选择世界观的奉献。世界观决定人们将成为什么样的人，怎样度过自己仅仅具有的一生时光。认识论既然不是一种任性的关于认识活动的理论，就不能不首先考虑把自己托付于什么样的世界观这个根本性的问题。因此，可以说，认识境界是认识论首要的问题。

对于认识境界的阐释，必须先破除一种对哲学作本体论、辩证法、认识论、逻辑学、伦理学、心理学、美学等等的分而治之的思绪，因为在那样一种思绪里，人们堂而皇之地在认识论里头不讲认识境界，人们会说，那样的东西在本体论、伦理学里都说过了，现在只就认识谈认识。这样的分而治之，实际上是为不讲认识境界的功利至上主义开绿灯。人们诚然可以集中力量探讨如何安身立命的问题，但是，在讨论之后就把它束之高阁，在讲认识世界、改造世界的关键问题上完全抛开它，那样的讨论又有什么用呢？人们把认识的任务定位在由感性认识达到理性认识，在这样的定位中，就完全失去了对认识境界的观照。

认识境界问题就是为人的认识世界和改造世界的活动寻找安身立命之根的水准。就这个意义来说，一个哲学体系中体现的认识境界问题，决定于该体系中关于本体论的真精神。

应该说，古今中外所有的本体论，就探讨者的主观愿望而言，都是为人立命之论。只是就对人类生活指导的实际效果而言，有的心有余而力不足，有的适得其反了。中国古代的“道本体”、“仁本体”、“诚本体”等等，属于心有余而力不足一类，古希腊“抽象本体”，则可能属于适得其反一类。

希腊民族是个海洋民族，它的安身立命之所是爱琴海而不是中国这方黄土，因而视为安身立命之根的内容，就完全不同于中国的。海洋的不确定性因素远远大于陆地，无论是航行还是交易，都需要精确和速度，因而效率的原则是其安身立命的根本原则，大海固然有风平浪静的时候，人们徜徉在大海里固然也可以产生回归自然的亲密感，但是，大海多有狂暴的时候，大海在狂暴之中所显现出来的样子，的确与人是一种很敌对的关系，生活在大海上的确是“无根的”，这种生活环境，呼唤人类征服外部环境的力量，因为有没有这种力量，关乎生死存亡。这样的民族把尚力、尚智、尚外求作为立命之本，自有它生存论的基础。此外，希腊民族以手工业和商业为主，日常贸易中大量的货币转化为商品、商品转化为货币的现象，使人们产生了对抽象本质的崇拜，因为，商品拜物教本质上是对抽象本质的崇拜。那里的人们之所以费尽心思地去研究“ON”，建立了一个博大精深的“Ontolegy”，就是要打下科学研究千古不易的根基。他们的生活明确地告诉他们，这种根据在不确定性极强的大海里的事物中，是完全找不到的。爱利亚学派芝诺提出的“飞矢不动”，对此已经作了这种宣判。“飞矢不动”这个悖论的意图很明显，就是要解决科学认识的“无限回溯”问题。“无限回溯”是科学知识建基的大忌，既然在可感知物中无法杜绝“无限回溯”，那么就唯一寄希望于乃师提出的不可感、然而却真实并且支配所有可感事物的那个“是”。

美国科学哲学家瓦托夫斯基认为：

> 我们苦于既想要认识又害怕发现，苦于既渴望这种知识所带来的力量又厌恶这种力量强加于我们大家的令人畏惧的责任。我们的各种社会与文化设施，我们的教育体制，我们的经济全都显露出这种分歧。这种分歧处在“科学的”和“人文的”这“两种文化”之间，并且我们落进了如此二者之间的陷阱，即一方面我们知道科学是理性和人类文化的最高成就，另一方面我们同时又害怕科学业已变成一种发展得超出人类的控制的不道德和无人性的工具，一架吞噬着它面前的一切的没有灵魂的凶残机器。①

知识论的“太阳”照耀下的西方认识论，在很长时期给了人类光明的乐观和实质性的鼓舞，它所带来的无比诱人的实惠，完全遮蔽了它在被践行中悄悄累积的灾难。到了现代，有识之士开始对知识论的认识论有了一些警觉，但是，当他们开始清算知识论的认识论时，立即引起强烈的反对。于是，在现代，发生了旷日持久的科技乐观主义和科技悲观主义的论战。评论这种论战不是本书的任务，笔者也不取所谓“世界生了癌，这癌就是人”的悲观论的极端立场。笔者认为，流行的认识论从来津津乐道于改造世界的效率，没有提出确切地说是没有反思“认识的目的究竟是什么”这样一个涉及人类生死存亡的至关重要的问题。有鉴于此，在认识论研究中，多一点理智的忧患意识是十分必要的。

其实，研究认识论以及哲学的所有问题，目的都应该是为类生命和个体生命的可持续性存在与发展服务，进而为呵护大生命服务。这两个服务本质上是一致的，为类生命和个体生命的可持续性存在与发展服务只能是相对的，而不是绝对的，个体生命的短暂自不必说，类生命也不是永存的。恩格斯早就冷峻地宣布，宇宙必将以铁的必然性在地球上再次毁灭物质的最高的精华——思维着的精神。但是，如同个体的人明知必定死是不变的归

---

① 转引自孙正聿：《哲学通论》，辽宁人民出版社 1998 年版，第 125—126 页。

宿，却还要在有生之年注意养生、锻炼、防病治病一样，类生命也要谋求存在与发展的可持续性。真正属于太阳系演化过程以铁的必然性毁灭类生命的结果并不值得忧虑，堪忧的是，由于人类自己不可遏止地制造灾难，远远没有等到“铁的必然性到来”之前，就自己埋葬了自己。人类20世纪提出的可持续发展观，就是为了防止这样的悲剧到来。可持续发展的基本理念是：只有当人类向自然的索取，能够同人类向自然的回馈相平衡时；只有当人类为当代的努力，能够同人类为后代的努力相平衡时；只有当人类为本地区发展的努力，能够同为其他地区共建共享的努力相平衡时，全球的可持续发展才能真正实现。

应当说，既有的本体论也还是要为人寻“根”的，但由于它一直固执地要去“证明”他们叫做“存在”或“是”而在笔者看来就是“大生命”的内容，就误入了“克里特迷宫”，难免被实证之“妖”所吞噬。“大生命”是不能被“解释”的，“解释”意味着对某物给出一定的关系。而当人一定要“解释”“大生命”时，“大生命”也就被判定为“有限物”了，这是不可思议的荒谬。“大生命”是自明的，它如其所是，没有“为什么”。自明性无条件地敞开、显现、可觉察。可觉察但必须如实看成同觉察者分不开，“大生命”只有通过人而被觉察。人觉察“大生命”，不是任意的，任意往往只能止于直观，没有对必然性和确定性的把握。人觉察“大生命”是“被强制的”：人要不至于死亡，必须实践（最根本的是从事物质资料的生产劳动），正是实践沟通着人与“大生命”。实践基础上的“思”与“语言”的互补相谐，足以觉察“大生命”。这样，从人的生活去把握“大生命”，乃是本体论的基石性的观点。

> 我们之所以不能解释为什么世界是这样的，是因为我们的生活是一种拥有一个世界的生活，并且我们无法生活在世界之前，即进行一种没有世界的生活。世界与我们的生活共在，这一事实使得与世界无关的思考失去意义。①

从发生学看，人“被抛弃”以后，他的第一反应是：“谁抛弃了我”？那个“谁”就是“根”。人最初的寻“根”方式是图腾崇拜，它是某个氏族依其对特定环境下生存的体验以及特定的意欲，把自己的“根”“交付”某物，然后

① 赵汀阳：《本体论的困境及其出路》，转引自宋继杰主编：《BEING与西方哲学传统》下卷，河北大学出版社2002年版，第1168页。

通过规范和教化代代相袭演为习俗，使人认为这种崇拜自然而然，为了防止乖离，人们就制定出一些禁忌，以禁忌防范"拔根"，为使这一切十分神圣，不致于被忽略，被疏离，人们又发明相应的仪礼，以仪礼营造固本强根的文化氛围。仪礼还有另一个作用，即如有万不得已的"忤逆"，采用庄重的仪式去说明或忏悔，乞求"理解"和"容忍"。图腾崇拜的目的无非是：人要在无比强大而暴戾的环境中获得生命的支撑点。图腾乃是人的行上本性的原始反映。一个值得注意的事实是，图腾中的"根"，是"被视其为根的"，它是"价值性"的而非"事实性"。随着氏族结合为部落，图腾发生了整合，自然界没有的"想象物"（如中国龙）被创造出来。"想象物"作为"根"意义重大，它表明：人的真正的"根"是由"类生命"之行上追求决定的，其客观实在性只能到精神中寻找。随着国家的出现，"至上神"应运而生。把"至上神"作为"总根"，更说明了人类寻根的途径由外向内走，直达人性深处。

但是，宗教是武断的，它只要求信仰的虔诚，无视理性的合法性，并且往往导致愚昧与迷狂。于是，人类又产生了哲学的寻根活动。西方最初的哲学乃是混一的理性活动及其产物。从米利都学派看，它更像是知识论的，且它的外向寻根的思绪对后世有难以磨灭的影响。巴门尼德"把'是'当做一个特殊的'什么'来看，开启了西方哲学的行而上学存在论（本体论）传统"。[①] 但也正是他开创了用知识论的致思方式去证明主宰万有的抽象实体的实证路径，而芝诺悖论又调动起西方哲人关于这种证明的几千年不倦的兴趣。近代经笛卡尔张扬，对本体论进行认识论的提问与追究，便成了唯一合法的方式。

中国哲学对"根"的追寻，不采取西方这种方式，在中国哲人看来，天人合一是自然而然的，没有必要也不能给出理由。本来，按照"天人合一"的思绪发展下去，是完全可以开出一片光明的理路的，但是到了近代，最高哲学开新的时候，惜乎发生了向开方那条理路的"转向"。由于近代中国落后挨打，人们在渴望科学中也就神化了科学的致思方式，当时一些被美丽的科技之光照花眼的中国知识分子，竟然看不到这种方式的局限了，那种崇尚"德性之知"的传统便渐趋消逝，而坚决抛弃哲学的民族心理产生了膨胀

① 叶秀山：《论巴门尼德的"有"》，参见宋继杰主编：《BEING与西方哲学传统》下卷，河北大学出版社2002年版，第579页。

了,连陈独秀都主张把哲学当做“社鼠城狐”来铲除。这之后又过了几十年,由于种种原因,这种心理实际上一直都未得到严肃批判。并且,在知识论致思方式中,中国哲学许多有价值的研究方法和观点,都被当做唯心主义否定了。

依笔者的见解,所谓“本体”,只是超越“有形”、“有限”的价值中心,亦即大生命。它缘自个体人和类对永恒的祈向。变灭引起的是人或类对死亡的惊惧,死亡是吞噬生命的狰狞的“黑洞”。正是个体的人和类均畏死求生,这才攫住“永恒”、“至善”、“无限”、“绝对”,以作为人和人类的最高支撑点。笔者眼中的本体论,就是前文所论述的“大生命观”。

“大生命”虽然是行而上的,但却是人可以而且必须从行而下感悟的。任何生命物都顽强地生存着、繁衍着,物种的遗传变异,透过形质层面,即可窥见其生存的执著,优胜劣汰就是物种及其个体在求生避死上的优胜劣汰。即使在非生命物中,人也能强烈地感受到“在者”之“在”的执著,宇宙学揭示的那个初始的“点”,以大爆炸来克服自身强大的引力,同时又与引力保持自己演化所必须的张力,这在人看来是极“艰辛”的。宇宙虽然必然归于死亡,但它还是“顽强地”演化出丰富的事物,包括人。这不是科学所能证明的,而是人所感悟的。它是人通过对生命永恒意义与终极价值的追求的价值思维所赋予进去的。“天地之大德曰生”就是这种感悟的智慧。“天行健,君子以自强不息”,“地势坤,君子以厚德载物”;“与天地合其德,与日月合其明,与四时合其序,与鬼神合其吉凶”;“人法地,地法天,天法道,道法自然”等等,这就是本体论思维,它体现着先哲“终极关怀”的情愫。

当前,消解本体论呼声很高,这里的情形也比较复杂。其中有一种认识是把本体论局限在西方那种传统的“是”论上,既然对它极不满意,难免要疾呼消解。这种情绪,可以谅解。另一种是站在“科学”立场,根本就否认有实证之外的“本体论”。对于这种倾向,笔者上述大生命观已然有所回应。这里要指出的是另外一种情形,姑且称之为市场孵化出的短视浮躁。这种消解本体论的思绪,从时代背景来说,不是空穴来风,乃是高节奏、强竞争现代社会中沉浮不定的人们那种“无根”的精神状态的反映。在这种状态中,占尽上风的人们志得意满,感到金钱可以收买一切,也可以亵渎一切;意义、崇高、永恒、无限,都可以被金元的光辉逼得退隐到可怜的角落。现实好像既同传统断裂,又与未来目标的高尚性和确定性无缘;连同人生在内,一切好像都是机械拼装的。这正是需要本体论给现代人以终极关怀的明证的。哲学,不能充当别的什么的“婢女”,尤其不能去充当“孔方兄”的食客,去曲意向“大众文化”献媚,向短视、浮躁、浅薄、庸俗、低级趣味、腐败等等低下它高贵的头颅。哲学,密涅瓦的猫头鹰,自信能配得上任何高贵的东西,它到黄昏才起飞,不赶时髦,耐得住孤独寂寞,它守护着智慧之神的使命。

二、对流行的关于认识目的的反思

流行的关于认识目的的主要观点有以下三种:认识是为了揭示事物的本质;认识是为了实践;认识是为了改造世界。后两种观点基本上可以归并为一种,这在前文已经有所涉及。这里主要就认识论揭示事物本质的目的——即由感性上升到理性的知识论认识阶段进行反思。

流行的“认识目的论”显然是“科学认知”性的。作为科学学,流行的认识目的论显然是合理的。但是,把它拿到哲学上的认识论的认识目的上来,那是一种僭妄。哲学上的认识论是对人类全部认识活动的思考,是一种要履行“横渠四句”庄严使命的思考,它必定是一种规范性思考的进路。这种进路,以规范性问题为核心形成自己的诉求。显然,这种诉求,在流行的“认识目的论”中得不到。说认识的目的仅仅是为了获得对对象本质的认识,这是典型的科学研究的目的,作为科学研究,它只关注现象背后的本质,只要透过现象认识到本质,它的任务也就告罄。至于人们拿这种本质性的认识去干什么的问题,是束之高阁的。

总之,流行的“认识目的论”的缺陷,根本在于人文关怀缺失:只管真假(这里所谓的真,还是非常有局限的),不问善恶。

哲学的认识论不能降低到科学学的水平,哲学认识论是规范性的,它关注的核心应该是现实的价值与终极的价值及其统一性。对于本书来说,开启一种规范性维度,乃是“悠悠万事,以此为大”的问题。因为,如果根本就没有一个规范性的维度,那么,人们就会认为,在对人类的认识活动进行哲学考察时,诉诸道义立场的规范性是与认识的本性不相容的,如果这样的话,笔者所要探究的一种新认识论就没有立足之地了。

对认识做科学的认知性考察与对认识作规范性考察不是不相容的两种方式,但也绝对不是平列的两种方式。一般来说,科学学是认知性的考察,阐明“是什么”;认识论是规范性考察,揭示认识中的“应当”。本来,它们之间并不是势不两立的关系,自休谟将科学性与规范性对峙之后,两者就出现了人为的鸿沟。并且,人们多是以科学性的要求去否定规范性理论的价值,排除所有不属于实行判断、不能用经验原则证实的规范性问题于认识的合法性之外,这是使得认识论中的规范性品质长期被遮蔽的重要原因。不过,在当代理论界,那种坚持以纯然的科学认知排斥规范性的观念难以为继了,人们已经开始了在认知性考察与规范性考察之间找寻融通之道的探索。但是,在笔者看来,人类必须以价值之光普照认知性考察,换句话说,认知性考察只有在规范性考察的价值之光的普照下,才能克服自己的局限,进入哲学认识殿堂。认识论要有利于养人的心性文明,认识活动要受伦理规范的约束,人的认识活动要以相当大的功夫讲求内圣,认识活动必须被规约在求大生命和谐、求类幸福与个体幸福的统一上,认识必须让人类体验到标志生命与人生惬意的美好境界。

然而,规范性考察能够把认知性考察包容在自身吗?或者说,规范性考察是不是将用以牙还牙的态度抛弃认知性考察的向度?回答这个问题,涉及历史主义与非历史主义两种方法的对立。非历史主义习惯于将认知性考察与规范性考察当成是两种具有平面几何上的平行线特性的关系,无限延展而不重叠。不过,非历史主义都倾向于要求以“自然”或“理性”为基础去消除事实与价值的对立,实际上是企图用认知取代规范原则。譬如,列奥·施特劳斯认为,对普遍原则的认可就是人们要依据自然的或者理性的秩序,来评判现存的秩序或者是此时此地现有的一切。历史主义则不然,它不提问:理性如何把握普遍规范或者合乎自然?它要问:普遍规范如何在历史中实现自身?它用历史的向度来消解认知考察与规范考察的二元对立。在历史主义看来,规范绝不是独立于其产生的历史条件之外的抽象规范,而是建立在科学认知所提供的事实基础上的规范,历史主义通过考察产生规范的历史基础来陈述自身的合理性。于是,在历史主义视野,规范具有相对性与绝对性的二重性。特定时代的规范性内容体现着规范的相对性,它属于现实性规范。按照哈贝马斯的说法,现实性规范要“针对人际冲突对正当行为期待加以澄清,而人际冲突由于利益的不同使得公共生活无法得到调节”①。但

① ［德］哈贝马斯:《对话伦理学与真理问题》,中国人民大学出版社2005年版,第77页。

是，由于时代是发展的，在一个时期无疑是十分恰当的现实性规范，在发展了的历史情境中就可能有许多因素变得不是那么恰当了。现实性规范立起的是一种策略性目标，它在立起自身的同时，也就孕育了对自身的否定性因素。规范的这种相对性并不意味着它的任意性和不可认知性。这种相对性是客观的、确定的，可以用科学认知的方式加以把握的。理由是，生成这种规范的历史条件是十分确定、十分客观、可以用科学认知的方式所把握的。这也就是说，历史发展呈现的客观问题以及解决这些问题的客观要求，赋予规范性认识论的客观实在性，丝毫不亚于自然科学研究所体现出来的那种客观实在性。需要指出的是，生活实践，正是生活实践，才给了规范性以不可颠覆的合法性，如果一定要效法工具理性那样把规范尺度对真理的把握，从活生生的生活实践中剥离出来，要像自然科学那样去描述和分析，则规范立即就被扭曲成了与人无关的冰冷的东西。规范在紧贴社会生活的呼声中获得不竭动力。规范性还有绝对性方面，这就是，它对当下规范的超越性。规范不能把自己局限在策略目标上，它必须指向最高价值。用哈贝马斯的话说，就“是以我的绝对目标为取向的，即以一种生活方式的最高的善为取向的，这种生活方式是自足的，其价值就在于自身内部”①。这种超越性是以现实生活本身固有的发展趋势为依据的，它是有自己的发展趋势的。生活是人的生活，生活的根子在人本身，人自从离开伊甸园，就注定要依靠自己的活动获得自由而全面的发展。这本来是人自身的慧命，只是现实的人们执著于当下的权衡，各种五花八门的权衡，遮蔽了高尚的慧命。纵使一个时期的现实性规范再好，也难以单靠自身的力量来拨云见日，彰显人自身的慧命。必须确立并守候那超越性规范，在现实性规范中寻求对人的自由而全面发展的解释，防止和克服人类由于自身种种因循与惰性而悬置规范的超越性。要不断地提升现实规范的境界。在现代性社会中，坚持这种超越性更显得刻不容缓。

在现代性情境中，人的拯救必须挺立超越性规范。必须指出，超越性规范不在现实性之外，它是现实性规范内在的超越，历史的发展是它们之间的张力空间，以生产力为最终决定力量的社会发展，是二者辩证统一的坚实基础和强大动力。

---

① ［德］哈贝马斯：《对话伦理学与真理问题》，中国人民大学出版社2005年版，第70页。

三、认识外物与认识人自己

亚里士多德认为:“求知是人类的本性。我们乐于使用我们的感觉就是一个说明,即使并无实用,人们总爱好感觉,而在诸感觉中,尤重视觉。”① 恩斯特·卡西尔称这是一种“生物学的观点”。② 的确,亚里士多德在论证他的观点的时候,是从“动物在本性上赋有感觉的官能”说起的。动物有好奇心,对身外的东西,喜好观察。卡西尔的意思是说,人类不应满足于认识外物,更要认识人自己。他指出:

> 认识自我乃是哲学探究的最高目标——这看来是众所公认的。在各种不同哲学流派之间的一切争论中,这个目标始终未被改变和动摇过;它已被证明是阿基米德点,是一切思潮的牢固而不可动摇的中心。即使连最极端的怀疑论思想家也从不否认认识自我的可能性和必要性。……蒙田写道:“世界上最重要的事情就是认识自我。”③

卡西尔的基本观点是,人类的知识在最初阶段以认识外部世界为主,但越是到后来,就越是注重向内认识人自身。他从宗教的和哲学的认识史上来论证这一点。人类知识的最初阶段一定是全部只涉及外部世界的,因为就一切直接需求和实际利益而言,人都是依赖于他的自然环境的。因此,走向人的理智和文化生活的那些最初步骤,可以说是一些包含着对直接环境进行某种心理适应的行为。但是在人类的文化进展方面,人类生活就逐渐产生了一个相反倾向。人类意识最初萌发之时就有的一种对生活的内向观察,起先是伴随着并补充着外向观察,但随着文化的发展,内向观察就变得越加显著。在对宇宙最早的神话解释中,我们总是可以发现一个原始的人类学与一个原始的宇宙学比肩而立:世界的起源问题与人的起源问题难分难解地交织在一起。宗教并没有消除这种最早的神话学解释,相反,它保存了神话学的宇宙学和人类学而给它们以新的形态和新的深度。从此以后,认识自我不是被看成为一种单纯的理论兴趣;它不仅仅是好奇心或思辨的

---

① [古希腊]亚里士多德:《形而上学》,吴寿彭译,商务印书馆 1959 年版,第 1 页。

② [德]恩斯特·卡西尔:《人论》,甘阳译,上海译文出版社 1985 年版,第 5 页。

③ 同上书,第 3 页。

问题了，而是被宣称为人的基本职责。伟大的宗教思想家们是最早反复灌输这个道德要求的。在宗教生活的一切较高形式中，“认识你自己”这句格言都被看成是一个绝对命令，一个最高的道德和宗教法则。在这种命令中，我们仿佛看到了最初天生的求知本性的突然倒转——我们看见了对一切价值的另一种不同估价。在世界上一切宗教——犹太教、佛教、儒教和基督教——的历史中，我们都可以看到它们各自的这种发展步骤。同样的原则也适用于哲学思想的一般进程。在卡西尔看来，希腊哲学在其最初各阶段上看上去只关心物理宇宙，然而，在希腊精神中，我们看到，赫拉克利特站在宇宙学思想与人类学思想的分界线上。虽然他属于“古代自然哲学家”，然而他确信，不先研究人的秘密而想洞察自然的秘密，那是根本不可能的。如果我们想把握并理解它的意义，我们就必须把自我反省的要求付诸实现。这种新的思想倾向虽然在某种意义上说是内在于早期希腊哲学之中的，但直到苏格拉底时代才臻于成熟，划分苏格拉底和前苏格拉底思想的标志恰恰是在人的问题上。他所知道以及他的全部探究所指向的唯一世界，就是人的世界。他的哲学（如果他具有一个哲学的话）是严格的人类学哲学。①

卡西尔关于人类越是到后来就越是注重认识人本身这一看法，毫无疑问是正确的。但是，如果把亚里士多德关于人类的天性在于使用感官观察外部世界简单地说成是“生物学的观点”而不加以重视，则是不恰当的。即使从纯生物学意义讲，为着生命的存活，人必须认识外部世界，不管是人类过去发展的低级阶段，还是未来发展的高级阶段。对于人类来说，自然资源的稀缺是一个公理，为了可持续发展，人类永远要被迫着开辟新的资源，哪怕是倍加珍惜资源，也注定要拓展人关于外部世界的视野。从地球到别的星球。况且，亚里士多德并不是局限于“生物学的观点”，他只是拿生物意义上的人的禀赋作为铺垫，叙述人认识外部世界的循序渐进的规律。他从动物入手，说明从感觉产生记忆的动物要比不能从感觉产生记忆的动物更灵敏而适宜于学习，既能记忆又具备听觉能力的动物可以接受人的训练，这是他关于动物“认识”“外部世界”的描述——这只是在非常不严格的意义上说的。实际上，动物的感觉能力远远配不上“认识”，动物也无所谓“外部世界”，它们与自然界直接同一。在这之后，亚里士多德陈述了关于人对于

① 参见［德］恩斯特·卡西尔：《人论》，甘阳译，上海译文出版社 1985 年版，第 5—7 页。

动物而言最优越的意见，即“动物凭现象与记忆而生活着，很少相关联的经验；但人类还凭技术与理智而生活”①。

亚里士多德要告诉人们的，就是人类认识外部世界的由低级到高级的种种方式：“从记忆积累经验”、“从经验所得许多要点使人产生对一类事物的普遍判断，而技术就由此兴起”，他要说的就是“用来阐释事物的原因与原理的所谓智慧”。其逻辑是：

> 有经验的人较之只有些官感的人为富于智慧，技术家又较之经验家，大匠师又较之工匠为富于智慧，而理论部门的知识比之生产部门更应是较高的智慧。②

应当说，亚里士多德关于人认识外部世界的陈述是必要的，也有相当大的价值。

但是，人类仅有对外部世界的认识是很不够的。完整的认识必须是认识外部世界与认识人自身的具体的历史的统一。在这个意义上，卡西尔对认识人自身的强调，具有深刻的意义。

古代希腊神话中关于法厄同的故事很有启发意义。太阳神阿波罗将儿子法厄同抱于膝上，许诺他要什么都可以给。法厄同竟然要驾驶乃父的太阳车，结果造成车毁人亡、非洲被烧成焦土、尼罗河钻进地底层的悲剧。这个悲剧归咎于法厄同素质低劣。其实，当今的人类何尝不是法厄同。人类有高超的核技术，有精确的打击力量，有迅速攫取地球资源的能力，但是，人类今日的素质的确不敢恭维，人类任性、狂妄、贪婪，这样发展下去是要自取灭亡的。所以，在当今的情况下，加强人类自我认识，是一个治病救命的大问题。

在中国传统的认识论中，本来也包含着对外物的认识与对人自身的认识两个方面的内容。譬如，《易经》有关于“开物成务”与“人文化成”的提法，开物，就是世界上原本无某物，人以人工的方式开创出某物；成务，就是致力于做某事并且使之成为现实。开物成务是人对外物的认识与实践活动及其结果，是人在与外部事物打交道时所展示的人的本质力量，它化天然世界为属人世界，在纯粹自然中挺立起社会。人文化成则是人在认识自身，提升自身的内部价值的活动过程及其成就。开物成务倚重于物质、自然、客观

---

① ［古希腊］亚里士多德：《形而上学》，吴寿彭译，商务印书馆 1959 年版，第 1 页。

② 同上书，第 3 页。

规律以及物质活动中的发明创造等等，带来的是科学的昌明、技术的发达以及物质生活的富庶。人文化成倚重于精神、人伦、体察、内省、主观境界等等，带来的是心性的提纯、人际的和谐、社会的有序、行为的有范、精神生活的丰富。从理想化的角度讲，人类的“开物成务”与“人文化成”犹如人的两条腿、车的两只轮、鸟的一对翅膀，要成平衡情形，一进一废或者一长一短都不利于、有碍于社会的进步和人的全面发展。

但是，中华民族历史的发展，却在总体上选择了偏重于人文化成而倚轻于开物成务（主要指发展科学以增强开物成务效率）的认识形态。看儒家哲学经典《易传》就很清楚了，《易传》固然没有对开物成务过分的排斥，但其理论兴趣明显地在于道德人伦。儒学实质上是仁学，这已经表明了它的宗旨。儒家虽然有荀子主张认识外物，但就其本来的立场而言，也还是偏重于人伦日用的。至于道家，就明显地钟情于“为道”，对“为学”不怎么感兴趣，这是不争的事实。中华民族对待科学技术的态度，不可一言以蔽之曰“冷漠”。实际上，技术的发明和应用也还可观。问题出在它不喜欢把技术成就学术化，不热衷于建设科学学科。中国的教育“壹是以修身为本”，自天子至庶人概莫能外。中国历代选拔人才，也都是凭道德文章论高下。这些明显的缺点都应该看到。从而增强我们对于认识外物的重要性的认识。应该说，到今天，面对中国长期落后于西方、长期感到西方科技优势的压力，人们都主张加快科学技术发展的步伐，在这一点上，是没有异议的。

人类在认识人自身的重要性上，也没有疑问。有问题的是，一些人虽然赞成认识人类自身，但他们主张像认识物理世界一样地去认识人类。他们不认为，认识人具有不同于认识物理世界的特殊方式方法，对寻求那种特殊方式方法大不以为然，把它们十分不客气地排斥在“认识理论”之外。

认识外物与认识人自身，是相辅相成的两个方面。二者各有特点。

第一，物的根本在物自身，人的根本在人本身。

认识外物，重要的是不要把人的主观愿望强加在物的本性上。譬如，引起“非典型肺炎”疾病的病毒不同于引起通常肺炎的病毒，如果人们一定要主观认定它就是引起通常的肺炎的病毒，那只能是误判。2003 年在中国爆发“非典”之初所谓“衣原体病毒”与“支原体病毒”之争，已经很好地证明了物的根本在物本身的观点。遵照这一观点，在做观察与实验中，必须彻底排除人们对物性先入为主的见解，获得切实可靠的证据，完全从充分的证据出发作出判断。这是最起码的立场与态度。

但是,认识人就不一样。苏格拉底当年在监狱里讲他年轻时寄希望于阿那克萨戈拉,结果很失望,因为他发现阿那克萨戈拉无非是在解释人类自身的问题时,“求助于气、氢气、水以及其他稀奇古怪的东西”,按照那种解释方式,就会用骨头、肌肉、皮等等,来解释他坐牢的原因。苏格拉底认为这是忘了真正的原因。在他看来,这中间的确有一种严重的混淆,没有分清原因和条件。分不清什么是真正的原因,什么是使原因起作用的条件。

第二,对物的认识可以遵循主体—客体性,而对人的认识则必须遵循“主体间性”。

苏格拉底的重大贡献之一,是采取对话的方法探讨认识人自身的真理。苏格拉底的对话方式意味着他与讨论同一问题的人们平等地讨论问题,他并不对自己或者别人提出的任何论题作出直接回答。这并不是为着谦逊而惺惺作态,而是完全把自己和别人都同等地看成是一个无知者在互动性地求知,这里蕴涵着一个全新的信念,即真理是一群求知者在热诚的探讨中产生的。这就是说,在对话中,人们是互主体的关系,具有主体间性。希腊古代的辩证法实质上是对话,这种对话体现了认识人自身的途径的特殊性。在研究物理世界事物的时候,人无须同无思想的对象对话,也对话不起来。人对这类对象的关系简单地就是认识——被认识的关系模式。我们可以反反复复地对一种物质进行化分或化合,我们这样做,只要满足特定条件,该物质总是绝对保证呈现同一的状态。我们在这样的科学活动中,形成了研究者是绝对的主体,对象是绝对的客体的固定关系。我们在服从客观规律的前提下,可以任性地将物质进行无限分割或无穷组合,这种情况导致科学家们产生了所谓“拷问”物质的做法,这种拷问就是不断地做这样那样的试验,让它们“交出”藏匿的秘密。例如,我们可以令一组白鼠过度生育,可以令另一组白鼠节制生育或不准生育,可以令它们按照我们设定的程序接受病毒从而迅速地惨死,仿佛这些实验品没有它们的价值。可是我们认识人就绝对不可以这样。认识人首先必须平等待人,没有什么绝对的认识者与被认识者的分野,研究者在认识被研究者,可是,同样具有感情、意志、思想观念和好恶的被认识者也会反过来认识着研究者。我们不可能不顾别人的感受居高临下地对他们进行“真理的灌输”,还不可以为了某种科学上的证实或证伪而降灾于他们。在这里,人的生命的神圣不可侵犯,人的尊严、价值、幸福、自由、权利必须受到保护。此外,由于人是有目的、有意识的存在,人总是依照自己的世界观、人生观和价值观行事的,因此,用那种"拷问"事物的办法或者纯粹思辨的办法对人进行研究,是绝对会求荣取辱的,原因就在于有思想意识的人不会任其摆布。所有这一切都表明,认识人有其特殊的途径。当然,这里也不是绝对排斥某些认识外物的方法在认识人中的运用,所强调的是,这种运用必须无害于人的生存和发展。

第三,认识物完全可以由经验观察和逻辑分析的途径来实现,认识人则最根本的是要通过"交往实践"的途径来实现。

卡西尔认为,绝不可能用探测物理事物的本性的方法来发现人的本性。物理事物可以根据它们的客观属性来描述,但是人却只能根据他的意识(严格说,应当是根据他的全部活动)来描述和定义。这个事实提出了一个全新的问题,这个问题是不可能靠我们通常的研究方式来解决的。前苏格拉底哲学中所使用的那种经验观察和逻辑分析,在这里被证明是不够的和不充分的。因为只有在我们与人类的直接交往中,我们才能洞察人的特性。要理解人,我们就必须在实际上面对着人,必须面对面地与人来往。因此,苏格拉底哲学的与众不同之处不在于一种新的客观内容,而恰恰在于一种新的思想活动和功能。哲学,在此以前一直被看成是一种理智的独白,现在则转变为一种对话。只有靠着对话式的亦即辩证的思想活动,我们才能达到对人类本性的认识。以往,真理总是被看成应当是某种现成的东西,它可以靠思考者的独自努力而被把握,并且能轻易地传递和传达给其他人。但是苏格拉底不再满足于这种见解。在《理想国》中柏拉图说道,往一个人的灵魂中灌输真理,就像给一个天生的瞎子以视力一样是不可能的。真理就其本性而言就是辩证的思想的产物。

> "如果不通过人们在互相的提问与回答中不断地合作,真理就不可能获得。因此,真理不像一种经验的对象,它必须被理解为是一种社会活动的产物。"①

---

① [德]恩斯特·卡西尔:《人论》,甘阳译,上海译文出版社1985年版,第8页。

第四章

认识的前提

这里要讨论的是认识论的逻辑起点问题，是认识的前提与基础。从何处入手进行认识，关涉到认识的先在条件、潜在可能、过程阈限、过程起点、框架结构、话语系统。

一、马克思对认识前提的基本主张

关于认识的前提，马克思在《德意志意识形态》中有详细论述，为了准确地理解马克思对于认识的前提的主张，不妨将该著作的相关论述全部摘录(序号系笔者编排)：

第1条：我们开始要谈的前提不是任意提出的，不是教条，而是一些只有在想象中才能撇开的现实前提。这是一些现实的个人，是他们的活动和他们的物质生活条件，包括他们已有的和由他们自己的活动创造出来的物质生活条件。因此，这些前提可以用纯粹经济方法来确认。

第2条：全部人类历史的第一个前提无疑是有生命的个人的存在。因此，第一个需要确认的事实就是这些个人的肉体组织以及由此产生的个人对其他自然的关系。当然，我们在这里既不能深入研究人们自身的生理特性，也不能深入研究人们所处的各种自然条件——地质条件、山岳水文地理条件、气候条件以及其他条件。任何历史记载都应当从这些自然基础以及它们在历史进程中由于人们的活动而发生的变更出发。

第3条：人们用以生产自己的生活资料的方式，首先取决于他们已有的和需要再生产的生活资料本身的特性。这种生产方式不应当只从它是个人肉体存在的再生产这方面加以考察。它在更大程度上是这些个人的一定的活动方式,是他们表现自己生活的一定方式、他们的一定的**生活方式**。个人怎样表现自己的生活,他们自己就是怎样。因此,他们是什么样的,这同他们的生产是一致的——既和他们生产**什么**一致,又和他们**怎样**生产一致。因而,个人是什么样的,这取决于他们进行生产的物质条件。

第4条:这种生产第一次是随着**人口的增长**而开始的。而生产本身又是以个人彼此之间的**交往**[Verkehr]为前提的。这种交往的形式又是由生产决定的。

第5条:由此可见,事情是这样的:以一定的方式进行生产活动的一定的个人,发生一定的社会关系和政治关系。经验的观察在任何情况下都应当根据经验来揭示社会结构和政治结构同生产的联系,而不应当带有任何神秘和思辨的色彩。……这里所说的个人不是他们自己或别人想象中的那种个人,而是**现实中的**个人,也就是说,这些个人是从事活动的,进行物质生产的,因而是在一定的物质的、不受他们任意支配的界限、前提和条件下活动着的。

第6条:思想、观念、意识的生产最初是直接与人们的物质活动,与人们的物质交往,与现实生活的语言交织在一起的。人们的想象、思维、精神交往在这里还是人们物质行动的直接产物。表现在某一民族的政治、法律、道德、宗教、形而上学等的语言中的精神生产也是这样。人们是自己的观念、思想等等的生产者,但这里所说的人们是现实的、从事活动的人们,他们受自己的生产力和与之相适应的交往的一定发展——直到交往的最遥远的形态——所制约。意识【das Bewußtsein】在任何时候都只是被意识到了的存在【das bewußte Sein】,而人们的存在就是他们的现实生活过程。

第7条:德国哲学从天国降到人间;和它完全相反,这里我们是从人间升到天国。这就是说,我们不是从人们所说的、所设想的、所想象的东西出发,也不是从口头说的、思考出来的、设想出来的、想象出来的人出发,去理解有血有肉的人。我们的出发点是从事实际活动的人,而且从他们的现实生活过程中还可以描绘出这一生活过程在意识形态上的反射和反响的发展。甚至人们头脑中的模糊幻象也是他们的可以通过经验来确认的、与物质前提相联系的物质生活过程的必然升华物。因此，道德、宗教、形而上学和其他意识形态，以及与它们相适应的意识形态便不再保留独立性的外观了。

第8条：它的前提是人，但不是处在某种虚幻的离群索居和固定不变状态中的人，而是处在现实的、可以通过经验观察到的、在一定条件下进行的发展过程中的人。只要描绘出这个能动的生活过程，历史就不再像那些本身还是抽象的经验论者所认为的那样，是一些僵死的事实的汇集，也不再像唯心主义者所认为的那样，是想象的主体的想象活动。①

为了保证诠释的信度，不妨也将注释里所录的被删去的话，也抄录：

第9条：这些个人把自己和动物区别开来的第一个**历史**行动不在于他们有思想，而在于他们开始**生产自己的生活资料**。②

第10条：但是，这些条件（指各种自然条件——地质条件、山岳水文地理条件、气候条件以及其他条件——引者注）不仅决定着人们最初的、自然形成的肉体组织，特别是他们之间的种族差别，而且直到如今还决定着肉体组织的整个进一步发展或不发展。③

第11条：这些个人所产生的观念，或者是关于他们对自然界的关系的观念，或者是关于他们之间的关系的观念，或者是关于他们自身的状况的观念。显然，在这几种情况下，这些观念都是他们的现实关系和活动、他们的生产、他们的交往、他们的社会组织和政治组织有意识的表现，而不管这种表现是现实的还是虚幻的。④

上述内容中涉及这样三大要素：现实的个人或者现实的人（第1条、第2条、第7条、第8条）、生活（第3条）生产和交往（第4条、第9条、第11条）、自然条件（第2条、第10条）。问题是，怎样把马克思提到的三大要素串起来，找出它们的联系，再用一个哲学范畴总括之。

这里无须多言的是，现实、人、生产、交往的关系是主题词。很明显，有

① 《马克思恩格斯选集》第1卷，人民出版社1995年版，第65—72页。
② 同上书，第67页。
③ 同上。
④ 同上书，第72页。

人就必有人的生产和人的交往，要解决的是生产与交往的关系以及人及其活动与自然条件的关系，而这一切都是现实的，不是幻想的、抽象的。

关于生产与交往的关系。第 4 条表明，二者之间是互为前提的关系。这里，如果完全地将生产与交往的关系比附于生产力与生产关系之间的关系，似不妥。马克思论述交往时使用的是德文 Verkehr，意为人们之间的来往与交际，所强调的是交往与社会关系的内在联系。在英文里，“交往”为 conmunication，意即沟通、传达、交换信息、联络等。交往是形成社会共同体的普遍条件，是个人的类特性，个人之所以是他所遭遇的一切关系的总和，就在于他的交往这种“缘在性”。交往也完全可以说是体现人的本质力量的活动过程。交往同生产是共在且同质的，人的生产作为过程，是交往（性与爱的交往），作为产物，则是性与爱的交往的结晶。物质生活资料的生产则是人的精神的、物质的能量与人的对象性存在之物的能量的交往，不过，既然交往特指人与人的一种联系，那么，物的生产就相对独立于交往而专门指称人作用与物从而产生人造物的活动，它是维系人的生存与发展的前提。但是，生产从来就是社会性的行为，生产无法在断绝交往的过程中进行。表面上无论怎样具有个人封闭性的生产活动，其前提都必须有交往。因此，交往是从事物质资料的生产活动的前提。而从事物质资料的生产活动以谋得物质生活资料，则既是人生存的前提，又是交往的前提。这种互为前提的关系表明，二者作为人的活动，共同进入认识的前提，这是没有疑义的。

问题比较大的就是人及其活动与自然条件的关系。第 2 条、第 10 条都涉及马克思对自然条件的突出。第 2 条中关于把人的肉体组织以及由此产生的个人对其他自然的关系作为“第一个需要确认的事实”，从字面分析，也带有认识论前提的性质。对于“我们在这里既不能深入研究人们自身的生理特性，也不能深入研究人们所处的各种自然条件——地质条件、山岳水文地理条件、气候条件以及其他条件”中的“既不能”、“也不能”的理解，不能武断地认为，这就是指作为认识论的前提，不可以从陈述肉体组织和地质条件、山岳水文地理条件、气候条件开始。我们既可以理解为作为学理规范而不去深入研究它们，也可以把“我们在这里”理解成限于文章篇幅的技术性要求。第 10 条则强调了它们的重要，即它们“不仅决定着人们最初的、自然形成的肉体组织，特别是他们之间的种族差别，而且直到如今还决定着肉体组织的整个进一步发展或不发展”。虽然这一条是被删除的，但也不能武断地认为删除的理由是马克思认为它是一种不正确的表达，因为，人们在行文中删除一些内容有很多原因，有时会简单是技术上的原因。但是，这里最重要的两点必须看到：首先，不应该把“第一个需要确认的事实”与“认识论的前提”混为一谈。“第一个需要确认的事实”只表明它的简单性、自明性。人必须有食物，为什么？这是由肉体组织决定的，人要是石头，当然也就不需要食物了。人需要食物，而周遭环境是沙漠，他只有在沙漠中谋食物。世世代代在沙漠谋食，当然就决定了种族差别以及肉体组织的整个进一步发展或不发展了。但是，“第一个需要确认的事实”却不能作为认识论的前提，这是因为，以它为前提，就等于以人的动物性本能为前提，那实际上就没有区分开人与动物。显然，这不是马克思的思想。人与动物的区别不是要不要谋食物，而是怎样谋食物。人是先生产食物然后享受自己所生产的食物，动物是找寻现成食物。动物只有寻找食物的本能，动物没有认识论，只有人才具有以怎样生产为主要内容的恐怕是最原始的“认识论”。马克思在这两条中，实际上表明了他的观点，因为他说的是“个人对其他自然的关系”以及“从这些自然基础以及它们在历史进程中由于人们的活动而发生的变更出发”，这也就是他常说的自然界是人不至死亡而必须与之打交道的人的无机的身体。这里的自然界，已经具有了生存论意蕴。

自然界这个词，在很多场合也与世界一个意思。海德格尔指出它有四种含义：1. 指能够形成存在于世界之内的存在者的总体。2. 成为总是包括形形色色的存在者在内的一个范围的名称；如数学家的世界，就等于是指数学的一切可能对象的范围。3. 被了解为一个实际上的此在作为“生活”“在其中”的东西。指“公众的”我们世界或者是指“自己的”而且最切近的（家常的）周围世界。4. 世界之为世界的存在论生存论上的概念。海德格尔认为，作为哲学术语的世界是第三个含义。这与马克思是相通的。确切说来，世界即“人—世界”。无人世界是马克思所不愿意谈论的。至此，应该说，马克思关于认识论的前提的若干提法中所含的几大要素之间的关系，已经基本理顺了，其自恰性问题也基本解决了。

用什么术语把以上这些要素所表达的精神实质涵盖起来呢？笔者认为可以用一个非常通俗的术语——现实生活。

现实生活是深不可测的大海。“现实生活”是一个很有开发价值的范畴，它完全有资格作为认识的坚实前提。

现实，当然首先是一个时间意识。当人们谈论现实的时候，总要有“正在遭遇”这一意思做支撑。譬如，对于我们而言，现实生活中，少不了“信息”、“生态”、“发展”、“经济全球化”等等正在遭遇的意思。我们正处在21世纪奔小康的现实生活中，总不能套用我们的“曾祖父”那一辈人所遭遇到的情境，说这便是我们的现实生活。关于这一点，马克思是十分强调的。他所批判的“抽象的人”，主要是说那种人离开了现实性。抽象的人包括两层意思、一层是指没有血肉之躯的怪物，另一层意思在笔者看来更加重要，就是不把人看成是历史地形成的现实人，好像19世纪的人与原始人没有差别似的。从马克思的一些话语中，笔者认为，这样来领悟是不会有错误的。例如，当费尔巴哈执著于“自然科学的直观，提到一些只有物理学家和化学家的眼睛才能识破的秘密”时，马克思批评道：

> 但是如果没有工业和商业，哪里会有自然科学呢？甚至这个“纯粹的”自然科学也只是由于商业和工业，由于人们的感性活动才达到自己的目的和获得自己的材料的。这种活动、这种连续不断的感性劳动和创造、这种生产，正是整个现存的感性世界的基础，它哪怕只中断一年，费尔巴哈就会看到，不仅在自然界将发生巨大的变化，而且整个人类世界以及他自己的直观能力，甚至他本身的存在也会很快就没有了。当然，在这种情况下，外部自然界的优先地位仍然会保持着，而整个这一点当然不适用于原始的、通过自然发生的途径产生的人们。但是，这种区别只有在人被看作是某种与自然界不同的东西时才有意义。此外，先于人类历史而存在的那个自然界，不是费尔巴哈生活其中的自然界；这是除去在澳洲新出现的一些珊瑚岛以外今天在任何地方都不再存在的、因而对于费尔巴哈来说也是不存在的自然界。①

这里，既有现在进行着的时间意识，更有对在具体的历史情境中的人及其活动的强调。

但是，我们却又不能把现实生活中的“现实”仅仅局限在“现在进行时”这样的时间意识中。现实是重要的哲学范畴。黑格尔甚至说：“哲学的内容就是**现实**(Wirklichkeit)”，“哲学所研究的对象就是现实性”②。在黑格

---

① 《马克思恩格斯选集》第1卷，人民出版社1995年版，第77页。

② ［德］黑格尔：《小逻辑》，贺麟译，商务印书馆1980年版，第43、45页。

尔那里,有两个观点比较重要:一个是现实绝不等于现存。恩格斯根据黑格尔关于"凡是合乎理性的东西都是现实的;凡是现实的东西都是合乎理性的"论断进一步指出,"在黑格尔看来,决不是一切现存的都无条件地也是现实的。在他看来,现实性这种属性仅仅属于那同时是必然的东西"①。这是我们认识现实的本质所不能不重视的重要思想。另一个是他的所谓现实,其实就是绝对精神。诚如它所言,"就此说的哲学意义而言,稍有教养的人,应该知道上帝不仅是现实的,是最现实的,是唯一真正地现实的"②。这里的上帝,特指绝对精神。这是我们在研究现实的本质时要加以摒弃的。

马克思对现实的理解明显地具有反思现存、感性活动、批判抽象、眷注超越等特征。所谓反思现存,就是说现实是对现存的反思。未加反思的现存仅仅是经验的事物,它以肯定的方式保存在人的意识里,从哲学的角度说,缺乏真正现实性的内容。所谓感性活动,就是马克思要求的,把"对象、现实、感性""当做**感性的人的活动**,当做**实践**去理解"③。所谓批判抽象,马克思用现实去批判抽象物质,抽象意识形态、抽象形而上学、抽象资本。在那个时代,哲学和经济学领域,时人喜欢谈论上述抽象的东西,马克思与这种风气坚决斗争:否定抽象的与人分离的物质观,强调要从感性的人的活动、实践来理解现实;否定侈谈"普遍"的意识形态,揭露这种宣传的虚假性,揭示其为统治阶级服务的本质;否定追求非历史主义的形而上追求,正如海德格尔指出的:"由卡尔·马克思完成了""对形而上学的颠倒"④;否定抽象资本,揭露道:"你们的利己观念使你们把自己的生产关系和所有制关系从历史的、在生产过程中是暂时的关系变成永恒的自然规律和理性规律"⑤。他深刻指出:"个人现在受**抽象**统治,……抽象或观念,无非是那些统治个人的物质关系的理论表现"⑥。马克思的现实观具有对现存事物鲜明的超越性。他昭示:对现存事物的肯定的理解中同时包含对现存事物的否定的理解,即对现存事物必然灭亡的理解,对每一种既成的形式都是从不

---

① 《马克思恩格斯选集》第4卷,人民出版社1995年版,第215页。
② [德]黑格尔:《小逻辑》,贺麟译,商务印书馆1980年版,第44页。
③ 《马克思恩格斯选集》第4卷,人民出版社1995年版,第54页。
④ 《海德格尔选集》下卷,上海三联书店1996年版,第1244页。
⑤ 《马克思恩格斯选集》第1卷,人民出版社1995年版,第289页。
⑥ 《马克思恩格斯全集》第46卷(上册),人民出版社1979年版,第111页。

断的运动中,因而也是从它的暂时性方面去理解。

需要强调的是,尤其不可以把现实混同于西方所谓“现代性”那样的时间意识中。从表面看,我们强调的现实生活中的“现实”,同现代性中的时间意识没有差别,当人们讲述“现代性”的时候,头脑里也会涌现出诸如信息、生态、发展、经济全球化等等东西。但是,二者之间的差别是重大的。“现代性”作为一种时间意识,根本性的弊病就是拔高“现在”,以顽固的态度去谋求与过去决裂,并以这种决裂为生活的起点。同时,它也无视未来。这是一种对时间领悟上发生的偏执。有鉴于此,我们说“现实生活”中的“现实”,更意味着,它是与空洞抽象对立的,不仅是现在进行着的信息、生态、发展、经济全球化等等,更是在这一切事物中活动着的有血有肉的人,有着不同利益诉求的家庭社团、群落以及那看得见、摸得着的活动。它由于感性活动而具有超越现成事物,具有价值理性向度,主张“全部问题都在于使现存世界革命化”①。作为现实的“现在”,出自历史,它将文化传统消化于自身,现实中就有历史的厚重,有价值的标示,有辩证的否定;“现实”钟情于当下,更有生存的大勇,有宽容包蓄的大智,有日日新、又日新的创造与期待;“现实”固钟情当下,却不忘未来期许,眷注“关怀终极”,有自我涅槃的情结,所以,它是前进的、向上的人的“现实”。

“现实生活”中的“生活”,指的是专属于人的一切生存样法。

生活是用以标志专属于人的生命存在的样法。生活是人的创造活动,也是人的消费活动。现实人的一切都在他们的现实生活之中,现实的人创造着、经历着现实生活,现实生活包容着、制约着现实的人。说人是一切社会关系的总和与说人是现实生活的总和是等价的。现实生活表示着时间的历史意识,认识论是人的意识的时间的展开,但这里的时间不是那个无人存在的或与人的存在无关的纯粹物理的过去、现在、未来的一维性。现实生活首先是个存在论的观念,认识论必须有存在论作为奠基,否者认识论就会漂泊无根。认识是人的认识,人除了认识人的生活之外,它还能够认识什么呢?认识论讲的认识世界,就是认识人的生活世界,是此岸性的世界。现实生活连通着物——人的无机的身体、人的活动。当然,我们也遥望星空,玄想那也许我们永远不知道的星体,但一当我们遥望了、玄想了,它们也就对

① 《马克思恩格斯选集》第1卷,人民出版社1995年版,第75页。

我们生成着，不管是理论形式的还是神话形式的。旧唯物主义的过错不在于它要寻求一块反映论的基石，而在于那个与人无关的"客观实在"根本就是一块幻想的基石。现实生活不仅涉及存在是什么，如何存在，存在与时间，更涉及存在是对人的存在、与人的生存是一起的共在、这样的存在的意义以及人以何种方式把握存在等等。现实生活最有资格将自然、人及其需要、人的活动凝聚成一个无法分开的机体，这充分展示了人的生存特征、方式和意义。

现实生活同时也是产生人的形而上追求的坚实基础。不要以为，一提现实生活就意味着只承认形而下，与形而上无缘。只要仔细考察就不难发现，每个历史时代人类的形上追求，都必然打着那个历史时代特有的"现实生活"的深深的印记。例如，对于原始社会的人来说，他们的现实生活就是与茹毛饮血、结绳记事紧密联系的那种野蛮愚昧的"生活世界"，人类脆弱的防护能力，使得他们几乎是自发地把思绪指向形而上，直接找到一个精神支柱来支撑多艰的现实生活，因此，在那个现实里，原始神话与那时人们的密切关系，就像现在的常识与现在人们的关系一样时刻相伴随。进入文明门槛之后，人类的形上追求，越来越趋理性、去愚昧，归根到底也是由于人类的现实生活越来越趋理性、去愚昧。

现实生活所从而来，所到之处，所趋之向，就构成了活生生的历史。历史不过是现实人的具有非常现实目的的现实活动而已。人的生命的存活驱使人们与大自然构成否定的关系，这种否定性关系依然是人对自然的依赖。与动物比较，无非是能动性的依赖，依赖是绝对的，而以能动性所体现的依赖性，是所谓"人把自己同自然界对立起来"或曰"把自己从自然界独立起来"的注脚。依赖性表明环境创造人，但这环境并不是纯粹自在的自然环境，而是有人的劳动加入其上的环境，并且有待于人的进一步改造，故依赖性中的独立性表明人创造环境。这两个方面都是无限的、绝对的。人类的发展，人类的自由，就在这两个方面的无限与绝对之中。

现实生活是以物质资料的生产为滥觞的人类的体系性创造。马克思曾经在批判蒲鲁东时描述道：

> 蒲鲁东先生很清楚地了解，人们生产呢子、麻布、丝绸——了解这么点东西确是一个大功劳！可是，蒲鲁东先生不了解，人们还按照自己的生产力而生产出他们在其中生产呢子和麻布的**社会关系**。蒲鲁东先

生更不了解，适应自己的物质生产水平而生产出社会关系的人，也生产出**各种观念、范畴**，即恰恰是这些社会关系的抽象性的、观念的表现。①

以现实生活代替“不依赖于人的客观存在”作为认识的前提，就带来认识论的革命，就缔造了一个全新的认识论形态。

哲学就是要面向生活，审视生活，引导生活的走向。马克思说：

哲学非常懂得生活。②

作为科学家的罗素曾经指出马克思哲学有一个严重的缺陷，那就是他过于实际，过分关注自己所处的时代的问题，眼界局限于人类。这种批评只能说是罗素的思想被困在旧哲学致思方式的囚笼不能自拔。他不能理解，破解“历史之谜”正是哲学真正的使命。而以远离人的实际生活的所谓自然、上帝、不可感的“真实存在”、绝对精神等等为根据的认识论体系建构，乃是没有真实基础的。

马克思所开敞的是人与世界共在的在世方式。马克思以生活实践作为自身哲学的基石。他考察社会存在，揭示社会存在是人与世界的融合、相互生存的过程。这种在世方式就是人在实践中，在现实生活中。在马克思看来，人的在世就是人自觉展开的感性活动。在这种感性活动中，人始终是与世界一体的，人与自然的对立是一体性中的对立。人的生活实践既是他生命存活的自然需要，又是人的生命力的不可遏制的表现，也是人的本质力量的确证。人的生活实践既是受动的，又是主动的。人的生活实践造成了人与自然的双向转化，你也不是你，我也不是我，或者你中有我，我中有你。因而，离开现实生活去谈论人与自然的关系，就不能不陷入空论。对社会关系、意识关系的认识也是这样。马克思一再强调不可以外在地、与人分离地看待自然，将其视为外在的、与人分离的实体，而要把它看成是人必须在其中的本真的世界，是历史地、由于人的活动而对人生成着的自然。马克思还对劳动异化、对人向自然进行破坏性索取的社会根源进行了揭示，指明了人类解放的道路。马克思发现，人的在世方式的转换是由历史发展规律决定的，是历史发展自然过程中所必须发生的事件。他把人的存在形态概括为“人的依赖关系”，“以物的依赖性为基础的人的独立性”，以“个人全面发

---

① 《马克思恩格斯选集》第4卷，人民出版社1995年版，第538—539页。

② 《马克思恩格斯全集》第1卷，人民出版社1956年版，第123页。

展”为基础的“自由个性”，马克思鸟瞰这一过程，进而分析了“以物的依赖性为基础的人的独立性的现状、原因，找到了解决的办法。《1844 年经济学—哲学手稿》、《资本论》是这方面的传世之作。他同时清算了这一时代的经济学和哲学，说李嘉图把人变成了帽子，见物不见人；说黑格尔把人变成了观念，见意识不见人。认为他们的学说表明了人在对物的依赖性中再度丧失了自己。在这种背景中，人从物的依赖性的在世方式向自由个性在世方式的转换，实质上是人的解放。人的解放从来不是在词句上解放，词句从来也没有统治人。人的解放就是要找到现实的束缚人发展的根源，现实的经济、政治、文化制度。马克思祈向于改变世界，对资本主义社会制度实行彻底改造。他的理论诉诸无产阶级这一优良人类，希望他们拿起这一理论武器去完成人类解放的艰巨任务。任何一种解放都是把人的世界和人的灵魂还给人自己。马克思的理论忠实地、杰出地体现了这一点。

二、“不依赖于人的客观实在”评析

旧唯物主义的认识论根本问题就是把“不依赖于人的客观实在”作为前提，直到现在，不少人还是以认识的前提只能是“不依赖于人的客观实在”作为一条“铁定的法则”，认为否则就“陷入唯心主义泥坑”。这里首先要申明的是，问题绝不是出在“客观实在”，而是出在“不依赖于人”。承认“客观实在”是唯物主义的正确立场，但坚持“不依赖于人”却是抽象客观实在论。

这里需要重温马克思的《关于费尔巴哈的提纲》。在这份提纲里，马克思一开始就这样写道：

> 从前的一切唯物主义（包括费尔巴哈的唯物主义）的主要缺点是：对对象、现实、感性，只是从**客体的或者直观**的形式去理解，而不是把它们当作**感性的人的活动**，当作**实践**去理解，不是从主体方面去理解。因此，和唯物主义相反，**能动的**方面却被唯心主义抽象地发展了，当然，唯心主义是不知道现实的、感性的活动本身的。①

马克思批评费尔巴哈说：

---

① 《马克思恩格斯选集》第 1 卷，人民出版社 1995 年版，第 54 页。

> 费尔巴哈想要研究跟思想客体确实不同的感性客体：但是他没有把人的活动本身理解为**对象性的**【gegenständliche】活动……他不了解“革命的”、“实践批判的”活动的意义。①

如果说《关于费尔巴哈的提纲》是马克思为了撰写一本哲学专著所进行的粗线条的构思的话，那么，可以肯定的是，“人的感性活动”这一概念必定是那部专著的逻辑起点。

马克思从来没有承认过“不依赖于人的客观实在”这样的提法，恰恰相反，他对这个命题的空洞性给予过无情批判，过去，只是因为人们没有理解马克思能动反映论的进路，加上十分害怕“陷入唯心主义”的心理，以致于根本不思考也不敢思考这个“不依赖于人的客观实在”提法是否真有道理，在众所周知的时代政治背景和学术背景中，马克思的睿智一直被遮蔽。

坚决地肯定存在着一个“不依赖于人的客观实在”并把它视为认识的无条件的基础，这一情结确实是难以解开的。原因之一，就是维护人们的日常意识的经验秩序的需要。从日常经验看，人的活动必须有活动的平台，这个平台应该是有一定时间和一定空间构成的、有一定事物充斥其间的、人们叫做自然界的实体。没有这个实体，人的活动就无所凭依。照这样看，的确是先有自然界才后有人的活动。这好像十分唯物主义了。另外，经验告诉人们，那个自然界是人的母亲，山川河流、天空海洋确实在人产生之前就早已存在了，并且哺育了人类。但凡头脑正常的人都不会否认这一点。这个时间上的先在性经验，很容易让人们把“不依赖于人的客观实在”视为认识的无条件的基础。最后，把“不依赖于人的客观实在”视为认识的无条件的基础，这在日常活动领域（实际上也包括在经验科学领域）是很有效的，它得不到证伪的冲击，反而处处得到证实。因为，日常领域的活动并非迫使人们经常不断地反思与批判它的前提。如此，似乎有铁一般的证据表明：不依赖于人而客观存在的自然界就是人的感性活动的基础。可是，马克思却坚决地推翻了这个朴素的信念。这对日常活动建立起来的关于认识的信念来说，的确是一个颠覆。正是有了这个颠覆，能动的反映论才得以破茧而出。旧唯物主义没有破日常信念这个“茧”，能动性就窒息了。

马克思当然并不否认由日常意识和经验科学所提供的那个“先在性”

---

① 《马克思恩格斯选集》第1卷，人民出版社1995年版，第54页。

事实。从前文所引马克思对费尔巴哈的批判中，也看得出来。没有了工业和商业这样的感性活动，所带来的问题是“整个人类世界”“很快就没有了”，并没有说整个自然界没有了，恰恰相反，马克思使用“自然界将发生巨大的变化”和“外部自然界的优先地位仍然会保持着”这样的论断。马克思所紧扣的是“对于人来说”，并且是对于活生生的费尔巴哈来说。显然，作为活生生的费尔巴哈，他的认识基础只能是“工业和商业”“这种连续不断的感性劳动和创造、这种生产”。这种感性活动本身并不是空中楼阁，它把那种为旧唯物主义所乐于说的“先在性”转化为能动性体系中的话语：类生活从肉体方面来说就在于人靠无机界生活，而人和动物相比越有普遍性，人赖以生活的无机界的范围就越广阔。植物、动物、石头、空气、光等等，一方面作为自然科学的对象，另一方面作为艺术的对象，都是人的意识的一部分，是人的精神的无机界，是人必须事先进行加工以便享用和消化的精神食粮的原材料；同样，从实践来说，这些东西也是人的生活和人的活动的一部分。人在肉体上只有靠这些自然产品才能生活，不管这些产品是以食物、燃料、衣着的形式还是以住房等等形式表现出来。在实践上，人的普遍性正表现为这样的普遍性，它把整个自然界——首先作为人的直接的生活资料，其次作为人的生命活动的对象（材料）和工具——变成为人的无机的身体。自然界，就它自身不是人的身体而言，是人的无机的身体。人靠自然界生活。这就是说，自然界是人为了不致死亡而必须与之处于持续不断地交互作用过程的、人的身体。所谓人的肉体生活和精神生活同自然界相联系，不外是说自然界同自身相联系，因为人是自然界的一部分。

这就是能动的反映论的精华，是它高于消极直观的反映论之所在。

另一个原因，就西方而言，那个认为“不依赖人的客观实在”是认识的基础的反映论观点，是从对基督教神学的斗争中发展起来的，它是反对神统治人的武器之一。这一点导致人们从情感上也容易接受并坚持它。可是，马克思明确地表示：无神论“已不再有任何意义”①。马克思宣布无神论没有意义是指它对于认识的起点而言的，当然不是说他转而信神。无神论把自然当做本质，认为一切都是自然界的自我创造。这在一个实践唯物主义的创始人的眼里，当然“已不再有任何意义”。旧唯物主义用无神论驳斥宗

① 《马克思恩格斯全集》第42卷，人民出版社1979年版，第131页。

教信仰，它其实是实践着那个信仰，因为一旦考虑到宗教的本义，无神论拿自然代替神其实是对宗教的褒奖。人的本质力量既是无限的，又是有限的。这种矛盾只能由人在漫长的生活实践中解决，宗教剥夺了人对自己本质力量的拥有权，将它赋予一个超自然实体，而人只是重复永久忧伤的关于原罪和拯救的故事。在这种情况下，旧唯物主义努力证明一个纯粹的、不属人的自然，结果，上帝死了，人也死了。旧唯物主义和宗教信仰有异曲同工之妙。普里戈金说得好：

> 事实上，这两种观点是联在一切的，自动机需要一个外部的上帝。①

旧唯物主义反映论与唯心论的先验论是两极实际上出于同质的思维模式，这个模式的核心是追求与人分离的唯一存在。它们都把抽象的先在性放在第一位来坚持，一说物质优先存在，另一说精神优先存在。马克思断然否定这两者，主张彻底地在人本身寻找认识的起点，不谈论抽象的原始与派生。例如，他举例说，太阳与植物分别以对方确证自身，饥饿与食物分别以对方确证自身，同理，自然以人确证自身，人以自然确证自身。在旧唯物主义津津乐道于谈论“在人之前就有自然界”的时候，马克思却说：

> 物本身却是对自身和对人的一种对象性的、人的关系。
>
> 但是，被抽象地、孤立地理解的、被固定为与人分离的自然界，对人说来也是无。②

旧唯物主义喜欢通过对人的理论上的无穷追问来证明人之前有一个唯一的自然界，马克思则表示，这种追问“会把自然和人的存在抽象掉，这是没有任何意义的”。③ 旧唯物主义通过人的直观反映过程证明自然是不依赖于人的独立存在，马克思则说，“人的对象性不是直接呈现出来的自然对象”，“直接地客观地存在着的人的感觉，也不是人的感性，人的对象性”，“囿于粗陋的实际需要的感觉只具有有限的意义”④。由此可见，马克思像战士坚守阵地那样，坚守作为认识基础的人及其感性活动，亦即现实生活，

---

① ［比］伊·普里戈金、［法］伊·斯唐热：《从混沌到有序》，曾庆宏、沈小峰译，上海译文出版社 1987 年版，第 39 页。

② 《马克思恩格斯全集》第 42 卷，人民出版社 1979 年版，第 178 页。

③ 同上书，第 130 页。

④ 同上书，第 126 页。

绝不允许把人抽象掉。他同唯心主义斗争时，也是坚持这样的原则。例如，他反复指出，黑格尔的绝对精神，不过是人的精神，费希特的"自我意识"也不过是人的意识，马克思所认为的黑格尔哲学的头足倒置，是人和人的精神的颠倒，而不是抽象物质与抽象精神的颠倒。他甚至说，抽象物质的，就是唯心主义的。马克思哲学认识论坚持的是人与自然界的统一，人对自然界说来是作为自然界的存在，自然界对人说来是人的存在，二者都是通过人的感性活动而诞生的过程。他昭示他的哲学"是从把人和自然界看做本质这种理论上实践上的感性意识开始的"，并强调"只有当物按人的方式同人发生关系时，人才能在实践上按人的方式同物发生关系"。①

人的思想如果囿于日常的浅层，会觉得承认不依赖于人的客观存在并将它作为认识的基础，是合乎情理的。但是仔细想来，那根本就是虚妄。对于现实的人来说，不可能遭遇所谓独立于人的实在。人怎么能够遭遇到人之前的自然界呢？譬如，一个农民看见一块卵状石头，他对恐龙蛋的说法有所耳闻，就带着它去找有关研究机构求证，结果果真是一块恐龙蛋化石。在这里，这个农民一旦与恐龙蛋化石遭遇，那就是对于他而存在的恐龙蛋化石了，绝对不是当时恐龙所生的新鲜蛋，只能是这个农民碰到了多少亿年某个恐龙下的蛋所演变而成的化石。另外，设若此前两千多年孔子也遭遇到它，还被它绊倒过，孔子由于没有关于恐龙蛋的概念，那么，孔子就会只认为是被石头绊倒了而已，不会产生被恐龙蛋绊倒的认识。不过，对于这样的比喻，人们也可能这样发问：那是因为孔子的时代还没有恐龙方面的知识，可是，没有恐龙方面的知识不等于这只恐龙蛋化石就不存在，这不就是证明恐龙蛋化石是先于孔子而存在、并且不以孔子的意志为转移的客观实在吗？对于这样的诘难，如果我们问，孔子怎么就没有恐龙方面的知识，而现代的那个农民怎么就有这方面的知识呢？专家是怎么知道农民送来的那块石头就是恐龙蛋化石的呢？并且是怎么知道这只恐龙蛋的产出比人类产生的时间早得多呢？如果要回答这样的提问，我们就必然联系到孔子那个时候的知识背景、现在这个农民的知识背景，而且要说明专家所具有的有关鉴定恐龙蛋化石方面丰富的科学知识。还要去说明农民所送来的那块石头的形状与专家所拥有的专门知识发生了联系，专家认真观察了它、用现代科学仪器

---

① 《马克思恩格斯全集》第42卷，人民出版社1979年版，第124页。

对它进行了各种测试鉴定。还要说明专家也拥有关于人类起源方面的科学知识，说明那些用来测试的仪器是怎样制造出来的，那些仪器的操作技术，等等。当我们作出这许多回答的时候，我们必须承认，我们已然承认了：没有人及其实践，没有人的世代实践所积累的背景知识，没有人与恐龙蛋化石相遭遇，没有人类长期积淀、特别是大工业所积淀的现代科学知识和现代技术手段等等，我们就根本不知道恐龙蛋及其存在的时间要早于人类产生的时间。

马克思对这种孤立看问题的方法十分不满，他告诫：

> 我只能对你作如下的回答：你的问题本身就是抽象的产物。请你问一下自己，你是怎样想到这个问题的；请你问一下自己，你的问题是不是来自一个因为荒谬而使我无法回答的观点。……那我就对你说：放弃你的抽象，那么你也就会放弃你的问题，……不要那样想，也不要那样向我提问，因为一旦你那样想，那样提问，你就会把自然界的和人的存在**抽象掉**，这是没有任何意义的。也许你是一个假定一切都不存在，而自己却想存在的利己主义者吧？①

进行思维的人所遭遇的一切对象，直接地就是人与物的统一体。

> 人同世界的任何一种**人的**关系——视觉、听觉、嗅觉、味觉、触觉、思维、直观、感觉、愿望、活动、爱，——总之，他的个体的一切器官，正象（像——引者注）在形式上直接是社会的器官的那些器官一样，[……]通过自己的**对象性**关系，即通过自己**同对象的关系**而**对对象的**占有。对**人的**现实性的占有，它同对象的关系，是**人的现实的实现**，是人的**能动**和人的**受动**，因为按人的含义来理解的受动，是人的一种自我享受。②

按照马克思的思路，某物既可确证他物，某物就无疑与他物具有联系性，但某物又不能被还原为他物，而必须被规定为他物之对象性存在。这是受动的，但同时又是主动的，因为这样一来，他物就必须按照有利于确证自身的方式存在。例如，货币能够确证商品的价值，是因为它自身是商品，有价值。但不能因此就把货币还原为商品，只能被规定为一般等价物。货币

---

① 《马克思恩格斯全集》第42卷，人民出版社1979年版，第130—131页。
② 同上书，第123—124页。

反过来驱使一切商品均以有利于更换到货币的方式存在。同样，人既能够确证自然界，也是因为人是自然物。旧唯物主义的过错不在于看到这一点，而在于它就此而已，并且只限于把人皈依于自然界，认为人对自然的映照只是镜子般的，也就是说，对于人来说，“不依赖于人的自然”不光是优先地位问题，而且还有个不可塑造的问题，因而是一种消极的哲学。马克思认为，既然人及其活动本身就是自然的，那么，人“创造或设定对象”就不应看做是纯粹的精神活动的自由创造，而是自然通过人而按照人的方式存在。马克思这样说：

> 只有当物按人的方式同人发生关系时，我才能在实践上按人的方式同物发生关系。①

自然按照人的方式存在这一论断的真理性是在人的实践活动中形成并不断得到证实的。初时，人的本质力量微弱，自然的力量不但独立存在，而且奴役人，自然对人来说就是一个无比强大的必然王国。这在人的观念上，除了产生超自然崇拜以外，就是自然不依赖于人的独立性。随着人化自然的日益扩张，人的能动性被相当地突出出来。把属于人的理性当做抽象万能的东西加以颂扬，唯心主义的这个特征歪曲地反映了人的本质力量的兴盛。马克思则把被唯心主义抽象发展了的人的能动性变成实在的能动性。马克思的这个光辉思想正日益被现代哲人所强调。例如，海德格尔指出：

> “世界之为世界”是一个存在论概念，指的是“在世界之中”的一个组建环节的结构。而我们把在世认作此在的生存论规定性。由此看来，世界之为世界本身是一个生存论环节。如果我们对“世界”作存在论的追问，那么我们绝没有离开此在分析的专题园地。“世界”在存在论上绝非那种在本质上并不是此在的存在者的规定，而是此在本身的一种性质。这并不排斥下述作法：对“世界”这一现象的研究必须通过研究世界之内的存在者及其存在的途径。②

应该指出的是，必须对“自然按照人的方式存在”这一思想作出严格限定，不可以任意发挥，否则，就把它扭曲为唯心主义的命题了。自然按照人

---

① 《马克思恩格斯全集》第42卷，人民出版社1979年版，第124页。

② ［德］海德格尔：《存在与时间》，陈嘉映、王庆节译，熊伟校，三联书店1987年版，第80页。

的方式存在，首先是因为人是按照自然的方式存在的，无论是原始人还是现代人，他们永远都是按自然方式存在的。人以其肉体生命形式存在着，人的自然属性处处表明，他是按照自然的方式存在着的。无论文明多么发达，都不可改变他固有的自然存在者特性。人类今日普遍谈论的“生存困境”不就是基于人按照自然方式存在这一必然性吗？设若人类不必吸收氧气，可以改变自身的自然性能从而可以吸收二氧化碳或者任何有毒气体，那么，空气被严重污染又有何妨？设若人类能够随心所欲地改变自己的自然属性，那么，臭氧层被破坏又有什么必要忧虑？人作为一种自然生命物种，是大自然长期进化所造就的。我们一出生，就接受了我们之所以为我们的这个“天赋”的状态，我们就只能以这种天赋状态生存着，只有疯子才想要抗拒这种天赋状态。但是，说我们只能以这种天赋状态生存着，并不是说我们就只能像动物那样在大自然的伊甸园中演绎它天赋的生存状态。文艺复兴时期的意大利人皮科・米朗多拉在其名著《论人的尊严》中，模仿上帝的语气对人说：

> 亚当，我们既不曾给你固定的居处，亦不曾给你自己独有的形式和特有的功能，为的是让你可以按照自己的愿望、按自己的判断取得你所渴望的住所、形式和功能。其他一切生灵的本性，都被限制和约束在我们规定的法则范围之内，但是我们交与你一个自由意志，你不为任何限制所约束，可凭自己的自由意志决定你本性的界限。我们把你安置在世界中心，使你既非可朽，亦非不可朽，使你好像是自己的塑造者，既有自由选择，又有光荣，能将你自己造成你所喜欢的任何模样。你能够沦为低级的生命形式，即沦为畜生，亦能够凭你的灵魂的判断再转生为高级的形式，即神圣的形式。①

米朗多拉承认人有自由意志，在人的意志驱使的活动中，人改造着自然物，使自然物人化，这就发生了自然按照人的方式存在的过程。在社会中，自然物都失去了原有的特色，打上了人的意志的深深烙印。清山之是否还是清山，绿水之是否还是绿水，在今日，必须取决于人类的意志。但是，人的自由意志是否被误用以及被误用之后将出现怎样的人所不情愿的后果，那可就由不得人了。

《关于费尔巴哈的提纲》第一条的权威性，谁都不否定，但事实上人们

① 转引自章海山：《西方伦理思想史》，辽宁人民出版社 1984 年版，第 212 页。

就是不"照着讲"。这说明,在意识深处,还是喜欢那个旧唯物主义所规定的认识基础,还是有那么一个信念:可以纯客观地按照一个所谓绝对不依赖于人的世界本来面目认识世界。

科学真的与任何观察者的存在无关吗？否！辩证法强调普遍联系,当人认识世界的时候,由普遍联系原理可知,已然构成了"人—世界"有机系统。人与人的"在世"已然互相渗透、互相规定、无法分开了。所谓按照客观世界本来面目说明世界,其依据是经典物理学的信念:我们可以对自然作出完备的描述。但是这个信念是建立在一个很经不起检验的假设上的,即观察者不是一个物理存在,这个不是物理存在的观察者所使用的工具也不是一系列的物理存在。相对论部分地否定了这种"神目观",强调科学描述必须和某个属于描述者可以利用的资源相一致,而不能涉及"从外部"来看这个世界的人。但是,相对论又假定一个占有宇宙公式的数学家作为描述者,他拥有的公式可以达到对自然的完备描述。量子力学宣布,这只是迷信。面对"测不准关系",波尔认识到,没有一种理论语言能把一个系统的物理内容表达无遗。各种理论语言和各种观点都处理同一实在,不能约化为统一的描述,但可以互补。玻恩说,与其说我们在描述事物,不如说在描述"事物——认识——主体"的共生现象。

马克思早就说过:

> 对象如何对他说来成为他的对象,这取决于对象的性质以及与之相适应的本质力量的性质;因为正是这种关系的规定性形成一种特殊的、现实的肯定方式。①

普里戈金认为,描述是一种对话,是一种通信。科学家既是他的对象的观众,又是和对象一样的角色——演员。他作出科学活动的图式:

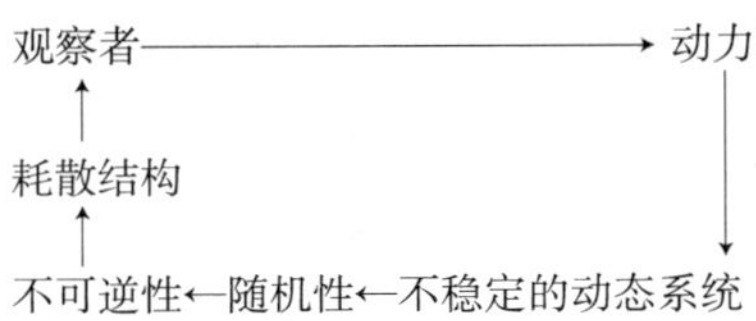

②

① 《马克思恩格斯全集》第42卷,人民出版社1979年版,第124页。

② [比]普里戈金、[法]伊·斯唐热:《从混沌到有序》,曾庆宏、沈小峰译,上海译文出版社1987年版,第358页。

这个图式表明，在所谓“实在”中，人不仅在其内，而且还是出发点和归宿，它证实了这样的一个真理，即对世界应从人及其活动上把握。

马克思说：

> 人对自然的关系这一重要问题……“自然和历史的对立”，好像这是两种互不相干的“事物”，好像人们面前始终不会有历史的自然和自然的历史……这是一个产生了关于“实体”和“自我意识”的一切“高深莫测的创造物”的问题。然而，如果懂得在工业中向来就有那个很著名的“人和自然的统一”，……那么上述问题也就自行消失了。①

必须指出，人们在马克思的反映论前不仅冠以“能动的”，而且冠以“革命的”，这是有一定道理的。的确，马克思强调人的现实的感性活动是认识的基础，是要撕开被资产阶级国民经济学笼罩在生活上的空洞抽象的乌云，揭露异化劳动和私有制对工人生活的摧残。资产阶级国民经济学把私有财产在现实中所经历的物质过程放到抽象公式里，并不指明这些公式所披露的问题是怎样从私有财产的本质中产生的原因。

> 当他想说明什么的时候，总是置身于一种虚构的原始状态，这样的原始状态什么问题也说明不了。国民经济学家只是使问题堕入五里雾中。②

在马克思看来，国民经济学不考察现实工人同产品的直接关系，就掩盖了劳动本质的异化。针对国民经济学家的问题，马克思所强调的从人的感性活动出发，就体现为“从**当前的**经济事实出发”。③ 马克思从三个方面进行考察：一是工人对劳动产品的关系。工人生产的财富越多，产品的数量越大，他就越贫穷；创造的商品越多，他自己作为商品就日益廉价。从物的世界增殖与人的世界贬值的反差中，马克思揭示工人的对象化活动在私有制条件下表现为自身的丧失和被自己创造的对象奴役。虽然说没有自然界，没有感性的外部世界，工人什么也不能创造，但是，在私有制下，情况却是：“第一，感性的外部世界越来越不成为属于他的劳动对象，不成为他的劳动的**生活资料**；第二，感性的外部世界越来越不给他提供直接意义的**生活资

---

① 《马克思恩格斯选集》第1卷，人民出版社1995年版，第76—77页。

② 同上书，第40页。

③ 同上。

料,即维持工人的肉体生存的手段”。“他首先是作为**工人**,其次是作为**肉体的主体**,才能生存。这种奴隶状态的顶点就是:他只有作为**工人**才能维持自己作为**肉体的主体**,并且只有作为**肉体的主体**才能是工人。”①二是劳动对生活行为的关系。劳动对工人来说成了外在的东西,工人在劳动中否定自己,感到的是不幸,使肉体受折磨、精神遭摧残。工人只有在劳动之外才感到自己存在,只有在不劳动的时候才感到舒畅。“因此,结果是,人(工人)只有在运用自己的动物机能——吃、喝、生殖,至多还有居住、修饰等等——的时候,才觉得自己在自由活动,而在运用人的机能时,觉得自己只不过是动物。动物的东西成为人的东西,而人的东西成为动物的东西”②。三是劳动对人的类本质的关系。自由的有意识的活动是人的类本质,但是,“异化劳动,由于(1)使自然。(2)使人本身,使他自己的活动机能,他的生命活动同人相异化,也就使**类**同人相异化;对人来说,它的**类生活**变成维持个人生活的手段……(3)**人的类本质**——无论是自然界,还是人的精神的类能力——变成对人来说是异己的本质,变成维持他的**个人生存的手段**。异化劳动使人自己的身体,同样使在他之外的自然界,使他的精神本质,他的**人的**本质同人相异化。(4)人同自己的劳动产品、自己的生命活动、自己的类本质相异化的直接结果就是**人同人相异化**”。③ 接着,马克思思考工人的活动不属于工人而属于谁?既不属于神,也不属于自然界,“只能是人自身”,是“**工人之外的他人**”。④ “通过**异化的**、**外化的劳动**,工人生产出一个对劳动生疏的、站在劳动之外的人对这个劳动的关系。工人对劳动的关系,生产出资本家——或者不管人们给劳动的主人起个什么别的名字——对这个劳动的关系。”从而,他得出结论:“**私有财产**是**外化劳动**即工人对自然界和对自身的外在关系的产物、结果和必然后果”。⑤ 正是在做了这样的现实考察之后,革命的结论瓜熟蒂落:“社会从私有财产等等解放出来,从奴役制解放出来,是通过**工人解放**这种**政治**形式来表现的,别以为这里涉及的仅仅是工人的解放,因为工人的解放还包含普遍的人的解放;其所以如此,是

---

① 《马克思恩格斯选集》第1卷,人民出版社1995年版,第42页。
② 同上书,第44页。
③ 同上书,第45—47页。
④ 同上书,第49页。
⑤ 同上书,第50页。

因为整个的人类奴役制就包含在工人对生产的关系中，而一切奴役关系只不过是这种关系的变形和后果罢了。”①

由此可见，马克思关于以现实人的感性活动为认识的真实基础，是与他关于改变世界的使命相联系的。是科学性与革命性的统一。

三、人的感性活动与实事求是

人的生活之所以区别于动物的生存，只是因为它建基在人的感性活动上。人的感性活动首要的规定性就是它的目的性。劳动过程结束时得到的结果，在常态下，在这个过程开始时就已经在劳动者的表象中存在着，即已经观念地存在着。它支配人进行活动，其结果不仅使自然物发生形态变化，同时还在自然物中实现活动者的目的，这个目的是活动着的人所知道的，是作为规律决定着活动的发生和发展的，活动者必须使自己的意志服从这个目的。

保加利亚学者 Л. 尼科洛夫认为，应该把结果“理解为外部环境或主体本身由于生产过程而必将发生的变化。这些变化既可以属于对象，又可以属于完成着生产的主体力量（例如，一种活动的结果不仅可以是使对象变为产品，而且可以是人的力量的锻炼及其‘自身价值’的体现）”②。活动指向结果的目的趋向并不能改变相互作用着的现象和客体间自然的（物理的、生物的或心理的）因果依存性。正是个人的目的—结果趋向，决定着人们选择那些符合自然依存性，并能提供所需结果的对对象的作用方式。

人的活动既是能动性的体现，更是能动性本身。在这种基本理念里，活动应该包括两大内容：一是精神方面的内容：围绕目的的确立和实现所展开的一切精神活动过程；二是基于目的的实际组织、实施过程。它们之间也相互交织。譬如，在精神活动中，可能要展开试验等，而在组织和实施中也会有宣传鼓动、统一思想以及深入论证等等。以往我们理解感性活动时，对精神方面的活动没有给予足够充分的肯定，甚至把精神活动完全排除在感性活动之外。人们在这样理解感性活动的时候，往往认为这是马克思的意思。

---

① 《马克思恩格斯选集》第 1 卷，人民出版社 1995 年版，第 51 页。

② ［保］Л. 尼科洛夫：《人的活动结构》，国际文化出版公司 1988 年版，第 35 页。

其实不然。

苏联学者 M. C. 卡冈认为，马克思是有关于“精神实践活动”的思想观念的，他写道：

> 改造活动受主体能动性特点本身的差别所制约，它可以在两种层次上进行，这取决于它是**实际地**改变某一客体，还是在**观念上**改变某客体……。在后一情况下，客体只是在想象中得到改变。由于在这种活动中，一方面进行着对现存东西的改造，并创造世界上没有，有时甚至不可能有的东西（幻想的产物）；另一方面这种改造纯粹是精神的操作，所以，马克思把这种活动称为“**精神实践活动**”。由于这种活动的基本功能是给现实物质实践活动提供超前的和导向的计划，所以，它是设计的或**模拟**的活动。①

M. C. 卡冈认为，“精神实践活动”的特点是“客体原封不动地保留下来”以及主体能动性“以关于这个客体的知识的形式向主体回复”。

M. C. 卡冈的这一观点遭到一些学者的反驳，例如 Л. 尼科洛夫认为：

> “认识”活动和“价值取向”活动的等级在逻辑上不是和“改造”活动等值，而是和“改造”活动的一个“变种”等值。②

对于本书而言，他们双方的观点都支持了存在着“精神实践活动”这一事实，所不同的是，卡冈认为这种实践活动不改变对象，只是能动性地向主体回复，而尼科洛夫则认为这种活动属于改造活动的一个变种。根据卡冈关于“这种活动的基本功能是给现实物质实践活动提供超前的和导向的计划，所以，它是设计的或模拟的活动”的说法，可以认为，他所说的“精神实践活动”，属于计划、方案、规划、蓝图之类的内容，由于它们典型地体现着实践的“有目的有意识”的特点，它们归于实践范畴是理所当然的。

但是，像思维活动这类精神活动，是否也应该纳入“人的感性活动”这一范畴呢？20 世纪 70 年代，苏联著名心理学家阿·尼·列昂捷夫明确地提出：

> 马克思主义思维学说要求把思维视作一种活生生的人的活动，它

---

① 转引自［保］Л. 尼科洛夫：《人的活动结构》，国际文化出版公司 1988 年版，第 86—87 页。

② 同上书，第 86 页。

> 也具有实践活动所具有的那种根本结构。同实践活动一样，思维活动也符合需要和诱因的要求，而且也经受着情绪的调节影响。同实践的活动一样，思维活动是由服从于自觉目的的动作组成的。最后，同实践活动一样，思维是通过这种或那种手段，即借助于一定的操作，在一定情况下，则借助于逻辑操作或数理操作而实现的。①

这些见解都有道理。但是，如果从马克思的《政治经济学批判序言》理解，则我们对人的感性活动的认识可能会更加宏观。

马克思说：

> 人们在自己生活的社会生产中发生一定的、必然的、不以他们的意志为转移的关系，即同他们的物质生产力的一定发展阶段相适应的生产关系。这些生产关系的总和构成社会的经济结构，即有法律的和政治的上层建筑竖立其上并有一定的社会意识形式与之相适应的现实基础。物质生活的生产方式制约着整个社会生活、政治生活和精神生活的过程。不是人们的意识决定人们的存在，相反，是人们的社会存在决定人们的意识。社会的物质生产力发展到一定阶段，便同它们一直在其中运动的现存生产关系或财产关系（这只是生产关系的法律用语）发生矛盾。于是这些关系便由生产力的发展形式变成生产力的桎梏。那时社会革命的时代就到来了。随着经济基础的变更，全部庞大的上层建筑也或慢或快地发生变革。在考察这些变革时，必须时刻把下面两者区别开来：一种是生产的经济条件方面所发生的物质的、可以用自然科学的精确性指明的变革，一种是人们借以意识到这个冲突并力求把它克服的那些法律的、政治的、宗教的、艺术的或哲学的，简言之，意识形态的形式。②

在这个被称为历史唯物主义总纲的表述里，我们可以领悟到：人的感性活动是一个涉及面很广的概念，基础性的内容是物质生产活动，但不限于物质生产活动，建立在物质生产活动基础上的一切活动，都可以是人的感性活动。这里，感性活动中的“感性活动”，并非是现在所流行的认识论中那个与理

---

① [苏]阿·尼·列昂捷夫：《活动·意识·个性》，上海译文出版社1980年版，第23页。

② 《马克思恩格斯选集》第3卷，人民出版社1995版，第32—33页。

性对举的感性活动,这里的感性活动就是人的生存和发展的方方面面活动,它是针对旧唯物主义者把人看成是抽象的人讲的,把人看成抽象的男人女人,那么,势必就把抽象男人女人的活动看成是抽象的活动。与此相反,马克思要求把人如实地看成是历史地造就的有血有肉的个人,这种有血有肉的个人的活动当然就是人的感性活动了,这里,“感性”的核心意思就是强调与社会关系、社会现实生活的不可分性。从马克思批判旧唯物主义对对象、现实、感性,只是从客体的或者直观的形式去理解,而不是把它们当做人的感性活动,当做实践去理解,不是从主体方面去理解这样的表述看,感性活动、实践是一个层次的东西,在马克思很多文论里,它们也没有被严格区分开。既然如此,人们就不应该把实践理解得狭窄,因为如果一方面理解狭窄了,就把人的很多活动内容排除到实践外面去了。而另一方面,人们又强调实践是人特有的存在方式,既是特有的存在方式,那就不能不包括只有人才能具有的精神活动内容,虽然从发生学意义讲,这些内容是在物质资料生产活动基础上产生的,但物质资料生产活动必定有目的意识贯穿其中。并且有些精神活动看起来并不直接与物质资料的生产相关,但它们的确为人所独有,无法不归于感性活动。

还有一个重要的问题,那就是如果对实践的外延固执于褊狭的理解,特别是把道德活动排除到实践之外,就会割裂实践与人的自由的关系。

康德在《实践理性批判》中表述的一个重要思想是,思辨理性并不能通达自由,只有实践理性才能通达自由。康德说:

> 这里与思辨理性相比较,现在有一个信念的单纯主观的根据,不过这个根据对于一个同样纯粹却又实践的理性来说则是客观有效的,而且这个根据凭借自由概念还使上帝和不朽两个理念获得了客观实在性和权限,甚至还带来非认定这些理念不可的主观必然性(纯粹理性的一种需要)。……这种需要乃是一种法则的需要:认定某种东西,而假若没有它,那么人们应当谨严地树立为自己所作所为的意图的那种东西就不会发生。如果不用如此迂回寻绎就可以解决那些课题,而把它们保存为供实践应用的洞见,这当然会令我们的思辨理性更为满意;然而我们的思辨能力却没有这么良好的禀赋。……那么,我们只得将那些武器重新拾起,为着在理性的道德应用中寻找并在其上建立上帝、自由和不朽这些概念,而思辨无法为这些概念的可能性觅得充分的

保障。①

承认劳动生产活动是包括道德活动在内的其他活动的基础和始原性的推动力,这是历史唯物主义的基本要求。因为历史唯物主义既是无产阶级用于改造世界的精神武器,也是用于提升包括本阶级在内的人类的精神境界的指南。而道德素质从来就是人类综合素质中最为关键的素质。所以,不管马克思本人是否明确地言说了实践包括道德的研究和普及以及教化活动,它们都应该是实践范畴的内容,而且是其中重要的内容。物质生产活动被充分强调,这是由历史唯物主义那种唯物的特征决定的。因为在历史唯物主义所描述的社会结构及其变动的模式中,基于物质资料谋得的生产活动是一切活动赖以存在的基础,一切精神性活动应该服务于它,有利于它的发展,并且要根据它发展变化的客观要求进行自我变更。特别是要防范像黑格尔那样,把人的精神活动抽象为天马行空、独来独往并且有无比旺盛的"外化"感性世界能力的怪物。完整准确地认识马克思主义关于感性活动的概念,极有必要联系恩格斯晚年所发表的关于历史唯物主义的17封书信的精神。在那些书信中,恩格斯着力对机械经济决定论进行纠偏,宣传了马克思和他关于历史唯物主义的真精神,还对他们青年时为了完成时代交给他们的理论建设任务而对上层建筑的能动作用的强调与研究不足的缺憾进行了必要的交代与检讨。但是要特别指出,马克思是有将人的所有活动归于实践的想法的,例如,马克思指出:"动物的生产是片面的,而人的生产是全面的。"②"宗教、家庭、国家、法、道德、科学、艺术等等,都不过是生产的一些特殊方式,并且受生产的普遍规律的支配。"③

另外,以往人们只是强调实践的"有意识",而对"自由"这个更高的规定性缺乏足够重视,这样理解实践,尽管主观上是想突出它的极端重要性,但是,却没有对实践的性质和品位有所领悟。谁能说私有制条件下的异化劳动不是实践呢?谁能说那样的劳动中没有意识贯彻其中呢?但那种劳动实践恰恰是没有自由。根据马克思关于自由的有意识的活动是人的类本质的论断,必须承认,人类一般的劳动亦即目前所大量见到的劳动生产活动状

---

① [德]康德:《实践理性批判》,韩水法译,商务印书馆1999年版,第2—3页。

② 《马克思恩格斯全集》第3卷,人民出版社1982年版,第273页。

③ 同上书,第298页。

态虽然是主要的、基本的活动，但还不是实践的最高境界。脱离道德实践活动的单纯的劳动生产活动，其发展的必然趋势就是技术意义上的，它会演变成以对世界的操纵和控制为能事的局面。

人类的实践要达到自由的有意识这样的境界，就必须改造和完善自己全部现存的社会关系。因为，自由的实践不是单个人的任性，人的实践总是处在特定社会关系中的实践，即使有人明明依靠理性给予的智慧知道做某事情功在千秋，做某事情会遗患无穷，但在一定的社会关系中，若坚持做那种功在千秋的事情，可能为法律所不容，不做那些遗患无穷的事情可能同样为法律所不容。即使不会是这样极端，就算受愚昧、偏见、不良习俗的束缚而该作为的不作为，不该作为的胡乱来，造成的损失是可想而知的，特别是现代大规模的、耗资巨大、风险巨大的工程更是不得了。因此，人们素质的全面提升、制度建设的高度完善，就显得特别重要。以前谈论实践，明显地有空洞抽象的弊端，以为任何情况下发生的实践活动都是善的，缺乏现实的针对性。有鉴于此，需要突出实践的“自由”一维。

为了更好地认识由实践的“自由”一维所赋予实践的内涵，不妨从苏格拉底起作一扼要的回顾。苏格拉底是一个理性主义者，他虽然把哲学的兴趣从天上拉回人间，但是，他对人事的研究还是崇尚理性的，苏格拉底的哲学是“知识论”的，他宣称“美德即知识”，这里的“美德”不完全是现今伦理学意义上的，更像是现今功利或曰工具理性意义上的。arete 在希腊文里主要指各种事物的特长或用途即使用价值。譬如，马的 arete 是奔跑；鸟的 arete 是飞翔。但是，用于探讨人的 arete 时，明显有两大类：一类是类同于物的有用性意义上的，譬如，琴师的 arete 在于弹奏，也就是特长；另一类是现今伦理学意义上的，譬如，善良、友爱等等。苏格拉底与人讨论人的“arete 可不可以教”这样的问题，显然属于后一类，因为像琴师的 arete 在于弹奏这类 arete，没有人认为不可以教。这后一类 arete，譬如说中道，就涉及对人的社会价值的思考。苏格拉底虽然没有明确提出后一类 arete 在人的活动中的地位问题，但是可以从他一生的活动看出，他是努力践行以完善人类这方面的 arete 的。连同他强调定义这种执著本身就具有对社会发展和人类心灵健康的关切。因为他那个时代，相对主义、诡辩、极端个人主义的风气严重地腐蚀着社会，它要求突出确定性。他情愿服刑而拒绝苟活，为的是以身作则维护法律的尊严。

这后一种 arete，在亚里士多德那里得到了专门研究，亚里士多德在《形而上学》E 卷里，把学科分为理论的、实践的、创制的三种，这可能是最早涉及对实践的理解的史实。他把研究实践的学问名为“实践哲学”。实践哲学其实就是关于怎样做人的哲学。在古希腊，人被定义为“城邦的动物”，城邦的 arete，照柏拉图在《国家篇》里的说法，是智慧、勇敢、节制、正义。城邦的 arete 决定公民的 arete，柏拉图在《国家篇》里就是这样论证个人的 arete 的。亚里士多德也是这样的思绪，他说：“政治学规定城邦需要哪些知识，哪一部分人应该学习哪一部分知识”。因此，实践哲学作为如何做人的哲学，确切地说应该是研究如何做城邦所需要的人的哲学。

按照亚里士多德的分类，实践哲学包括政治学和伦理学，这二者相互联系、密不可分。最高的善只有在城邦的活动中实现，但最高的善又必须发端于公民个人的品德修养，换句话说，个人善，城邦才善。所以，研究个人如何做人的伦理学既是研究城邦治理的政治学的分支，同时也是政治学的起点。从属于政治学的伦理学以其为城邦政治的推展确定伦理原则和道德基础来反作用于政治学。实践哲学要研究的是“最高的善”，就是探讨幸福，而探讨幸福要着眼于人的功能和活动。人所特有的功能，在亚里士多德看来就是理性，由人的功能导致的活动是灵魂按照理性积极主动进行的现实活动。他界定：幸福就是符合最好的最完善的品德活动。人们谋求幸福必须学会“中道”，伦理的品德是一种品质，而这种品质在于对中道的选择。在《欧德谟伦理学》第二卷第三章，他列了一个表格：

过度	不足	中道
容怒	麻木	温和
鲁莽	怯懦	勇敢
无耻	羞怯	谦谨
放荡	冷漠	节制
忌妒	（无名称）	义愤
牟利	吃亏	公平
挥霍	吝啬	慷慨
虚夸	谦卑	真诚
谄媚	傲慢	友爱
卑屈	顽固	高尚

娇柔	病态	坚韧
自夸	自卑	大度
放纵	小气	大方
狡诈	天真	明智

亚里士多德之所以把研究做人的学问称为实践哲学，是由人的品德形成的特殊性所决定的。他说：

理智的品德是由于教导而生成和培养起来的，所以需要时间和经验。伦理品德则由风俗习惯沿袭而成，所以“伦理”这个名称是由“习惯”这个词略加改动而产生的。由此可见，我们的伦理品德不是自然生成的，因为自然生成的东西是不能改变它自己的本性的，例如石头的本性是向下降落，纵然你将它向上抛掷一万次，也不能让它习惯于上升，同样你也不能使火焰习惯于往下燃烧，任何自然行为的事物，都不能用习惯来改变它。所以我们的伦理品德既不是出自自然本性的，也不是违反自然本性的，而是我们自然地接受了它们，又通过习惯使它们完善的。

很明显，人要想对一种幸福、公平、正义等作出选择，从认同到实现，从理解到形成行为习惯，是一个长久花工夫行动的过程，这里重要的不是“知”而是“行”。这就是实践。

综合以上内容，可以获得这样一些认识。第一，以现实生活为认识论的前提，转换成人的存在方式，就是以人的感性活动为前提。要把认识论的一切问题拿到这样一个前提下来讨论，否则就不得要领。第二，感性活动与实践是同一的概念。可以说，实践唯物主义就是以感性活动为轴心建立的哲学体系。第三，感性活动或实践，是一个涵盖人类一切实际活动的哲学范畴，虽然其最基本的形态是物质资料的生产，但不能仅仅限于物质资料生产。

认识论将现实生活、感性活动作为前提，要求以感性活动即实践的思维方式来理解认识论的一切问题。也就是说，一切要从主体的实践切入，主体是实践者，在实践中形成、受实践规定，因而具有社会性，是现实的一切社会关系的总和。对客体也要从主体实践的视角来理解。认识论的出发点是感性活动或实践，归宿也同样是实践，认识论研究的一切问题都不可以离开人的感性活动，否则就陷入空洞抽象。这样的基本理念，必然规定认识的路线是实事求是。实事求是是中国传统认识论的一个重要范畴，它经过毛泽东的创造性运用，融进了马克思关于"从人的感性活动"理解的基本精神，又具有中国气派。但是，实事求是在诠释中却受到旧唯物主义的影响，既不符合中国传统实事求是的本意，更离开了毛泽东的基本思想。《哲学研究》2008年第10期上登载了倪志安的文章《论马克思主义哲学的实事求是方法》一文，该文详尽说明了在对实事求是的释义中存在的问题，主要是：

> (1)"实事"是不包括主体方面的，是指主体以外的客观事物即客体。(2)求"是"就是求取客观事物（客体）的内部的规律性；"求"的是人们的认识之"真"，而不包括"求"人的行为（认识和实践统一的）中的一系列因素如真、善、美等的统一。

笔者对此深有同感，并且认为，只有把实事求是如实地纳入中国认识论那种"道不远人"的传统，用马克思在《关于费尔巴哈提纲》的主题思想即把对象、现实、感性当做感性的人的活动，当做实践去理解，从主体方面去理解的认识论原则进行解读，才不走样。为此，必须详细研究人的感性活动的丰富内涵以及它与实事求是的内在关系。只有这样，才能够进一步理解关于认识的前提的真精神。

实事求是出自班固的《汉书·河间献王传》，谓河间献王刘德"修学好古，实事求是"。以后，它的意思被扩展为持论有据，绝不妄断。尤其是到了明清发展起来"实学"，实事求是就被更加推崇，譬如在训诂学中被极力倡导。唐人颜师古用"务求事实，每求真是"解释实事求是，就形成了一条认识路线：先把握事实，再从事实中揭示"真是"。这里的"真是"，可以作两种解释：一种是把"真是"当成联合词组，意思是"真"和"是"；另一种是把"真是"当成偏正词组，意思是"真正的是"。这种解法犹如解"真知"即真正的知。无论哪种解法，先要搞清楚"真"和"是"。与"真"相对待的是"假"，与"是"相对待的是"非"。

> "真"是指人的"知"合于事物的本性、本质和规律，"是"是指人的"行"合于道、理（即行为的恰当）……从"实事"中探求事物之"本然"——真；……从实事的"本然"中探求"应然"——善（人的行为合于本然）。求"本然"是求"应然"之前提，求"应然"是求"本然"之目的；"是"是"本然"和"应然"的统一、真和善的统一，是知行合一的一

种价值判断。①

如果按照联合词组解，就是从实事中求“本然”（进而）求“应然”；如果按照偏正词组，就是从实事中求真正的“应然”。无论按照哪种解法，就价值而论，“是”是“求”的标的。当我们说全国人民代表齐集人民大会堂共商国是的时候，我们说的“国是”，意思显然是治国理政之本然与应然的统一、真善的统一、知行合一的大计。因此，那种把实事求是解释为依据纯粹的客体探求其规律的观点是不对的，不符合毛泽东创造性地运用中国传统认识论范畴实事求是的本意。长期以来，人们根据毛泽东关于“‘实事’就是客观存在着的一切事物，‘是’就是客观事物的内部联系，即规律性，‘求’就是我们去研究”的论语，将“客观存在着的一切事物”解释为类似西方传统认识论那种与人分离的客体，将“客观事物的内部联系，即规律性”解释为类似西方传统认识论那种存在于现象界后面的“真理世界”。于是，就将实事求是解释成了颇具西方“科学认识论”味道的内容。这是一个误识。

首先，这样解释并没有完整准确地把握毛泽东的认识论思想。毛泽东的认识论思想同马克思《关于费尔巴哈提纲》的核心思想是一致的。毛泽东把自己的认识论学说直接命名为“实践论——论认识和实践的关系——知和行的关系”。他在《实践论》中一开头就说：

> 马克思以前的唯物论，离开人的社会性，离开人的历史发展，去观察认识问题，因此不能了解认识对社会实践的依赖关系，即认识对生产和阶级斗争的依赖关系。②

显然，毛泽东的实践论体系中，是不会有所谓依据纯粹的客体探求其规律的意思的。实事求是中有一个“唯实”精神，它的对立面是“唯书”和“唯上”。毛泽东的实事求是是与他倡导的“群众路线”血脉相连的，实际上，他讲的实事求是，在很大程度上就是“将群众的意见（分散的无系统的意见）集中起来（经过研究化为集中的系统的意见），又到群众中去作宣传解释，化为群众的意见，使群众坚持下去，见之于行动，并在群众行动中考验这些意见是否正确”。从实践的角度理解“实事”，最大的“实事”是人民群众的

---

① 倪志安：《论马克思主义哲学的实事求是方法》，载于《哲学研究》2008 年第 10 期，第 24 页。

② 《毛泽东选集》第一卷，人民出版社 1991 年版，第 282 页。

实践活动，通过调查研究获得群众分散的无系统的意见，再经过研究化为集中的系统的意见，就是实事求是的过程。这才是毛泽东作为马克思主义理论家和无产阶级革命家、战略家提出实事求是的本意，他所要清除的是主观主义和教条主义。离开这些去谈论实事求是，根本就不实事求是。毛泽东围绕实事求是建立起来的一整套作风、制度、方法，都是“感性活动”。改革开放以来用实事求是思想路线引导的改革开放也都是“感性活动”的。中国国情、社会主义初级阶段、中国特色社会主义等等重要命题及其所蕴含的重要内容，都出色地诠释了实事求是的真精神。

其次，这样解释不符合当时的社会背景。毛泽东那段话出自抗日战争时期为指导延安整风运动而发表的《改造我们的学习》，针对的是那种“不注重研究现状，不注重研究历史，不注重马克思列宁主义的应用”的主观主义坏风气。毛泽东用相当大的篇幅揭露党内存在的严重问题：对于国内和国际的政治、军事、经济、文化的任何一方面，所收集的材料是零碎的，没有系统的；缺乏调查研究的浓厚风气，“闭塞眼睛捉麻雀”，“瞎子摸象”，粗枝大叶，夸夸其谈，满足于一知半解；不论是近百年的还是古代的中国史，在许多党员的心目中还是漆黑一团。许多马克思列宁主义的学者言必称希腊，对于自己的祖宗，则对不起，忘记了。毛泽东提出实事求是就是为了反对主观主义的态度。

> 在这种态度下，就是对周围环境不作系统的周密的研究，单凭主观热情去工作，对于中国今天的面目若明若暗。在这种态度下，就是割断历史，只懂得希腊，不懂得中国，对于中国的昨天和前天的面目漆黑一团。在这种态度下，就是抽象地无目的地去研究马克思列宁主义的理论。不是为了要解决中国革命的理论问题、策略问题而到马克思、恩格斯、列宁、斯大林那里找立场，找观点，找方法，而是为了单纯地学理论而去学理论。不是有的放矢，而是无的放矢。①

在那种背景中，实事求是是同哗众取宠相对举的。毛泽东心目中的实事，根本的就是在中国这样的半封建半殖民地国家如何成功地进行新民主主义革命，也就是他所说的“‘的’就是中国革命”②。不会是什么纯粹的客

---

① 《毛泽东选集》第三卷，人民出版社 1991 年版，第 799 页。

② 同上书，第 801 页。

观存在的客体。

最后，这样解释不符合特殊语境的完整意义。毛泽东的实事求是是为了表述“马克思列宁主义的态度”的。毛泽东明确地说，“这种态度，就是实事求是的态度”①。包括：引用马克思列宁主义的理论和方法，对周围环境做系统的周密的调查研究；不要割断历史，不单是懂得希腊就行了，还要懂得中国，不但要懂得外国革命史，还要懂得中国革命史，不但要懂得中国的今天，还要懂得中国的昨天和前天；有目的地去研究马克思列宁主义的理论，要使马克思列宁主义的理论和中国革命的实际运动结合起来，是为着解决中国革命的理论问题和策略问题而去从它找立场，找观点，找方法；有的放矢，用马克思列宁主义这根“矢”，射中国革命和东方革命这个“的”。在作了这一系列的陈述之后，才有了毛泽东关于“实事”、“求”、“是”的解说。当然，那一段表述的确也有被解释为根据纯粹客体寻求规律的某些因素。特别是仅仅将“是”说到“规律”处即止。这也是有情可原的。毛泽东受斯大林领导编撰的《辩证唯物主义和历史唯物主义》影响比较深，其论述难免有些痕迹。但是，实事求是最根本的精神却是马克思主义中国化的。毛泽东在说了那段话之后，紧接着说道：

> 我们要从国内外、省内外、县内外、区内外的实际情况出发，从其中引出固有的而不是臆造的规律性，即找出周围事变的内部联系，作为我们行动的向导。……在马克思列宁主义一般原理的指导下，从这些材料中引出正确的结论。

“国内外、省内外、县内外、区内外的实际情况”是“实事”的最好注脚，而不是什么纯粹的客体。“是”也不仅仅是“规律”，还有以“规律”“作为我们行动的向导”，这就含有合规性与合目的性统一的内涵。因为，向导是为目的地服务的，有了“向导”，还要“引出正确的结论”等等，其中就有“本然”和“应然”的统一、真和善的统一，知行合一的问题。

综合以上观点，结论必定是，实事求是是对马克思认识论关于“感性活动”的基本思想的中国化改造，是具有中国作风、中国气派的关于认识前提、认识路线的哲学范畴。

---

① 《毛泽东选集》第三卷，人民出版社 1991 年版，第 801 页。

四、生命庄严神圣之光对人的感性活动的照耀

加拿大安大略省约克大学环境研究所的威廉·莱斯(William Leiss)"从粗鲁人的传奇中获得"一则故事。但是,创造这则故事的人一点也不粗鲁,倒是深刻地教导了我们这些"文明人",必须让生命的庄严神圣之光时刻照耀人的感性活动,使这种感性活动牢记服务于类生命以及个体生命,呵护大生命,为生命的健在带来福祉。

这个故事是这样的:按照风俗习惯,一位妇女将自己的新生婴儿带到一个为所有孩子取名字的会说话的双头鸟那里,这是一个可怕畸形儿,双头鸟看出孩子是恶魔附体,便警告说,必须马上杀死他。母亲没有遵从这个裁决,躲进一个深深的洞穴养育自己的孩子。一天,母亲看到在儿子目光注视下,铁矿开始熔化,他用这些熔铁制作了一个牙口尖利、能够飞行的机器人。当母亲乞求儿子毁掉他的造物时,儿子却命令机器人杀死了母亲。他率领机器人队伍征服了世界。成了最高统治者,他要无数的机器人完成各种任务,从而所有的自然人都不再劳作生活。渐渐地,自然人完全失去了做事的能力,种族也衰落了。他便用动物的器官植入人体,创造了具有繁殖能力的怪物。这就引起了生命之树和大地女神的强烈干涉,决心消灭他和他的机器人世界。两神发了一场巨大的洪水,但统治者命令机器人建造了巨大的木筏,幸存者可以在上面永久地生活。而这个统治者设宴欢乐甚至比以前更为奢侈。由于太阳总是被阴云所遮挡,统治者指示重新制造一个太阳,其光照比真的太阳还好。但是最后,女神和生命之树施展了不可抗拒的力量,并消灭了这种邪恶文明的一切痕迹。①

这则故事的寓意是很深刻的。这个畸形统治者的状态象征着现代人类多数人的存在状态。他的弑母行为象征着现代人类彻底消灭了他们由以发展出来的前人那种对大自然又亲近又敬畏的存在状态,疯狂地扩张现代征服者的统治状态。他凭借的手段是现代高度发达的科学和技术,他的力量

① 参见[加]威廉·莱斯:《自然的控制》,岳长龄、李建华译,重庆出版社1993年版,第23页。

来自他创造并供他驱使的机器人队伍。这些都是对我们现代文明人崇拜科技万能心态及此种心态支配下滥用科技成果奴役大自然的写照。他让机器人干活，让自然人不劳而获，“生活得非常幸福”，他认为这是为人类造福。可是这恰恰违反了人性，人由于不劳动而发生种族退化，这个统治者仍然执迷于科技万能，“用动物的肉体创造了能够繁殖的半人半机的怪物”。在他看来，这是科技对维护和增进人种的胜利。他干了灭绝人性的坏事还不自知！这当然要引起生命之树和大地女神的反抗。生命之树，就是生命（包括人，动物，植物）的神圣、庄严的人格神；大地女神，就是大自然、地球的人格神。两神发洪水，实际寓意技术的不合理运用亵渎了生命的尊严，破坏了大自然的秩序，因而遭到生命的反抗，遭致大自然的报复。这个统治者执迷不悟地坚持科技万能的思维方式，他造成巨大的木筏作为人类的载体，“可在上面永久地生活”。他制造一个太阳，其光照比真的太阳还好，但是，他最终敌不过生命与大自然，他和他创造的罪恶的文明不留痕迹的被生命之树和大地女神消灭了。这意味着，生命的价值和尊严毕竟是神圣不可侵犯的，而大地（即地球）也仅有一个，人就必须维护人自身作为生命存在物以及人以外的生命物的价值与尊严；人只能生活在这仅有的地球上，就得对这颗生命之球有爱心和责任，这是人必备的人文精神，也就是中国祖先们说的“天人合一”、“民胞物与”、“参天地之化育”、“与天地合其德，与日月合其明，与四时合其序，与鬼神和其吉凶”。这个畸形的统治者从小就没接受教育（这象征性地揭露现代教育对人们从小只顾灌注工具理性，康德所说的“实践理性”的那些内容对现代教育来说，完全边缘化了，以致于相当多的人根本就不知道“实践理性”，甚至以为“实践理性”就是通过物质资料生产活动而总结出来的科学知识体系），他的人文精神是空白，他是工业的产儿，他崛起于冶金，辉煌于造人、造“地”、造太阳，完全与天地为仇、与日月相抗、与四时相违。因此，他连同他的技术文明，完全突破了人之为人的道德底线。他必须死！

威廉·莱斯博士讲述了这个故事之后，意味深长地点出了人类对现代技术的恐惧心理，认为现代技术中总是反映着古代意识成分的一个重要原因，就是一种巫术性质的东西仍然缠绕着它。它所唤起的潜在的恐惧部分来自一些模糊意识：显然没有一个人真正地“控制了”为控制自然而发明的那些日益复杂的工具。这些工具似乎具有一种独立的活力，他不断地威慑着人类对他们的作用。同时,通过这些方法获得的明显的物质利益和现代社会使人迷惑的整个制度机构的复杂性,又使得人们意识到那些潜在恐惧,而对他们并无可能克服的人类意志惊骇和气馁。所以人类对技术最初经验形成的内心期望和恐惧继续助长着一种宿命论。

> 依靠它,人们逐渐的接受了人类创造性的成果,同时又担心着从它手中爆发出的无法控制的邪恶。①

其实,在现代,这也只是少部分人群的心理而已。大部分人却仍然陶醉于征服者的胜利,并且预谋着更大规模的征服活动。现代人类的悲剧就在这里深深植根了。

仅就这少部分人的矛盾心理而言,应该看到,人的感性活动真的不可以躲藏在生命神圣之光照不到的人类贪欲的深渊霉变。因为,这部分人看到工具理性的滋生可能带来人的毁灭,从而充满忧患意识地预言灭顶之灾,对于末日审判的恐惧,溢于言表。另一方面,又想不出一个头绪来,找不到真正的原因,对工具的异化持宿命论的看法,经不起高级工具带来的利益诱惑而滥用它们。这种情况在自然经济条件下是经常见到的,人们为了提高效率,必须寻求新的生产工具,而寻求新生产工具的结果,不是增大对树木的砍伐,就是扩大对地下资源的开采,在这两种情势下,很担心触怒神灵。人们犹豫再三,最后还是战战兢兢地选择了对植被和山体的有节制的破坏。不能说这里头没有积极的意义,那种敬畏大自然的精神,应该说还是必要的。但是也应该看到,人在那时就积累了贪欲,因而那种敬畏也未必全是出于诚,或许是自感卑微而不得不如此。这后一种情况已经被现代人所证实,现代人已经在大自然的养育下变得强大起来了,他们也就全无敬畏之心了,反过来,他需要大自然敬畏人。

实际上,引起惊骇与恐惧的真正根源,在于人对自身生存状态的追求发生了异化。人的理想生存状态是两个方向的协调发展,一个方向是向外求,壮大改造自然以适合自身生存和发展需要的能力,这个方向的发展是以科技进步为主要实现标志的;另一个方向是向内求,改造人自己,使人性趋于美丽、光明、洁雅,这个方向的发展,孙中山叫"心性文明",我们今天叫做精

---

① [加]威廉·莱斯:《自然的控制》,岳长龄、李建华译,重庆出版社 1993 年版,第 25 页。

神文明,但精神文明中又有科技,这又与外求的成果分不开了,还是叫做人文精神较好。每一个历史时代的人类,都要务求两个方面的一致。农耕文明时代的人们,人文一面有很好的内容,按康德的说法是"一种美满的和睦、安逸与互亲互爱"①,但那种人外求不足,人的才智被埋没。这就要求以科技为标志的外求能力的发展。人类近代科学与技术的发展,主要是纳入近代西方盛行的世界观框架里的,也就是在物欲横流的驱使下发展的,近代西方用唯利是图的精神发展着科学和技术,对此,康德、黑格尔、马克思和恩格斯都看到了,在特定的意义上,这些思想家称"恶"也是社会发展的动力。但同时,他们更看到科技一直被唯利是图地利用的危险,尤其是马克思,更是力图从根本上克服人的异化,使人成其为自由自觉活动的主体,使关于自然的科学与关于人的科学成为一门科学,使自然主义与人道主义融合,使人与自然、人与人的关系的历史之谜获得真正解答。科学技术作为人类才智的产物,本身不应对它给人类造的孽负责。可是这也说明,科技自己不能主宰自己,科技没有灵魂。正因为科技没有灵魂,掌握科技的人才要有高贵的灵魂。在庸人眼里,科技的善用恶用都与自己无关,科技对他们来说就是工具,活的工具。

科学技术本身的宝贵是毋庸置疑的,在这一点上,老子关于弃智的思绪是不可取的,孔子关于"民可使由之,不可使知之"的思绪也应批判。但我们说科技的宝贵性,还不是从一般功利主义上理解的,而是从本体论上理解的,科技无非把存在物之间及其内部的联系揭示出来,然后再根据这种内部联系去改变事物。它本身应该是人为天地立心、为生民立命、为往圣继绝学、为万世开太平的途径。科学的善用本身就体现着人与自然的亲和。但是,要做到全人类对科学如何使用才是善用有足够一致的共识,要做到全人类都能够主动自觉地善用科学,这太难了。有些人对此根本就丧失了信心,转而诅咒现在状态的人类"是大自然的错误,是大自然的不幸的产物,他缺陷累累;所以,人类没有未来,他注定堕落和灭亡"②。

但是,我们不气馁,虽然路漫漫其修远兮,却要上下而求索。我们必须

---

① [德]康德:《历史理性批判文集》,商务印书馆 1991 年版,第 7 页。

② 转引自[苏]N. T. 弗罗洛夫:《人的前景》,王思斌等译,中国社会科学出版社 1989 年版,第 9 页。

治理。而从源头上治理，就要消解用极端功利主义的意识看待“人的感性活动”，把“人的感性活动”囚禁在物质主义樊笼的积弊，让它回到生命的幽雅生存上来，让它服从于、服务于人类诗意栖居的价值目标。

第五章

信仰与理性

流行的认识论是根本不讲信仰的，不但不讲信仰，反而把信仰当成认识的大敌。但是笔者认为，信仰与理性是无论如何都分离不开的、人的认识中的矛盾现象。信仰与理性同为人类把握世界的特定方式，它们是人类精神腾飞的一双翅膀。信仰要比理性的资格老得多，理性是晚辈，在理性产生之前，人类漫长的历史时期是靠信仰指导生存的，是信仰孵化了理性。但是，信仰孵化理性这一事件，又说明了信仰自身存在着否定自身的因素，它们的积聚促成了理性的问世。同时，应该看到，理性虽然晚出，但它一横空出世，就给人类带来飞速进步的局面，人类只靠信仰生存的漫长时代，自身处于愚昧状态，人的主体性不能挺立起来，相比有理性的时代而言简直就是蜗牛爬行，这又说明了理性的极端重要性。然而，当人类倚仗理性取得飞速进步而对信仰极端地傲慢和肆意地亵渎时，人类精神不但没有高飞，反而急速地坠落，最后发现人自身也丧失得差不多了。于是，人类开始检讨，那种只是把经过实践检验的正确反映客观事物及其规律的理性认识成果作为认识所追求的唯一目的的想法，那种就像沙里淘金，在一大堆“废物”中淘取那么一点点正确的理性认识成果，而把信仰与其他的非理性的东西统统当废物抛弃的做法，代价是否沉重得人类再也负担不起了？马克斯·韦伯以凝重的笔触写道：

> 我们这个时代，因为它所独有的理性化和理智化，最主要的是因为世界已被除魅，它的命运便是，那些终极的、最高贵的价值，已从公共生活中销声匿迹，它们或者遁入神秘生活的超验领域，或者走进了个人之间直接的私人交往的友爱之中。我们最伟大的艺术卿卿我我之气有余而巍峨壮美不足，这决非偶然……①

① ［德］马克斯·韦伯：《学术和政治》，冯克利译，三联书店1998年版，第48页。

一、信　仰

《辞海》对信仰的解释是："对某种宗教，或某种主义极度信服和尊重，并以之为行为的准则"。这个解释的优点：一是昭示信仰无非是信服和尊重、行为皈依这类涉及情感、意志、价值选择的极度状态。由此可知，它并不必然与理性绝对地不相容。对某种主义的信服和尊重并以之为行动的准则（如对马克思主义的信仰），很可能是建立在高度的理性认识基础上的。二是它从广义上解释了信仰。这启示我们，信仰应该有广义与狭义之分。需要申明的是，这里探讨信仰，无疑包含着我们对信仰的肯定，但是肯定信仰并不意味着鼓励人们去笃信宗教，无神论者绝对不去布道，更不搞什么神道设教。笔者是把信仰作为认识中的特有现象加以肯定的，即在并不具备充足理由或者难以以经验为基础来建立关于一种观念的信念的条件下，对一种信念加以秉持，或者是另外一种情形，即在价值观多元多样的历史情境中，笃信一种价值观念，做到"海枯石烂不变心"。认识这样的信仰，是必要的、也是有益的。

对于信仰，很难用三言两语说清楚。正如保尔·蒂利希（Paul Tilich）所说的那样：

> 在大众化的宗教用语里，很难找到一个词像"信仰"那样，更容易引起误会、曲解和疑问了。如果说"信仰"对人有"疗效"的话，那么，今天首先需要治愈的倒是"信仰"了，因为这个概念目前带来的主要不是"健康"而是"疾病"，它造成了一系列精神混乱，诸如怀疑、盲从、理智的冲突、情感的丧失等。所以，有人建议遗弃"信仰"一词，但这种建议很难行得通，因为"信仰"不光受传统的强有力维护，而且没有别的词能表达"信仰"所意指的那种实在了。解决问题的办法只有一个：消除以往的曲解或混淆，澄清"信仰"的真正涵义。①

康德对他撰写《纯粹理性批判》的初衷有过说明，从这个说明里，可以分析出康德对信仰的基本看法：

> 如果我不同时打掉思辨理性自以为无所不知的妄自尊大，我就根

① Paul Tilich, *Dynamics of Faith*, Happer & Row Publishers, 1957, Preface.

> 本不能承认上帝、自由和不朽，以便使我的理性能有一个必要的实践应用，因为思辨理性要表示它非凡的识见，就必然要利用一些实际上仅仅适用于可能的经验对象的原则，而这些原则一旦被用到不能成为经验对象的东西上去，就等于实际上把本来不是经验对象的东西改变为现象，从而宣布纯粹理性的任何实践的扩大是不可能的了。因此，我曾不得不抛弃认识，以便让信仰有个地盘……①

所谓“我曾不得不抛弃认识，以便让信仰有个地盘”，表明康德对认识的看法中，还是秉承着欧洲知识论的认识理论传统，把信仰置于认识之外。这与笔者的主张不同，在此存而不论。在康德看来，理性与信仰各有各的“地盘”，人们无限扩张理性的地盘，他认为这样做很危险。所以把《纯粹理性批判》作为留给后人的一份遗产。这份遗产的珍贵性恰恰在于，在认识中，保护信仰的领地勿使理性侵占。那么，信仰的地盘在哪儿呢？康德提出一个“先验知识”概念出来，通过领会“先验知识”，不难在理性与信仰之间做到“产权明晰”。康德说：“凡一切知识不和对象有关而和人们知道对象的方式有关，而这方式又是限于验前有其可能，这种知识我称之为先验知识。”②康德关于先验知识的定义有两个要点：一是不和对象有关而和知道对象的方式有关。在康德那里，知性活动是与对象有关的，但是知性只能认识现象，达不到对“物自体”的把握。康德这里说了“知道对象的方式”，既然是“知道对象”，显然是认识论题中应有之意。依据康德这种解释，就不可以将信仰驱逐出认识领域。二是这种知道对象的方式限于验前有其可能。按照这层意思，可以说，狭义的信仰是非理性的，但并不是所有非理性的知道对象的方式都是狭义的信仰，有许多非理性的认识方式是依赖于经验基础的，狭义信仰属于“限于验前有其可能”的“知道对象的方式”中的一种。信仰可以超越“感性的界限”去达到“至善”，这使得康德从“纯粹理性批判”转入“实践理性批判”获得了学理根据。信仰所涉及的是这样一些关于实践关怀的先决条件性问题，即意志自由、灵魂不朽、上帝存在。这些问题是知性不可以研究的，研究它们是信仰的任务，信仰属于一种特殊的理

① 北京大学哲学系外国哲学教研室编译：《西方哲学原著选读》下卷，商务印书馆 1982 年版，第 248—249 页。

② ［德］康德：《纯粹理性批判》，韦卓民译，华中师范大学出版社 1991 年版，第 53 页。

性——实践理性。只有实践理性才有资格去研究这样的问题。而研究这样的问题并不是无用之辨，而是非常重要的，没有对于这样的问题的澄明，思辨理性就不具有“合法性”。因为，这样的问题造始于道德性原理，道德性原理是直接决定意志的法则。对这些问题的研究，虽然并不能拓展思辨认识，却赋予一般思辨理性的理念（凭借它们与实践领域的关联）以客观实在性，并且证明思辨理性有正当理由持有这些概念，而思辨理性原本连主张它们的可能性也是不敢做的。

保尔·蒂利希在其《信仰的动力》中，对信仰有系统的研究。他认为，信仰指某种“终极关怀”（ultimate concern）的状态。这种终极关怀“要求接受者完全委身，而且它应许完全实现，即使其他所有的主张不得不从属于它，或以它的名义被拒绝”①。例如，《旧约》中以“正义之神”的名义颁布的最大戒命：“你要尽心、尽性、尽力爱耶和华你的神”，在蒂利希看来，是“终极关切”的词源，“对《旧约》时代的人来说，信仰就是对耶和华、对他所体现的要求、威胁和应许的一种终极的、无条件的关切状态。”②终极关怀的第一个基本特征就是在终极的意义上关切着我们的东西，那是决定我们是生存还是毁灭的东西。它把我们人类自身或我们的世界全都囊括其内，不可超越。蒂利希认为，作为终极关怀的信仰，是指人的全部人格所付诸的行为，因而，信仰也是人类精神的核心行为。它超越于各种特殊的因素、功能及其总和，对人类精神的各个部分产生着决定性的影响。蒂利希从意识与无意识、自我与超我、认识与情感、主体与客体的角度，对上述论点作了充分阐发。它认为，作为人格行为的信仰必须有无意识参与其中，去显现并在较大程度上决定信仰的内容，信仰把无意识因素纳入人格的核心内容，扬弃由无意识因素外在地决定整个精神状态的“强制性的信仰”，形成“自由的信仰”。弗洛伊德也有一种基本看法：信仰的象征旨在表达“超我”，也就是他所说的表达着“父亲的形象”。蒂利希对此表示了不同看法，认为弗洛伊德以自然主义观点否定了规范化原则。他坚持认为，“超我”只有体现着实在的规范化原则时，信仰才能凭以肯定。否则，“超我”就成了“暴君”。蒂利希认为信仰有一种“出神入化”的特征：既超越自我又不失自我，信仰不能

---

① Paul Tillich, *Dynamics of Fdith*, Happer & Row, Publishers, 1957, p. 1.

② Ibid, 1957, p. 13.

等同于理性，却也并不排除理性，同样，信仰也不能等同于非理性，却又包容非理性。信仰既可以拥有真理与价值，也可以拥有诸如爱与恨、冲突与统一、个体与群体等诸多因素。蒂利希认为，信仰绝不简单地意味着委身，它需要以接受知识为支撑；同样，信仰也不能简单地归因于某种独立的“信仰意志”(will to bilieve)，虽然意志是信仰不可或缺的因素，但毕竟不是单纯意志的产物；信仰也不是仅仅来自某种情感，仅仅凭借情感无法形成信仰；信仰也并非仅仅来自独立的认识过程，虽然信仰必然包含认知因素。总之，在蒂利希那里，信仰被理解为人的所有人格因素的统一，只要离开了这种人格统一性去谈论信仰，就会产生这样那样的曲解。

蒂利希还指出：信仰缘自人们克服主体与客体对立关系的需要。他指出，“关切”总意味着同一种关系的两个方面：主体与客体。从信仰行为论，主体性就是终极关切(the fides qua creditur)；客体性是终极本身(the fides quae creditur)。信仰是有内容的，这内容只有投身于信仰才能够获得，离开终极关怀来谈论神圣事物，就没有任何意义。信仰之所以可以克服主体与客体之间的差异，得益于一些足以表达“神性”意蕴的观念，如“终极”、“无条件”、“无限”、“绝对”等等。借助这些观念，人们达到这样一种境界：如同《哥林多前书》里保罗所说，“我将要知道的如同上帝知道我的”。信仰行为就是此种行为的根源，在这种行为里所呈现的就是对主体与客体之分裂的超越。信仰行为既显现为主体与客体，又超越了这二者。①

蒂利希从深层心理的角度研究了宗教信仰，他的结论表明，宗教信仰属于一种深层的精神或心理活动。信仰并非人类精神的一种特殊功能，而是人类精神所有特殊功能的根基。历史上，宗教信仰从一种精神功能转向另一种功能，它一度转向道德功能，寄寓道德殿堂的檐下，为道德做门人；也曾转入认识功能，借认识论一方宝地栖身，履行神秘化的直觉或神话般的想象的功能。它还转向审美功能与情感功能，终因不甘心消解在艺术活动里、不愿意沦落为主观情感而出走。宗教信仰千百年流离失所，表明它始终在寻找精神家园、寻找属于它自己的地盘。蒂利希经过这么一番考察，认为信仰根本就不必寻找自己的地盘，“宗教是整个人类精神的底层”②，它关涉的是

① 参见 Paul Tillich, *Dynamics of Fdith*, Happer & Row, Publishers, 1957, p. 11。

② Ibid, 1957, p. 7.

人类精神生活中终极的、无限的、无条件性的方面。

宗教,就该词最宽泛、最基本的意义而言,就是指终极关切。①

如此一来,蒂利希就赋予信仰以人类精神生活的基础性地位。在道德领域,追寻"道德要求的无条件性"就是信仰在起作用;在认识领域,信仰要求追寻"终极存在";在审美领域,信仰体现为"无限的渴望"。

从蒂利希对信仰的系统阐述中,我们受到一个重要的启示,我们对哲学的本旨及其命运的阐释又何尝不是蒂利希式的呢?哲学对精神家园的追寻与宗教对自己家园的追寻何其相似!二者都曾经在精神的各个领域到处流浪,哲学还在宗教里流浪过。终于,二者都明白,没有可能也无必要去争取一块地盘,二者都在全部精神生活的底层。由此,我们可以认识到,信仰,对于人的生存来说,绝不是可以招之即来、挥之即去的东西,它就扎根在人类生存的无条件的永恒的渴望之中。它像普照光一样照耀着人的一切活动,而它又不是人之外的太阳发出来的,它乃是人性深处的光芒。

由以上分析,可以对信仰作出这样的描述:信仰表示的是人对一种超越的、眷注终极关怀的执著的精神状态,它的特点是凝聚人的生命能量去为主体心中某个崇高内容奋斗,这样的执著甚至可以达到主体置死亡于不顾的境界。信仰是人把握世界的一种重要方式,信仰的功能在于给予人以生存的勇气,开启人生的意义,捍卫生命的尊严,守望生活的希望,凝聚社会和民族的力量。

过去,人们习惯于把信仰只说成是宗教信仰,这是褊狭的。中国古代不是那么笃信宗教,但不能说中国古人就没有信仰。中国古人虽然不相信彼岸,不热衷于神道设教,但他们却具有对"三才之道"、"天人合一"的执著追求。就是现代,很多人说信仰共产主义,也不能说这是宗教信仰。科学家也有信仰,无神论者也有信仰,最彻底的理性主义者也有信仰。当然,承认宗教信仰是所有信仰中十分重要的信仰,这也并不是坏事,毕竟现在世界上有宗教信仰的人比没有宗教信仰的人多。据美国学者统计:"每1000人当中,有329人信奉基督教,178人信奉伊斯兰教,132人信奉印度教,60人信奉佛教,3人信奉犹太教,86人信奉其他教,167人不信教,45人是无神论

---

① Paul Tillich, *Dynamics of Fdith*, Happer & Row, Publishers, 1957, pp. 7 – 8.

者”①。

需要指出的是，在认识西方文化的过程中，中西学界都存在着夸大希腊文化优越性和夸大希伯来文化破坏性的倾向，这不利于正确理解和评价西方文化。例如，黑格尔在谈到古代希腊文化时总是那样地深情，有一种无限依恋的家园感，而当谈到中世纪文化时，他便要“穿七里靴尽速地跨过这一时期”②。希腊文化的确有不少优点，譬如民主精神、自由精神、科学精神、理性主义，等等。但毕竟是初级形态的，且不说它们是建立在把广大奴隶排除在人之外这一致命问题，就依其有价值的内容而论，它们之中混杂着较多的瑕疵乃至较严重的弊病。譬如，要民主而拒斥集中或权威，要自由而偏颇于任性，还有物本主义倾向、好勇斗狠，等等。希伯来文化中的基督教禁欲主义固然使得西方文化受到空前的大摧残，其张扬神权、神性，扼杀人权、人性，维护封建专制，企图以愚昧和崇拜权威代替原来生气勃勃的智性的、民主的文化等等破坏性，是有目共睹的，但是，它从公元2—16世纪经历了大约相当于我国从东汉到明代这么漫长的时期，把这么具有久远影响的文化弃若弊屣，显然是不妥的。张东荪有一个很好的观点，他说：

> 西洋有希腊文明以推之，又有宗教的文明以挽之。在这一推一挽之间，他们得了进步又得了安慰。换一句话来讲，就是个人本位的主义太发达了是不行的，但促进利用厚生却又非个人思想为推动力不可。③

希腊文明尚理性、重外求，有调动个体求利的积极性，故“有以推之”的推动力，然仅有此推力，人和社会可能也会因贪欲——满足——贪欲的恶性循环而异化；所以需要宗教精神的“挽力”，挽住社会与人，勿使其堕于毁灭。这一推一挽，构成西方社会发展的动力系统。换句话说，人总得成熟，靠自己的理性谋生存与发展。人成熟后，上帝可以减轻其负担。但是，上帝不可死去，他还得教化人类眷注“终极关怀”。人越是成熟，力量越是大，作恶的可能性也会越大，上帝的关切就越是不可少。希伯来精神传入西方后，产生了公民政治义务观与个人道德修行、追求现世幸福和追求来世拯救、理性主义与信仰主义等等观念的碰撞与融合。马克斯·韦伯专门写了《新教

---

① 中国宗教会会刊:《大道》1997年第1期。

② [德]黑格尔:《哲学史讲演录》第2卷，贺麟、王泰庆译，商务印书馆1959年版，第233页。

③ 《东方杂志》第23卷第24号。

伦理与资本主义精神》(*Dieprotestantische Ethik und ger Geist Kapitalismus*)一书,令人信服地说明了新教伦理对资本主义精神不可磨灭的影响。

文艺复兴和后来长时期的启蒙运动,是对中世纪的反动。它不仅复兴了古希腊罗马的文化,而且创造了一个理性的时代,带来了科学的伟大繁荣,自然也导致了西方的文化昌盛和物质力量的壮大。它开创了世界历史,尽管是以剑与火的方式,但毕竟向世界张扬了它的文化价值体系。但是,它同时也聪明地保留了基督教,把禁欲主义的基督教改革成适应资本需要的新教,从而这种新教又对培养资本主义的理性的、节制的、工于计算的、追求进取和功业的新精神,作出了贡献,从而成为西方新的文化的一个重要部分。不过,西方文化日益膨胀的技术理性对人性构成了严重的威胁,这是毋庸讳言的。技术理性法术般地唤起的人的力量,这力量却使得大自然在今天承受着史无前例的劫数;技术理性更激发了西方人的贪欲,这贪欲推动着文明服务于野蛮、征服、抢掠,使落后民族落入深深的苦海。西方文化的"智性"的确使其占尽了优势,但是,这种文化中的野蛮和霸气依然严重,以至于我们要说,能不能亲切平和地与其他民族和睦共处,乃是对这种文化品性的重要检验标志。而一味热衷于文化霸权、文化殖民主义,那就等于累积自己的灾难。

有学者指出,不可将文艺复兴和启蒙所带来的"现代性"完全说成是希腊精神的胜利和希伯来精神被击败,应当看成是这两种精神"共谋"的结果。

> 一方面,希腊精神的胜利仿佛是出于自身内在的要求,但实际上是受到基督教精神的极大刺激;另一方面,现代性所带来的解放的价值未尝不是基督教的人间关怀所蕴涵的内容。①

马克斯·韦伯的《新教伦理与资本主义精神》这本书力图证明,西方民族开创世界历史的进取性,与西方民族经过改革以后所形成的新教伦理有直接关系,这种新教伦理的精神就是人的欲望的适度节制、精于计算以及从对上帝尽责的崇高性上敬业。马克斯·韦伯注意到这样一个问题:"在任何一个宗教成分混杂的国家,只要稍稍看一下其职业情况的统计数字,几乎

---

① 唐文明:《与命与仁——原始儒家伦理精神与现代性问题》,河北大学出版社 2002 年版,第 11 页。

没有什么例外地可以发见这样一种状况:工商界领导人、资本占有者、近代企业中的高级技术工人、尤其受过高等技术培训和商业培训的管理人员,绝大多数都是新教徒。”①在韦伯看来,欧洲宗教改革后的基督教新教中的“禁欲”与“天职”观保留了以后一些国家走向现代化的积极的理性因素。他认为,现代资本主义精神,乃至全部现代文化的一个根本要素,即以天职思想为基础的合理性行为,产生于基督教禁欲主义。那种中世纪天主教隐修院所奉行的出世的、拒斥世界的禁欲观(werld-rejecting asceticism)是必须抛弃的,但是,宗教改革后的积极入世的禁欲观(inner-worldli asceticism)则有继承的价值,因为在这种入世的禁欲观中,对热衷宗教的人来说,世界是他的责任,他有按其禁欲理想改变世界的义务。在这种意义上,禁欲主义者将成为以权利理论为基础的理性的改革者或革命者。新教的视野中,禁欲仍有必要,因为“现世”充满罪恶和诱惑,为了能在罪恶的环境中使人的灵魂得到拯救,就必须对自己的行为有所控制。但在禁欲的方式上要一反过去隐修院那种做修士、修女,过静默、过分劳作、斋戒、苦身修行的传统。新教禁欲观的理论基础首先是加尔文宗的“预定论”。“预定论”认为,基督行救赎仅仅是要救赎那些上帝预先选中的人,因此,谁将获得救赎,全凭上帝的旨意。个人依靠对全能上帝的绝对信仰而获得救赎。“预定论”引发了西方民族的进取精神的大发展。在解释这一现象时,韦伯注意到,马丁·路德将《圣经》译成德文时,把“神召”(Calling)译成了“职业”、“天职”(Berut),韦伯认为这里有个伟大的变革。

> 事实上,这种我们今日如此熟悉,但在实际上却又远非理所当然的独特观念——一个人对天职负有责任——乃是资产阶级文化的社会伦理中最具代表性的东西,而且在某种意义上说,它是资产阶级文化的根本基础。它是一种对职业活动内容的义务,每个人都应感到、而且确实也感到了这种义务。至于职业活动到底是什么,……无关宏旨。②

这里突出了敬业创业精神。天职观深刻地影响了教徒的思想方式和生活方式,使他们能够坚持“一切为了增加上帝的荣耀”。例如,在新教徒看来,浪

① [德]马克斯·韦伯:《新教伦理与资本主义精神》,于晓、陈维纲等译,三联书店1987年版,第23页。

② 同上书,第38页。

费时间或用于享乐就不是为了荣耀上帝，而是罪恶，只有努力工作才是荣耀上帝。荣耀上帝含有对一种节俭、营利的生活方式的坚守。在新教那里，上帝含有对一种勤勉、刻苦、节俭、营利的生活的提倡。就思想方式而言，天职观要求教徒们的思想遵循合理禁欲原则，即通过严密计算和使用正当方式而达到生活目的，而不是那种不择手段的利己主义思想路线。富兰克林从小通过其父——一位加尔文教派的信徒——接受新教的熏陶，他在自传中谈自己为什么要赚钱时，就引用了《圣经》中的一条箴言："你看见办事殷勤的人么，他必站在君王面前"。韦伯主张弘扬新教伦理教义，培养"艰苦劳动精神，积极进取精神"，①要求通过"长期而艰苦的教育"，培养人把劳动当做一种绝对的自身目的，当做一项天职来从事的态度，要求培养终于职守的责任感、严格计算高收入可能性的经济观，提高效率的自制力和节俭心。韦伯所论的资本主义精神实际上是指称现代化精神，在他的论述中，令人信服地看到新教伦理对西方现代化精神的难以磨灭的影响。

在人的生活家园中，有物质性的器物，可资人衣食日用；有社会性的法度，使人际关系协调有序；有精神性的观念，可让人有知识、思想和信仰，使人的现实关切和终极关怀皆有承诺。于是，承载万物的广袤大地、镶嵌着日月的蔚蓝天空，因为有了劳作着的人生存其间，便和人一样地有了情，有了义，与人的身心、魂魄遥相呼应、彼此关注，交互感应、息息相通。即使现代人类实践中工具理性和科学技术使传统的意义世界"神魅"不再，但却并未消解天地作为人的生存"母体"的质朴和伟大，反而使人更加明确的意识到自己的生存与天地之存在的内在一体性。人守望天地，关爱自然，照护万物，也就是爱护自己、爱护人类的未来。②

二、理　　性

理性的复杂性一点也不比信仰的复杂性逊色。欲澄清理性这个概念，

---

① ［德］马克斯·韦伯：《新教伦理与资本主义精神》，于晓、陈维纲等译，三联书店 1987 年版，第 30 页。

② 张曙光：《生存哲学》，云南人民出版社 2001 年版，第 215—216 页。

需要从该词的源头说起。

西方哲学最早出现的概念是早期希腊哲学家赫拉克利特提出的“逻各斯”(λόγroζ)。《希英大词典》解释“λόγOζ”包含着10种含义:1. 计算;2. 对应关系、比例;3. 说明、解释、论证、公式;4. 灵魂内在的考虑,如思想、理性;5. 陈述、演说;6. 口头的表述、言词;7. 特殊的说法,如神谕、格言、命令;8. 所想的、说的东西,如对象、主题;9. 表述的方式,如理智的、文学艺术的表述;10. 神的智慧或言词。赫拉克利特的残篇里涉及这个词的话语,根据各个句子的整体判断,其意义是多样的,没有固定在哪一种上。翻译成异国语言也没有固定的译法。以北京大学哲学系外国哲学教研室翻译的《古希腊罗马哲学》为例,“住在普里耶涅的透塔美斯的儿子彼亚斯,比别人有更高的逻各斯”(DK22B39),这里的逻各斯译作“声望”;“浅薄的人听了无论什么逻各斯,都大惊小怪”(DK22B87),这里的逻各斯译作“话”;“我听过很多人的逻各斯,他们没有一个人能够认识到智慧是和一切事物有区别的”(DK22B108),这里的逻各斯译作“讲演”;“它[土]被分解为海,是按照以前海变为土的相同的逻各斯的”(DK22B31),这里的逻各斯译作“比例”或“尺度”或“分寸”;“灵魂的边界,无论你走遍所有道路,也是找不到的,它[灵魂]的逻各斯是那么深”(DK22B45),这里的逻各斯译作“根源”;“灵魂有它自己的逻各斯,它自行增长”(DK22B115),这里的逻各斯译作“深度”或“根源”。

考虑到这种情况,蒂利希认为起于古代希腊(姑且不论他所说的迄于德国古典哲学)的“理性”(严格意义上应当称“逻各斯”)既是“认识的”,又是“审美的”;既是“理论的”,又是“实践的”;既是“超然的”,又是“热情的”;既是“主体的”,又是“客体的”。这是有见地的。尤其是它那种亦主体亦客体的特点,使之与现在所流行的“理性”的内涵大有异处。不过,蒂利希只看到了区别,没有注意到这二者之间的联系。笔者认为,注意到理性与逻各斯二者之间的联系很重要,可以有利于探讨现在所流行的“理性”是如何从古代“逻各斯”转化而来的。

基尔克认为:

> “逻各斯”的词根λεγ原来有“挑选”、“选择”的意思,由此引申出“计算”的意思,就有“尺度”、“比例”,最后成为“公式”、“计划”,达到“规律”。他认为:虽然赫拉克利特在不同的含义上使用这个词,但在

他心中，显然是有一个基本的抽象概念的。①

基尔克认为“λόγΟζ”在赫拉克利特心中有一个基本的抽象概念，那就是“尺度”。我国学者汪子嵩、范明生、陈村富、姚介厚在他们合著的《希腊哲学史》第一卷中，以赞同的立场作了介绍：

> 在以上这些残篇中，逻各斯最显著的含义就是它是一种尺度，有数量上的“大小”和“分寸”的意思。残篇第三十九的逻各斯虽然被译为“声望”，但这种声望、名誉也是有高低、大小的不同程度的；残篇第四十五的逻各斯被译为“根源”，它也是有深度的；残篇第一百一十五中灵魂的逻各斯也是能够自行增长的；残篇第一百零八和第八十七中的逻各斯，虽然是说话，但这种说话也可以说是有深浅程度不同的，可以将它说成是一种“估计”，浅薄的人无论听到什么样的估计，都会大惊小怪；赫拉克利特听过许多人的估计，发觉他们都没有认识真正的智慧。②

我国学者叶秀山也主张将“λόγοζ”“基本上读作‘尺度’”，并且进一步认为，“在注意到它的‘数’的关系时”，“也不反对把它读作‘规律’”。③ 还说“赫拉克利特的‘λόγοζ’实质上是自然变化的一种客观规律，这种规律在包括赫拉克利特在内的古代希腊人看来，是可以用数学的方法计算出来的”④。

汪子嵩等在介绍了基尔克的主张之后，认为：

> 这种尺度当然也是一种规律，但它和通常说的一般规律还有点不同，即尺度还只是一种主要表现为数量上的一定的比例和关系，而一般规律却不仅表现在数量方面，也可以表现在其它方面。从抽象的程度说，一般规律高于尺度……发现尺度是发现一般规律的前一步，从认识尺度再前进一步就可以认识一般规律。……我们似乎可以说，赫拉克利特提出的逻各斯正是处在人类认识发展的这个阶段——认识尺度、比例上。⑤

笔者认为，不能断言赫拉克利特心目中的逻各斯就没有一般规律的意

① 汪子嵩等：《希腊哲学史》第一卷，人民出版社 1997 年版，第 459 页。

② 同上。

③ 叶秀山：《前苏格拉底哲学研究》，三联书店 1982 年版，第 107 页。

④ 同上书，第 111 页。

⑤ 汪子嵩等：《希腊哲学史》第一卷，人民出版社 1997 年版，第 460 页。

思。仍以残篇为例：

> 所以必须遵从那共同的东西。虽然逻各斯是共同的，但大多数人还是按照自己私自的理解那样生活着（DK22B2）。
>
> 对于那些接触最多的、支配一切的逻各斯，他们格格不入，对每天都遇见的事情，他们显得很生疏（DK22B72）。
>
> 不要听我的话，而要听从逻各斯，承认一切是一才是智慧的（DK22B50）。

十分明显，所谓“逻各斯是共同的”、所谓“支配一切的逻各斯”、所谓“听从逻各斯，承认一切是一”，就是说的逻各斯具有共性、一般性，都是在规律的意义上使用的。

蒂利希把理性概念分为两类：一类是“本体论上的理性”（Ontological Reason），另一类是“技术论上的理性”（Technical Reason）。他认为，在西方，总的看，从早期希腊哲学直到德国古典哲学，本体论上的理性占主导地位，往后，尤其是到了英国近代经验论兴起的时期，技术论上的理性就盛行了。蒂利希如此清晰地对古代理性与近代理性实行断裂，其用心与海德格尔一样，想要从古代希腊哲学那里寻找真正正确的哲学研究路向，以便颠覆近代以来错误的思绪。但是，做如此泾渭分明的分殊，难免对古代的东西有溢美之嫌。

如果说，在赫拉克利特那里，现代意义上的理性还不是那么明白地浮出水面的话，那么，在稍后的巴门尼德那里，现代意义上的理性就已经非常清晰地凸显了。兹举若干残篇说明：

> 现在结束我关于真理的可靠的逻各斯和思想。
>
> 要用你的逻各斯去解决我告诉你的这些纷争。
>
> 能够被表达、被思想的必须是存在，因为仅仅对存在而言这才是有可能的，非存在是不可能的。这就是我要你牢记的，后一条途径是我首先要你避开的。其次，我也要你避开另一条途径，在那里，什么也不懂的凡人们两头彷徨，摇摆不定，使理智（努斯）误入歧途；他们简直像聋子、瞎子，无所适从，被一群没有判断能力的人所左右，居然以为存在和非存在是同一的又不是同一的，一切事物都按相反的方向活动。

关于真理的逻各斯，有译为演说之类的，有译为理论或学说的，有译为阐述的，有译为理性或推理的。但是，要考虑这是在作了关于存在的全部议论之后的一个总结性的话，即使把“关于真理的可靠的逻各斯”理解为言论,那也不是一般性言论,乃是负载着根本结论的言论,更何况后面还跟着“思想”。显然相当于传输理性认识成果的信息这样重要论述的“言论”。正如汪子嵩等说的,“可以理解为他的关于存在的理论和论证”。①

关于“要用你的逻各斯去解决我告诉你的这些纷争”中的逻各斯,有译为“思想”的,有译为“理性”、“有推理的意思”的,有译为论证的,这就更接近现代所理解的“理性”了。康福德说得正确:

> 赫拉克利特是只能以似乎是矛盾来表述的逻各斯的先知,而巴门尼德却是不允许有类似矛盾的逻各斯(逻辑)的先知。②

也就是说,赫拉克利特是辩证逻辑的先知,巴门尼德是形式逻辑的先知,而形式逻辑是现代意义上的理性的典型表达和根本方法。关于后一段文字,不用多说,简直就是高扬理性、抛弃感性的理性主张的宣言。

为了进一步说明现代意义的理性在早期希腊人那里就有其“根”,需要特别提出巴门尼德的学生芝诺的四个悖论所具有的“理性”水准。

芝诺所提出的四个悖论,凭借了当时自然哲学和数学成就,运用了由乃师奠定的理论思维和逻辑推论的技巧。它们诉诸的是理性思维,在理性思维中造成概念运动的矛盾,凭借理性思维揭示事物在本质领域的矛盾。芝诺关于二分法、阿喀留斯和飞矢不动的论证,达到了从有限的量度出发,以数学上的无限分割理论去揭示有限对无限的包含。黑格尔说:“……在芝诺这里看见那较高的意识,即一个规定被否定,而这个否定本身又是一个规定,于是在那绝对的否定里,不是一个规定而必然是两个对立的规定被否定”。③ 芝诺之所以涉及运动的本质内层的矛盾,得益于他对毕达哥拉斯学派数学研究成就的理性运用。毕达哥拉斯学派已经提出了数量意义上的“一”与“多”,它们同数目以及体积方面的有限、无限联系在一起,“一”为“多”的单位,“多”系“一”之累积。芝诺恰到好处地运用了数学成果,这正是理性活动的一个最重要的特点。

为了进一步揭示西方近代的理性同古希腊时期的理性的内在联系,这里特将芝诺的四个悖论同康德的四个二律背反作一比较。

---

① 汪子嵩等:《希腊哲学史》第一卷,人民出版社1997年版,第664页。

② 转引自同上书,第665页。

③ 转引自同上书,第726页。

四个悖论	四个二律背反	
第一，二分法(dichotomy)	第一个“二律背反”	
	正题	反题
运动不存在，因为一个运动的物体在达到目的地以前必须先达到全程的一半。(DK29A25)	世界在时间上有开端，在空间上有界限。	世界并无开端，也无空间界限。就时、空言，它是无限的。
第二，阿喀琉斯(Achilles)	第二个“二律背反”	
最快的永远赶不上最慢的，因为追赶者必须首先跑到被追赶者起跑的出发点，因此最慢者必然永远领先。(DK29A26)	世界中任何组集的实体，都是由单纯的部分构成的，除了单纯的事物或由单纯部分所构成的事物以外，世界上别无他物。	世界中组集的事物不是由单部分所构成，世界中没有任何单纯的事物。
第三，飞矢不动	第三个“二律背反”	
飞着的箭是静止的。因为，如果每一件东西在占据一个与它自身相等的空间时是静止的，而飞着的东西在任何一定的瞬间总是占据一个与它自身相等的空间，那么它就不能动了。(参见 DK29A27)	按照自然规律的因果，不是世界的所有现象全能由它得出的唯一的因果性。要解释这些现象，必须假定还有另一种因果，即自由的因果。	没有自由，世界中任何事物都是按照自然规律而发生的。
第四，运动场(Stadium)	第四个“二律背反”	
每排由大小相等、数目相同的物体组成，各以相同速度按相反方向通过跑道，其中一排从终点开始到中间，另一排从中间排到起点。他[芝诺]认为，这里包含一个结论：一半时间等于一倍时间。(DK29A28)	有一个绝对必然的存在属于这个世界，或作为它的部分，或作为它的原因。	世界中或世界外都没有一个绝对必然的存在来作为世界的原因。

比较芝诺的四个悖论与康德的四个二律背反，我们看到，芝诺的四个悖论中，前两个从时空的连续性与无限可分性出发，揭露其中的非连续性和不可分性；它客观上昭示：仅仅承认时空的无限可分性与连续性，运动还是不可能；后两个以时空的非连续性为前提，揭示了运动包含着连续性和无限可分性，同样昭示，仅仅承认非连续性，运动就只能是静止的点的排列而已。而康德的第一、二个"二律背反"，也是涉及"一"与"多"、"有限"与"无限"的问题。第三个"二律背反"看似有点复杂，其实与前两个所涉及的问题差不多。就是最后一个"二律背反"是芝诺没有涉及的。所以，黑格尔认为：

> 康德的"理性矛盾[即二律背反]"比起芝诺这里所业已完成的并没有超出多远。①

另外，如果我们再联系到苏格拉底的论辩术、柏拉图的"相论"、亚里士多德的逻辑学，那么，现代意义上的理性在古代希腊中发育的程度和规模就更清楚了。所以，我们不能同意蒂利希关于迄德国古典哲学分界的关于"本体论上的理性"与"技术论上的理性"的二分主张。这种二分把现代意义上的理性的出现看做完全是由近代西人的错误造成的，与古代理性论无关，那种认为西方人后来只保留"本体论上的理性"中显示"推理能力"的东西，并最终对本体论上的理性取而代之的看法，明显不符合事实。

康德肯定是想用"理性"这个概念来包容精神活动的一切的。他撰写的《纯粹理性批判》、《实践理性批判》、《历史理性批判》等等，都说明了问题。这无论如何有点像蒂利希所说的"本体论上的理性"与"技术论上的理性"的统一。但是，他心目中的理性，还不是现在盛行于世界的理性观，现在盛行的理性观确实属于那种"技术论上的理性"。我们现在所要厘清的是这个"技术论上的理性"的概念。

罗素认为：

> 所谓的"理性"就是指为了达到某种信仰而考虑一切证据的思维习惯。对一个理性者来说，不能把握确定性时，或然性最大的意见将受到重视，而那些或然性较小的意见则留作假设，等新的证据来给予证实。当然，以上说法基于这样一种假定：我们在大多数场合下能用"客观的方法"来确定事实与可能性。这里说的"客观方法"就是指：那种

① 转引自汪子嵩等：《希腊哲学史》第一卷，人民出版社 1997 年版，第 728 页。

可引导“任何两个认真的人”达到同一结果的思维方法。①

罗素的定义包括“理性的理论”与“理性的实践”两个方面。

理性的理论方面就在于，要把人类的信念建立在证据上，而不是建立在愿望、成见或传说之上。按照这个论题，一个有理性的人就同一个审判官或一个科学家是一样的人。② 实践方面的理性可定义为：时刻铭记我们所有相关的欲望，而不只是某种在某一时刻表现的最强烈的欲望。③ 不过在罗素看来，人们的实践行为只能在某种程度上合乎理性。

罗素上述关于理性的看法基本上说到了理性的一些特征。问题是如果只满足于这样静态的描述，还是达不到对理性本质的深度认识。

恩斯特·卡西尔认为，理性这个一般概念是很笼统的，只有给它加上恰当的“种差”(differentia specifica)，它才能变得清楚而明确。

真正抓住理性的本质，必须从毕达哥拉斯那句名言“数是万物的始基”说起。毕达哥拉斯为希腊人确立了一个几千年都坚固的花岗石一般的信念：宇宙是由数字构成的，数字就是宇宙的逻各斯，人掌握了数的秘密，也就打开了宇宙之谜。但是，尽管那时人们就已经播下了这种理性万能的种子，毕竟人类的数学水平还很有限。直到18世纪，数学播下的信念种子有了大丰收。

恩斯特·卡西尔(《启蒙哲学》的译者们把作者名译为恩斯特·卡西勒，鉴于学界大多数都将其名译为恩斯特·卡西尔，且本书在引用《人论》、《神话思维》中的论点时，均使用恩斯特·卡西尔，故本书中统一为恩斯特·卡西尔，特此说明。)撰写的《启蒙哲学》对18世纪的理性进行了详细的论述，笔者认为，这对认识论所讨论的理性，具有根本的价值。

恩斯特·卡西尔说：

> 当18世纪想用一个词来表述这种力量的特征时，就称之为“理性”。“理性”成了18世纪的会聚点和中心，它表达了该世纪所追求并为之奋斗的一切，表达了该世纪所取得的一切成就。……18世纪浸染着一种关于理性的统一性和不变性的信仰。理性在一切思维主体、一

---

① 转引自张志刚：《宗教哲学研究》，中国人民大学出版社2003年版，第484页。

② 参见江燕译：《真与爱——罗素散文集》，三联书店1996年版，第165页。

③ 参见同上书，第170页。

> 切民族、一切时代和一切文化中都是同样的。宗教信条、道德格言和道德信念，理论见解和判断，是可变的，但从这种可变性中却能够抽取一种坚实的、持久的因素，这种因素本身是永恒的，它的这种同一性和永恒性表现出理性的真正本质。①

"同一性和永恒性表现出理性的真正本质"，这个见解是十分深刻的。我们看到，17 世纪的时候，哲学家们总是使思维从某种最高的存在，从某种直觉地把握到的最高的确定性出发，去研究一切派生的存在和一切派生的知识，而确保这一点的方法是证明和严格的推论，即从某种最基本的确定性演绎出其他命题。这样得到的知识是一整个链条，这个链条可以无限延展，不会有游离于链条外的知识。一切知识在这个链条中都只能通过严密而系统的演绎，明确其在存在和确定性中的位置，并表明其派生的程度。这里已经揭示了理性追求同一性和永恒性的本质。

但是，到了 18 世纪，理性的特征还离不开牛顿的深远影响。牛顿使用的不是纯演绎方法，而是分析方法。牛顿以经验材料为研究对象，从中得到原理。牛顿方法表明，原理对于现象而言固然有逻辑在先性，但就认识顺序说，进入认识的必然先是现象。牛顿的方法更加理性化。因为，从某种预设出发然后展开其蕴涵的逻辑结论，其方法的正确性尚存质疑，预设毕竟是可以杜撰的(虽然不应该如此)，但即使不刻意杜撰，一种预设比另一种预设并无理由表明其优越。只有从经验和观察中，才有可能找到真的出发点，进而找到规律性。牛顿坚信，在经验事实中存在着把它们统一起来的形式，特别使他乐观的是，对象是可以用数学方法确定的，是按照数和量度构成的和排列的。这种数和量度不能用纯概念来预见，而必须通过观察事实去发现、去证明。这种关于事实的逻辑，是 18 世纪思想的方法论特征。它要求人类理智专注于现象，在现象中寻找自己真正的真理和标准，进而达到一切科学知识的条件的概念彼此协调。然而，消化经验、驾御经验必须依靠分析。自然现象呈现给知觉的，是一些事件和混沌的整体，知觉至多只能描述它们的发生方式，不构成称为解释的内容。只有分析知觉到的内容，才能达到解释的水平。伽利略把分析过程看成一切精密的自然知识的前提。只有把貌似

---

① [德]恩斯特·卡西尔:《启蒙哲学》，顾伟铭、杨光仲、郑楚宣译，山东人民出版社 1988 年版，第 3—4 页。

简单的事件分解成它的各种因素,然后才有可能从这些被我们透彻把握的因素中重建这一事件,达到解释。牛顿以开普勒的三大定律为出发点,进一步从中推演,说明它们是种种不同条件协同作用的必然产物。牛顿揭示出被开普勒看成是简单事件的行星运动现象,其实具有复杂的结构。他将这种复杂结构还原为自由落体与离心力这两条规律。牛顿的成就,与其说是发现了迄今未知的事实,或者获得了新的材料,不如说是对经验材料进行了理智的改造。只有运用数学思维和数学分析方法,才能认识事物的结构。可以说,牛顿的数学理论和莱布尼茨的微积分,为这种方法提供了万能的工具,自然的可理解性似乎头一次得到了确切的证明。在牛顿那一代人看来,自然科学的道路是永无止境的,但它的方向是始终如一的,因为它的出发点和目标,不仅是由客观世界的性质决定的,而且也是由理性的性质和力量决定的。

18 世纪的西方哲学推广了牛顿的方法论模式,把分析放在一般思维工具的地位,看做是认识论的前提。伏尔泰赞美分析是自然交给盲人的一根拐杖。以便在纷乱的现象中摸索着前进。他说:

> 决不要制造假设;决不要说:让我们先创造一些原理,然后用这些原理去解释一切。应该说,让我们精确地分析事物。……没有数学的指南或经验和物理学的火炬引路,我们就绝不可能前进一步。①

牛顿的伟大成果是用《自然哲学的数学原理》为名的著作宣告于世的。这表明了牛顿本人对数学方法的信仰与崇拜。这样一种心理,也渗透到 18 世纪的理性中,成为不可忽视的特征之一。

恩斯特·卡西尔认为,18 世纪朝着理性统治的方向迈出了第一步,那时,理性作为普适的操作方式在文化的所有领域都站住了脚。但是,人们并不想听任自己受由当时这种状况激起的普遍的精神亢奋所左右,而是想理解理性的力量,以便进一步控制它,把住理智的舵轮,把它引向确定的目标。这一部实质上乃是要探寻数学精神和哲学精神之间的明确界限。这是一项很困难的、本质上是辩证的任务,因为它得同等地满足两个不同的、明显矛盾的要求。数学和哲学的联系是不能切断的,即使有所放松,也是不许可

---

① 转引自[德]恩斯特·卡西尔:《启蒙哲学》,顾伟铭、杨光仲、郑楚宣译,山东人民出版社 1988 年版,第 10 页。

的，因为数学是“人类理性的骄傲”、试金石和真正保证。然而，有一点是变得越来越清楚了，即在数学这种自足的力量中，也固有其局限性。数学无疑是理性的范例，但它不可能完全支配理性，穷尽理性的内容。这样一来，就出现了一种奇特的思维过程。这一过程似乎表明，思想是由截然相反的力量推动的。哲学思维既想脱离数学，又想附着于数学；既想摆脱数学的权威，又不想否认或破坏这种权威，而想从新的角度为它进行辩护。它的这两种努力都获得了成功。因为近代思想承认，纯分析的基本意义在于：它是数学思维的基本形式，然而同时，恰恰是由于它的普遍功用，这种分析被扩展得超出了纯数学分析的界限，超出了量和数的界限。18 世纪竭尽全力以解决这个问题，并且认定，只要把“几何精神”理解为纯分析精神，它的用途就是绝对不受限制的，就可以把它运用于任何特殊的知识领域。

> 人们企图从两个不同的角度证明这一论点。迄今为止，分析的力量只是在数和量的王国里得到了证明，现在人们却把它运用于心理学问题和社会学问题。在这两个领域里，问题都在于证明，这里也展现出了新的远景，只要理性学会把自己独特的分析解剖和综合重建运用于某一新的、极端重要的知识领域，就能进入这一领域。①

恩斯特·卡西尔在将 18 世纪的理性与 17 世纪的理性进行比较的基础上，系统地揭示了 18 世纪的理性的本质，这对我们深入认识理性，是大有裨益的。

他认为，与 17 世纪相比，理性概念的意义发生了一种独特的变化。在 17 世纪的那几大形而上学体系——笛卡尔、马勒布朗士、斯宾诺莎和莱布尼茨的体系里，理性是人和神的头脑里共有的那些“永恒真理”的王国。因此，通过理性所认识到的，就是我们在“上帝”身上直接看到的东西。理性的每一个活动，都使我们确信我们参与了神的本质，并为我们打开了通往心智世界、通往超感觉的绝对世界的大门。18 世纪在一种不同的、比较朴素的意义上看待理性。认为理性不再是先于一切经验、揭示了事物的绝对本质的“天赋观念”的综合。理性被看做是一种后天获得物而不是遗产。它不是一座精神宝库，把真理像银币一样窖藏起来，而是一种引导我们去发现

---

① ［德］恩斯特·卡西尔：《启蒙哲学》，顾伟铭、杨光仲、郑楚宣译，山东人民出版社 1988 年版，第 14 页。

真理、建立真理和确定真理的独创性的理智力量。经过这样确定的真理，是一切真实的确定性的种子和不可缺少的前提。整个 18 世纪就是在这种意义上理解理性的，即不是把它看做知识、原理和真理的容器，而把它视为一种能力，一种力量，这种力量只有通过它的作用和效力才能充分理解。理性最重要的功用，是它有结合和分解的能力。它分解一切简单的事实，分解所有简单的经验材料，分解人们根据启示、传统和权威所相信的一切；不把所有这一切分解为最简单的成分，不把关于这些事物的信念和见解分解为"最终因素"，它是绝不罢休的。分解之后就开始建设。理性不能在这一堆支离破碎的废墟前停步，它不得不从中建立一座大厦，一个真正的整体，思维的整体。但既然理性创造了这一整体，并按自身的规则把各个部分装配在一起，它就对自己的产物获得了完备的知识。理性理解这种结构，因为它能按其整体性、按其个别部分的先后顺序再生这一结构。只有把理性概念描述为这种双重的理智运动，也就是说，把它描述为作用概念，而不是存在概念，才能充分揭示它的特征。卡西尔指出，在心理学领域，人们坚信，只要进行严密考察，就可以揭示出潜藏于几乎是无穷变化着的心理现象下面的坚实基础和恒久因素。

> 科学的使命是发现这些不能直接经验的因素，并分别把它们清晰地呈现出来。心理事件不存在不能还原为一定数量的个别组成部分的多样性和异质性，任何变化都是以某种恒定的本质为基础的。如果我们去追溯心理形式的源泉和起源，我们就总是看到这种统一性和相对的单纯性。①

恩斯特·卡西尔进一步指出，18 世纪在社会学领域，人们坚信引导人们精确地洞察物体性质的那种思维过程，也能原原本本地运用于国家。例如，霍布斯认为，思维一般说来是一种"计算"，无非加减，全部政治思想也同样是这样的。政治思想也必须先割断把个人意志联合起来的纽带，以便再用自己的特殊方法把这些意志重新结合在一起。这样一来，霍布斯就把"市民状态"还原为"自然状态"。它在思想中切断了个人意志之间的一切联系，结果发现剩下来的只是个人意志的根本对立面："一切人反对一切人

① ［德］恩斯特·卡西尔：《启蒙哲学》，顾伟铭、杨光仲、郑楚宣译，山东人民出版社 1988 年版，第 15 页。

的战争”。

西方18世纪的理性同17世纪相比较,外表上看,似乎放弃了对统一的原理的追求,其实不然。它只是思维重点转移了而已,旨趣依然继承着,理性的自信心丝毫没有动摇。唯理论的统一性要求支配了18世纪精神,统一性概念和科学是互为依赖的,达朗贝尔重复笛卡尔的《恒性活动的准则》的开首语说:

> 所有科学加到一起也无非是人类理智而已,它永远是同一个东西,永远与自身相同一,无论它所研究的对象是如何千差万别。

17世纪思想之所以具有一种内在稳定性——它突出表现在法国古典文化中,就因为17世纪思想始终如一地、严格地坚持统一性的要求,并把它推及于知识和生活的一切领域。这一要求不仅支配了科学,而且还支配了宗教、政治和文学。“一个王国,一种法律,一种信仰”,这就是17世纪的箴言。随着时代的发展,西方这种绝对的统一性原理似乎失去了支配地位,受到了一些限制,作出了一些让步。但是并未触及这一思想本身的内核。因为人们仍然认为,理性的基本功用乃是发现统一性。没有严格的统一,就不可能合理地排列和把握经验材料。所谓对丰富多彩的经验的“认识”,就是这样来确定经验的各个组成部分之间的相互关系:从某一点出发,我们能按某种恒定的、一般的规则把这些成分联系在一起。笛卡尔确立了这种推论思维法,把它视为数学知识的基本规范。在笛卡尔看来,数学演算归根到底旨在确定某一未知量与已知量的比例。只有未知量和已知量具有某种“共性”,这种比例才能严格确定。未知因素和已知因素都必定能还原为量,因而它们必定能通过重复同一数量单位推导出来。因此,知识的推论永远类似于一种还原,它从复杂到简单,从表面上的多样性达到构成这种多样性的基础的同一性。18世纪思想坚持这种基本方法,并试图将它运用于越来越宽广的知识领域。于是,“计算”这一概念丧失了纯数学意义。它不仅可以运用于量和数,还从量的领域浸入了纯粹的质的领域。

我们现在所通行着的理性,其具体的历史的形态仍然是18世纪西方所打造的理性。两个多世纪里,无论是为它辩护的也好,批判它的也罢,所指向的乃是这种形态的理性。

理性的最大特点是“问”——打破砂锅问到底。而且这“问”,还不是对一般性问题的追问,乃是对“毋庸置疑”的东西的追问,是对似乎自明性的、直接可以拿来做前提的东西的追问。理性的这种追问前提的执著，把据以形成结论的前提暴露出来，使前提成为可批判、可反思的对象。

石里克指出，所有的大哲学家都相信，随着他们自己的体系的建立，一个新的思想时代已经到来，至少，他们已发现了最终真理。如果没有这种信念，哲学家几乎不能成就任何事情。例如，当笛卡尔引进使他成为通常所称"现代哲学之父"的方法时，他就怀有这样的信念；当斯宾诺莎试图把数学方法引进哲学时也是如此；甚至康德也不例外，在他最伟大著作的序言中，他宣称：从今以后，哲学也能以迄今只有科学所具有的那种可靠性来工作了。哲学家全都坚信，他们有能力结束哲学的混乱，开辟某种全新的东西，它终将提高哲学思想的价值。

石里克说：

> 哲学事业的特征是，它总是被迫在起点上重新开始。它从不认为任何事情是理所当然的。它觉得对任何哲学问题的每个解答都是确定或足够确定的。它觉得要解决这个问题必须从头做起。①

黑格尔说：

> 使徒彼德对安那尼亚说："看吧！将要抬你出去的人的脚，已经站在门口。"且看那要驳倒你并且代替你的哲学也不会很久不来，正如它对于其他的哲学也不会很久不去一样。②

通过以上分析，可以对现代理性的基本特征做一综述。

第一，理性无论从词源学意义看，还是从真实意义看，都脱胎于古希腊"逻各斯"。特别是爱利亚学派的巴门尼德关于真理之路与意见之路截然二分以及崇尚前者抛弃后者的主张，芝诺悖论以其示范的形式已经播下了现代理性的种子。在苏格拉底、柏拉图、亚里士多德那里就获得丰收。

第二，理性从数学的发展中获得重大的信念支撑，并且以数学方法作为万能的思维工具。

第三，理性执著于把一切对象都分解为最简单的成分，然后按照整体性原则、依照对象结构成分的顺序在意识中再现对象这样的思维的分析——综合的双重运动，"不是存在的概念"，而是"作用的概念"。

---

① ［德］M. 石里克：《哲学的未来》，转引自《哲学译丛》1990 年第 6 期。

② ［德］黑格尔：《哲学史讲演录》第 1 卷，商务印书馆 1956 年版，第 22 页。

第四，以发现统一性为基本功用，执著于把多样性事物还原于简单要素，执著于建立某种恒定的规则以便组织杂多的经验。

三、信仰与理性的关系

历史上，关于信仰与理性的关系有打不完的官司。

神学家中有主张存信仰去理性的。例如，早期的拉丁教父德尔图良公然主张“因为荒谬所以要信仰”，要求除去“理解的智慧”，把自己“变成世界上的愚人”。但也有主张信仰高于理性、理性服从、服务于信仰的。这种主张，承认理性的合法性，但要求将理性置于信仰的统辖之下，是贬斥理性的。奥古斯丁认为：我们是要理解我们所相信的。……当心灵抛弃了本该作为其目的而坚持的上帝，把自己作为一种目的时，就是非分的拔高。托马斯·阿奎那认为：“神学所探究的，主要是超于人类理性的优美至上的东西，而其他科学则是注意人的理性所能把握的东西。至于一般实践科学，它的高贵系于它是否引向一个更高的目的……而神学的目的……在于永恒的幸福，而这种永恒的幸福则是一切实践科学作为最后的目的而趋向的目的。所以说：神学高于其他科学。”①神学家们这两种议论，静态地看，一个是宣称理性为“不合法”，另一个是将信仰统摄理性来作为理性合法性的基础；动态地看，积极的说法可以表述成：神学家对理性的立场越来越开明、务实、“理性”；消极的说法可以表述成：神学家在日益壮大的理性力量面前节节败退。但是，神学家们有个底线，那就是：理性不得与信仰平起平坐。可是，在西方理性的力量强大之后，托马斯·阿奎那还是求助于理性去致力于所谓“上帝存在的本体论证明”。为了确定这种理性证明的有效性，又不得不提出“灵魂的五种形式”和“认识的四个阶段”，为理性的力量辩护。

历史上的科学主义者反过来只承认理性的合法性，不承认信仰的合法性。罗素宣称：

> 人类也许正站在黄金时代的门口；倘若如此，就需要首先杀死那个

---

① 北京大学哲学系外国哲学教研室编：《西方哲学原著选读》上卷，商务印书馆1981年版，第260—261页。

死守的凶龙，而这个凶龙就是宗教。①

这些史实表明，如何认识和处理信仰与理性的关系，是认识论中的一个很难解决但又很重大的问题。

与理性的特征在于“疑”相反，信仰的特征在于“信”。

人类的直接认识成果就是经过实践获得的感性认识成果，信仰与理性都是来源于感性。信仰在感性经验的基础上得出一个绝对的认知，人“信”它，把它置于心目中至高地位，瞻仰着它，支撑着自己的整个精神的大厦，策动着自己的人生追求。信仰缘自终极关怀的需要。在人类之初，为了不至于在十分恶劣的环境中毁灭，就必须有信仰。人类通过信仰给自己注入攫住永恒的力量和勇气，信仰在最平凡的生活中都贯穿着。譬如，人们重视生育后代，这个简单现象背后的精神支柱，就有对生生不息的信仰，所终极关怀的是“子子孙孙无穷尽焉”。印度思想家、诗人泰戈尔认为人应该把自己给予比个人生命更伟大的观念，哪怕舍弃他的一切，连同生命。这样的观念是诸如祖国、人类、至上神等等，他说：

> 在人类没有找到某些能真正索取他的一切的伟大的观念之前，他的存在可能是不幸的和可怜的，这种伟大的观念能使他从他所依附的全部财物中解放出来。②

显然，这种伟大观念中，就有信仰的东西。人一旦有了崇高信仰，就将自己微不足道的生命整合到永恒与绝对之中了。

信而不疑，这是信仰的特点。对于经验中取得的知识，没有受过系统理性思维训练的人们是不表示怀疑的，由理性所取得的知识，人们就更不表示怀疑了。信仰固然是主观意向，但它却不是任意确立的。譬如多数人绝对不会把“长生不死”当做信仰来追求，多数人并不是执意信仰那些十八层地狱、人鬼情之类的荒诞内容的。一个正常人是不愿意看到自己的信仰与理性矛盾的。康德认为，人觉得一个东西真实，但主观（这里的主观是个人的主观）和客观上不称其为有充足理由的判断，是意见；主观上理由充足而客观上理由不甚充足，是信念；主客观理由均充足，是知识；主观上特别充足，是确信；客观上特别充足，是确实。信仰作为信念的最高级别，当然具有主

---

① ［英］罗素：《为什么我不是基督教徒》，沈海康译，商务印书馆 1982 年版，第 44 页。

② ［印］泰戈尔：《人生的亲证》，商务印书馆 1992 年版，第 86 页。

观上理由充足而客观上理由不甚充足的特点，但客观上理由不甚充足不等于它不成立。

> 个人认为很有理由、很有道理的东西，不一定具有客观的必然性和普然(疑似遍字之误——引者注)性，但亦绝非与人的理性认识格格不入，“理由”和“道理”总要在某种程度上合乎理性。但是，(“理由”和“道理”——引者注)也不可能(是——引者注)完全理性化的东西(“的东西”三个字似乎多余，它们影响对意思的表示——引者注)，就是说，理性不能完全把握它，否则它就成了作为理性认识之产物的知识了。①

信仰具有超越已知的内容范围的“意向性”，这种意向性之所以超越已知的范围，是因为它不仅仅属于知识论上的意向性，更具有生存意志上和价值追求上的意向性，所以正当的信仰总具有介入知识论意义上的已知与未知之间的特点。需要指出的是，不能把信念排在低于知识的地位，因为这将意味着所有的认识都将是理性的清一色的天下，而信仰只不过是理性的力量尚未发展起来而暂时有其存在的合理性而已，如果陷入这个误区，就根本没有办法认识信仰了。

> 信念或信仰是人经由外在感受和内在自省、外部经验和内心直觉而产生的对人生宇宙某种性质和意义的判断与态度，所祈向的是对人生宇宙某种可能、理想性状的肯定和认同。因而，人之所“信”的意向不仅指向外部世界和人自身，而更重要的是指向两者之间的关系，即指向人生在世的生活和实践准则、律令。显然，在人的信念和信仰中，包含着比具体实证知识更为重要的人生智慧。②

但是，信仰又不能绝对地排斥“疑”，信仰注定摆脱不了理性地进行怀疑这种活动的纠缠。托马斯·阿奎那说“公开讨论信仰是危险的”，就是说，在讨论的过程中，有可能导致对所信仰的内容的消解。对于这句话，站在捍卫信仰的立场，是可以理解的，因为对所信仰的内容的“信”，必须是自明性的。如果提出讨论，就意味着不自明，不自明就易生疑，而“疑信仰”这个命题是站不住脚的。但是，站在捍卫精神自由的立场，信仰又是可以讨论

---

① 黄楠森主编：《人学原理》，广西人民出版社2000年版，第386页。

② 同上书，第387页。

的，因为自明性不能武断宣称，若有不明，应该通过讨论来释疑解惑。不应对思想设置禁区。信仰应该是自由的。信仰的自由很大程度是思想的自由，信仰不准讨论则违反了思想自由。如果信众自己不愿意对所信仰的内容提出疑问，那也是信众的思想自由。但是，如果把“不准讨论”作为戒律，则直接背离了思想自由的精神，而背离思想自由则是反人性的。笔者认为，讨论信仰的确有导致摧毁信仰的危险性存在，因为有信与疑才需要讨论，在讨论过程中，思想的砝码自由地在信与疑中选择投向，那是一个自由地让信者与疑者对话、辩难，自由地进行决断的过程。这样一来，讨论的结果就可能有对信仰的除旧布新、有对信仰的离弃。但是，信仰不能回避这种危险。其实，真正伟大的宗教都经历过严肃的讨论，并不是在不准讨论的环境中立足于世界的，而是它们在讨论中不断地接受洗礼。它们历经讨论而至今存在这一事实足以表明，“信”中依寓着“疑”，“信”既应该视“疑”为自身的否定力量，又应该视“疑”为自身肯定的力量。固然，信仰讲“信”，且是“信”得“诚”，不诚信所信仰的内容，绝不算是真正的信仰，但是，这种信之“诚”是否可疑问呢？从伦理学上讲，“诚”的价值要在正义的约束下才具有判断的确定性。当年布鲁诺被烧死在罗马鲜花广场，是受到信众拥护的，然而却是极不正义的。不合社会正义的“诚”，于社会、于个人都无益。所以，对信仰的“诚”只能表明信者是意志自由决定的信仰，并不能无条件地表明它的合乎人的生存的目的性。信仰值得疑问还在于，大多数信众是在不十分懂得所信仰的内容的情况下就确定起对之的信仰的。譬如佛教信徒，有多少是读懂了佛学典籍才信佛的呢？信众如云，可得道高僧几希。宗教教义为了获得更多的信众，就不得不将其深邃的思想变得通俗、简化，满足信众对教义的明晰性、承诺的可兑现性的心理期待。但是，对一种思想体系的通俗化处理，从来都是以损害所宣传的内容为代价的，因而，从逻辑上讲，不断被损害的信仰即使为了自身的“除垢”，也有“疑”的必要。但是，疑问对于信仰也不全具有破坏性的一面，也有建设性的一面。譬如，现代不少人过分看重物质享受，他们在没有深切思考人生真谛的情况下就否定信仰，使自己的人生变得轻飘飘。如果要改变这种状况，是应该发出震撼心灵的疑问的，人生难道不应该有崇高的信仰吗？正是这样的疑问，有可能恢复着信仰的合法性。正如有的学者所指出的那样：

就现存繁荣人类理念进行追问，在本质上是理性对于信仰的介入。

没有这一介入,信仰是残缺的;引来这一介入,对象化的信仰又难以摆脱一再被颠覆的命运。而旧有信仰被颠覆之后所留下的信仰真空,同样是危险的。现代人的'不信'或'小信'并不是由于对信仰的追问,但是对信仰的追问必须在'不信'或者'小信'的现代世界上重新为信仰定位。①

理性的特征是"疑"。理性是在反对独断的过程中成长起来的,"疑"是理性发动的基点。笛卡尔正是抱着把以前的知识统统怀疑一遍的心态去寻找他的"第一原理"的,他要将人类的知识牢牢建立在这一不可置疑、不可动摇的基石上。但是,同"信"不能脱离"疑"一样,"疑"也摆脱不了"信"的纠缠。"任何一种理性的思考,都已经隐含着一个存而不论的信仰的前提"。② 屠格涅夫《罗亭》中有这样一段对白,如果我们把信念的最高级状态叫做信仰(这不会有错)的话,它表明理性离不开信念:

"一般的论证!"毕加索夫继续说道,"简直是要我的命,这些个一般论证呀,评述呀,结论呀,等等！这些全都是根据所谓的'信念'的;每一个人都在高谈自己的信念,还要别人也尊重它,把它捧上天去"。"没有,……呸!"毕加索夫向空中挥了一拳。

"妙极了!"罗亭说道,"那么,照您这样说,就没有信念这种东西了?"

"根本不存在。"

"您就是这样确信的么?"

"对。"

"那么,您怎么能说没有信念这种东西呢?您自己首先就有了一个。"

笛卡尔通过怀疑一切而产生的不再可以怀疑的"第一原理",也只是依靠对上帝的信仰来保证外部世界的存在。笛卡尔是非常信奉理性的思想家,他认为人类迄今所获得的全部见解都是值得怀疑的。这些见解,都有待验证之后再决定取舍。他首先想要寻找到一个"确信无疑的东西"作为知识大厦的基础。因为科学信念务必建立在这样的基础上,只有这样,它们才

① 杨慧林:《追问"上帝"——信仰与理性的辩难》,北京教育出版社 1999 年版,第 8 页。
② 同上书,第 14 页。

能有资格获得认识论意义上的正当性,才不再是可以怀疑的。笛卡尔把无可怀疑作为认识论的目标。在他看来,任何属于稍微可以怀疑的信念,都不应该被视为知识,只有再也找不到任何理由来加以怀疑和否定的信念,才是知识。确定一种信念到底有没有具备知识的品格,关键要审查达到这些信念的方法本身是否可靠和十分确定。

笛卡尔首先对感觉经验可靠性表示怀疑。即使是自己的感觉经验,哪怕是自己在十分清醒的状态中获得的感觉经验。他的思绪是这样的:

——我相信我曾在梦中知觉到周围的各种事物,但是这样的知觉是不真实的。

——我要相信自己在清醒状态下对我周围事物知觉的真实性,就必须确立一个区分的标准,如果我没有标准区分清醒状态下的知觉经验和梦中的知觉经验,我就有理由相信,有可能我在清醒状态下的知觉经验也会欺骗我。

——我确立不了区分清醒状态时的知觉经验和梦中的知觉经验的标准。

——因此,我有理由认为,清醒时的经验也可能是骗人的。

人信其外间事物的存在莫过于自身在清醒状态下提供的感觉经验。既然我有理由认为我在清醒时的经验是骗人的,那么我也有理由进一步怀疑外在事物的存在了。这里,笛卡尔所要求的是,不能运用感觉说明感觉到的东西。这就带来一个认识论的问题:感觉经验在我们“人”这一边,而事物在“物”那一边,从这一边到那一边之间有一道界线,我们能不能用“人”这一边所得到的感觉经验,来确凿无疑地表明“物”那一边肯定就有与“人”这一边的感觉经验相应的东西?如果能,我们“人”怎样越过那一道界限呢?

要是根据常识,解答这个问题的逻辑方法是这样的:

——外物就在面前,这是我们通过感官得知的。

——我们从未怀疑我们的感觉经验,我们信它们。且我们明白感觉经验在生活中扮演很重要的角色。我们就是根据感觉经验生活的,绝大多数情况下是有效的。

——根据因果关系,我们的感觉经验是结果,这个结果是由外物作为原因引起的。

——所以,外部事物是存在的。

在笛卡尔看来,这不符合理性要求。人们不能用因果关系来证明感觉经验反映着外物,需要的是有理由表明我们确切知道。必须能够排除产生错误的一切可能,要是不能排除产生错误的可能,那么,知觉经验的可靠性还是没有保证。为了说明这个问题,笛卡尔假设有一个恶魔。在这种情况下,就算我持有某信念,我认为该信念毋庸置疑,但这信念很有可能是由一个神奇的恶魔制造出来欺骗我们的。如果真是这样,那么这些信念就是假的,除非我有充足理由确认这样的恶魔不存在。但是,我没有充足理由确认它不存在。那就无法排除一种可能性,即这信念源自恶魔的作祟,从而感觉经验是假的。因此,我还是不能证明我的信念的毋庸置疑。笛卡尔要求,宣称知道什么,必须确实知道,绝对不容许有错,连出错的可能性都不容许。宣称知道什么,必须能够明白无误地表明自己知道,有充足理由排除自己是在梦境或受恶魔引诱的可能性。

笛卡尔不是怀疑论者,他只是要求用理性严格地证明人们所持的信念。笛卡尔获得他的"第一原理"的理路是这样的:"我"必须怀疑,我可以怀疑一切,但是,"我思"即我在怀疑着本身是不可怀疑的。由不可怀疑"我思",推导出"我在"也不可怀疑、"我思故我在"不可怀疑。由此满足了真理的自明性。他继续论证,上帝在我心目中具有完满的观念,由此可见,上帝的存在也具有自明性,甚至"我思故我在"这样完美的观念除了上帝给赋予我以外,是不可能由我这凡夫俗子的头脑主观自生的。由上帝一定存在可以推出上帝的造物也是一定存在的。所以,外部世界一定存在着。这样用上帝做支撑形成的所谓"第一原理",能够说摆脱了信仰吗?

休谟咬住关于理性能够通达感觉之外的信念不放松,坚持对之表示怀疑。他致力于揭示人类认知能力的局限性。与所有的思想家和科学家一样,休谟也主张经验没有资格认定所获得的信念就是知识,人类获得这些信念的方法途径没有提供充足理由来展示这些信念是具有知识的品格。如果用某种方法得到某种信念,就必须有理由说明为什么这一方法是对的,只有清楚表明我们所运用的方法在认识论上无可挑剔,此信念才可以称为知识。就这些基本看法而言,休谟与其他的人没有差异。独特性在于,休谟认为人类根本就没有能力解释究竟是如何理性地得到关于外在世界及其性质的信念的。他分析了关于因果关系性质的信念以及通过归纳方法得到的那些信念的问题。他确立了两条标准:第一,说明信念的理由是否充分。第二,信念本身是否需要以其他信念为基础。

例如小鸡进食：

(1)在过去每天一定时候，我期望主人会带食物来喂我并且果然如此。

(2)今天主人又在相同的时刻和地点出现了。

(3)所以，今天主人肯定又是来喂我了。

要从(1)和(2)推出(3)来，必须有一个原则：

没有经验过的例子必然类似所经验过的例子，而自然的进程是永远一致的，继续同一不变的。人们把这种原则称为自然的齐一性原理。(前面已经提到：齐一性原理认为自然界的变化中，类似的状态总是有类似的状态相伴随。)正是自然的齐一性原理确保了归纳推理的合法性。

但是休谟追问：假设自然齐一性原则是合理的吗？它又是以什么为基础呢？追问的结果，他认为，我们不能够为自然的齐一性提供辩护。因为人类采取了两条途径：一、表明齐一性是演绎推论的结论。二、表明自然齐一性建立在经验基础上。

休谟认为，根据经验而来的一切推断，都假设将来和过去相似，而且相似的能力将来会伴有相似的可感性质。这个假设正是那些推断的基础。如果我们猜想，自然的途径会发生变化，过去的不能成为将来的规则，那一切经验都会成为无用的，再也产生不了任何推断或结论，产生了也没有用。因此，我们就不能用由经验得来的论证证明过去是和将来是相似的。

休谟对归纳推论作出了心理学假设：

当见到一事物与另一事物相随而无例外，于是期望下一次例证中它们必然联系起来。对这种必然联系的期望就是推论的根据，这是对象的恒常联系在人心中自然形成的"习惯"。所以，休谟作出结论：通过归纳推理能够得到的只能是或然的知识。或然才是应当追求的全部问题。

这里不涉及对于休谟怀疑论的批评，过去人们抱着近乎敌视的态度看待休谟，其心理状态总是与相信理性完全可以证明客观实在的信念是有关系的，人们不愿意听到这方面有表示怀疑的"杂音"。如果我们肯承认认识中信仰与理性是不可分离地联系在一起的，它们具有互为反对又互相依存这样一种基本关系，那么，就不难理解，休谟的怀疑论对于澄明信仰与理性的关系、消解认识论中的独断论和专断的作风和习气、启发人们认识到从"此在"入口廓清缠绕在认识论上的迷雾，是有意义的。怀疑论向我们昭示，我们的认知能力是有局限性的。我们必须正视，永远存在着我们无法知道的（超验）事实。辩证法认为，在人类面前，只有未被认识的自在之物，没有不可认识的自在之物。这同样等于说，永远有我们认识不到的东西。所谓“无限逼近”也还是不能终极。辩证法对一切都是从暂时性去看待的，当然也包括看待人类自身的认识能力。如果这本身就是一个事实，勇敢地面对它不仅不是人类理性的“耻辱”，恰恰相反，这正是人类理性的坦然。

> 怀疑论否认了进行超验认知的可能性，但却不否认建立超验信念的可能性。……怀疑论摧毁了我们根深蒂固的信念，却又从废墟中帮助我们将这样的信念重新建立起来。怀疑论所摧毁的最终不是信念，而是信念的独断的基础。这就可能为我们重新审视自己的认知处境及生存意义打开一道启示的门。①

贝克莱纯粹运用怀疑，导出“存在就是被感知”，把日常生活提供给我们的基本信念无情摧毁。这种极端的主观唯心论、唯我论昭示，企图绝对地排除未经理性所论证的信念，理性自身也会进入误区。

于是，人类理性就处于这样的境地：一方面，我们据以展开我们认识的基本信念必须接受理性的审查；另一方面，我们又难免依循生活中获得的基本信念。康德无奈地说道：

> 必须以信念来承认我们外间事物的存在……如果任何一个人喜欢去怀疑外间事物的存在，我们也不能用任何令人满意的证明来反对他的怀疑，这对于哲学和对于一般人类的理性来说，依然还是一种耻辱。②

康德为解决这个问题发动的“哥白尼式的革命”，关键是把时间空间从物体固有属性移作感性直观的纯粹形式，变属于现象之规定的时空为现象的可能性条件，以期保证经验现象的客观性。这样，康德就为科学，特别是牛顿物理学的客观性提供了合理的说明。但是，既然时空是现象得以成立的条件，它们就没有资格作为外间事物得以成立的条件。外间事物还是与作为先天直观形式的时空无关。从而，理性（注：这是我们讨论的理性，相当于康德说的知性，不是康德理解的理性）的认识确定性问题，还是没有得

---

① 刘莘：《怀疑论的魅力》，四川人民出版社1999年版，第60—61页。

② ［德］康德：《纯粹理性批判》，韦卓民译，华中师范大学出版社1991年版，Bxl脚注。

到圆满的解决。他提出的“物自体”观念表明，单纯的理性是不能为知识提供所需要的基础的。在哲学史上，都在批判康德的“物自体”概念，秉承旧唯物主义思绪的人们批判康德的二元论立场。其实，康德不过是要表明，作为认识论的前提的内容，是不能指望通过纯粹用理性就可以证明的，但我们要信它。黑格尔从客观唯心主义的立场批判康德，在他的逻辑里，只有“绝对精神”，不需要“物自体”，于是，问题“圆满地”得到解决。黑格尔虽然自信这个“客观精神”可以通过理性来说明，实际上何尝又不是一种不可以用理性说明、但必须信它的预设呢？黑格尔不过是发展了能动性而已。马克思批判“物自体”，是鉴于他的实践的唯物主义立场，认识当然要预设一个在头脑之外的实在对象，但这种对象又何必一定是与人分离的“物自体”呢？抽象的、与人分离的东西，对于人来说，等于无！马克思是基于把事物当做人的感性活动、当做实践来理解这个意义上的唯物主义关于认识对象的预设，不必要去劳心费神地超越感觉，感觉直接就是理论家。归根结底，哲学是人的哲学，哲学的根本在人本身。康德以后，有人企图绕开物体照样维持科学的根基。如有的现象论者希望通过将实质陈述翻译成等价的现象陈述的办法解决难题。例如把“我看见桌上有一本书”变换成“我具有 XYZ 的感觉，而 XYZ 代表这样的具体感觉：长方形的、红色的、看起来实心的形状在一个平的、褐色的广延之上”。可是，故意绕开物体是多么困难，“XYZ 代表这样的具体感觉：长方形的、红色的、看起来实心的形状”何尝不会被理解成别的什么东西呢？“一个平的、褐色的广延”又一定会被理解成桌子吗？更重要的是，对于历史性的事物，人们又怎样去把实质陈述转换成“等值的”现象陈述呢？现象论显然是一种失败的尝试，它给我们的启示，与其说是实体语言的必要性，不如说是，预设一个实在的对象是必要的，虽然它难以通过理性的审查。

第六章

神话认识

人类是从远古走来的，远古先民留给我们的全部精神遗产就是神话。把神话作为人类认识的一个类型，理由有两点：一是我们今天的认识总是从那个神话时代演化而来的；二是我们今天的认识活动中，神话的基本思绪仍然有不可磨灭的影响。在现代，神话固然失去独立地成为一种认识形式的资格，但这并不意味着神话就是一种仅供观赏的遗产。人类几万年积淀的神话，会像基因一般存在于民族心理的深层结构之中，以各种各样的方式对现代人的认识发生重要作用。

关于第一个理由，理论界多有论述。德国著名哲学家恩斯特·卡西尔在其著作《神话思维》中认为，一旦我们考虑到文化生存的基本形式起源于神话意识，神话在这个整体中以及对这个整体的重要意义就显而易见了。这些形式都不是始于独立存在，也没有明确规定自己的原则；相反，在发轫之时，它们每一个都掩映于某种神话形式。几乎没有任何"客观精神"（Objective Spirit）的领域不能被证明曾经有过这种与神话的融合、具体的统一。艺术和知识的成果——道德、法律、语言及技术的内容——一切都表明同样的基本关系。语言起源问题与神话起源问题不可分割地交织在一起：只有涉及另一方才能提出这一方。同样，艺术、文字、法律或科学的起源问题，也要归溯到这样一个阶段：那时它们全都寓于神话意识之直接、无区别的统一体。知识的基本概念（空间、时间和数）、法律和社会生活的基本概念（例如财产概念）或经济学、艺术和技术的种种观念，只是逐步地使它们自己摆脱这种牵连的。只要把这种始源关系仅仅看做始源而已，那它的真正意义和深刻之处便得不到理解。如同人类精神生活的其他领域一样，"发生"（becoming）要归溯于"存在"（being），没有存在就理解不了发生，就不能认识发生之特殊"真相"(truth)。现代科学形态的心理学本身就显示出这种关系,因为发生问题不能单凭自身来解决,而只能与结构问题彻底相互关联,这一点已经日益明显。他强调指出:

> 如果这原始源泉本身仍是个不解之谜,那么就无法真正理解诸种特殊文化形式是从普遍、无差异的神话意识中生成的——如果不把神话意识了解为精神结构的一种独立模式,就会把它认作无定形的混沌。①

关于第二点,理论界也有所主张。法国当代著名现象学家保罗·利科(Paul Ricoeur,1913—)认为:

> 人生意义的最深根源存在于宗教神话中,所以在科学时代神话仍然有理由存在。②

认识类型存在的价值判准应该是对于人类生存之终极解释、终极意义、终极需要的满足。原始先民虽然比我们愚昧,但是,他们天生地能够抓住生存的终极,他们的无知以及柔弱恰好成全了他们对终极的敏感。相反,现代人的强大和有理性反而障蔽了对终极关怀的寻觅。前文提到的加拿大安大略省约克大学环境研究所的威廉·莱斯(William Leiss)关于畸形儿统率的机器人队伍与生命之树及大地女神之争的神话故事,就很能说明这个问题。

一、神话活动

所谓神话活动,其实就是原始先民的全部精神活动。这种活动就是人类先民的生存智慧,历经几万年,当初鲜活的精神之花,早已枯萎,但是,它们的基因却永远地影响着后世。神话活动的内容主要是关于宇宙起源、诸神、英雄的叙事。

现代人离开原始人的生存焦虑太远,往往喜欢用自己的情趣理解神话活动,把原始人想象得很浪漫,爱思考那些抽象的大问题等等,俨然原始先祖天生就具有思想大师的资质。其实,神话并不是原始先民罗曼蒂克的产

① [德]恩斯特·卡西尔:《神话思维》,黄龙保、周振选译,柯礼文校,中国社会科学出版社1992年版,序言第3—4页。

② 参见《现代西方著名哲学家述评》(李幼蒸文),三联书店1983年版。

物，也不是他们超越当下生存之急需而思考那些抽象的东西的产物，相反，神话恰恰是人类祖先最寻常的谋生活动的产物，是在十分险恶的环境中，用生命煎熬出来的生存智慧。原始人脱离了大自然的脐带，暴露在强大得随时都可以轻易剥夺其生存的外部力量的笼罩之下，处在极度的惶惑与恐惧之中。出于求生避死的本能，他最需要的是寻根。他毫无疑问地认为，这个"根"，既然能够给赋其生命，就有足够的能力庇佑其生命。这就是人类基于生存之终极需要的终极关怀的心理。它是不需要什么理论上的证明的，生命存在的顽强性就是证明。

但是，人最初所寻的根倒不是直接地扣问那创造万有的主，把扣问万有的造物主和拯救万有的救主当做是人最初所寻的根，这是现代人不知原始先民生存的艰辛以及他们那种"纯粹绵羊般的意识"（马克思语）的特点而发生的浪漫奇想。从生存即一切的本能出发，与猿刚刚揖别的人类，定然是将他们认定能够使他们活下来的、很感性的东西，当做根的，那种绵羊般的意识一旦把某种东西视为自己生命之根，必然全部地把自己无条件地交付于它，这便是最初的皈依、依附现象，是人类宗教心理的生存论根源。人最初所寻的"根"就是它们所图腾崇拜的对象。

按照恩斯特·卡西尔的意见，即使是人类最普遍的类意识形式、即使是人借以将自身与生物形态总体区别开，并将自己与同伴结成自然物种的方式，也并非从一开始就是神话—宗教世界观的形成起点，而是应当被理解为某种中介产物，理解为这个世界观自身的一种成果。对于神话—宗教意识而言，"人"这一物类的界限并不严格，而是完全流动易变的。只是经过不断的凝聚过程，经过神话由之而生的普遍生命感的逐渐收缩，它才渐渐达到特定的群体感。他说道：

> 在神话世界观的早期阶段，尚无分离人与生物总体、动物界和植物界的鲜明界线；尤其是在图腾崇拜中，人与动物的亲族关系，更主要的，部落与其图腾动物植物之间的关系，绝非只是象征意义，而是有严格的现实意义。人在其活动和习性中，在其生命的全部形式和方式中，感觉自己与动物同为一体。①

---

① ［德］恩斯特·卡西尔：《神话思维》，黄龙保、周振选译，柯礼文校，中国社会科学出版社1992年版，第199页。

随着氏族结合为部落，首先面临的问题就是各个氏族的图腾如何定位的问题，这在当时的人们看来，必然是“生死攸关”的最实际最紧迫的大问题。部落势必要解决各个氏族图腾之间的冲突问题。氏族融合成部落既然是生存的需要，各氏族图腾崇拜融合一体自然也是大势所趋，这既是对原始先民智慧的一次挑战，也是升华其生存智慧的一次重要机遇。他们经受住了这次挑战，用和谐共处的方法，使不同的图腾具有相容性，这便是创造出某种“想象物”作为共同的图腾（如中国龙），而在这个想象物的身上，各个氏族原来的图腾都有其应有的地位，就像各个氏族在部落中有自己应有的位置一样。这是人的生存的社会性的一次重要跃迁，同时也是思维的一次重要跃迁——由具象向抽象的一次跃迁，以及想象由解释性功能向参与生存困境之解决的实践性功能跃迁。从最粗糙的图腾到最精致的“至上神”，都是人类在生存困境中苦斗的产物，它们是人类建构的用以安顿灵魂、寻求慰藉、避免被大自然和社会的恶所吞噬，企图在可朽的生命中攫住永生的最高精神支柱。

人类学家伊利亚德通过对婆罗州达雅克人（Dayaks）关于宇宙开创的神话的研究发现，神话与其部落的世俗生活紧密联系着。达雅克人认为这个世界（严格说是达雅克人的世界）是原来在一条水蛇口中，混沌未分。后来就分化出了两座山。这两座山猛烈撞击，产生了云、太阳、月亮和其他的东西。而这两座山就是创造万物的男神和女神。他们先是创造出天界（upperworld）、地府（underworld），后来，他们化为生命树上的雌雄犀鸟，彼此猛烈撞击，毁坏了生命树，也毁灭了他们自身，但是却创造出一个适合人居住其间的中间世界（intermediary world），被撞的生命树的枝节变成了一名青年男子，雌鸟在死前吐出的苔藓，变成了一个少女，他们便是达雅克人的祖先。在达雅克人添丁、成年、结婚、死亡等的宗教典礼上，这个故事被反复讲述。达雅克人的村庄的位置被视为宇宙中心，房屋的倾斜的屋顶象征着原初的山，新婚夫妇手持着作为生命树象征物的雨伞，据说这样就重新恢复到那个遥远的原始时代。伊利亚德由此认为：个体和集体的生活纳入一种宇宙开创论的结构：每一代人的生命构成一个循环，其模型是世界的永久的创造、毁灭和再创造。

这样一种观念并不限于达雅克人，或许在具有自己文化形式的其他民族里也有表现。原始人创造和讲述神话，一定是出于当下生活的指导和牵引的实际需要,某个神话故事对处于该神话圈的人们来说,具有毋庸置疑的“真实性”,他们不像现代人那样,把一切首先拿到理性的法庭来审判,而是一旦神话故事被创造出来,就信得笃实,没有生疑的可能。这样,神话就具有了权威的力量,它类似“法典”,对人的思想、言说和行为具有强制功能,又类似“百科全书”,对生活中的现象具有解释功能,还类似“教义”,对人们有教化和劝诫功能。总之,神话在原始生活中就是社会的精神纽带。所以对于特定神话圈中的人来说,它具有神圣不可亵渎的高贵,也具有如数家珍的亲切,它给人带来自尊、自豪、自强的好处。

人类学家通常要提到原始思维问题,说他们的逻辑与现代人有所不同。譬如说,他们有“万物有灵观”,说他们有“互渗意识”,等等。于是,这种思维特点便使得原始宗教和原始神话产生成为可能。意识总是被意识到了的存在。互渗也好,万物有灵也罢,所围绕的生存大问题依然是生死之虑。

笔者把原始神话看成是由梦所缘起并围绕梦而编织的认识活动,力图拿出充足理由来加以证明。

关于原始神话始终是围绕梦这一轴心旋转的看法,在所有研究神话的人们那里都是完全认可的。笔者只能引用这些研究成果作为理由的展示。

万物有灵论者最根本的是假设了两个连续的阶段。第一,原始人在梦中看见了死人和离别的人,和他们交谈、厮杀,相信这些表象的客观实在性。从而也就认为自己的存在也是双重的——肉体的存在与灵魂的存在,正如那些梦中出现的人和离别的人的存在一样。因为,他完全可以听同伴说在梦中与自己交谈、厮杀。于是,在同一时刻里,他既认为自己是作为一个有生命有意识的个人而实际存在着,又认为自己是作为一个可以离开身体而以“幻象”的形式出现的单独的灵魂而存在着。这应当是原始人的一个普遍的信仰,因为他们全都要受到那个作为这信仰的基础的必不可免的心理幻觉所控制的。第二,他们想要解释那些使他们惊慑的自然现象,亦即确定这些现象的原因,于是立即把他们对自己的梦和幻觉的解释加以推广。他们在一切生物身上,在一切自然现象中,如同在他们自己身上、在同伴们身上、在动物身上一样,统统见到了“灵魂”、“精灵”、“意向”。

法国社会学家路先·列维-布留尔(Le' vy-Bruhl, Lucie' n, 1857—1939)认为:

> 他们首先是把梦看成是一种实在的知觉,这知觉是如此确实可靠,

竟与清醒时的知觉一样。但是，除此以外，在他们看来，梦又主要是未来的预见，是与精灵、灵魂、神的交往，是确定个人与其守护神的联系甚至是发现它的手段。他们完全相信他们在梦里见到的那一切的实在性。①

Charlevoix认为：

……梦永远被视为神圣的东西，梦被认为是神为了把自己的意志通知人们而最常用的方法……梦常常被认为是精灵的命令。②

原始人当然不光是缘梦而解释日常生活，更重要的是按照他们对梦的理解来指导日常行动。这后一点绝对不能忽视，因为在我们现代人这里，也有凭借梦而断吉凶祸福的现象，但是现代人要洒脱得多，很少会真正用梦里头的内容来引领白日的实际行动的，除非十分愚昧。而原始人就不一样，梦里头的内容、要求被严格贯彻。正是因为这一点，笔者才有理由认为原始神话是围绕梦这一轴心旋转的。

列仁（Lejeune）认为，在契洛基人那里存在着这样一种风俗：人梦见自己被蛇咬了，就应当受到真正被蛇咬时所施行的那种治疗（因为他们认为，梦见被蛇咬，实际上就是被“蛇妖”咬了），要不然，他的身上浮肿和溃疡，即使这只是在几年以后才发生。他列举了生活中以梦的内容指导行动的一些例子。如，一个人梦见自己在战斗中被俘，为了预防那噩梦预示的命运，他央求朋友像对待敌人一样来对待他。朋友们便把他捆绑起来，连打带骂地拖着他游街，甚至在结束时强使他走上断头台。这之后，这个人向朋友们道谢，他相信这样会拯救他。又如，一个人梦见自己的茅屋着火了，他就真的放火烧掉自己的茅屋，直到他亲眼看它化为灰烬，才安下心来。还有一个人认为要预防自己梦的恶果，仅仅烧掉自己的画像是不够的，他要求朋友把他的脚放进火里，像对待俘虏进行最后刑讯时那样，以后他不得不花整整六个月的时间来治疗烧伤。③

斯宾塞和纪林认为：

野蛮人在梦中体验的东西，对他说来，如同他在清醒时见到的东西

① ［法］列维-布留尔：《原始思维》，丁由译，商务印书馆1981年版，第48页。

② 转引自同上书，第49页。

③ 参见同上书，第49—50页。

一样是实在的。①

梦是一种意识，人醒来之后会忆起梦，这是再现，而对梦进行"为什么"的追问，则是对梦的反思。恩格斯认为，远古时代，人们还完全不知道自己身体构造，并且受梦中景象的影响，于是产生一种观念：他们的思维和感觉不是他们身体的活动，而是一种特殊的、寓于这个身体之中而在人死亡之时就离开身体的灵魂的活动，从这个时候起，人们不得不思考这种灵魂。这种反思的特点，乃在于对梦进行前提追问。这个追问仍然来自生命所忍受的痛苦煎熬。

> ……这种观念（指灵魂不死——引者注）在那个发展阶段出现决不是一种安慰，而是一种不可抗拒的命运，并且往往是一种真正的不幸，例如在希腊人那里就是这样。关于个人不死的无聊臆想之所以普遍产生，不是因为宗教上的安慰的需要，而是因为人们在普遍愚昧的情况下不知道对已经被认为存在的灵魂在肉体死后该怎么办。②

由梦而追究到永存的灵魂，由永存的灵魂到灵对包括人的肉体在内一切实体的统治，由这样的统治与被统治、有形与无形、主动与受动的关系，生发出灵的世界与形质世界，由灵的世界生发出诸神。所以，恩格斯又说：

> 由于十分相似的原因，通过自然力的人格化，产生了最初的神。③

以上是从追梦的角度考察神灵的"崛起"之谜，这个谜源自对最简单的一种意识——梦——试图进行解答。

恩斯特·卡西尔则从神话与祖先崇拜的关联，来说明神话活动的世俗性质，从中还窥视到社会结构对神话进程的制约性。他认为，即使不把祖先崇拜当做神话思维的真实源头，似乎也能证明，在任何发现清晰的灵魂概念的地方，发现有关灵魂之乡和灵魂起源的明确神话理论的地方，祖先崇拜都起着重要作用。在几大宗教中，以祖先崇拜为根源并似乎原封不动保持其原始特征的，首推中国的宗教。在祖先崇拜盛行之处，个体不仅感到自己通过连绵不断的生育过程与祖先紧密相连，而且认为自身与祖先同为一体。他祖先的灵魂未死：他们的灵魂活着、存在着；这些灵魂将体现在子孙身上

---

① 转引自［法］列维-布留尔：《原始思维》，丁由译，商务印书馆1981年版，第50页。

② 《马克思恩格斯选集》第4卷，人民出版社1995年版，第224页。

③ 同上。

并将不断在以后各代复现出来。甚至当神话——社会性直觉的这种原始圈扩展时，当家族直觉发展成部落和民族直觉时，这种发展的每一阶段，可以说都有各自的神话象征。社会意识的每一次变更，都映在神的形式和性格上。在希腊人中，家族之神从属于部落之神，而后者又从属于城邦之神和普遍的民族神。因此"诸神之国"成了社会生活结构的真实摹本。[1]

神话中还有很多内容是对人类英雄的赞颂。譬如中国神话故事中的燧人氏，应该被视为发明钻木取火的人物或者群体，而有巢氏应该被视为模仿鸟巢为人类发明栖身处所的人物或群体，大禹治水则更鲜明地歌颂治水的英雄。这些更像是人类历史的描述，尽管其中有许多夸张。

二、神话的认识特征

在讨论神话的认识特征之前，有一个横阻在理解神话中认识特征的"死结"需要解开。这个"死结"是："人要生存，不得不遵循最朴素的唯物论"，因此，教科书一再强调在人之初，人们必定是按照物质第一性的原则进行对外界的认识的，是遵从反映论的，尽管并不怎么自觉。这也就是说，原始人的认识路线是服从现代人称做逻辑的内容，并且是顺着由外物到感觉到思想这样的逻辑进行的。这的确令人敬畏，因为它有生活的基本经验支撑着。尽管原始人不懂得什么是反映论，不懂得逻辑，但是，生活教给他必须按照一定的顺序进行认识活动。很多学者都不感"冒犯"这个见解。

为了详细说明这个问题，有必要谈论一个个案：列维-布留尔认为原始人的思维是一种原逻辑思维，这种思维不关心矛盾。但是，他在论述中却绕过了上述的"死结"。他指出："在人类中间，不存在为铜墙铁壁所隔开的两种思维形式——一种是原始的思维，另一种是逻辑思维。但是，在同一社会中，常常（也可能是始终）在同一意识中存在着不同的思维结构"。

列维-布留尔在其《原始思维》中似乎主张，在涉及生产和生活方面的事物时，原始人运用逻辑思维，而在涉及认识问题时，特别是涉及因果律和矛盾律时，他们运用原逻辑思维，为的是要寻找神秘的原因。譬如，《原始

---

① 参见[德]恩斯特·卡西尔：《神话思维》，丁由译，中国社会科学出版社1992年版，第196—197页。

思维》用了很多例子表明,原始人在日常生活中是依靠惊人的记忆力来指导活动的,拿其中一个例子说:有一块菜园里的马铃薯被窃,一个名叫莫耶-艾-南的土人,从三个土人的足印判明三个小偷是一个土人的两个妻子和一个名叫达尔-贝-安的小孩。靠惊人的记忆来指导生活,说明原始人理性因素不发达,对感性因素的反映深入到特别细小的情形。譬如,那个辨认小偷足印的土人,他对在一起生活的所有的土人的足印都了如指掌,所以一旦看到三个足印,就立即作出了正确的判断。这表明,在日常生产和生活中,原始人尽管不自觉,但他们的头脑也必须按照逻辑思维的轨迹运转:要判断谁是小偷必须有证据;现在有三个足印作为证据;在这儿的所有土人中,只有两个女人和一个小孩具有这三个足印的全部特征;这两个女人和一个小孩是一位土人的两个妻子和孩子;所以,小偷就是他们。但是,列维-布留尔认为,一旦涉及对原因与结果的较为深层的追究的时候,原始人就放弃了生活中尽管是凭借惊人的记忆但至少是不违反逻辑思维的路径,而求助于神秘的"互渗"。譬如,《原始思维》转述爱丽西·弗勒捷小姐的言论:"他们把一切存在物和客体形态、一切现象都看成是渗透了一种不间断的、与他们在自己身上意识到的那种意志力相象(像——引者注)的共同生命。他们把这个存在于一切东西身上的神秘力量叫做瓦康达,这样一来,一切东西都与人联系着和彼此联系着的了。这个生命的不间断性观念也确证了看得见的东西与看不见的东西之间、死的东西与活的东西之间以及某件物品的碎片与整个物品之间的联系"。转述之后,列维-布留尔说:

> 在这里,不间断性意味着我们叫做互渗的那种东西,因为这个不间断性存在于活的东西和死的东西之间,存在于人和他的指甲屑、唾液或者毛发之间,存在于某个熊或野牛与熊或野牛的种的神秘的总和之间。①

通过这个个案,我们看到,列维-布留尔留给我们一个难题:原始人的认识特征是分裂的吗?即是说,原始人在解决非常有形的实际的问题时,是遵循逻辑思维的,而在解决那些相对无形的问题时,是遵循原逻辑思维的吗?原始人这种集思维的两重性于一身,在此时此地用逻辑思维(尽管不是自觉地),而在彼时彼地又运用原逻辑思维,这是可以思议的吗?

---

① [法]列维-布留尔:《原始思维》,于由译,商务印书馆1981年版,第126页。

解这道难题，不得不又回到本书前面提出的问题，即认识是什么？现行的教科书认为：认识就是在实践基础上人脑对客观世界的反映。这个观点初看起来似乎不成问题，但是，仔细推敲还是成问题的。我们知道，关于意识的定义也是这样下的。意识是人脑对客观世界的反映（加不加“实践基础”都不能说意识不产生在实践基础上，人是在劳动基础上且仅仅因为劳动才使动物式的本能性的心理飞跃成为人专有的意识的）。这样一来，意识就和认识是一个东西了。但是，在笔者看来，“意识”这一概念应该大于“认识”这一概念。意识是对人与之打交道的一切对象的反映，而认识虽然同样具有对人与之打交道的对象的反映的意义，却不是“对人与之打交道的一切对象的反映”。认识应该适用于对意识着的内容进行反思的意识活动，是一种自觉的意识。

卢森堡曾经说过这样的话：

> 无意识先于意识。历史发展的逻辑先于介入历史发展过程的人类的主观逻辑。①

诚然，当人类开始自己生产自己需要的物质资料，他就把自己同动物区别开来了，但这并不意味着立即地开始了对意识的反思。在漫长的历史阶段，支配人类的生产和生活的活动中，很可能不曾发生或者至少不曾明显地出现“介入历史发展过程的人类的主观逻辑”。列维-布留尔在《原始思维》中所举的处在原始社会发展阶段的土人具有“惊人的记忆力”的大量例子——根据足印辨认小偷、能够分别各种动物的足迹并且根据最新足迹知道有无某种动物、在根本不懂所唱的歌的歌词意思的情况下只要听过它就可以完全重复地唱出来、只要在什么地方呆过一次就足可永远准确地记住、不管有多大多难通行的森林都不迷路等等，这些内容在笔者看来，并不表明原始人在日常生活中处理具体问题的时候，认识是遵循逻辑思维的。恰恰相反，这时并没有“介入历史发展过程的人类的主观逻辑”，完全是遵循客观的“历史发展的逻辑”。人类在成为人类之前，是动物，只要是动物，就有适合于生存环境的特殊本能，只是在我们这些已经将本能退化得差不多了的现代人看来，那些技能才那么惊人、那么神奇。事实上，很多动物都是如此，鸽子不是也有着惊人的记忆力吗？不能想象，人类刚变成人，就抛开先

---

① 转引自胡潇：《意识的起源与结构》，中国社会科学出版社 2004 年版，第 192 页。

前的本能式的谋生手段,像现代人一样遵从逻辑思维行事。因此,所谓惊人的记忆力,无非是世代积淀的生存技能,是历史在种族记忆中的投影,是种族反复重演的意志行为,是千辛万苦习得的谋生活动已经熟练到了自动化的程度。这种动物式的本能在与劳动相结合之后,诚然必定要发生巨大的质变,但在人类之初,质变还远远没有实现,渐进远大于断裂。只有在历经一段漫长的历史时期之后,才真正地发生了"介入历史发展过程的人类的主观逻辑",断裂才居于主要地位。但那时,人们的日常活动已经被我们称做认识的内容覆盖了,也就是说,那时,人按照逻辑思维的方式从事生产生活。

这就是说,日常活动被我们称做认识的内容覆盖,乃是人猿相揖别后很长一段时期之后的事情。那么,作为"对意识的反思"的认识,在原始社会(更准确地说,原始社会的早期或许还包括中期)到底有没有呢? 如果有,那它是什么呢? 笔者认为,在原始社会,作为"对意识的反思"的认识是有的,那就是对梦的反思。梦,无疑是意识的一种现象。梦作为人类对意识的第一个反思对象是有充足理由的。首先,梦在人睡着的时候经历了,却能够当人醒来时被记起、被陈述。认识的一个重要条件恰恰就是能够记得在意识中发生的东西并陈述出来。其次,梦境确实给人以某种"真实感",任何被称做"真实"的要素,在梦境里是不缺少的。再次,睡着与醒来、梦境与实境的转换同生存与死亡、渴望(担忧)与现实之间,有太多的相似性,这恐怕是最吸引人去认识梦的地方。最后,这一点更加重要,那就是,梦这种意识现象更适合于原始人对"寻根"心理的满足。列维-布留尔虽然指出了原始人对神秘感兴趣,不神秘的事情难以引起他们的兴趣这一特点,但没有进一步问一个为什么。笔者分析其中的缘由,从心理学上讲,原始人当时首要的是要寻找到自己的"根",找到自己的主宰。主宰必定是超常的,它必然是变幻莫测,用神秘的方式向人类发出各种各样的指令、暗示等等,而这一切特征,在梦这一现象中得到了"求证"。

综合以上几点看法,笔者认为,梦作为人类对意识的第一反思对象,是完全合乎情理的。不过,我们不能在现代意义上理解原始人所谓对梦的认识。所谓互渗、万物有灵观、原逻辑等等,都应该缘自原始人对梦的"认识"。梦的内容本来就不具有严密的组织性,在现代人看来,梦本来就是东扯西拉的,可是原始人并没有这种看法,以为世界就是如同梦那样的。人睡着了就做梦，醒来就没有了，这对原始人不能不是一个神秘的问题，而梦中所见的物变成人、人变成物，人死了，又活了，甚至“我”死了，却又活着等等，自然使得原始人产生互渗意识和万物有灵的观念。认识是用来指导实践的，人们经过对梦的“认识”，获得了互渗意识和万物有灵观，当然要指导现实生活，这就出现了认识活动中的所谓“原逻辑”的特点，专门注意神秘性，这是非常顺理成章的事情。于是，上述被认为是“死结”的东西，也就解开了。

总结上述的意思，就是原始人日间活动，因袭了他们先前作为动物的本能，其心理合乎的是“客观逻辑”，并非原始人自觉地遵循逻辑思维，其理由是这种处于本能的意识尚未被反思。而原始人睡着时候的意识活动即做梦，梦这种意识进入了反思。所以，对梦的认识才是人类最先的认识。

关于神话中认识的根本的特征，笔者认为就是它的混沌性状。

庄子在《应帝王》中说：

南海之帝为倏，北海之帝为忽，中央之帝为混沌。倏与忽时相遇于混沌之地，混沌待之甚善。倏与忽谋报混沌之德，曰：“人皆有七窍，以视听食息，此独无有，尝试凿之，日凿一窍，七日而混沌死”。

前人有一种理解云：

倏忽取神速为名，混沌以合和为貌。倏忽譬有为，合和譬无为。①

庄子以混沌譬无为以及以和合为貌，这对于我们要讨论的问题来说，并不十分重要，重要的是它给了我们启迪：混沌性状只能按照混沌性状去理解。诸如“原逻辑”这样的提法，显然还是以逻辑为标准，难免有为混沌凿窍之嫌。顺便提到，一当给混沌开凿出窍，混沌就死了，由此可以联想到，一旦人类进入文明发展大道，学会自觉进行逻辑思维，开了窍，神话思维也就“死了”（被取而代之了）。

作为认识形态的神话，其混沌首先是真实与梦境的不分，这是最根本的混沌性状。原始人并没有关于梦境的观念。他们白日想事情，干事情，如前所述，几乎像动物那样，是凭本能支配的。这当中，人的思维固然在发展着，已经不同于动物了，但是，原始人主观上并没有自觉到，并没有将指导白日行动的意识问题作为反思对象。倒是睡眠中的梦境引起他们思考。只要原

① 《诸子集成》（三），中华书局1954年版，（《庄子集解》）第51—52页。

始人没有真实与梦境的分际，而又实质上是在努力"解梦"，那么，混沌性状就是不可避免的。在梦境，显意识与潜意识浑然一体，生与死如同眠与醒，形而上与形而下一片。在这里，根据因果联系整理认识内容的套路远远没有发展起来，更不用说占据认识中的核心地位。

但是，应该看到这种混沌性状中具有十分有意义的内容。

一是敬畏自然。人的生命是自然所赋，所以，人应该敬自然；大自然永远是比人更强大的客观力量，所以，人应该畏自然。《圣经》提倡对上帝的敬畏，如果把上帝当做自然来理解的话，也是有敬畏自然的主张的。原始人处在人类的婴幼时代，对自然的恩惠体会得最真切，对自然力构成的那种生杀予夺的威慑，感受得最刻骨铭心。

原始人直观到了什么呢？简言之，就是自己赖以存在的根。他们视其为衣食父母、家园、神明。发明图腾进行"认祖归宗"；又生发出许多的禁忌，意在绝不疏离、忤逆，又创造一些礼仪，对不得不违犯禁忌的行为进行通融，求得理解和宽恕。相因成袭就形成了风俗。在风俗的熏染下，对生活中某些重大原则有所领悟，就又有了箴言，如此等等。世界上一些仍然处在原始生活状态的民族，至今仍然保持着一种在敬畏神明的名义上敬畏自然的遗风。现代人都说"精神家园"，其实，"精神家园"的最重要内容之一就是人敬畏自然。现代人失去了家园感，所以哲学研究要以指引人们回家为使命。哲学所指向的目的是宇宙和人生的最高远境界，就是寻找人的精神家园，叫做"还乡"。哲学家和诗人是最着迷于寻找人的精神家园的两种人。尼采的《归乡》写道："当钟声悠悠回响，我不禁悄悄思忖：我们全体都滚滚奔向永恒的故乡"①；海德格尔说："诗人的天职是还乡，还乡使故土成为亲近本源之处。"②罗素认为："追求一种永恒的东西乃是引人研究哲学的最根深蒂固的本能之一。它无疑是出自热爱家乡与躲避危险的愿望；因而我们便发现生命面临着灾难的人，这种追求也就来的最强烈。"③诺瓦利斯说：我们是去哪里？——总是在回家呵！哲学原就是怀着一种乡愁的冲动到处寻找家园。

---

① 转引自《读书》1986 年第 7 期。

② [德]海德格尔：《人，诗意地栖居》，郜元宝译，张汝伦校，广西师范大学出版社 2000 年版，第 69 页。

③ [英]罗素：《西方哲学史》上卷，商务印书馆 1976 年版，第 74 页。

人脱离动物界这一事实,当被原始人“第一时间”意识到的时候,在原始人眼里,那是“被抛”! 他们感受到的是残酷无情。“当人最初意识到自己与外部世界的区别时,他所感到的并不是独立的自豪,而是孤立无援、被放逐抛弃的空虚和破碎感,尤其是当他感觉到自己脆弱而短暂的生命随时都将被威力无边的大自然所吞噬所毁灭时,他更是极其恐惧”①。意识到了“被抛”,就有了返回始源性的永久性愿望。人类需要建立起精神家园,去安顿灵魂,增强生活勇气,克服心灵的空虚感、破碎感和恐惧感,抓住永恒和绝对,需要在人类心灵充满对生命之根的敬畏情感。人类的原始神话、宗教与哲学,都起过或起着这一作用。原始神话是对精神家园的直觉,这种直觉无比珍贵,即使现代化的文明人也必须向他们致敬。在现代人眼中,原始人的可爱就像成人眼中婴儿的可爱一样。婴儿与其母连成一片,简直就是母体的一部分,他以全部的生命律动去皈依其母,尽管他懵懵昏昏,全无认识,但他“看到”了安身立命之本。难怪老子要说,“我独异于人,而贵食其母”(食,养也;母,本也),“既知其子,复守其母,没身不殆”。我们大致可以理解《老子》中的“婴儿”情结了。

二是紧紧围绕生命的安顿。敬畏自然,也是为了使人的脆弱生命有所依托。因此,我们看到,原始神话全部都是围绕安顿生命而创造的,不认识这一点,就从根本上不懂得原始神话。德国基督教神学家、宗教史家与宗教现象学家鲁道夫·奥托(Rudolf Otto)认为,“神秘者”的因素中,受造感是基本的。这是一个受造物所具有的感受,与那个造物主的权能相比较,受造物感到自己卑微渺小。渺小的受造者必然对于万能的造物主产生敬畏,那是一种令人畏惧的神秘。他强调指出:

> 这种“畏惧”与自然之怕的区别绝不仅仅是程度上的,……任何自然的害怕都无法仅仅靠被强化而转变为此种畏惧。我可能极度害怕,却丝毫没有神秘的感觉。②

原始人的惧怕也是混沌的。问题是,现代人一味地从知识论一维看待原始神话中的“敬畏之心”,因而只认为那是人类无知状态的表现,到了现

① 黄楠森主编:《人学原理》,广西人民出版社 2000 年版,第 374—375 页。

② [德]鲁道夫·奥托:《论神圣》,成穷、周邦宪译,王作虹校,四川人民出版社 1995 年版,第 19 页。

代,人就没有所谓畏惧了。于是,便认为对自然的祛魅是绝对的进步,大自然就失去了圣光,成了一个仅仅供人类取用物资的仓库。实践证明,当人类走到这一步的时候,人类如果细细思量,就会感到无根的恐惧。在恐惧时回头看,原始神话中那种敬畏与虔诚,乃是安顿生命万万不能抛弃的。其实,原始人所敬畏的,还有另外一层意思,这层意思是难以言表的。笔者所说的"另外一层意思",是因"神秘"而惧怕,而且这种"神秘"并不完全是因为人类知识没有达到掌握对象规律的缘故。关于这层意思,鲁道夫·奥托发表过一种见解,他认为,如果从宗教含义看,"神秘"便是"完全相异者"(θάτερον,anyad,alienum),这个"相异者"完全超出了通常的、可理解的与熟悉的范围,因而完全落到"辨察"(canny)的领地之外并与之相对峙,使心灵充满了茫然的惊奇与惊愕。他说道:

> 这一现象在原始人的宗教的最低、最早阶段上也已被观察到了。在那个阶段上,"神秘的"意识还只是一种初期的感受骚动。这个阶段真正具有特征的东西并不——就像泛灵论要我们相信的那么样——是这一点:人在这里所关注的是那些被叫做"魂灵"或"精灵"的奇怪实体,即那些恰好是不可见的实体。①

这里已经说得明白,原始人惧怕的神秘者,主要是属于"魂灵"或"精灵"一类,这些"恰好是不可见的实体",其实到今天,人类对这些东西也只能说出个很粗的轮廓,更何况"不可见的实体"有点类似形而上内容,康德早就说过,它是知性所不能把握的。

笔者从这里得到了重要的启示,认为这里主要是要坚持两个要点。

其一,时刻牢记"大生命"的威严。原始神话里的一个基本内容就是,神秘者的"忿怒"。原始人十分害怕触怒神秘者,小心地检点自己的行为。我们可以从后起的宗教中来窥视原始神话中对神秘者"忿怒"含有警惕意识的普遍性。

鲁道夫·奥托认为,耶和华的愤怒在《新约》中表现为 ὀργ ήθεου,从《旧约》的许多段落来看,此种"忿怒"与任何道德性质无关。在其被"点燃"和被显示的方式中有某种非常令人困惑的东西。"有如一种隐秘的自

① [德]鲁道夫·奥托:《论神圣》,成穷、周邦宪译,王作虹校,四川人民出版社1995年版,第31页。

然力”,有如储存着的电力,会击中任何过于靠近它的人。这是一种“不可计量的”、“任性的”忿怒。①

神话中这种“忿怒意识”有其合理性。“大生命”是人类的类生命以及人的个体生命的总根,“大生命”不仅给予类和个体生命,而且永远控制着类生命和个体生命。人类永远都不应该企图征服自然,应该时刻保存那份谦卑心理。人类的科学技术进步应该是朝着呵护大生命方向的进步。如果认为科学进步就足以制服大自然,人类就是自取灭亡的“疯子”。其实,地球这小小星球在太阳系里,其生命还是相当脆弱的。总之,对大自然心存敬畏是人类这个孝子必须具备的德行。

其二,畏中要有敬和爱。敬畏中不仅含有对神秘者的惧怕的经验,还有另外的方面,即该经验表现为某种具有独特吸引力和令人神往的东西。魔—神对象既可作为某个惊恐和畏惧的对象向心灵呈现,同时又是能产生强有力的魅力的对象。受造物在它面前战战兢兢,但同时又总要情不自禁地转向它,除了困惑与惊慌失措之外,人还感到某种使他如醉如痴(这种痴迷常常达到极度迷狂的程度)的东西;这就是“神圣”中的狄俄尼索斯情结。

笔者想说三个重要观点。

一是敬畏中所具有的对所惧怕对象的神往,是比惧怕更重要的内容。如果人类对“神秘者”只有惧怕,没有向往,那就成了纯粹消极的东西了,如果真是那样的话,敬畏“神秘者”纯粹是人类的精神负担。而人类对“神秘者”畏之且敬之,这就有人类主观的“愿意”,它是一种“自由”,这种自由,如同道夫·奥托所言,人类总要情不自禁地转向它,甚至还要使之变成他自身的东西,也是进入他内心的某种东西,感到某种使之如醉如痴的东西。实质上,就是人类念念不忘的“终极关怀”。

二是对“神秘者”的神往不是偶然现象,乃是生命所不可遏制的冲动,是人类想要安顿生命而必须眷注的内容。它与生俱在,与时俱化,是生命的存在所绝对必需的精神追求,是人类的所谓“狄俄尼索斯情结”。

三是充溢着情感、意志等在今人看来是认识论中最缺乏的“非理性”因素。人们喜欢用“互渗”来概括原始思维的特质。所谓“互渗”,意味着认为

---

① 参见[德]鲁道夫·奥托:《论神圣》,成穷、周邦宪译,王作虹校,四川人民出版社1995年版,第21页。

万物都像人一样，是有情感、欲望与意志的，这种意识，必然导致原始人在认识中充满今人看来的“非理性因素”。他那种比附性思维、拟人化思维、放飞幻想等等，使得认识充满诗意。

三、神话认识与其他认识形式的关系

对于神话认识，还需要从它与人类其他认识形式的关系加以说明，这里的其他形式包括：日常认识、科学认识、价值认识和审美认识。

1. 神话认识与日常认识的关系

在原始社会，认识没有复杂的结构，认识就在日常事务之中，就是关于日常活动的反映，此外，不应该把神话看成是原始人类休闲的产物，原始人在那种极度惊险的环境中生存，没有享受休闲的条件，他们的神话，完全是日常生活的总结，也是用来指导过好日常生活的东西。英国人赫伯特·斯宾塞（H. Spencer，1820—1903）考察发现，澳洲、南美洲落后民族给婴儿取名常常与婴儿出生时有关的事物（如太阳、暴风雨等）相关，他认为，神话是由“语言的缺点”所导致的人们对周遭自然物的拟人化。神话问题上的进化论学派则认为，神话是以原始人类的生活经验为基础的。这一派考察神话的主要观点大致有：全人类具有共同的心理本性；各种族的文化沿着相似的路径演进；可以由神话追溯和重建人类早期的文化史。在这一派主要人物看来，原始人类普遍具有“万物有灵观”。原始人由对睡眠与死亡的经验，“类推”出人有灵魂，且可以出入人体和其他一切事物。这种信仰不仅产生了神话，而且是“从野蛮人到文明人所有宗教哲学的基础”。后起的文化历史学派试图揭示文化传播的客观规律。这一派把人类文化划分成若干文化圈，文化就在这若干圈子里扩散、传播。其立论原则是每一特殊的文化因素只在一个中心产生，倘若遇到不同地区的文化共通性现象，就用民族迁徙、交流和传播去加以解释。马林诺斯基开创了“田野工作者”的作风，深入到海岛上落后民族中，亲自体察神话。他得出结论说：存在野蛮社会里的神话，以原始的形式而出现的神话，不只是说一说的故事，乃是要活下去的实体。那不是我们在近代小说中所见到的虚构，乃是认为在荒古的时候发生的实事，而在那以后便继续影响世界人类的命运。没有重要的巫术、仪式或礼教是没有信仰的；信仰则都是编在具体而有前例可援的故事上。这其间的结合是很密切的，因为神话不只是多使我们知道一点东西的评论，乃是关于实际活动的保障证书，而且常是向导。另一方面，仪式、风俗、社会组织等有时直接引证神话，以为是神话故事所产生的结果。文化事实是纪念碑，神话便在碑里得到具体表现；神话也是产生道德规律、社会组合、仪式或风俗的真正原因。这样，神话故事乃形成文化中一件有机的成分。①

2. 神话与科学认识的关系

神话，无论看上去与科学认识是多么的不同，但是，它并不是与科学不相容的，科学认识并不是没有在神话的襁褓里待过，也不是没有吸过神话的乳汁，事实上直到今天，科学认识也还需要从神话中寻找启迪性源泉。D. B. 皮肯认为，没有神话，就不能对宇宙有一种整体的理解。没有神话的引导性的理想，就可能放弃科学的探索。

这里说的是，神话中关于创世的故事，本身就孕育了一个科学上的最高课题。

此外，我们还应该看到，有些神话故事，粗看起来很不合科学思维的逻辑，然而，仔细想来，情形却并非如此，倒是可以从科学思维上说得通的。譬如《山海经 · 西山经》中有这样一则记载：

> 小次之山，其上多白玉，其下多赤铜，有兽焉，其状如猿，而白首赤足，名曰朱厌，见则大兵。

关于朱厌"见则大兵"的观念显然是一种神秘意识，但是，关于小次之山的上部多白玉、下部多赤铜的记载，应该说反映了原始先民对地下资源的认识，或许，这种记载还体现着当时的经济活动的某种特点，譬如，或许对白玉和赤铜的使用价值可能有所认识。关于白首赤足之神兽的描述虽然笼罩着神秘气息，但也可以看做是对小次之山的资源分布状况（上有白玉下有赤铜）的象征性概括。如果白玉和赤铜在当时是活动在这一带人们的稀缺性资源（就像今日的石油一样，这样猜测也并非无稽之谈。殷商时代就有青铜，而赤铜应比青铜更易冶炼，而玉作为宝贵资源已经有悠久的历史）的话，那么，可以想象得到，一旦人们发现小次之山有白玉和赤铜，肯定会引发争夺，而争夺的结果，很有可能会引发战争。如果这样分析不算牵强附会的

① 参见［波］马林诺斯基：《巫术宗教与神话》，李安宅译，商务印书馆 1988 年版，第121—132 页。

话,那么,这则神话的逻辑性还是不难看出的。

有些神话内容直接就是歌颂人类的发明与发现的,譬如埃及神话中的尼特(Neith)、大胡地(Tahutior or Thoth)和音赫铁(Ymhetep)都有这类内容。尼特是艺术和学问女神,身形修长优雅,头上带着一把梭,因为她发明了纺织。大胡地是文字神,常常拿着一根棒去丈量土地,所以又名"测量者",他还发明了数字,记载时间。音赫铁主持医药等。在中国神话里,也有歌颂发明创造的。譬如,部落首领或英雄,往往是一些技术发明者:伏羲教人结网捕鱼,驯养牲畜,教人明婚丧嫁娶之礼,授演奏器乐的技巧;燧人氏发明钻木取火的技术;有巢氏发明建筑技术,使人类得以安居;黄帝造宝甑神鼎;嫘祖植桑养蚕;仓颉造字;神农教人稼穑,尝百草发明医药。

当然,并不是所有的神话故事都可以像小次之山这样来解读的,也就是说,并不是所有的神话都必须用科学认识那种逻辑思维来框裁的。科学认识是以逻辑思维的充分发展为前提的,而在原始先民那里,逻辑思维至少可以说很不明显。列维-布留尔的所谓原逻辑思维,其表现是他们不知道当然也就不顾及后人奉为铁律的矛盾律。譬如,被逻辑规则严格训练的我们,想问题或表达问题不会向别人发出这样的信息,某物在同一时间既在此处,又在彼处甚至更多处,某物在同一时刻既可以是单数,又可以是复数,等等。这对于我们现代人来说,是难以置信的"思维混乱",但在原始先民那里,却是十分正常的。这是不能不考虑到的现代人与原始人在认识活动方面的基本差异。造成原始先民思维的原逻辑性质的原因,说到底还是人的精神生命演化的内在逻辑。人区别于动物,首要的因素不是思维,而是生产活动。当人因能够依靠运用自己身上沉睡的自然力量活动起来,从而改造自然物,来满足自身肉体存在以及种的繁衍的时候,按照马克思的说法,此时人的意识还是"绵羊般的意识"。这种意识的重要特点之一,就是温顺地倾听大自然的话。这种意识对自身的反思,如前所述,在当时就是对梦的意识,而梦的特点的确是非逻辑的,这给原始人以一种神秘感,他们会认为神秘就是世界的固有属性,这种对神秘的无条件肯定,必然导致他们自身对神秘的崇拜。这就是笔者对列维-布留尔关于"凡是在我们寻找第二性原因的地方,凡是在我们力图找到稳固的前行因素(前件)的地方,原始思维却专门注意神秘原因,它无处不感到神秘原因的作用"的理解。

3. 神话与价值认识的关系

原始社会人类是依靠血缘纽带紧密联系的，为了整体的生存，一些被现代人视为道德规范的重要内容必须被提出来并且通行着，这是生命要存在不得不如此的。希腊神话中普罗米修斯和潘多拉这样两个善与恶的形象，明显说明了这样一个事实：神话创造者在创造这两个形象的过程中，已经树立了有利于人类生存和有害于人类生存这样一个泾渭分明的价值标准。潘多拉这个形象还具有这样一层意义：美离不开善。潘多拉无疑是美的，她是宙斯为了抵消火所给予人类的利益而缔造的美人。神祇之使者赫耳墨斯馈赠给这个迷人的祸水以言语的技能、爱神阿佛洛狄忒赋予她一切可能的媚态。于是在最使人迷恋的外表下面，宙斯布置了一种眩惑人的灾祸。他叫这女子潘多拉，意思是“有着一切天赋的女人”。这里实际上提出了外在美与心灵美的关系问题，而所谓心灵美，是按照人类当时的普遍利益去判断的，潘多拉具备了所有的外在美的资质，同时又具有每一个天上的神祇都给予她的有害于人类的“赠礼”。她的这种外在与内在的严重冲突，缘自神话创造者对于善恶的基本意识。中国神话中的尧、舜、禹的形象，作为原始社会的首领全心全意为原始部落整体服务的道德楷模，更是体现出神话创造者具有鲜明正确的价值意识。譬如，中国的神话传说执著于安谧恬适的田园诗般的生活，并且注重仁德精神的教化。这类仁德精神代代相传，成为中华民族精神的优秀遗产。

此外，各民族神话中，都有很多关于壮烈牺牲、崇高抱负、坦荡心胸、复仇意识以及战斗精神的内容，它们共同表达了原始人类在生存中对正义的追求，而正义神和自由神的创造，是原始神话具有价值意识的典型标志。所谓习俗、禁忌中有不少内容反映的就是原始人类的价值意识。

4. 神话与审美认识的关系

神话中当然包括着对人和世界的审美意识。譬如希腊神话那上天入地的想象，那曲折多变的结构布局，那众多栩栩如生的神人形象，那恢弘阔大的气势，那无比动人的情景描述，不能不说是一种令人心旷神怡的美。维柯（Gimambattisa Vico，1688—1744）把神话看成是最早的“诗”，说它赋予感觉和情欲于本无感觉的事物。这正如儿童向无生命的事物说话、做游戏一样。谢林对神话的美是从宇宙本身的美来论证的，他认为，宇宙本身具有艺术形式，因而艺术是最高级别的东西，艺术高于哲学。在谢林看来，神话的优点就是使一般与特殊浑然一体,达到所谓的"绝对同一"之境界,既不像哲学那样把对世界的把握只诉诸一般,也不像艺术那样把对世界的把握只诉诸特殊,所以,神话天然是美的。

不过,在笔者看来,诚然,神话中寄寓着很丰富的审美内容,并且,谁都不能怀疑,美神的创造,本身就标志着审美意识的觉醒。可是,正像儿童画使成年人感到有一种"稚拙美"而儿童在作画时可能只是在表达他的某种实际意见而并没有明显的创造一种美的作品的意识一样,当现代人惊奇地感受到神话的原始的、质朴的、想象奇特的美时,创造它的原始人当时未见得就有类似的审美追求。

非洲学者巴拉干(Ola Balogun)认为,对黑非洲的所有民族来说,雕刻品本身并不作为艺术品来完成,而是为着在宗教的或社会的仪式典礼中来使用它们。在这里,艺术的尺度只在形式上,而不在具有宗教或仪式目的的基本目标和内容上。德国艺术史家格罗塞(E. Grosse,1862—1927)也认为:

> 原始民族的大半艺术作品都不是纯粹从审美的动机出发,而常同时想使它在实际的目的上有用的,而且后者往往还是主要的动机,审美的要求只是次要的欲望而已。①

原始人讲神话和相信神话,直接是出于氏族、部落从而也包含个体生存的需要,是要达到物质上收获的增多或避免减少,达到人口的繁衍以及通过维系一种信仰、一种习俗、一种规范达到特定的秩序等等。这的确应该是最主要的动机。但围绕这些目的和动机,在神话的创造和再加工中,出自他们拟人化的原始心理,原始人又的确不自觉地对那些无生命、无意识的现象和事物进行了神奇的描绘,这中间包含的夸张、渲染、多变以及象征,对今人来说,的确具有美的魅力,我们由于自己的生活方式,已经早就难以体验到原始生活的真实情景和真实心理,只留下对那般生活中的神话作形式美的审美,就像成人再也回不到童年的生活世界和心灵世界,而只能对孩子们的表现进行形式美的欣赏一样。

在这里,有必要对马科斯·缪勒(F. Max Muller 1812—1881)和维柯的某些观点给予关注。缪勒把神话当成是人类语言演进的一个阶段,它继原始语言而生。原始语言阶段没有神话,只不过,原始语言中基本方法是借用

① [德]格罗塞:《艺术的起源》,蔡慕晖译,商务印书馆1984年版,第234页。

事物的具体特征进行表达，并且有很多的明喻和隐喻等修饰词加上代称以及名词的阴性和阳性等等。原始语言不过是用这样的方法来描述他们比较难以描述的普遍概念而已。后继的语言阶段虽然继续使用这些方法，却忘记了所以然，结果就笼罩上一层神秘的雾。譬如：

因为“手”和“光”是用同一个词表示的，所以闪着金光的太阳就可能被说成是长着金手的太阳。如果这句话是用来形容阿波罗或者帝释天的话，那么就产生了一则神话，正如我们在德国神话和梵文神话中所发现的那样。梵文神话向我们讲述说，帝释天的手掉了，换上了一支金手。①

他还说：

我们所谓太阳在黎明之后升起，古代诗人只能思考和表达为太阳恋爱着、拥抱着黎明。我们所说的太阳落下，对于他们则是太阳衰老了、凋谢了或者死去了。我们说太阳升起，他们则说黑夜生下一个光辉的孩子。②

缪勒关于原始语言阶段没有神话的观点是站不住脚的。迄今，我们除了知道由神话承载的原始语言之外，还没有找到资格更早的所谓原始语言，所以关于前神话的原始语言并无根据。不过，缪勒的一些叙述对于我们认识神话的美，却不无价值。譬如，原始人把闪着金光的太阳说成是长着金手的太阳，说太阳恋爱着、拥抱着黎明，说黑夜生下一个光辉的孩子，等等。使我们感到正是这种拟人化的表达手段，把人带进到一种审美意境，这对我们认识神话的魅力是有作用的。

与缪勒这些叙述大体相同，维柯也提供了一些有价值的内容。维柯认为，修辞中的比喻起源于神话中“诗的形而上学”。他指出：“隐喻格在按照上述的形而上学、赋予感觉和情欲于无感觉的事物时，它最受到人们的赞赏。”他断定，像“……用‘首’指‘顶’或‘初’，用‘眼’指放阳光进屋的‘窗孔’，……用‘心’指‘中央’之类。……天或海‘微笑’，风‘吹’，波浪‘轻声细语’……”③这类语言特色，在世界各民族神话是普遍现象，以后就逐步发

---

① 转引自郑凡：《震撼心灵的古旋律》，四川人民出版1987年版，第49页。

② See The rise of modern mythology, p. 481.

③ 转引自郑凡：《震撼心灵的古旋律》，四川人民出版社1987年版，第176—177页。

展为自觉加以运用的艺术手段。不过,缪勒断定原始人能够做到有意识地欣赏隐喻语言和自然美,这个观点似乎过于武断。从孩子口中说出“诗的语言”,但孩子却完全是不经意的,这种有口无心的现象我们随处都能见到。同样,神话最初应该是被讲的人和听的人都当成是“神圣的真实历史”的,最初的先民还没有个体意识,神话的初创就运用了所谓拟人法,不过,这只是在现代人看来是“拟人”,原创者不会有“拟人”这一观念的,万物有灵观以及互渗意识使得他们非常认真地那样去“真实地描绘”。在这种情况下,神话在传播的过程中想必是被认真地重述着的,即使有所“走样”,那也是记忆上的原因,也是次要的问题,绝对不会是刻意的“艺术加工”。只有这样,才能保持“神圣性”。只是过了很久很久,原始人类的个体意识才逐步发展起来。逐步发展着的个体意识,可能对神话的流传发生着影响,以致于在复述神话的时候,会有意识地把自己的见解添加进去。这样,原来被当成“神圣的真实的故事”的神话,就难免有了某些“虚构”的成分,就虚构的成分而言,无论是虚构它的手法还是作为产物的它本身,毫无疑问地具有艺术活动的意味了。瑞典学者赫特克兰兹注意到在印第安人的神话中有所谓“白种人的故事”(white men's stories),这显然是神话在流传中后来根据新的体验添加的,他指出:“随着时间的流逝,这些神话所具有的文学和美感的性质,更接近于虚构的故事。”他证实道:“我的调查表明,同一个神话在短暂的间隔时间之后,就被同一个讲述者以不同的看法来复述”,“在这里,讲故事者施加于本文的影响获得了许可”①。

但是,必须强调,神话被有意识地进行艺术加工,是很久很久以后的事情,绝对没有与初民同在的悠久历史。马林诺斯基根据他对活的神话的研究认为,原始人很少对于自然界有纯粹艺术的或理论科学的关心,野蛮人的思想与故事之中,很少象征主义的余地,神话不是闲来无事的诗词,不是没有目的的倾吐,而是非常实际、非常重要的关于生活的看法、体会与规范。神话的自然派解释,不但忽略了神话的文化功能,而且凭空给原始人加上许多想象的趣意,并将几种清楚可以分别的故事类型弄得含混,分不清什么是童话,什么是传说,什么是英雄记事,什么是神圣的故事——即神话。

---

① See Sacred Narrative, pp. 152 - 166.

第七章

日常认识

日常认识简称常识，是以经验为轴心的认识，经验是日常认识的总的解释框架，是日常认识的总的思维法则，是日常认识的总的价值取向。常识所认同的世界，是经验的世界，常识不能超越经验，认识一旦漫越经验就不是日常认识了。拘泥于日常认识的人，其特点是以“手边”的经验理解世界的，日常认识中的价值规范，是以经验为实质内容的。日常认识所形成的成果，就是日常经验即常识。是最广泛、最具体、对所有人都起作用的知识。

一、日常活动

在原始社会，神话活动也就是日常活动，神话认识也就是日常认识。这是由原始人类一切活动的混沌性所决定的。虽然说原始社会的日常认识涵容在神话认识中，但相对而言，原始神话中对日常活动的认识（或者叫做自觉），还是有所遮蔽的。历史发展的逻辑正是这样，被遮蔽的日常活动随着时间的推移，逐渐得到重视和发展，而神话一统天下的局面则渐渐被弱化。从历史的角度探讨日常活动，也许能开出新的视域。

日常活动，顾名思义，是人在日间（白昼）进行的活动，当然，这个顾名思义对今人来说，是很不正确的。对今人来说，所有的认识活动（笔者指的是日常认识活动、科学认识活动、价值认识活动、审美认识活动等）原则上都有可能在日间进行，所以，对今人而言，说日常活动是日间进行的活动就犯了逻辑错误。可是，在原始社会，说“日常活动”是“人在日间进行的活动”，则是完全站得住脚的。因为在原始社会，人类在白天做谋生的活动，夜间基本上就是睡眠，原始社会也没有后人所说的科学认识活动、价值认识活动、审美认识活动。前面提到过，原始神话首要地或基本地被自觉意识到的对象，便是遭遇梦这种类型的意识现象。神话是由梦所缘起的，梦对于原始人的魅力，就在于灵魂与肉体的关系的猜测，灵魂是肉体的主宰，灵魂是在万物中存在的，是对万物的控制因素。神话中所有的神秘，都是环绕着神秘的灵魂而编织在一起的。当然，这并不是说，在神话中就没有日间劳作、战斗等等经验体会，但是，毕竟那些人物和他们的业绩都还是被从神的角度解释的，其解释框架依然是以灵魂的神秘为实质和核心的。

在神话中,原始人类的日常认识呈现出这样的特点,即它必须在神秘的光晕里保存,这样,它便在神话系统里始终处于配角的地位,必然不被重视。前述关于原始人对不神秘的事物不怎么感兴趣,而把兴趣集中于他们认为是神秘的因素上的事实表明,有些日常认识十分宝贵,但它们很可能被当做类似本能的技能而传习着,实际地支撑着物质生命活动,但由于缺乏与神秘性相结合的资质而不得进入神话。中国汉民族神话的神秘色彩与其他民族神话比较起来,算比较淡雅的了,但上述特点依然明显。譬如,阪泉之战中描述的战事,有群众被充分发动起来的经验,但是这一经验必须被这样描述才能进入神话:黄帝驱赶着熊、罴、貅、虎战胜了炎帝,而不说信奉熊、罴、貅、虎的氏族,这样才能迎合原始人喜欢神秘的心理,从而有利于流行。黄帝大战蚩尤中,有运用水火的力量攻击对方、利用雾的掩盖偷袭、在雾中运用战鼓指挥作战等等经验,但统统都要涂上浓浓的神秘色彩:采用水攻要说成是黄帝令应龙蓄水灌蚩尤,而蚩尤请风伯、水师反灌黄帝;采用火攻要说成黄帝派旱魃焚烧冲天大火;利用雾天要说成蚩尤作法布下大雾;雾中使用战鼓发号施令要说成是玄女送夔牛皮鼓。而那些没有附有神明的内容,只是稍稍提到即止,如有巢氏和燧人氏。如果按照日常认识的标准,关于筑巢与钻木取火的具体技术的陈述才是最重要的,之所以被忽略了,可能是神话编造中的价值取向使然,那两项成果还没有找到神秘的色彩加以涂饰。我们看半坡遗址,一个自然村,用一条鸿沟环绕起来、室内使用上长长的烟道,烟道上睡人,这分明是有了烧炕的设计,有了充分运用能源资源的技术,从日常生活的角度看,应该是值得流传的,却偏偏没有耳闻。

日常生活管用的东西如果长期一定要用神秘的“筛子”筛过之后才能得到流传,这对社会的进步和人的发展,是一个有害的问题。毕竟神话可爱而不可信，日常管用的东西虽然不可爱，但是可信，能够现实地提高生活的质量。在信言不美，美言不信之间，人类总是要根据生存和发展的需要调整自己的选择的，我们看到，当人类跨入文明的门槛之后，就渐渐选择了信言不美。

原始人偏好神秘的内容，这当然与人类的幼稚心理有关，我们知道，凡幼稚的生灵都有一种好奇心，这种好奇心被刺激或调动，确实必须有反常态存在。在事物的反常态中，神秘性是其最高级的形式，带有神秘色彩的东西最容易引动好奇心。成熟的生灵固然也有好奇心，但引起那好奇心的原因就复杂多了，已经不再单纯地由神秘性支配了，它们受到利益追逐、求知欲等等的支配。这样，随着文明的进步，管用但尽管不那么神秘的东西，逐渐可以吸引人去注意、去研究，而相对来说，不被看成是管用的东西，会被搁置一边。这就形成了"河东河西"效应，这是主要的。另外，传播学上的考量也不是没有道理，原始社会的传播途径是口头传播，口头流传的东西必须要适合口头传播的要求，要注重可听性，而加重神秘色彩，对原始人来说，是足以久远流传的重要因素。明乎此，就不难理解，为什么神话故事一定要增添许多神性了。进入文明之后，人类精神的流传方式除了口头流传之外，文字流传越来越成为重要因素。古云：仓颉造字，天地惊变。历史地看，最能真实而久远地把人类创造的成果流传下去的方式，还是文字。文字传播也引起了人类接受心理的巨大变化，有了文字之后，人们并不单纯以神秘性为吸引力的依据，对哲理的传扬、对意境的营造、对修辞的讲究等等，也都可以成为吸引力的重要因素，甚至随着人类理性的成长，神秘性如果局限于老生常谈，反而会失去其魅力。

这样，进入文明之后，日常活动就逐渐从神话活动中独立出来了，从而日常认识也就越来越成为人类生活中主要的认识形式。

二、日常认识对神话认识的根本变革及其现存性特征

日常认识是日常活动的反映。当纵向地从神话认识过渡到日常认识之后，一种厚重的历史感令笔者选择了完全不同于现今关于日常认识的研究路向。这里，极有必要先行地对流行的关于日常认识的特征的见解作一简

要的评介。

现今关于日常认识的研究路向是静态的，而且主要是根据当今一些现象下的判语，并且主要是以科学认识为标准来框裁的。人们一般认为：日常认识是人类世世代代经验的产物，是人类在最实际的水平上和最广泛的基础上对人类生存的自然环境、社会环境和一般文化环境的适应。人类的常识犹如动物的保护色，是人类生存的一种重要手段，对人类的生存具有重要价值。

一是认为日常认识具有经验性特征。源于经验、合于经验、用于经验，总是依附于经验，对经验不具有超越性，日常认识的概念框架依赖经验表象，围绕经验表象旋转。这些话本来也没有什么错处，问题是人们在叙述中的语气往往是鄙薄、不屑一顾的。如当代捷克哲学家K.科西克指出："日常呈现为未分化的黑夜，机械和本能的黑夜"①。

二是认为日常认识具有非反思性特征。对思想及其产物反过来进行合理性追究这一点是日常认识所不能具备的。日常认识的产物，总是具有一种给予人以智慧的圣光，对这些产物的反思，对于局限于日常认识的人们来说，完全是不符合"生活逻辑"的行为。人们对日常认识产物的这种僵化态度，归根到底是与他们狭窄的生活圈子有关的。卡西尔认为，日常认识是人必须放弃的"虚幻的托词"、"小心眼儿的、乡巴佬式的思考方式和批判方式"②。而黑格尔则认为，由于世事艰辛，过安稳的日常生活已显得很难了，人们固守日常认识，生成一大批"心灵懒惰的人"。他们以为当思维超出了日常表象的范围，便会走上魔窟。那就好像任他们自身漂浮在思想的海洋上，为思想自身的波浪所抛来抛去，末了又复回到这无常世界的沙岸，与最初离开此沙岸时一样毫无所谓，毫无所得③。

三是认为日常认识具有非系统性特征。日常认识不具有"一以贯之"的品格。如瓦托夫斯基美国当代科学哲学家(Marx W. Wartofaky，1928—　)指出，这种常识性知识的特征就在于：它既不是明确地系统的，也不是明确地批判的，它有一种勉勉强强的整体性，是一种文化的共同财产，是有关每个

① 衣俊卿：《文化哲学》，云南人民出版社2001年版，第268页。

② ［德］恩斯特·卡西尔：《人论》，甘阳译，上海译文出版社1985年版，第20页。

③ ［德］黑格尔：《小逻辑》，贺麟译，商务印书馆1980年版，第65页。

人在日常生活的以便基本活动方面应当懂得的事情的一套可靠的指望。①

此外，还有学者对日常认识的特点作了另外一些表述，例如认为：常识认识的提问方式和答问方式是两极对立的：P∨Q（要么P，要么Q）。这个思维公式表达了一种非此即彼、两极对立、互不相容的思维公式。这就是以日常生活为基础的常识的思维方式。常识的价值规范和生活态度缺少辩证智慧的“张力”。简单化和绝对化，是常识价值规范的极端性的具体体现。

这些观点是值得认真研究的，其中有很深刻的见解，但也有值得深化、值得推敲之处。

承认日常认识具有经验性是应该的，但应该明确的是，这种经验性，与其说是“个体经验”，毋宁说是“共同经验”。所谓共同经验，即一种经验至少在具有相同生活经历的人群中是有着体验、感受上的共同性的。一个表达某种经验，和他有着相同生活经历的人也会有相同的直接经验，所以，只要其中一个人说出这样一个经验，就会在一个生活圈子里引起他人共鸣。

> 在常识概念框架中，人们的经验世界得到最广泛的相互理解，人们的思想感情得到最普遍的相互沟通，人们的行为方式得到最直接的相互协调，人们的内心世界得到最便捷的自我认同。②

当然，个人提出的经验也有为其共同生活圈中的其他人所不认同而引发争论的情况，但是，这种争论依然是以共同经验为标准的。由个体提出的经验所引发的争论，可能意味着对共同经验的真理性的挑战，但是，这种挑战只要不超越日常认识范围，即使具有对普遍经验的突破性价值，要想成功很难。

西方近代认识论对经验作出个体性的理解，然后发问：感性的私人性的经验如何被他者理解？这就像惠施向庄子发问“子非鱼，安知鱼之乐”一样。在日常认识中，人们是不会这样发问的。有的人把这归咎于经验不具有批判性的特征，其实不是这样。对于发问，有一个合法性追问的问题。我们可以追问，近代认识论对私人经验能否形成公共经验的发问是合法的吗？日常认识是许多人都拥有共同的生活实践基础、共同的感觉器官所感受，共

---

① ［美］瓦托夫斯基：《科学思想的概念基础——科学哲学导论》，求实出版社1982年版，第85页。

② 孙正聿：《哲学通论》，辽宁人民出版社1998年版，第58页。

同的语言表达的认识，当一个人通过共同语言表达某种感受是具有共同的生活实践基础、共同的感觉器官所感受的，别人就自然地通过共同语言接受到这种被主张的经验，别人通过自己所拥有的与那个人具有共同性的感知活动，自然就能够对那个主张加以证实或证伪。实际上，是近代认识论把一目了然的问题复杂化了，并不是日常经验本身的非反思特征使然。认识本质上是实践的，认识的可传播性就在于人们共同参与的社会实践活动天然具有联系主观与客观的纽带的功能。日常认识之所以不发问具有不可传播性的私人感觉是如何形成公共感觉的这样的问题，是因为他们在常态下，根本就没有想过一个人的感觉有什么“不可传播性”。生活实践赋予彼此感觉的可理解性。倒是近代认识论离开了实践，才发出了那样不合法的提问。经验并非在人群中具有不可传播性，也就是说，它并不具有绝对的私人性质，这种经验原本是共同的，同人的类本质一致，它具有人的类通性。

当然，应该如实承认，在日常认识中，人们对“共同经验”确乎存在着崇拜心理。在局限于日常认识的人们看来，生活完全是依靠现有的共同经验来引导的，共同经验的真理性是天经地义的，个体的认识如果忤逆了共同经验，该反省的不是共同经验，而是个别人的认识。所以，历史上不知有多少天才的见解被共同经验所扼杀。但是，人们又必须看到共同经验的好处。“共同经验”有着天生的优势，即它蕴涵着两个为20世纪后期破解认识论难题的关键性新概念——“交往实践”与“主体际”。

> 在“共同经验”中，人成为认识世界的主体，世界成为人的认识的客体，“共同经验”则作为人的“意识内容”而构成人的“世界图景”。①

孤立的主客二分的思维模式，导致极具个体性的感觉经验的传导何以可能的难题产生。其实，这种情况，大凡执著于孤立地、抽象地进行主客二分思维模式的人们，迟早会合乎逻辑地导致个体之间经验交流的“屏障”的产生。

认为日常认识是非反思的，这也需要具体分析。日常认识没有将经验作为认识的对象，就径直地、无批判地用经验来指导生活实践，就此而言，说它是非反思的未尝不可。但是，如果过于强调这种非反思性，那就会导致一个荒谬，即割断了日常认识与科学认识固有的联系。常识是人们世世代代

---

① 孙正聿：《哲学通论》，辽宁人民出版社1998年版，第61—62页。

一点一滴积累起来的，人们对它太尊视了，以致于当有人对常识提出质疑与挑战，便招致激烈的反对，这的确有“僵化”的一面。但是也要看到，捍卫常识也有功于人类认识。譬如，唯心主义在某种意义上说也是理性反思水平达到一定高度的产物，但它的有些主张（如“存在即是被感知”）就始终不能够被常识所接受。有时候，一种观点长期不能为常识所容忍，并不足以断定常识就是僵化的，也许常识的这种拒斥是十分必要的。譬如，“芝诺悖论”——飞矢不动，就难以为常识所接受，第欧根尼曾经用从房间这头走到那头的办法“批判”了“飞矢不动”，这固然说明常识对思辨的一种黔驴技穷状态，但并不意味着“飞矢不动”就是真理。后人关于矛盾即是运动，事物作机械运动时的一瞬间既在一个点上又不在一个点上的辩证观点，反过来驳倒了“飞矢不动”而捍卫了常识。可是，如果我们深刻理解芝诺这一命题原本是为着证明乃师的“estin”的，如果用作对认识中的基础主义基本信念的坚持，那么“飞矢不动”之不被常识所认可，其实是认识论中“符合说”在伸张自己的权威。这里头的是非之论，在认识论史上打了几千年的笔墨官司，恐怕还会没完没了。所以，人类在看到常识的局限性的时候，还需要在常识面前谦虚谨慎。这里就引发了一个问题：非反思的内容何以有时具有深厚的认识底蕴？其实，提出这样一个问题的前提是一种偏见，即认为只有科学认识的产物才是经得起时间检验的，才是深刻的。如果从人的生存论的角度看，人的本真存在所作出的本真见解，是具有深厚的认识论底蕴的根源。本真“不应该被看做某种从根本上缺乏现实态度的、浪漫的还原与返归情结，而应当被理解为一种对于应然的日常生活方式的朴实率真的自然态度”①。科学认识是理性发达之后的产物，在人类漫长的历史时期，理性还不够成熟，人是靠着非理性的思想活动来调整自身同周围世界的关系的。那时候，人类所积累的常识就是人类的全部精神财富，它们是一种按照逻辑致思方式的尺度衡量都不中规矩的精神活动方式。本来说一种精神活动方式不中逻辑致思方式的规矩，这并不就是不合理、无益或有害于人的精神活动或肤浅的东西，只是在逻辑致思方式被捧到精神的帝王位置上的情境中，才产生了对常识的顽固的傲慢。

---

① 邹诗鹏：《人学的生存论基础——问题清理与论阈开辟》，华中科技大学出版社 2001 年版，第 233—234 页。

常识的非系统性源于人们在日常生活中对当下性的执著。要理解日常认识的非系统性，需要对日常生活有所了解。日常生活是这样一种生活，它以经营好一己之家为核心，孝敬老人，关照弟妹，过“二人世界”的生活，养育孩子。与此相联系，搞好亲友关系、邻里关系等等。① 日常生活都是干一些琐事，人们通常用油盐柴米来形容，忙吃、忙住、忙玩、忙人情世故。这些事情不做又不行，但做好了也不是什么丰功伟业。诚然，在日常生活中，有十分重大的人生课题诸如孝道、爱情、夫妻之道、培养子女，处理公私矛盾等。人文认识等都是在思考这些重大课题中发展出来的，具有厚重的人生分量。但是，一般来说，仅仅局限于日常生活，把过日常生活当做人生唯一的、终极的目的的人们，所产生的日常认识显然是执著于当下性的。这就与非系统性结下了不解之缘。日常生活中一个特点就是亲人的话具有一定权威性，这是血缘与情感使然。但是，日常生活中亲人们所说的话，具有自发性、不稳定性、自相矛盾以及经验性特点。

还有人认为，日常认识具有形而上学性即孤立、片面、静止看问题。这缺乏具体问题具体分析。日常生活的信条是：“是就是，不是就不是，除此之外，一切都是鬼话”，这的确在“家事”范围有效。但是，科学认识也遵从这一信条。其实，在日常生活中是充满朴素的辩证法的。“一只巴掌拍不响”，就有关于两分法的认识；“百闻不如一见”，就有对直接经验与间接经验在认识中的地位的判别；“月晕而风，础润而雨”，就有对普遍联系的认识；“此一时，彼一时”，就有对条件的认识。在日常认识中，人们经常运用的“设身处地”地想问题、“退一步海阔天空”等思维方式和处理问题的方式，更多地眷注的显然不是两极对立，而是两极相通。日常认识中是具有鲜活生动的辩证法的，辩证法的土壤本来就是日常生活，不能笼统认为日常认识具有形而上学性即孤立、片面、静止看问题的特征。

哲学界看待日常认识，多看到它的消极性。例如，前面提到黑格尔说的“心灵的懒惰”。日常认识以满足日常生活的精神需要为宗旨，这既是导致它在认识系统中处于低层次、必然被超越的根源，同时也是它贯穿整个人类认识所有过程、层面、不可被弃置的根源。的确，日常生活最需要的也许不是那些高深莫测的学问，一些常识性的内容如格言或箴言，只需有生活经验

---

① 喻承久、余伦信：《人生澄明之境》，蓝天出版社2003年版，第82页。

再加上少许推论能力就可以得到,用以指导日常生活,百试不爽。就此而言,它的确有很大的局限性。

恩格斯指出:

> 常识在日常应用范围内虽然是极可尊敬的东西,但它一跨入广阔的研究领域,就会碰到极为惊人的变故。①

但是,生活实践的观点是哲学最根本的、第一位的观点,一切类型的认识,都必须以日常认识为源头活水。正如孙正聿所说,常识的价值规范是人们的日常生活的最坚实的根基,也就是人的存在方式的最深厚的根基。②

瓦托夫斯基这样指出:

> 在共同语言和共同经验的熔炉中形成的这些规范则构成了我们叫做常识的一大部分——最低限度的一套指令性概念,一个共同体用这套概念调节它的实践活动和日常活动——同时也为发展成科学的批判性常识提供了基体。③

从根子上揭示日常认识的特征,必须思考日常生活怎样从人类第一个认识样态即神话认识中剥离出来这一历史事实及其深刻意义。否则,人们谈论日常认识就会陷入空洞议论。相反,如果遵循这一路向,就会发现这里有一场笔者所称谓的"日常认识对神话认识的根本变革"。

第一,在人类历史上第一次实现了关于"真实"的观念变革,把认识的注意力从眷注神秘内容转变到眷注感性内容上来。

神话认识的直接缘起以及凭依是梦境。现代人很容易脱口而出曰:梦是不真实的。这里就有一个"真实"观念的问题。真实是与虚假相对立的范畴。认识必须以真实的存在为对象。当现代人说"梦是不真实"的时候,是在与虚假相反对的意义上使用的真实意义。譬如,某人梦见自己的房子着火了,被吓醒后,原来房子却好好的。在这里,可感知的"房子却好好的"便是真实的存在。以此判断关于"房子着火"的梦,便是"虚假"的。但是,列维-布留尔却对原始人关于真实的见解与现代人关于真实的见解有一段比较研究,他认为,原始人对于在梦中获得的知觉和在清醒时获得的知觉区

---

① 《马克思恩格斯选集》第3卷,人民出版社1995年版,第360页。

② 参见孙正聿:《哲学通论》,辽宁人民出版社1998年版,第66—67页。

③ [美]瓦托夫斯基:《科学思想的概念基础——科学哲学导论》,求实出版社1982年版,第53页。

别得很清楚。原始人是完全自觉地、完全慎重地给予一个知觉范畴和另一个知觉范畴以同样的信任。原始人相信他们在梦中感知的东西,"错觉说"是不能用个体的心理机制的简单游戏来解释的。在这里,也完全有必要考虑到集体表象,是它们把原始人的知觉和梦变成了一种与在我们这里根本不同的东西。我们的知觉趋向于抓住客观实在,并且只是这种实在。它摈除一切可能具有纯主观意义的东西,因而,它是与梦完全对立的。我们不能理解我们在梦中见到的那种东西怎样能够与我们在清醒时见到的东西处于同等地位。当这种情况发生了即将梦中见到的那种东西与清醒时见到的东西处于同等地位,我们就会认为这是极强烈的心理错觉的结果。然而,在原始人那里,并不存在这种强烈对比。原始人的知觉具有不同的趋向,我们叫做客观实在的那种东西,是与我们确定为主观因素的那些捉摸不到的神秘因素联合在原始人的知觉中。一言以蔽之,这种知觉在这个意义上说是与梦同源的。或者说,原始人的梦,乃是如同任何其他知觉一样的知觉。这是一种包含着同一些因素、激起同一些情感甚至同样能推向行动的感觉的复合。因此,做了梦并且由于相信这个梦而冒着生命危险的印第安人,根本就没有忽略这个梦和与之相似的清醒时的知觉之间的差别。这个差别对他的意义很小。在我们看来,知觉的客观实在性乃是衡量它的实效的尺度;但在印第安人的眼里,这一点只起次要作用,或者不如说,他对这一点是不感兴趣的。对我们来说是知觉的东西,对他来说则首先是和主要是与神灵、与灵魂的交往,神秘力量的交往,这种神秘力量具有这样的特性:从各方面包围着他、决定着他的命运;在他的意识中占着比他的表象的经常可见和可触的因素大得多而又不可见和不可触。因此,在这种场合下,在原始人那里是没有任何根据来把梦降低到一种不应当相信的主观和可疑的表象的地位。对他们来说,梦是一种高级的最佳的形式,在这种形式中,物质的和可触摸的因素的作用乃是最小限度的作用,而与看不见的神灵和力量的交往则是最直接最充分地实现着。

列维-布留尔指出:

对我们社会的即使是文明化最低的成员说来,鬼神的故事乃是属于超自然领域中的东西:在以这些鬼、魔力作用为一方和以由于普通知觉和日常经验的结果而认识的事实为另一方之间,存在着明确的分界线。相反的,对于原始人来说,这条线是不存在的。对原始人来说,一

> 种知觉和作用的形式与另一种形式同样是自然的，或者更正确地说，对他来说是不存在两种不同的知觉和作用的形式。……原始人的思维看不见这样两个彼此关联的、或多或少互相渗透的不同世界。对它来说，只存在一个世界。如同任何作用一样，任何实在都是神秘的，因而任何知觉也是神秘的。①

由以上研究可知，原始人的"真实观"就是神秘性，与不可触摸的神秘力量的交往乃是真实性的底蕴。在原始人看来，梦中的内容全部都是真实的。原始人没有关于梦境是虚幻的观念。梦见即真实，这是原始生活的基本信念。

日常认识所眷注的是实实在在的存在物，即是列维-布留尔所说，"我们的知觉趋向于抓住客观存在，并且只是这种实在，它摈除一切可能具有纯主观意义的东西"。日常认识无疑对神话关于真实的观念实现了一次真正意义的颠覆。在日常认识里，一切不可触摸、不可见的东西，都是不可信的。它建立起了人类有史以来与衣食住行相吻合的真实观，它为人类认识的发展提供了或曰找到了真正的对象——感性活动或曰现实生活。当然，它在其初期，难免要表现为"消极直观的反映论"所宣扬的那种信念。

可以把神话认识看成是认识的起始阶段，它追求认识神灵，达到与之交往的阶段，是缥缈的形上境界。日常认识把认识拉回到实实在在的生活，以人的生老病死为轴心，这是神话认识的否定阶段，提供人生存的实用智慧与本领。这个否定阶段十分重要，有了它，才有以后的否定之否定阶段，即科学认识阶段。科学认识是从日常认识的母体中发育出来的更高级阶段，它具有向神话认识那样追求认识非感性的内容，但却是建立在日常认识所提供的坚实基础之上，它追求对客观规律的认识。但是，它在追求客观规律认识的同时又接受了日常认识执著当下的局限；它在否定神明的时候，又失却了对自然的敬畏，离开了生命对本原的眷注。对于神话认识来说，科学认识变神秘性为抽象性；对于日常认识来说，科学认识变感性客观性为理性客观性。从这个统一的否定之否定过程来看日常认识，就会认识到，前面所评介的关于对日常认识的特征的看法，还没有触及它的应有地位。譬如，人们往往关注日常认识与科学认识的断裂，实际上，科学认识所具有的重视实证、

---

① ［法］列维-布留尔：《原始思维》，丁由译，商务印书馆1981年版，第60—61页。

重视逻辑演运等重要特征,正是日常认识在否定神话认识过程中形成的,科学认识是在日常认识基础上,对日常认识的规范和完善。

第二,日常认识从神话认识一统天下的格局中独立出来并代替神话认识原有的地位,暗含着价值认识的存在与发展。

日常认识并没有也不可能是在克服神话的局限性的基础上对神话认识进行颠覆的,它只是把神话认识的旨趣悬置起来而已。神话认识以梦为认识对象其实是一个高深的课题,别说是日常认识对梦无能为力,就算是当代科学,也难以拿得出像样的理论来。这样,日常生活肯定无力围绕认识梦本身所必然延伸出来的理性来判断其中的是非。人类解决这个问题的智慧是"存而不论",类似孔子关于敬鬼神而远之的立场。这里暗含着一个问题:以什么为机制导致人类疏远神话认识转而青睐日常认识呢?笔者认为,这机制就是价值认识。价值认识是通过评价来达到要不要这样或那样去认识的认识。神话认识主导了人类认识活动几万年,在这几万年里,人类的实际进步相当缓慢,即使总结与神灵打交道的情形,也总是除了猜想还是猜想,出现了可爱与可信的矛盾。然而,人类总是要总结经验教训、不断调整自己的价值选择的。人类的价值选择总是受支配于生存实际需要的利益指向的,因此,在人类的发展中,尽管还没有能力对神话所追求的那些高深莫测的神秘性作出评说,但趋利避害的本能要求人类应该另辟蹊径。实际上,原始人类绝不是"坐而论梦"的,总要解决生老病死等十分现实的问题,在这过程中,已经积累起了相当丰富的经验。过去,人们的兴趣在于与神交往,所以这些经验有很多由于过于"平凡",缺乏神话的笼罩而难登神话认识的"大雅之堂"。但是,一旦人们调整了价值选择,这些经验积淀就成了宝贵的财富。从重视神话认识到重视日常认识,其间肯定发生过相当复杂的价值评价活动,只是我们难以见到这些被永久尘封起来的东西了。有的也只是神话中流露的星星点点的信息。例如,希腊神话中的伟大英雄阿喀琉斯在冥界回忆起叱咤风云的战斗生涯,悲痛地说:"我宁愿在阳间活着当长工,也不愿意去统治整个阴间世界",这就是一个典型的扬日常生活世界而抑神灵世界的价值评价。在中国的传说中,也有不少关于不恋天堂恋尘世的动人传说。中国的传说包含着对地理环境、世俗生活的深沉的爱,与西方神话视人间为地狱,一心向往天堂迥异。中国的传说着意地美化人间,它要神祇们纷纷思凡,那势头到了不惜冒犯天条、置遭万劫不复而不顾的地步。

中国的传说中的“爱尘世”传统表明中国人爱他们栖居的山山水水，一草一木。从这些星星点点的信息中，可以大胆猜测，在神话认识热被日常认识热所逐渐取代的过程中，应该有一个关于价值认识的兴盛并对关系到人类生存的价值选择发生重大作用的历史现象发生。

第三，日常认识带来了思维方式的重大变革，使人类重视思维的实证性与逻辑性。

神话思维是不讲究逻辑的，一个神灵，可以在同一时间既在一个地方，又在其他很多场所，原始人的思维中不顾及矛盾的现象普遍存在。但是，在神话认识中，思维的逻辑性也不是没有，只是被神秘性所覆盖。列维-布留尔的专著《原始思维》中就有例子可佐证。例如，原始人害怕自己的影子被别人踩了，但他们在晚间却可以放心大胆地走路，对于这种现象，他们的解释是：晚上所有的神都同太阳一起补充能量去了，所以人们尽可放心走路，而不必担心影子被踩的问题。何以见得所有的神都去补充能量了呢？原始人提供的证据是：早晨事物的影子最长，那一定是补充了一天所足够用的能量。又如，某些部落信奉一个信念：人身上佩带了什么符就可以刀枪不入。一个青年带上它做试验，结果受了枪伤。巫师对此解释道：这个青年违反了禁忌，昨天行房了，亵渎了神灵，所以不灵验。青年承认确有其事。这两个例子表明，在神话认识中，还是有追求可解释性的意识的。日常认识张扬了这种可解释性，它重视思维对真实因果关系的遵循，重视对一个结论的可感知的见证，重视对一种见解的自圆其说。科学认识在这方面的特征当然要高于日常认识，但路子却是由日常认识开拓出来的。现在的人们只是看到科学认识之于日常认识的“胜于蓝”的一面，却看不到它原有“出于蓝”的一面。

根据以上分析，可以得出一个结论：作为神话认识的对立物的日常认识，最根本的特征应该就是现存性。把认识坚定地置于现实存在的基础上，这是日常认识的第一原则，它甚至要求做到连耳闻都得打上问号，所谓“眼见为实，耳听为虚”以及“百闻不如一见”，就是它的座右铭之一。现存性包括两层意思。其一，在时间意识上，它相对地淡化既往和未来，而眷注当下。当下的问题是认识聚焦的焦点，人的一切智慧都要以解决当下存在的问题为转移。不过，不能因此就认为，日常认识拒绝既往与将来。日常认识对历史也是相当尊重的，尤其是被在日常领域反复证实过的历史经验，它甚至珍视到了保守的地步。但问题是，它对历史经验的珍视仅仅局限于为当下服务的务实性，谈不上具有深邃的历史眼光。太过于理性地审视历史事件，这对日常认识来说，成了沉重的负担，它难以承受超越立竿见影的思考。日常认识也不是拒绝谋划未来，人无远虑，必有近忧，也是日常认识的重要原则，只是它凭借的是经验的推测，因而在识度上有欠缺。但是，日常认识在拒斥神话认识的同时，也相当程度地淡化了终极关怀，它过于眷注初级关怀的情结已经使得它的确显得短视，它平素所害怕出现的寅吃卯粮的现象，总是一再重复着。原因也还是它乏于用理性的力量穿透现象层面的重重迷雾。其二，所秉持的确定信与不信的唯一尺度，是当下有效的经验。当下有效经验是对神话认识云里雾里玄谈神明的反动，是浓郁的玄想压迫下出现的强劲反弹，这种反弹的强劲势头，唯有优良哲学才能止得住，科学表面上似乎使人感到具有遏制日常认识这种势头的能力，但是，科学实际上做不到这一点，它同样也有这种势头。日常认识与科学认识这种同一的势头，都要在优良哲学的引领下才能遏制。

三、日常认识的形成、形态、主要问题

实际上，以上内容也都涉及日常生活的形成、形态和主要问题，但比较笼统，这里需要详尽讨论。日常认识从神话认识中逐渐独立出来，它只是变革了神话认识眷注梦而猜测事物背后的神秘内容这样一种认识形态，它依然在一定程度上保留着神话认识某些重要特点。

日常认识直接以日常生活为其形成的基础。怎样从事正在进行中的物质生产，如何认识和对待自然界经常发生的灾害，如何追求爱情，如何孝敬双亲、养育子女，如何与周围的人相处，建立一种和谐的关系，等等。这些内容，基本上给日常认识圈定了范围，它们具有频发性、平常性、重复性的特点。

频发性是指这些事情时时处处存在，对生活在其中的人来说，它们就像影子一般伴随着，喜怒哀乐，皆从中来。它们具有直接制约人的肉体生命的现实重要性与紧迫性。其中，当有些事情发生时，几乎容不得深思熟虑，必须凭急智处置。例如，灾难突如其来，对灾难的认识以及依据此种认识发起的行动，具有不容沉思而又不能回避的特点。频发性的生活事件，固然有成

就人的生活智慧的优越性,但也存在着阻碍人生智慧提升的弊端。由于频发,人们就不得不疲于应对,这样的生活环境就养成了寻求简单快捷、急于求成、满足于“知其然”等习惯,这便是日常认识具有当下性特点的重要依据。

平常性是指日常认识的对象一般都属于“家事”范围,虽然每个人都要处理,但它们毕竟十分琐碎,成也好,败也罢,通常不是什么了不起的事情。平常性与频发性相结合,就生发出一种矛盾,即重要性与不重要性的矛盾。频发性意味着认识它们具有重要性,而平常性又意味着它们具有不重要性。不重要性使得沉入日常认识的人们很难出思想家、科学家、美学家、艺术家、伦理学家等精英,而重要性使得任何真正的思想家、科学家、美学家、艺术家、伦理学家等社会精英都不得不极度尊重千百万劳动人民创造的日常认识成果。

他们自己过日子也得借重日常认识成果,否则他们就处处出乖露丑。重复性是指这种认识基本上是周而复始重复进行、具有封闭循环的特点。这些认识活动所指向的对象是如同太阳东起西落那样永久重复的,人们对这些事情的认识达到了“知其然”的境界,便可以在重复性发生的这种活动中,总是显示出“适用”、“灵验”的效果,久而久之,人们也就安于这种只“知其然”的认识境界,似乎也看不到在“知其然”之上还有境界提升的必要了,故尔囿于日常认识,人往往容易平庸。这种平庸的实质在于失却对超越性的自觉。

如果说，频发性与平常性相结合，生成了日常认识的重要性与不重要性的矛盾的话，那么，频发性与重复性相结合，就生发出日常认识对自身的否定性，而平常性与重复性相结合，则生发出日常认识对自身肯定性，这一否定自身与肯定自身的矛盾，构成日常认识中进取性与惰性的矛盾和冲突。

人类的认识要克服日常认识的矛盾与冲突,单靠在日常认识本身寻找方法是不行的。就个体认识主体而言,一个人身受频发的、平常的、重复的对象的困扰,几乎疲于奔命。历史上,长期受生产力水平低下和难以满足肉体存在简单需求的双重局限的困扰,主体很难超越日常认识的范限而升华其认识。我们可以举庄子和刘天华为例。诚然生活中有像庄子那样经常穷得揭不开锅盖,还豁达大度、从容地判天地之大美的;诚然也有像刘天华那样饱尝人间酸楚却以音乐为生命的,这样的典范表明,身处逆境而要使精神飞翔,就必须自觉地把生命的肉体存在压低再压低,以不死为限度,这就等于自动放弃日常生活中很多很多的需求而专事某种境界追求。但是,这个代价对多数人来说,是付不起的!多数人不可能为了某种境界的跃升而像庄子那样即使家无粒米、妻小嗷嗷待哺也不为所动,也不可能像刘天华那样不去恋爱和生儿育女。对于多数人,男耕女织已经很累了,已经使他们心力憔悴了。哪有闲工夫思考更深沉、更具有普遍价值的"大问题"?由此可见,人类的认识超越日常认识的范限,不是单靠精神现象本身的力量就有所作为的,归根到底,这需要生产力发展到一定的水平,使得社会分工具有了现实的必要性与可能性,使得有条件升华人类认识的"精英",可以不从事日常劳作而享受着比普通劳动者优越的物质生活。另外,从事劳作的广大群众的精神状态和知识水平也要有一定的提升,从而对"精英"们的认识活动提供必要的社会支撑。在这样的条件尚未形成之前,人类的活动显然受着日常认识的支配,从而发展缓慢。

日常认识的加工对象是人们在日常活动中形成的直接感受。这一点表明了日常认识在起点上是完全正确的,确保了它的生命力。作为一种精神现象,直接感受属于一种社会心理,它是集认知、情感、欲望、意志于一身的混沌状态的精神现象。日常认识对这种初级社会心理的加工不是系统的,它是根据现存的实际需要从中进行取用的。

关于日常认识的基本形态,还极少有人研究。笔者从亚里士多德的《形而上学》中,获得一些有益的启迪。这一颇具启迪价值的言论如下:

> 现在,人从记忆积累经验;同一事物的屡次记忆最后产生这一经验的潜能。经验很像知识与技术,但实际是人类由经验得到知识与技术;……
>
> 从经验所得许多要点使人产生对一类事物的普遍判断,而技术就由此兴起。作成这样一个判断;加里亚沾染过这种病,于他有益,苏格拉底与其他许多病例也如此,这是经验;但作成这样一个判断:所有具备某一类型体质的人沾染过这种病,例如粘液质的或胆液质的人因病发烧,都于他有益,——这是技术。……我们认为知识与理解属于技术,不属于经验,……(我们认为一般工匠凭习惯而动作,——与非生物的动作相似,如火之燃烧——趁着自然趋向,进行各自的技能活动,

对于自己的动作是不知其所以然的)……①

受亚里士多德上述言论的启发，笔者认为，日常认识具有以下基本形态。

一是指导操作的有效性习惯。这是一种长期实践积累起来的感悟性的认识，它是日常认识的最初形式。例如，长期接触某种对象，只要一举手一投足，甚至只需要看一眼其颜色，听一听其声响，就能解决特定的问题，其有效性往往极高。在这里，主体对对象的直觉起到妙不可言的作用，以致于主体本身也说不清个中真昧。它不同于主体掌握了某种"诀窍"，因为"诀窍"属于扬弃客观的主观，而这种有效性习惯就连主体本身都说不清楚是怎么一回事情。这就是亚里士多德所说的"与非生物的动作相似，如火之燃烧——趁着自然趋向，进行各自的技能活动，对于自己的动作是不知其所以然的"的那种状态。

二是指导应对问题的经验。按照亚里士多德的说法，经验属于对操作对象的"要点"的掌握，即"经验所得许多要点"。经验是记忆积累到一定程度产生的飞跃。如亚里士多德所言，"同一事物的屡次记忆最后产生这一经验的潜能"。由于多次重复实践，当相同的实践对象出现后，就十分自然连通了先前成功遂行同一类活动的记忆，那种记忆的实质是操作这类对象的"要点"。显然，经验已经扬弃了纯粹受制于对象客观状态摆布的状态，已经抓住了实际操作的"要点"，已经具有了"自由"的意味。但是，经验离不开具体对象，它极具个体性和不确定性。

三是操作技能。这里所借用的是亚里士多德对"技术"的说明。他指出："从经验所得许多要点使人产生对一类事物的普遍判断，而技术就由此兴起"。这就是说，技术把经验当成是自己的支撑点，它就在一系列支撑点中寻求一种联系，把它们贯通起来。这不是若干经验的简单相加，而是对经验之间联系的把握。不过，"技术"这个词直到现在还在广泛使用，并且早已与科学的应用过程相联系，成为科学物化的重要中介环节。鉴于这种特定背景，改成"技能"为好。

四是指导相对长远性思考的生活哲理。日常认识在生活实践中也积累起了对于生活的比较深刻而长远的思考的成果。他们的具体表现形式是多

① ［古希腊］亚里士多德：《形而上学》，吴寿彭译，商务印书馆1959年版，第1—2页。

样的,其中主要是一些流传悠久,被很多人笃信与践履的经典话语,譬如箴言等等。它们中有浓浓的哲理味,让人回味无穷,在待人处事的关键问题上能够为人指点迷津,受益匪浅。但它们本身还不是哲学的,而是日常的。

五是指导有序生活的规范。认识成果除了给人以实践工具之外,很重要的一项职能就是规范现实生活,带有明显的价值认识色彩。譬如,“与人方便,自己方便”,“冤家宜解不宜结”,“行善延年,为恶折寿”,等等。在这方面,日常认识往往有某种回到神话的情结。例如,“头上三尺有神明”,显然利用了神话中的神秘感来劝诫人们慎独。这方面的规范,有不少起到维持社会稳定、人际和谐、引领个人健康发展的作用。这些规范都是时代的产物,既具有超越时代局限的普遍价值的内容,也带有难以与时俱化的东西。当然,在阶级社会,也难免带有阶级性。

日常认识是每一个时代、每一个人都必须从事的认识。为了正确地进行日常认识,有必要认清其中的几个主要问题。

第一,敏于经验而昧于反思。日常认识几乎把人的全部智慧集中到获取经验上来,经验是实践的初级产物,其随时的可检测性、瞬即的有效性以及广泛的认同度等等,都足以吸引人们以追求它为荣,甚至为此而轻视其他的认识内容。在这样的背景下,十分明显,只是习惯于日常认识的人们是很难以经验为反思的对象的。反思经验要有怀疑经验的勇气,否则就无法对经验进行前提批判。历史上,为了反思一种被奉为经典的经验,往往要付出重大的代价,有时甚至是血的代价。譬如,日常认识认为地球是中心,太阳围绕地球转动即东升西落,布鲁诺为了对这一认识进行颠覆,就付出了生命的代价。

第二,明于“善其事”而蔽于“利其器”。古云:工欲善其事,必先利其器。这是理性思考的结果。表达了工具对于谋求事功具有先决性和长远性的价值。关于这一点,日常认识也是有共识的,如,人们有“磨刀不误砍柴工”的体会。但是,日常认识更眷注成事而相对地遗忘了利器。我们知道,思维方式是认识的“器”,任何一个命题,总是通过特定的思维方式形成的,但是,日常认识对思维方式却不怎么太过关注,它只关注命题本身。这是日常认识不如科学认识的重要体现。

第三,长于具象而短于抽象。日常认识的运思过程中,离不开具体事物的帮助,具体事物往往对日常认识的成果起到“助产婆”的作用。反过来,日常认识对于抽象性就比较笨拙了。现实中,如果给老百姓普及某种科学知识,为了达到普及的目的,传播者往往被告之,要用通俗易懂、喜闻乐见的方式,于是就不得不打比方,把抽象内容用形质内容表达出来,这里固然有老百姓不具备必要的知识背景的问题,但的确存在着不善接受抽象内容,养成了依赖具象性的事物接受知识的习惯。

第四,喜于观察而恶于实验。观察与实验虽然都是认识事物必要的手段,但实验比观察更具有主体的能动性,更具有改变事物自发状态,使事物按照人的意愿以某种典型的样态呈现在人的面前,以便让人能抓住事物的内在联系的优势。这是一种比较高级的带有准变革事物性质的认识途径,但这显然是囿于日常认识所难以企及的。日常认识不仅不能企及这种途径,更在于,囿于日常认识的人们往往在情感上就不喜欢实验。因为,实验那种对精确性要求,对严格条件的要求,是习惯于日常认识的人们感到既麻烦又大可不必的事情。相比起来,他们更喜欢观察,但这是基于经验指导的肉体官能的观察,不是科学认识意义上通过精密仪器进行的那种高、精、准的观察。实际上,这是一种消极直观,旧唯物主义的反映论可能与日常认识的这个问题大有关系。

由以上分析可知,日常认识固然为人类生活所必不可少,它在解决日常问题时诚然有不少优点,但它确实有自己的局限性。这种局限性使它难以独自承担人类生存和发展需要的重任。因此,一方面,它自身需要不断地完善;另一方面,人类还需要发展出其他的认识形式来弥补日常认识的不足和缺陷。

第八章

科学认识

科学认识是对对象之必然性的认识，它的成果是以概念为基本单元组织起来的体系。科学认识鲜明而集中地体现了人类的力量，是人类的一种重要的认识活动。在当今，人类越来越离不开科学认识。近代以来，人类所创造的文明可以说主要取决于科学认识的进展。在今后，人类仍然要依靠科学认识的不断发展来满足不断增长的物质文化需要，提高生存与发展的质量。就是解决当今人类共同面临的全球性危机问题，也还是离不开科学认识。

一、科学活动

科学活动是人类以探索事物发展规律为目的的活动，相比较其他认识活动——日常活动、价值判断活动以及审美活动——而言，科学活动肯定是相对晚出的。也就是说，在人类很长一个时段，主要是依靠日常活动、价值判断活动以及审美活动生存和发展的，那时并没有科学活动，或者即使有，也是处于初级阶段。这个道理并不难以理解，在人类产生之后的相当长的时间里，完全可以依靠对事物现象的认识所获得的经验来指导自己的行为，处理人同环境的关系。这时候，社会实践并没有表现出对事物发展规律把握的多么迫切需要。

或许有人会提出不同的看法，认为在中国的夏代，就有了《夏小正》（这里仅是举例，至于是否在夏代真有此事，以历史学家的研究为准），有了天文知识，而制作农历对于农业生产和人民日常生活是紧密联系的，怎么能说科学活动为古代社会所不迫切需要呢？对于这样的诘难也不难回答，那种对太阳的观测固然属于科学活动的内容，但没有达到科学活动即探求事物发展规律的活动的水准，仍然是日常经验的积淀，其积极意义是为后来的天文学提供了大量原始资料，但它本身还不够资格作为天文科学活动，因为即使是从事这类观测的人们，观念上还停留在天圆地方等等直观和猜测的水平上，其探索在主观上根本就没有关于地球与太阳内部联系的意识，更遑论开展旨在揭示其内部联系的活动。

科学活动的出现是与人类力量的壮大过程相联系的。在生产力发展到一定阶段，人类日常经验的积淀发生了质的飞跃，人类再也不能满足于对整个世界作生动直观的描述了，希望得到对事物清晰的理解。所谓对事物的清晰认识，就是深入到事物内部去揭示其内部联系。要做到这样，必须把所要认识的事物从世界的总联系中进行适当分离，这就是所谓“科学领域”产生的依据。没有这一分割，科学活动便难以开展。这里引申出一个问题：由于科学活动是以在思维中分割世界为存在前提的，那么，这种活动的成果无论发展得多么可观，它是达不到完整的世界观水准的，虽然它本身是形成完整的世界观的必不可少的手段或途径。世界观是对世界的总的看法，这种总的看法，并不是通过先将世界大卸八块，把每一块弄清楚了，再拼装起来就能够奏效的。世界不是机械地组装起来的，认识世界也不等于是对世界的拆零与组装。人类既需要完整地把握世界，又需要详细地认识世界的每一部分，前者是除科学认识之外别的认识存在的理由，后者是科学认识存在的理由。认识论的使命在于寻找到它们之间真实的对立统一关系，使其相安互补。

由于科学技术对社会发展的作用越来越重要，科学认识的组织化程度也越来越高，在当今，科学活动早已不限于民间范围，它已经成了国家行为，已经有专门的上层建筑机构来组织筹划一国的科学发展。当今国际竞争越来越依赖于科技竞争，各国都调整竞争的战略，把发展科学，提高自主创新能力，作为重要的战略目标。

科学活动的基本要素有：主体、对象、工具。

主体是指处于一定社会关系中并从事认识活动的人，人既是认识活动的承担者，又是实践活动的担当者，并且首先是实践活动的担当者。正因为首先是实践活动的担当者，才能扬弃其认识活动之承担者的潜在性，成为实实在在的认识活动的承担者的角色。没有实践主体，认识主体就失去了生存基础、认识客体和认识条件，也就不成其为认识主体。主体具有十分丰富的含义：

其一，作为个体人的主体。实践的承担者首先表现为一些活生生的个体人。这些人具有非常实际的生存和发展的利益，有复杂的情感、欲望、意志、兴趣、爱好，有适合于从事某种实践活动的特长与不具备从事某些实践活动的弱点，具有一定性质和水平的素质（科技素质、人文素质、专业素质、心理素质），既有的认识结构（思维方式、科学知识、价值观念等，这种认识结构是社会历史地造就的，是本人在特定的认识环境中获得的）等等。个体人主体的这些复杂特点综合起来决定其实践活动的主观指向，确定其开启或不开启、自觉开启抑或被迫开启特定实践活动的实际状况。从上面分析可知，个体人主体具有一个基本矛盾，即实践范围和实践能力不能满足其生活的需要之间的矛盾。个体人主体有实践偏好，有不具备某些实践活动的弱点，有不开启特定实践活动的主观愿望或实际能力限制等等，因而，个体人主体的实践范围必定是比较狭窄的。但是，个体人的生活需要却是多样化的，即使很简单的生活方式，也具有多样性，至少是个体人主体不能完全依靠本人的实践活动成果来提供。这一基本矛盾会贯穿到人类始终，不会因为消灭了由私有制引起的社会分工那种“职业痴呆症”而消除。人就其现实性而言，是一切社会关系的总和，这一论断表明，个体主体的需要，永远离不开他者。真正的“一个人的实践”是绝对不存在的。甚至就连个人的需要本身也离不开他者。这一原理，决定了个体主体必定被锁定在“互主体”中。

其二，不同级别的“集体主体”。法律上的“法人”，实际上表示的是一种“集体主体”，但认识论上的“集体主体”更为宽泛，大到国际社会组织，小到家庭。“集体主体”与个体人主体最大的不同之处，在于它扬弃了个体人主体将自身投入何种实践活动的主观性，对个体人主体在社会实践领域的分配具有一定的操控能力。因为，个体人只有进入某种“集体主体”，才具有从事实践活动的现实性，而一旦进入某种“集体主体”，就获得一种社会角色规定，进入一定约束系统，个体人主体的有目的有意识的行为就必须与该“集体主体”集体的有目的有意识相一致，不管他情愿还是不情愿。我们经常说的“个人服从组织”、“少数服从多数”、“下级组织服从上级组织”等等，充分反映了这种特点。个体人主体要想使自己的意志获得“集体主体”的资格，就必须谋求财产权、决策权、话语权等等。

其三，社会关系体系。从词义上说，社会关系体系本身当然不属于“主体形态”。但是,社会关系本身是各种复杂主体相互依赖、相互影响、相互制约的产物,这种关系背后是谋求各自利益的单个人和群体。改动一种关系,本质上是调整主体在实践中的位置和实际利益。根据从社会关系认识人的基本原理,社会关系体系当然要放在主体来理解,这也是从主体理解相关哲学问题的要求。这里要强调的是,要把个体人主体作为认识主体的本位,尽管个人离不开集体,但集体的价值在于满足多数个人的需要。马克思反复谈论有血有肉的个人,也谈到“虚假集体”,他憧憬的共产主义本质上是自由人的联合体。透视个体人主体,我们看到,利益直接决定实践活动的指向性;认识结构和实践结构决定认识方式及其结构;精神素质即情感和意志,以及信念、理想、习惯、本能等各种非理性的心理因素对认识活动起着导向、选择、激发和调节等等重要作用。

对象是指主体认识活动所指向的事物。所谓指向是构成性的。它缘自生活的需要,也就是马克思所说的人的“无机的身体”。所以,它意味着从主体方面理解人的活动所指向的事物,而不是像机械唯物论者所想象的那样外在于人。这是笔者以“对象”这个概念代替“客体”这个概念的原因。对象有三个特点:

第一,对象相对于实践来说,是对人生成着的,不是与人分离的存在者。虽然我们的思想使我们相信在我们的现有的认识范围之外有物,但这本身就是一个悖论,认识之外有物,曰自在之物,或物自体。但是,既然知道认识之外还有物,岂不表明它们进入了认识?倘不进入认识,何以知其有?我们确定一认识对象,这是缘自实践的生成过程。从归根结底的意义上说,物质世界中哪些事物能成为认识的对象,什么时候能成为认识的对象,决定于主体的实践活动及其发展水平。任何事物都必须理解并定义为“在生活中的某物”而不仅是“在自然中的某物”,任何事物都按照它的社会位置以及该位置的社会关系来定义。于是,“名”定义的是某个社会位置的价值以及它在关系网络中的意义,而不是知识论上的一组摹状词(descriptions)。[①] 第二,客体在认识活动中接受主体的观念改造。主体首先要(当然是依据对对象规律的把握)对对象进行观念的改造,按照主体期待的方式呈现在头脑里,然后,主体才发动实践活动,追求将头脑里的“存在物”外化或物化为

① 参见赵汀阳:《没有世界观的世界》,中国人民大学出版社2005年版,第18页。

感性的存在。第三,对象在人的实践活动面前具有可塑性。"劳动产品"毫无例外地都是对象被塑造的证明。在实践面前,对象一定是可塑的,如果对象不可以被塑造,改造世界就根本说不通。不过,对象固然可以被人的实践所塑造,但是被塑造后的对象对人的生命存在是福是祸,那就由不得人了。我们可以这样那样地"塑造"山或湖甚至可以把臭氧层塑造成"筛子",但是,在做了某种塑造后,它是甜果还是苦果,我们都得吞咽。在今天,人类的确有"塑造"对象的"意志自由",但同时必须对由此带来的后果承担责任。对象的外延十分广泛,有物质性的、精神性的、社会性的对象等等。人自身也可以是认识的对象,人的认识活动和实践活动也可以成为认识的对象。就认识论而言,首先关心的当然是对象是否可认识,就价值论而言,我们必须承认对象的可知性,否则人类便没有理由、没有意义进行认识。但是哲学史上长期存在着可知论与不可知论之争,对此,也不能简单地从价值论立场来宣布怀疑论与不可知论的终结。多数人倾向于认为,由于反映论肯定认识能够与对象相符合,因此,这一肯定就内在地包含了可知论。从欧洲哲学史看,不可知论有过高尔吉亚的怀疑论、休谟的怀疑论与康德的不可知论等有代表性的形态。高尔吉亚认为:无物存在;即使有也无法为人所把握;即使可以为人所把握也不可能把它说出来。休谟的经典话语是:"除了影像或知觉而外,什么东西也不能呈现于心中"①,而知觉形成的原因是无法知道的。康德承认有"物自体",认为主体以时空形式和一套范畴获取和整理感觉材料,追求对"物自体"的认识,但却陷入了"二律背反"。结论是,认识无法达到"物自体"。作为认识理论,不可知论侧重审视认识的内容和认识的能力,意味着对认识的反省的重要性已经被自觉意识到了,是认识走向自觉的重要标志。其重大意义在于所表现出来的否定性方式、所提出的带根本性的问题对于推进人类认识的反省具有深刻的作用。不可知论的基本结论是不符合实际的,也是消极的。对科学认识来说,它会严重阻碍科学的发展。但是,对于科学认识来说,不可知论将会劝导人们学会谦逊一些,这却不是消极。理性可以合乎逻辑地推出某些课题来,而人类却永远解答不了。譬如,某人的理性告诉他,他必定是由某两位具体的雄性、雌性猿人传下来的后代,如果把这个寻根作为一个科学认识的课题,肯定也很有价值,然而,

① [英]休谟:《人类理解研究》,商务印书馆1972年版,第134页。

这个课题是不会有结果的。在这个意义上，我们必须承认不可知，以避免发动无用的激情从事不结果实的认识活动，从而把我们的精力投放到有价值而又有现实的而不是抽象的可知性的认识活动中去。

工具是主体凭以认识和改造对象的中介。主体与对象是通过工具达到具体的对立面的统一的，没有不以工具为中介的主体与对象，即使简单到“只几块石头磨过”的猿人，也要凭借几块石头而成为主体。工具有硬工具和软工具之分。硬工具是有形的工具。从来源上看，硬工具无非是原初对象被主体从不同方面、不同程度上施加作用于其上之后发生的变态。工具既是主体之外的客观事物，又凝结着主体的精神，是对象化的产物，本身兼有主体和对象的双重性品格。从性质看，硬工具无非是人的“天赋工具”的发展。人的天赋工具就是与生俱来的工具，五官是天生的感受器，手和脚也是天生的活动工具。只使用天赋工具的，是本能，善于人工发展工具的，是智慧。但是人工制造的工具，在性质上乃是天赋工具的发展。从作用上看，硬工具既把主体释放的能量传导给对象，又将对象的相关信息输送给主体，主体对象化和对象主体化的转换依靠工具而实现。硬工具可以根据不同的标准进行分类。软工具是无形的工具，主要功能在于规整和推助我们思维。逻辑法则——形式逻辑法则和辩证逻辑法则都是规整我们思维的软工具，一些创新性思维虽然也有规整思维的一面，但主要对思维起推助作用，如普朗克常数、引力常数、阿伏伽德罗常数等等，运用它们，我们就可以简便运思环节。利用某些计算机软件程序，可以减轻思维中的负担。整个工具系统，无非可以划分为主要用于改造事物的工具与主要用于认识事物的工具这样两大类。一把铁铲主要用于改造世界，乘法口诀主要用于认识世界。当然，这种区分只具有相对的意义，电子计算机既有认识事物的功用，又有改造事物的功用，当主要用于储存和加工处理信息时，它是认识事物的工具，当主要用于操纵航天器、机器人进行改造事物时，它是改造事物的工具。现实生活中，不少工具既有认识事物的功用，又有改造事物的功用。

二、科学认识对日常认识的扬弃及其抽象实在性特征

关于科学认识的特征，哲学界基本上将其概括为逻辑性、系统性、解释

性、规范性、自我批判性、语言的人工性等等。

一般认为，科学是关于普遍必然性的知识，源于经验又超越经验，既以经验的积累为前提，更以科学自身的发展为前提，表现为具有严谨的逻辑性和系统性、普遍的解释性和规范性的各种概念体系。在科学的概念框架中，概念之间以其相互规定为前提而获得自我规定，以其相互理解为前提而获得自我理解，以其相互批判为前提而获得自我更新。因此，科学区别于常识的本质特征，在于科学概念框架具有区别于常识概念框架的特殊性质。

有学者指出，从认识对象上看，科学认识以自然现象的本质和自然规律为对象；从认识主体上看，从事科学认识的人被称为科学劳动者，科学劳动者作为科学认识主体的一个特征是专业性；从认识工具上看，它在科学认识系统中处于从属主体的地位，科学认识的物质手段正在向着高、精、尖、自动化发展，特别是由于微型计算机的广泛应用，使科学认识的物质手段越来越智能化了。科学认识的思维工具大体包括科学语言、科学方法。科学语言是一种人工语言，最显著的特点是确切性。①

瓦托夫斯基则十分看中科学语言，他说：

> 科学已经创造了十分严格和优雅的人造语言，但是，它这样做时，还是不得不讲述我们共同的自然语言，并把在我们的普遍语言和理解中所表示的世界跟出现在科学对话的非常语言和理解中的世界联系起来。②

这些概括都有一定道理，但依笔者看来，对科学认识根本特征的概括，还是产生于对它的历史叙述之后为好。如前所述，重视实证、重视逻辑、重视精确，这些特点原是日常生活在从神话分离中首先开拓的认识路向，这一荣誉，原本该归属于日常认识。因此，认为实证性、逻辑性、精确性是科学认识的特征，并没有真正体现科学认识的特殊属性。认为科学认识具有系统性与语言的人工性当然有一定道理，但是，进一步分析就可以发现，这样的说法并没有一语中的。科学认识的系统乃是概念的系统，科学认识语言的人工性，乃是围绕概念运作形成的，乃是抽象性使然。此外，科学认识当然

---

① 参见舒炜光主编：《科学认识论》第一卷，吉林人民出版社 1990 年版，第 31—37 页。

② ［美］瓦托夫斯基：《科学思想的概念基础——科学哲学导论》，求实出版社 1982 年版，第 5 页。

追求着对客观实在的把握，不过，它追求的是对抽象实在的把握。因此，抽象实在性才是科学认识的根本特征。

科学认识从完整的感性表象出发，以概念作为逻辑起点。概念作为同类事物共同性的抽象，已经蒸发掉这类事物的丰富的感性特征，把它的共性浓缩到自己的观念里。科学工作者使用一整套科学上的逻辑手段去开发、去展开、去提炼，从而构成一个对应于感性事物系统的理论体系。并且坚信，他们所揭示的规律系统支配着所对应的事物系统，所创立的理论体系能够指导人们有效地变革事物达到预期目的。

日常认识从神话认识中独立出来，它悬置了对梦求解以通神明的追求，把认识置于饮食男女等现存的感性实在基础上。实现了人类历史上"实在"观念的伟大变革。与此同时，它强调了思维对逻辑的遵循。这些，都被科学认识所继承与弘扬。科学认识比日常认识更讲究可实证性和合逻辑性，甚至按照科学认识的标准，日常认识在实证与逻辑方面，根本就不合格。真正值得我们注意的是，日常认识在悬置梦境的同时，也疏离了抽象，它几乎就视抽象为"不实在"。科学认识却坚持追求抽象实在性。早在古代希腊，科学认识就为自己定下了追求抽象实在性的目标，长期追求的结果，塑造了科学认识之抽象实在性特征。不过，科学认识中的所谓"抽象"，是要构建用来描述世界的一套概念系统。这里，实在就变成了"世界图景"。科学认识之实在，就是这世界图景之实在，是概念系统之实在，是符号化之实在。正是这种对符号化的追求，才造就了科学认识的语言人工化特色；正是由于抽象的需要，正是概念负有覆盖实际研究对象以及理论构造本身必须满足逻辑自恰性的根本要求，才生发出系统性。

不过，需要指出的是，在科学认识内部，长期存在着实在论与反实在论的斗争，而且直到今天，两方面仍然是旗鼓相当。这一事实是不是对笔者所断言的科学认识具有抽象实在性特征构成了威胁呢？回答是否定的，它没有也不可能对抽象实在性构成威胁。实在论的基本信念是，我们语言中的概念名词，是有所指的，其指示的对象是实际存在的。但是"实在"这个概念比较多义，也容易引起歧义，科学认识要求概念明确而准确，当在澄清"实在"的过程中，就发生了不同观点的碰撞。但是，在科学认识领域，并不否认存在着一个被我们感知着的真实世界。反实在论所反对的是某种为它所不认同的"实在论"观点，而不是反对"实在"。譬如，反实在论者范·弗拉森所反对的是那种把世界描绘成科学图画，并不认为不存在我们所感知的世界这种“实在”。从资料归纳，科学认识中的实在论同反实在论之争，主要表现于以下两个方面：

其一，关于“本体论承诺”的是与非。奎因在他的《从逻辑的观点看》中提出了“本体论承诺”，说某物存在时的“某物”是一个术语，所指示的实际对象之存在或不存在问题，乃是一“本体论承诺”问题。实在论认为，承认一个理论有说服力和不可约性(irreduible)，就合理地包含着承认这个理论所假定的那些实体；[①]成熟理论的基本术语是指称实在的客体和事件的，而理论定律则在符合的意义上是真正关于那些客体的，尽管只是近似地真。当这些定律为真时，就表达了某种客观的必然性，这种必然性只能由实在的本质和相伴随的活动力来适当地解释，或者通过因果活动的本体论解释来说明。[②] 反实在论认为，术语并非全部都有指称，一部分虚构的术语究竟指的是什么，是否真的存在相应的实体，是不得而知的。某些术语所对应的对象是变化着的，有些时候可以理解为实在的，有些时候则不能做这样的理解。在当代物理学与量子力学中，本体论承诺往往因科学家注意力的转移而有所改变。在本体论承诺问题上，在宏观领域，反实在论并不怀疑理论描述着客观世界，但是在微观领域，却存有疑虑。

其二，关于“真理”的是与非。实在论主张，科学理论总体上是真理性的。一般认为，理论预见的成功，说明理论是指称真实存在着的实体的。检验理论之是否真理的标准乃是实践的成功。故能够指导实践成功的理论与事物之间具有一致性。反实在论者不能认同这样的观点。有的追问什么是成功；有的则认为，严格地说，大多数理论还没有得到高度的可确证性就被后起的理论取代了，按照成功标准，就等于宣称这些理论都不是真理，这样的话，实在论就达不到证实自己主张的目的。反实在论者还论证说，不少并非是真理的理论，反而曾经很成功。如，以太说、燃素说等，都成功地解释了相关的自然现象。

可见，关于真理问题上的实在论与反实在论的争论，归根结底是认识和处理理论与实践的矛盾、认识成果的确定性与不确定性的矛盾的分歧，是科

---

① 参见 E. Mackinon: Scientific Rerlism: The New Debates, *Philosophy of Science* 46, p. 501。

② 参见同上书，p. 502.

学认识上对于真理的不同意见的交流，都没有否认那个客观实在。二者都没有挑战科学认识论的抽象实在性特性。就此而言，用“抽象实在性”来概括科学认识的特征，是不会有问题的。科学认识的前提就是坚决承认有一个客观存在的世界，它的确不是由人的心灵所创造的，科学认识的使命就是要从不同的角度、方面、层次，去破解这个“实在”之谜。科学天生就是与迷信作对的，拿掉了“实在”这个特征，就无科学认识可言。但是如果仅仅强调实在性，那还不能将科学认识与日常认识区分开，因为日常认识是最讲实在的。科学认识与日常认识关于实在的理解，主要是重点的不同，日常认识倾注那当下的、可触摸性的、感性具体的实在，而科学认识则倾注那作为本质与规律的实在，它们是无形质的，因而是抽象的。

三、科学认识过程

科学认识对对象从思维上进行抽象，又在思维上进行整体建构，最后获得对对象的规律性的认识，这就是科学认识过程。科学认识在本质上是形而上学的即孤立的、静止的和片面的。关于这一点，恩格斯早就指出过了。恩格斯认为，古希腊朴素辩证法虽然正确地把握了现象的总画面的一般性质，却不足以说明构成这幅画面的各个细节；而我们要是不知道这些细节，就看不清总画面。为了认识这些细节，我们不得不把它们从自然的或历史的联系中抽出来，从它们的特性、它们的特殊的原因和结果等等方面来分别地加以研究。这首先是自然科学和历史研究的任务。并且指出，这样的精确的自然研究，只是在亚历山大里亚时期的希腊人那里才开始，而后来在中世纪由阿拉伯人继续发展下去。而真正的自然科学只是从 15 世纪下半叶才开始，从这时起它就获得了日益迅速的进展。

> 把自然界分解成各个部分，把各种自然过程和自然对象分成一定的门类，对有机体的内部按其多种多样的解剖形态进行研究，这是最近 400 年来在认识自然界方面获得巨大进展的基本条件。但是，这种做法也给我们留下了一种习惯：把自然界中的各种事物和各种过程孤立起来，撇开宏大的总的联系去进行考察，因此，就不是从运动的状态，而是从静止的状态去考察；不是把它们看作本质上变化的东西，而是看作永恒不变的东西；不是从活动的状态，而是从死的状态去考察。这种考

察方法被培根和洛克从自然科学中移植到哲学中以后，就造成了最近几个世纪所特有的局限性，即形而上学的思维方式。①

恩格斯上述言论对于我们揭示科学认识的本质具有重要的指导意义。首先，他肯定了科学认识的合理性，认为“把各种自然过程和自然对象分成一定的门类，对有机体的内部按其多种多样的解剖形态进行研究，这是最近400年来在认识自然界方面获得巨大进展的基本条件”。其次，他指出科学认识的本质特征就是“把自然界中的各种事物和各种过程孤立起来，撇开宏大的总的联系去进行考察，因此，就不是从运动的状态，而是从静止的状态去考察；不是把它们看做本质上变化的东西，而是看做永恒不变的东西；不是从活动的状态，而是从死的状态去考察”亦即我们通常所说的形而上学性。最后，他明确表示，科学认识的特征本当不是哲学认识论的特征，只是由于培根和洛克把它“从自然科学中移植到哲学中”的，明确表示这是“最近几个世纪所特有的局限性，即形而上学的思维方式”。

既然科学认识是属于“我们不得不把它们从自然的或历史的联系中抽出来，从它们的特性、它们的特殊的原因和结果等等方面来分别地加以研究”②的活动，我们就必须遵循“不得不”的状态来讨论科学认识。本来，主体具有我们上述的丰富性，但在科学认识那里，就“不得不”将主体的丰富性加以蒸发，剩下人这个概念。本来，对象与人不可分离，是对人生成着的对象，但科学认识却“不得不”将对象抽象成处在主体“彼岸”的“客体”。主体要绝对摒弃主观性而纯粹客观地观察、试验、思考，纯粹客体以及纯粹逻辑便是科学认识之主宰。并且，这种纯粹客体还是被从事物的普遍联系的链条中割断了的存在物。之所以要这么做，为的是获得对事物纯粹状态下的本质及内部联系亦即规律。人类应允许这么做，但是不要忘记恩格斯说的“不得不”。

科学认识过程，从认识事物的角度看，有感性认识和理性认识两个阶段；从实现认识事物到改造事物的目的看，有从感性认识到理性认识、从理性认识到实践的两次飞跃。科学认识将日常认识作为自己的低级阶段吸收进来。

---

① 《马克思恩格斯选集》第3卷，人民出版社1995年版，第734页。

② 同上书，第733页。

作为科学认识阶段的感性认识，是从直接的感觉出发，通过感性直观和记忆的办法，形成知觉和表象，在观念中生产出对应于实存的对象的完整表象。在这个阶段上，主体显然也在努力使用其先前具有的理性能力，整理着感性材料，但是，由于认识只能表达表面联系，就此而言，认识归于感性认识阶段。这样，在科学认识的价值天平上，日常认识的全部成果，充其量不过是科学认识的铺垫，它需要这个低级阶段，在它看来，那些东西的作用，是科学认识即理性认识必须充分占有的"材料"，是待抽象的东西。虽然止于这些东西，科学将会窒息，但倘没有它们，理性的产物将是对客体的歪曲的反映。科学认识从思维上分割这个阶段的感性认识，有感觉、知觉、表象，感觉是对事物某一单个的方面、部分等的反映，是主观对对象的最直接的反映产物；知觉是对事物诸方面、部分的整理，通常也叫做感觉的复合；表象是人离开对象之后，能够通过记忆而在观念上呈现对象的知觉。其实，这也是思维对感性认识的分割，现实生活中，这三者并没有严格的时间上的继起性，更没有空间上的并存性。当人一接触到对象，几乎是即感觉、即知觉的，至于表象，由于在离开对象后是在脑子里浮现的，似乎它可以有滞后性，但实际上那是因提取信息这种行为的滞后而已，至于信息的储存，应是即感知、即储存的。生活中，人们是以获得关于对象的完整的经验为原则的。相对于这个原则，如果觉得对对象的某个局部或细节把握得不够，就把注意力调动到那个细节和局部，进行认识上的强化，如果感到对对象整体感的把握还不够，就注重加深整体感；如果感到记忆上对某个方面尚不牢靠，就针对问题进行注意力的分配。人的理性有理由提出，我们关于事物的感觉与事物本身是一样的抑或是相对符合的呢？我们也有理由作出否定的回答。因为，譬如我们看到的东西，并不完全是那个东西，是那个东西以可见光为媒介，同我们的肉眼发生关系，又通过神经路线传到中枢神经，在这个复杂过程中，不能不"走样"，所看到的那个东西，可能舍掉了它本身的许多内容(譬如它本身具有的为我们所不可见的波长等等)，又附上了某些内容。但是，我们却没有理由因为这些问题就否认我们对那个东西的视觉的真实性。如果我们日常只能以这种途径去看，只要我们的视觉能力是正常的，并且所有的正常视力者在相同的情况下看的情形是一样的，我们就有理由说"真实"。至于这同一个东西在精密仪器里所呈现的不同于肉眼里的形象，那也是"真实"，这两个"真实"并不矛盾，它们是不同层次的、跟不同实体发生联系而形成的"真实"。在这里,必须承认物本身与物的感觉是有差别的同一。整体知觉并不是对对象各部分、各片段的感觉的机械整合,它是主观对对象的能动的整合。其间有创造、有幻觉、有错觉,它们与具体人的生活经历、生理、心理密切联系着。表象也不是知觉的机械再现,表象是记忆的产物,记忆总是抓特征,无论多么强的记忆能力,都是对对象作总体的勾勒,不可能事无巨细包揽下来。鲁迅说的"梦里依稀慈母泪",其实,岂止在梦里?任何人当其回忆慈母落泪的时候,相对于在母亲身边看她落泪的清晰性而言,总是"依稀"的。

作为科学认识阶段的理性认识,是从完整的表象出发,采取思维抽象的办法,创造出概念体系,再在观念中生产出对应于实存的感性具体的思维具体。在这个阶段,主体显然仍然在凭借感性的材料,努力进行精神生产。但是,由于它的起点在表象之上,一开始就表现出对感性的扬弃的势头,所以,它已经进入理性认识阶段。在这个阶段,从思维上分割,有概念、判断、推理。概念是对同类事物共同的、一般的特性的反映。概念是一个复杂的系统,有些概念所反映的是一类事物的深刻的本质,有些则反映的是事物的不甚深刻的本质,有的则并不反映事物的本质。但是,总的来看,概念应当被表述为:从感性材料中概括出共同的本质的思维活动的产物。如果概念所概括的是事物深刻的本质,它自身就表明了对事物认识的深度;如果概念所概括的是事物不甚深刻的本质,则它自身就表明对事物本质的认识不甚深刻;如果概念歪曲地表达着事物的本质,则它自身表明对事物本质的认识有误。概念与概念在理性认识中的地位是很不一样,整个理论体系都是由概念构成的,有的概念处于核心地位,有的则不是那么重要。在概念体系中,那种成为构建理论体系的逻辑质点的概念,是该理论体系的生命之基。该概念如果是准确而深刻的,则有可能创建成一种深刻的理论体系;如果它是不甚准确不甚深刻的,则在它的基础上构建的体系会不甚深刻;如果它不反映事物的本质,则建立在它的基础上的理论体系就难以抓住事物的本质。英国古典经济学的劳动价值理论中的劳动是含混的,因而其理论体系就不甚深刻;马克思劳动价值论对劳动进行再分析,区分出具体劳动与抽象劳动,以抽象劳动作为自己构建劳动价值论的质点,就深刻揭示了商品价值的本质。并且为剩余价值理论的创立奠定了基础。判断是对于事物之间的内部联系和关系的反映,是对事物是什么、不是什么以及具有怎样的属性所作出的定位，在逻辑形式上，表现为概念之间的一定的联系或关系，因而是对概念的澄清。推理是由已知合乎规律地导出未知的反映形式。推理在逻辑形式上表现为判断之间的一定的联系或关系。概念是思维的细胞，是构成判断、从而也是构成推理的基本因素，概念通过判断来澄清以获得规定，也依赖推理立起来、活动起来。概念、判断、推理这套逻辑运思，并不是起于科学认识，它是日常认识所广泛使用的，只不过日常认识并没有自觉到而已。以概念为例，冯友兰先生认为，抽象是人类精神生活中所必不可少的东西，离开抽象，不但不会有什么理论，连话也不能说了。使用概念，是日常认识经常的事情。

> 客观世界的各种事物，一方面千差万别，同时又具有共同的属性，这种客观存在着的共同的东西，就是概念的原型。客观世界的各种事物，一方面互相区别，同时又存在着内在的联系或关系，这种客观存在着的联系或关系，就是判断的原型。客观世界的各种事物，都是一个发展过程，不同过程之间存在着一定的联系，并在一定条件下互相过渡或推移，这种客观存在的各个过程间的推移，就是推理的原型。客观事物和过程的本质、关系和推移，又是相互联系的，所以，反映它们的各种理性认识的形式也是不可分割的。①

日常认识对概念思维熟视无睹，也不重视概念思维的训练。我们看，古希腊的辩证法是从日常生活中的一种基本交往现象——论辩中发展起来的。苏格拉底在与人争论中，所追求的是概念的澄清。那些最初对自己的主张确信不疑的人们，在他执著要求澄清概念的不断反诘下变得十分尴尬，不得不承认自己的无知，那就是关于日常认识局限的写照。我们还可以看到，在日常认识中，不自觉地偷换概念，犯谓项中包含主项的错误，犯"四名词"错误等等，比比皆是。日常认识的这些问题表明，日常认识是难以进一步将认识深入到事物内部中去的。在日常认识难有作为的地方，科学认识大有用武之地。科学认识将认识带入理性认识的新境界。它直指事物的内部联系，并且这种指向性是无止境的，因为事物之间及事物内部的内在联系是无穷的。

科学认识将由感性认识到理性认识作为其认识的第一次飞跃，这次飞

① 肖前、李秀林、汪永祥主编：《辩证唯物主义原理》，人民出版社 1981 年版，第 334 页。

跃的目的是达到对事物规律性的认识。是去粗取精、去伪成真、由此及彼、由表及里的认识。但是,科学认识还强调第二次飞跃,即由理性认识到实践的飞跃。这一飞跃反映的是如何用理论指导实践的问题。在这次飞跃中,如果理论的内容和实践的内容都是符合社会进步和人的全面发展的具体的历史的要求的,那么,理论与实践的理想结局应该是双赢:实践通过理论的指导克服了盲目性,提高了自觉性,获得了规范性,提高了效益;理论在付诸实践的过程中接受到检验,得到了充实和完善,也进一步得到新的课题,拓展了发展的空间。

在由感性认识上升到理性认识的过程中,为了追求对事物纯粹本质或纯粹普遍性的认识,有两个"不得不":第一个是"不得不"舍弃丰富的感性内容或非必然性的联系或关系。第二是"不得不"创造严格的环境条件(如实验装置)制造出在自然状态下几乎没有可能自发地出现的东西,譬如核聚变。

科学认识的静止、孤立、片面的特点投射到人们对科学知识的继承和发展的基本路径上,这就是现在大学里的学科专业设置以及由此培养的"专业人才"。实际上这也是一种"不得不"。科学的高度分化(当然也有高度综合),已经使得人类告别了产出"百科全书"似的人才的时代,就此而言,现代大学所培养的"不得不"是在科学的某一方面的人才,亦即片面的人才。

但是,当人们要直接行动的时候,所面对的却是一个整体的感性实在,一个具有多方面规定性的具体整体。曾经在思维中被舍弃的那些被认为并不重要的内容,在实践中却是无法舍弃、不得不认真对待的。曾经在分学科专业培养出来的人才,其背景知识,都难以独自应对复杂的对象。譬如,一个超大型的水利工程建设,实在是无法全部由水利电力专业的师生、专家学者去承担的,它涉及方方面面的人才,甚至人文社会科学方面的人才也不可或缺。现实情形是这样的:

> 人们在一定的世界观指引下,把多种自然科学、社会科学的知识综合运用于同一个具体对象,获得关于它的尽可能完整的整体性的认识,并用这样的认识去指导实践。①

---

① 田心铭:《认识的反思》,人民出版社2000年版,第289页。

实际上是这样一种模式:人才的培养依然是“不得不”分门别类地进行,实践使用时就必须按照成事的客观要求,进行人才的所谓“最佳组合”,这仍然是一个“不得不”。但这个培养——使用过程,的确是一个机械地拆零(分门别类地培养)——拼装(组合起来使用)的形而上学过程。笔者要提出的是,这虽然是一个具有历史和现实合理性的“不得不”,但我们必须由此认识到科学认识的局限。

另外,我们通常说理论指导实践,我们这样说的时候,又通常把这里的理论仅仅理解为“本本”中表述的那种纯粹的理论,如果这样认识,就不能与教条主义严格区分开了。应该认识到,够资格指导实践的那种理论,是具有普遍性与特殊性相统一的理论。在这种理论中,原有的写在本本上的纯粹本质反映的理论并不是不重要,只是不可以径直地去对实践进行指导,而是作为普遍原理,指导人们进行贴近对象特殊性的研究,进一步把对象的特殊矛盾及其发展规律揭示出来,达到一般与个别、普遍与特殊的统一。因此,在理性认识向实践飞跃的过程中,人们不是从理论出发的演绎式认识路线,而是要坚持一切从实际出发,实事求是的认识路线。

由理性认识向实践飞跃,一个很重要的环节是建构好“实践观念”。所谓实践观念,就是主体用于规范、约束、引领和指导实践的系统构想。由于是构想,还止于观念领域,所以还称之为“观念”。但这种观念又不同于只陈述事物本质及其规律是什么的观念内容,它具有积极扬弃观念的主观性质,开出对象化路径的倾向、意欲和意志。它眷注实践的目标、实现目标的途径、方式方法和步骤以及相关的对策性研究。其形式有:规划、计划、实施方案、施工图以及相关制度法规,等等。一个好的实践观念,应该设计到对终极关怀的正确理解,对价值认识的正确运用,有不俗的审美认识水准,等等。应该是懂得按照任何一个种的尺度来进行生产,并且懂得处处都把内在的尺度运用于对象;因此,人也按照美的规律来构造。

但是,合乎人性的、体现人与大自然和谐相处的实践观念的建设,不是科学认识单独就可以胜任的,目前,人们有一种天真的想法,以为把这么重要的问题托付给科学认识就放心了,因为科学认识的结果是科学,只有科学才能解决这样的问题。其实不然,科学认识解决的是认识的合规律性,而合目的性却是一个相当复杂的大问题,有人类中心主义的目的性,有笔者所主张的大生命观视域的目的性。在短视浮躁的所谓目的的误导下,即使再合规律的内容,实践中的结果也会被扭曲成在大生命视域中极不合规律的东西。因此,理想的实践观念需要在大生命观的统摄下,综合科学认识、价值认识、审美认识来缔造。

决策是选择实践观念的核心内容,是第二次飞跃的核心。在一个具体的实践活动尤其是大规模的、耗资巨大、历时长久、影响深远的实践活动中,实践观念往往在可能性上是多样的,但只有一种是可以付诸实践的。如何选择,就成了第二次飞跃的核心问题,这就把决策推到了极致。实践从来就是社会实践,由社会担当实践的主体的等级越高,则风险就越大,上升到国家级层面,决策之福兮祸兮,怎么说也是重中之重。决策更要求决策者具有深厚的哲学素养、有深厚的人文底蕴、有渊博的科学知识。它也要求民众尽量如此,民众是支撑决策者和制约决策者的重要力量,民众的综合素质对决策起着重大的作用。而决策如何民主化,又关涉到民主政治建设、关涉到法治建设等等重大问题。当然,抵制与克服决策中的任性,科学认识是具有特殊重要作用的,可行性论证、科学实验等等,是消弭感情用事弊端的良方。

实施实践观念是第二次飞跃的实质性手段。决策之后,就是实施。任何实践观念,只要不实施,就没有实质性地扬弃其主观性,而唯有实施才开始了由主观向客观的过渡。实施的完成乃是观念物化的完成。在实施中,三个东西同时接受着检验,它们分别是:纯粹理论、实践观念、决策。最理想的检验结果是对它们都是充分的证实,也就是我们经常爱说的“实践充分表明”。但即使是这种理想状态,也还是能够暴露出它们原有的无损大局的瑕疵,带来它们的深化。在实施中,还有喜忧相参的情境,因为在决策中就已经会遇到面临不得已而为之的难处,它往往只能在两害相权取其轻的原则下进行决策。这样,其害的一面便在实施中渐渐呈现,对于这样的问题,实施中的关键是控制其有害的一面的性质和范围,只能使其被控制在决策时的“不出所料”,这样才能在原先的“锦囊妙计”中与有害问题展开博弈。超出意外,只要不是由不可预料且不可抗拒因素引起的,原则上是决策的失误,那时就需要最大限度地遏制有害趋势的增长。倘能如愿,决策便得以拯救。实施中也可能带来决策时未曾预料的危害,这原则上也是决策的失误,在这种场合,就要衡量决策可不可以修改,大改还是小改,各有怎样的弊端,要不要从根本上放弃决策,成本代价和消极影响是什么,等等。

总结是第二次飞跃的最后环节。这里所说的总结,还不包括在实施的每一小阶段、小环节的随时总结,这里说的是观念物化完结后的总结,它是一个大工程,是对全部飞跃的反思。没有这种反思,即使第二次飞跃是成功的,那也只是粗放型的飞跃,也还是局限在知其然不知其所以然的境地。总结需要提高理性化水准,首先要在基本理论上有新拓展,避免只在操作层面徘徊,使总结限于肤浅的经验之谈。总结要超越科学认识,注重识度的深邃,情怀的拓展,人文精神的积淀、文化品位的提高。总结还要注重对教训的深刻分析,尤其是在成功的状况下,更要冷峻地分析教训。

总之,在第二次飞跃中,一切从实际出发,实事求是,理论联系实际,是其正确的思想路线和准则;高屋建瓴地设计实践观念是其重要内容;决策是实质和核心;精心实施是其根本途径;总结是其向更高的主观境界升华的途径。

四、科学认识的思维方法

科学认识具有便于揭示对象本质及其规律的一套方法。在现有的科学认识框架中,主要有逻辑思维方法,近些年增添了创新思维方法。

所谓逻辑思维方法就是自觉运用逻辑思维规律进行思维的方法。包括归纳与演绎、分析与综合、抽象与具体、逻辑与历史。在人类关于思维方法的认识中,逻辑思维方法是最早引起注意并研究得比较成熟的,在亚里士多德的《逻辑学》中,基本框架就形成了。欧几里得几何学则是成功运用逻辑思维中的部分方法的典型案例。

归纳与演绎是在思维中解决一般与特殊矛盾的方法。科学认识必须由特殊到一般,又由一般到特殊,适应这一需要,思维必须采取归纳与演绎方法。归纳是从特殊的事实中概括一般性结论的思维方法,其路径是特殊——一般。演绎是从一般原理中得出特殊的结论的思维方法,其路径是一般——特殊。当然,从特殊到一般不仅仅靠归纳,同样,从一般到特殊也不仅仅靠演绎。

在科学认识中,许多概念、假说、理论的诞生,都与使用归纳法有关。人们通过观察与试验而获得大量经验,然后归纳这些经验材料,找出带共性的内容。归纳法的优点是注重事实,以事实为依据。但是,这并不表明由归纳方法得出的结论就是必然的，恰恰相反，其结论很可能是或然的。归纳法得出的结论如果要确保必然性，就需要符合完全归纳的条件，但完全归纳的条件在实践中是很难满足的。很多对象在其所包括的领域内的个别性，对于我们来说，是没有穷尽的，有的是不可能穷尽的，在这样的场合，我们不得不对之作不完全归纳。不完全归纳往往比较脆弱，一个意外的例子就足以致结论于死地。完全归纳固然保证结论的必然性，但既然已经穷尽了一个范围内所有个案，所得出的结论又有什么更多的信息量呢？因此，从知识的价值说，通过不完全归纳法所得出的结论要大些。但它又那么或然，“它的似乎是最可靠的成果，每天都被新的发现所推翻”①。

演绎法是逻辑证明的重要工具。如果其大前提、小前提正确反映了事物的本质及其规律，推理的形式正确，那么，引出的结论就是可靠的。演绎是构造严整体系的重要工具。所谓逻辑严密，少不得成功的演绎。欧几里得几何学从几个公理绵密地演绎出一门学问，其精美性令人叹服。但演绎也有明显的局限。演绎结论的真需要前提为真，而这样的前提并不是演绎自身所能够提供的。此外，演绎推出的结论所反映的特殊性是很有局限的，不能指望靠演绎就可以解决具体实践中的认识问题。中国新民主主义革命时期出现的教条主义，多有将通过演绎得出的结论当做金科玉律的毛病，结果拿来指导革命，则害了革命。认识由特殊到一般，由一般到特殊的转化，决定了归纳与演绎必定要相互转化，以便克服各自的缺陷，达到优势互补。西方认识史上唯理论者显现出重演绎、轻归纳的弊端，经验论者则显现出重归纳、轻演绎的弊端。

对象是一个系统，是整体与部分的统一体。整体由部分构成，而部分只有在整体中才能如其所是地存在。人的认识总是由认识部分到认识整体、由认识整体到认识部分的。在这个过程中，形成了综合与分析的思维方法。综合是在思维中将对对象各个部分的认识统一起来，揭示其整体性的本质和规律的思维活动。其路径是部分——整体。分析是在思维中将对象之整体分解成各个部分分别地考察，其路径是整体——部分。需要强调的是，分析将对象的整体分解为各个部分加以考察的目的不是罗列若干方面，而是要分出那构成这一对象的本质性的内容，这些内容能够将各部分联系在一

① ［德］恩格斯：《自然辩证法》，人民出版社 1971 年版，第 205 页。

起。譬如,当将人分析为有语言、有思想、从事生产、个人与个人之间有丰富的联系性等等,如果到此为止,那就是罗列,还需要指出人怎样从事生产活动,他就是怎样一个人,由此分析到"一切社会关系的总和"这样的深度。这样,就把上述各个部分贯通起来了:语言和思想是社会的产物,生产是社会性的活动,人与人之间的联系性都是社会关系的表现形式,等等,这就深入到关于人的本质性内容。正是在这个意义上,恩格斯才认为,我们用世界上的一切归纳法都永远不能把归纳过程弄清楚,只有对这个过程的分析才能做到这一点。在科学认识中,分析方法已经相当发达了,有定性分析、定量分析、因果分析、矛盾分析,等等。定性分析旨在判定对象的诸要素、属性;定量分析旨在判定诸要素、属性的数值与数量关系;因果分析旨在判定一果的可能原因及其相互关系,或一因的可能结果及其相互关系;矛盾分析法是根本的分析法,是对立统一规律的运用,旨在判定对象所具有的矛盾系统——主要矛盾、次要矛盾、矛盾的主要方面与非主要方面以及这种复杂格局中的内在联系。

综合是在分析的基础上,从思维中按照对象固有的内在联系而重组对象整体的方法。例如,人们将资本分析为产业资本、商业资本、信贷资本、地租等,明确了诸种形态资本的特殊情形,在此基础上进行综合,就可以达到对资本的本质即能够带来剩余价值的价值的认识,这样就达到了对于资本的多样性与统一性的认识。人们所面对的对象往往是复杂的,亟须对其各个方面的本质加以综合,只有这样,才有可能比较全面、系统地认识对象。就这个意义讲,综合比分析更加深刻。分析与综合是相互依赖的,分析是综合的基础,综合是分析的完成。但是,无论是分析,还是综合,都必须严格依循实事求是的思想路线。

抽象与具体要比归纳与演绎、分析与综合更深刻,它包括了对象自身的部分与整体、共性与个性、本质与现象、多样性与统一性等等问题。

在认识过程中,人们最开始面对的都是十分具体的对象,它使我们感受生动却难以有深度理解。要扬弃这种表面性,就必须诉诸思维抽象。就是运用分析方法,把对象的本质方面与现象方面从思维中分隔开,从而排除纷繁的现象因素的干扰,眷注本质性的问题。它从多样性的对象整体中抽取某一方面的本质规定进行认识。譬如,从货架上的任一物品,我们只抽取其商品的本质,又从商品中只抽取其价值而舍去其使用价值等等。马克思把思维抽象说成是“完整的表象蒸发为抽象的规定”①。这样思维抽象就远远离开了感性具体,但只要它是郑重的,它就离对象的内在联系更近。认识由感性上升到理性,首先是通过思维抽象实现的,可以说,没有思维抽象,便没有理性认识。

从生动直观到思维抽象并不是科学认识的目的,认识还需要从抽象的规定上升到理性具体,也就是马克思所说的“抽象的规定在思维行程中导致具体的再现”②。马克思说:“具体之所以具体,因为它是许多规定的综合,因而是多样性的统一。”③对象,无论从现象层面看,还是从本质层面看,都是多样性统一,也就是说,对象都是具体的。所谓具体的方法,就是把对象当做一个多样性的统一体来认识的方法。具体方法有感性具体的方法和理性具体的方法,科学认识所强调的是理性具体方法。理性具体方法是指在理性认识的层次上反映事物具体整体的认识的方法,是在思维中将对象各个方面的本质规定按其内在联系综合而成的关于事物的本质和规律的认识的方法。旨在思维中再现事物整体的本质。“具体总体作为思想总体、作为思想具体,事实上是思维的、理解的产物;但是,决不是处于直观和表象之外或驾于其上而思维着的、自我产生着的概念的产物,而是把直观和表象加工成概念这一过程的产物。”④理性具体的表现形态是由概念构成的逻辑体系。

历史的方法与逻辑的方法的统一,是科学认识的重要思维方法。历史是逻辑的基础,逻辑是历史的凝练,“是经过修正的,然而是按照现实的历史过程本身的规律修正的”(恩格斯语)的内容。历史的方法是科学认识的基本方法,尤其是研究历史科学的基本方法,它根据历史发展的自然进程进行研究,旨在再现对象发展的完整情形。逻辑的方法是舍弃历史发展的曲折过程和偶然因素,通过概念、范畴揭示历史规律的方法。历史的方法与逻辑的方法互相联系。对对象作历史的考察,离不开对历史事实的逻辑分析,否则,就会随着细节和偶然因素旋转而陷入混乱,理不清头绪。对对象作逻辑的思考,也要伴之以历史考察,“历史从哪里开始,思想进程也应当从哪

① 《马克思恩格斯选集》第2卷,人民出版社1995年版,第18页。

② 同上。

③ 同上。

④ 同上书,第19页。

里开始，而思想进程的进一步发展不过是历史过程在抽象的、理论上前后一贯的形式上的反映”①。实际上，逻辑方法是否与历史方法相一致，本质上是主观与客观是否一致的问题。正确的理论成果必定是历史的东西与逻辑的东西相统一的。

所谓创新思维方法，不是说在逻辑思维之外另有一套方法，而是指灵活运用既有的逻辑思维方法和手段，进行某种超乎常规的思考活动，以求摆脱成说，获得新知、新见。

发散性思维与收敛性思维。发散性思维是指在思维过程中，让思绪自由驰骋，从各个方向、各个层面发射，就一个问题寻求各种答案或多个解决方案或者是寻求启迪。发散性思维的实质在于突破思考中出现的困境或者摆脱成说的束缚，发动思想从各个方面寻找出路，让各种思考产生的火花相互撞击，以期形成新知识、新见解。收敛性思维是指将思考聚焦于一个中心，集中解决这个中心问题。这两种思维是互相依赖的，没有发散性思维，收敛性思维就失去了基础和价值，因为，思想还没有发散，成说的根基根本没有得到撼动，在这种情况下谋求思维的聚焦，只能回到旧的框架里，新的东西还是产生不出来。同样，发散性思维也必须以收敛性思维为皈依，一味地发散，天马行空，就失去了思考的目的，而且，长此以往，会养成空想玄谈的不良习惯。

求同思维与求异思维。求同思维是一种以事物的共性以及现象与本质的一致性为研究对象的思维方法，其特点是在不同的对象之间不受不同的因素的迷惑，寻找共同点。通常，在一看就相同的对象之间寻求同，意义并不大，而要在看似毫不相同而实际上有共同性的对象之间求同，才是求同思维所企求的。粮食和飞机根本不同，但是，摒除实物形态、使用价值因素后，马克思抓住了价值这个共同点，揭示了不同商品是如何交换的秘密。求异思维是一种以对象的差异性、特殊性以及现象与本质的不一致性为研究对象的思维方法。其特点是在相同的对象之间不受相同因素的迷惑，寻找不同点。通常，在一看就不同的对象之间寻求异，意义并不大，而要在看似相同而实则有异的对象之间求异，才是求异思维所企求的。在资本主义生产方式里，工人从事了劳动，资本家付给工人工资，所有的工厂都是这样的，因

---

① 《马克思恩格斯选集》第2卷，人民出版社1995年版，第43页。

而资产阶级经济学认为，工人的工资是劳动的价值，这是看似相同，但是，马克思在这里却求到大异之处，揭露了把工资当成是劳动价值掩盖了资本主义的生产关系，同时也违反了学理规范。揭示出工资是劳动力的价值或价格，进一步揭示出剩余价值，暴露出工资所反映的雇佣劳动的社会关系。

精确性方法与模糊性方法。在科学认识活动中，对象对于主体来说，无非是两种情形：一是可精确认识的，二是难以精确认识的，无论哪种对象，都必须加以认识。这就是精确性方法与模糊性方法产生的客观根据。精确性方法就是通过对对象进行定量研究等十分精确的手段达到对对象的本质及其规律的精确判断的思维方法。它体现为论据确信无疑、可精确加以检验，从而在逻辑推论上如果没有失误，其结论无可置疑，这是科学认识中最基本的方法。模糊性方法就是通过整体把握、概略描述、模拟、统计分析等方式，以达到对对象的本质及其规律作出尽可能是或然性小的结论来的思维方法。科学认识中的统计方法、灰色方法、功能方法、模拟方法、黑箱方法等等，都可以被看做是模糊性方法。精确性方法与模糊性方法是紧密联系的。"如果以'0'表示思维对象完全不具有某种质或属性，以'1'表示思维对象完全具有某种质或属性的话，那么，非'0'即'1'或非'1'即'0'就是确定性思维的结果，'0'或'1'的抉择过程也就是确定性思维的过程。但是，'0'和'1'并不是直接过渡的，在'0'和'1'之间存在着无数的非'0'和非'1'的中介性现象，记作P，对于随机不确定性而言，P是概率度；对于模糊不确定性而言，P是隶属度；对于信息不充分性而言，P是灰色度；对于关联不确定性而言，P是关联度；等等。那么，找出思维对象相应的介于0到1之间的一个客观数值P，就能对该思维对象作出P×100%把握的判断，这一过程也就是不确定性思维的过程。可见，确定性思维与不确定性思维的关系，是思维的两极与两极的中介之间的关系，确定性思维的局限性正是不确定性思维的优长所在，而不确定性思维的不足之处也正是确定性思维的长处所在。"①

目前关于科学认识的思维方法中，逐渐接纳一些非逻辑的、非理性的方法，这是一个积极现象，但是，这些被接纳的方法还远没有整合起来。人们

---

① 总政治部宣传部组编：《马克思主义哲学方法论》，国防大学出版社1999年版，第220页。

只是从认识论角度认识到，不能将直觉、想象等等东西排除在思维方法之外，至于从科学认识的角度，似还没有明确认为科学认识必须运用这些方法的观点，也没有明确论述怎样运用这些方法于科学认识的文论。这些方法主要有：直觉思维、形象思维、类比思维等。直觉思维，本书在讨论中国传统认识论的内容中，对它的本质特征已有说明，这里不重复。实际上，在科学认识活动中，直觉的作用十分重要。爱因斯坦认为，居里夫人证明放射性元素存在并将其分离出来，除了靠热忱和顽强以外，也靠“大胆的直觉”①。在他看来，直觉“不能适应科学的逻辑规定”②，“属于超逻辑的（直觉的）”③。法国物理学家德布罗意认为，“仅仅凭借智力的突然飞跃就能实现最出色的成果，这时表现出来的那种摆脱严格推论这付沉重桎梏的能力，就称之为想象、直觉、灵感”④。很多科学家在回忆自己取得成就的过程时，都谈到直觉对他们研究的作用。形象思维长期被认为是只适合日常活动、艺术活动等，不大适应科学活动。其实，形象思维对科学认识十分重要。相对论在创立中有一种“思想实验”，所谓“爱因斯坦火车”，其实就是使用了形象思维，这种形象思维，给爱因斯坦研究微观高速运动提供了启迪。有些学科的前沿问题，一些大胆假设的提出，往往靠形象思维的丰富和奇特，譬如“蝴蝶效应”、“大爆炸”等等。美国著名理论物理学家、天体物理学家 G. 盖莫夫在解释红移现象时，产生一个奇特的想法，认为，“很可能根本从来就不曾有过所谓大爆炸。宇宙现在之所以会膨胀，只是因为在这之前它曾从无限广阔的地域收缩成很致密的状态（当然，这段历史是没有任何记录保留下来的），然后又反弹回来，如同被压缩的物体具有强大的弹力一样”⑤。类比是从两个对象有某种性质相同或相似，推测它们在其他方面也相同或相似，黑格尔认为“类推可说是理性的本能”，但类比并不完全具有逻辑性，在类比中逻辑与非逻辑的界限并不清晰，将其归于非逻辑思维应该有道理。中国传统文化所谓“仁者乐山，智者乐水”的结论，就是通过类比而得出的。

---

① 《爱因斯坦文集》第 1 卷，商务印书馆 1976 年版，第 339 页。

② 同上书，第 343 页。

③ 同上书，第 542 页。

④ 转引自田心铭：《认识的反思》，人民出版社 2000 年版，第 357—358 页。

⑤ ［美］G. 盖莫夫：《从一到无穷大　科学中的事实和臆测》，暴永宁译，科学出版社 1978 年版，第 296 页。

非逻辑思维方法对于科学认识确实具有重大作用,主要的作用是为研究提供某种启迪,特别是当研究处在山穷水尽疑无路的困境时,经过非逻辑方法的出色运用,很可能造成柳暗花明又一村的境地。但是,它们不能单独地发生作用,对于科学认识来说,最终解决问题的,还是基于严谨运用专业知识的逻辑思维方法。

第九章

价值认识

价值认识是人类认识系统的一个重要形式，在漫长的发展史上，价值认识裹挟在总体的认识系统之中，实际地起着重大作用，但不被人类所自觉，所以没有能够当成一个相对独立的认识形式加以研究。随着社会的发展，人类改变世界的能力越来越提升，人类尝到自己实践结果的甜头与苦头都不少，实践活动的收益和风险都在极大地增长着。皮亚杰认为："哲学以达到人类各种价值的总协调为己任，也就是说达到一种不仅考虑到已获得的认识和对这些认识的批评，而且还考虑到人类在其他一切活动中的各种信念与价值的世界观"①。这种情境，为价值认识相对独立提供了客观条件，尤其是当今人类面临生存危机，更是呼唤价值认识。

一、价值认识作为认识形式的必然性

李德顺在其《价值论》中，论述了真理和价值都属于认识的内容范畴，他认为，既然真理作为认识的内容范畴可以纳入认识论去研究，同样的道理，价值也可以纳入认识论进行研究，从而为价值认识争得一席之地。他指出：

> 如果说，真理和谬误从内容方面表示主观是否符合客观、主体是否接近客体、思想是否同实际一致等等，那么无疑还存在着另一个内容的方面：客观是否符合主观、客体是否接近主体、实际是否符合需要等等。

---

① ［瑞士］让·皮亚杰：《人文科学认识论》，郑文彬译，中央编译出版社 1999 年版，第 8 页。

> 后一个方面，就是认识中的价值内容。表达价值认识内容的主观形式，有些与真理的主观形式是共同的，如概念、观念、信念、理论、推理等等，有些却更带有主体的特殊性，如情感、意志、兴趣、理想等等。也就是说，尽管价值本身是客观的，但它作为认识的内容时所具有的主观形式，却具有更强烈的主体性。①

这一论述涉及价值认识的合理性及其主要特点。

维特根斯坦说：

> 人的目光具有赋予事物以价值的魅力。②

人类最初的认识活动中，就蕴涵着强烈的价值意识。号称"第一哲学"的本体论，在笔者看来，也只是超越"有形"、"有限"的价值中心。在远古，循着对人的存活和繁衍是否有利的价值维度思考人类的大问题，是十分重要的。我们在印度的史诗《摩诃婆罗多》中看到，在 Kurus 和 Pandavas 两大家族交战前，尽管 Krishna 以护法神之子的权威解释自居，企图钝化战士们的价值认识，盲目地充当贵族争权夺利的工具，但当 Pandavas 的战士 Arjuna 面临将要与站在敌人一方的亲人交战的情形时，价值认识毕竟凸显出来，Arjuna 对神明 Krishna 表示：

> 当我见到——来此欲使人流出
> 共通的血的——那边的一伙亲人，
> 我的四肢软弱，我的口舌干燥……
> 这是不好的，Keshav 啊！没有任何好处
> 会从互相杀戮生出！啊，我厌恨
> 光荣与征服，财富与安舒
> 这般可哀地取得！唉，什么胜利
> 能带来愉悦，Govinda，什么丰盛的劫掠物
> 会有利，什么统治能补偿，什么寿命
> 的年岁是甘美的，当这一切要用众多的血去买得？……
> 因此我们若杀死
> 亲人和朋友，热衷尘世的权力，

---

① 李德顺：《价值论》，中国人民大学出版社 1987 年版，第 113 页。

② ［德］路德维希·维特根斯坦：《文化与价值》，清华大学出版社 1987 年版，第 2 页。

这是何等的罪过！我看，
不如当我的亲人来攻打时，
我就手无寸铁迎上去，露出胸膛
让箭矛刺射，而不必以牙还牙。

因此，有理由认为，价值认识是古已有之的。

价值认识作为人类认识形式的必要性，首先在于它广泛地活跃在生活的各个领域，并且成为各该领域关注的焦点。在经济领域，人们在市场进行交易时，重视商品的使用价值与交换价值；在艺术领域，人们追求艺术价值和审美价值；在科学领域，人们追求学术价值。价值表达一种关系，一种需要与满足需要的关系，是人类生存发展最重要的范畴之一。

认识有三大问题：一是“是什么不是什么”；二是“有用还是没有用”；三是“美还是不美”。这里暂时撇开“美还是不美”的问题，专门讨论“是什么不是什么”与“有用还是没有用”之间的关系问题。当我们面临对象的时候，立即有两个问题同时呈现于我们面前：它本身是什么与它对我们有何价值。这两个问题是交织并存的。一方面，我们觉得它对我们有价值，所以才不惜精力去搞清它是什么，我们认定那价值越大，便越认真地进行“是什么”的追究。另一方面，我们越是对“是什么”有深刻的见解，就越发认识到它是有价值的还是没有价值的，具有多大价值，值不值得再投入人力物力财力去深化对它的再认识。还有，我们对它的事实性认识每进展一步，对它的价值评价便越有新意，而我们对它的价值评价越有新意，对它的认识便越有方向感。搞科学研究，要评价成果的社会后果，这有时比评价成果本身的问题更为重要（如克隆技术）、更为复杂。从归根到底的意义说，价值认识之成为人类认识形式的一大类型，是人类对实践活动之目的的探索以及恪守的产物，是具体的实践活动发动之前率先要解决、在整个具体实践过程中要一以贯之、在具体实践活动完结之后要总结检测并深刻反思的认识内容。

二、价值互主客体

在价值认识中，价值主体与价值客体这样两个最基本的范畴是不可回避的。人们通常认为，在任何实践认识活动中，作为实践和认识活动者、行动者的人是主体；而作为实践和认识对象的世界、事物和人是客体。这种观点有失抽象，也难以说明认识人自己这样一个很重要的哲学任务。这样很不利于解决走出基于那种“人类中心主义”立场的主客二分带来的生存困境的问题。有鉴于此，笔者提出一个“价值互主客体”的理念以代替那种主客绝然二分的概念。“概念和理念虽然大体一致，但有一点区别：理念不仅表达了某种东西所以是这种东西的性质（希腊人认为是一种决定性的‘形式’），而且表达了这种东西所可能达到的最好状态。……理念又是为某个东西所可能设想的完美化概念”①。所谓价值互主客体，是指在价值认识过程中，从维护大生命健旺存在的立场出发，基于人与万物和谐并育而不悖的目的，在人与对象中间建立互为主客体的一种新关系。这种关系，既满足人类生存发展的需要，又满足万物存在的需要，这种双重需要的满足靠人类不断提升自己的精神境界和认识水平、实践能力来达到。

讨论价值互主客体这一理念，更多地要从价值主体切入，这种讨论，不像以前关于主客体讨论那样平分秋色。本书要讨论价值互主客体，在形式上必须打破那种平分秋色的谋篇布局，达到一种水乳交融的效果。其实，当真正从主体切入之后，客体的问题已然迎刃而解。

应该首先确定一个“不出场的永恒价值主体”这一理念。本书既然提出“大生命观”，提出呵护大生命的人类使命问题，那么，出于思想的一以贯之要求，必须坚持把“大生命”视为最高价值主体，一切存在物对于大生命来说，都不过是价值客体。可是，大生命具有形而上性质，它对所化育的万物有生杀予夺的力量，却没有如同人类生命这样的精神现象。这一特点，谓之“不出场的永恒价值主体”。它是至高无上的价值主体，一切价值客体的存在权都取决于能否满足这个至高无上价值主体的需要。

“不在场的永恒价值主体”这个概念的确有点像宗教关于创世神的观念，但它决不是一个宗教观念。大生命这一“不在场的永恒价值主体”是人必须把它“视为”价值主体，需要“活着的我们自己”来为它代言。只有“在场的”、“活着的我们自己”才能履行价值主体的职能，除了人类，没有任何存在物有资格充当“大生命”价值主体的代言人。

能不能自觉地以大生命为至高无上的价值主体，尽心做守候大生命的忠诚卫士，这是衡量人类发展境界的根本标志，也是衡量人类是不是最终脱

① 赵汀阳：《没有世界观的世界》，中国人民大学出版社 2005 年版，第 9 页。

离动物生存水平的标志。因为,任何动物都是以自我(包括它的种)为中心的,哪怕是一种动物能够与其他动物和谐相处,也是基于这样。动物永远摆脱不了"自我中心"(这里的"自我"是一种文学词语,不是在哲学意义上使用的),这是本质使然。人类必须摆脱"人类中心主义",去自觉地把自己的精神境界升华到冯友兰所主张的"天地境界",去履行张载说的"为天地立心"的责任。蒙培元说得好:

> 人以其文化创造而成为主体,能"为天地立心",但这所谓主体,是以实现人与自然和谐统一为目的的德性主体,不是以控制、征服自然为目的的知性主体,也不是以"自我"为中心、以自然为"非我"、他者的价值主体。自然界为人类的生存发展提供了一切资源和条件,但更重要的是,它赋予人以内在德性和神圣使命,要在实践中实现生命的最高价值——"与天地合其德",而不是满足不断膨胀的物质欲望。①

大生命也有其"利益",它的"利益"就是它生命的健旺存在和身体各部分(人类就其独特重要性而言,是它的精神部分)充分协调,中国古人把天地之大德说成是"生物","生物",就是它的利益。大生命是"不在场的价值主体",它不能阻止我们人类去做我们想做的任何事情:污染天空、沙漠化土地、污染海水,屠杀生灵,等等。当这样做的时候,我们并没有发现一个大生命在冥冥中诅咒我们或者惩罚我们。于是我们就感到,在人类之上,并没有什么价值主体,宇观的、宏观的、微观的,一切不过是死物,少量的生命只不过是一些愚蠢的东西而已。一切为人类所用,一切都是人的价值客体,于是头脑就膨胀起来,仿佛只有人类才是唯一的价值主体。但是,大生命这个价值主体有足够的力量报复我们、惩罚我们甚至毁灭我们。如果人类是孙悟空,那么,"大生命"就是如来佛,任凭我们有多大本事,总逃不过他的手掌心。

确立大生命为至高无上的价值主体,与维护和增益人类的利益绝不冲突。因为大生命是生命总体,人类是这生命总体的有机部分,只有生命总体健忘,人类这个有机部分才健旺,从这种一损俱损、一荣俱荣的联系性看,呵护大生命也就是呵护人类自己。这个道理就像我们保卫祖国也就保卫了我们自己的利益一样简单明白。

---

① 蒙培元:《人与自然》,人民出版社 2004 年版,第 3 页。

当然，就认识活动而言，我们也是可以把大生命当做有认识价值以及对人类有化育价值的对象来认识的，这时候，作为认识者的人，就是认识活动以及为自己谋求更好的生存状况的主体，大生命就是人要认识并从中获得我们生存所需要的理想家园（物质的、更重要是精神的）的客体。我们认识大生命这一价值客体，为的是我们诗意地栖居在大生命之中。

在确立了大生命至高无上的价值主体地位之后，再来谈论人与万物的关系。能不能说人类是价值主体，万物是价值客体呢？这要具体分析。从大生命的观点看，人类以及万物都是大生命创造出来的。大生命化育万物，并没有为人所化、供人所用的目的性。因此，在大生命的意义上，万物都自有其价值。中国古代就反对那种不加分析地主张万物为人所用，只有人类是决定万物存在或不存在的主宰的观点。《列子》就对这种“人类中心论”表现出强烈的批判向度。它说：

> 齐田氏祖于庭，食客千人。中坐有献鱼雁者，田氏视之，乃叹曰：“天之于民厚矣！殖五谷，生鱼鸟以为之用。”众客和之如响。鲍氏之子年十二，预于次，进曰：“不如君言。天地万物，与我并生类也。类无贵贱，徒以小大智力而相制，迭相食；非相为而生之，人取可食者而食之，岂天本为人生之？且蚊蚋噆肤，虎狼食肉，非天本为蚊蚋生人、虎狼生肉者哉？”①

在这里，田氏表达的是“人类中心主义”的目的论思想，12岁的鲍氏之子是对这种思想的批判者。小孩用蚊蚋肤，虎狼食肉为例，指出那种人类中心主张的悖谬。《列子》主张“公天下之身，公天下之物”，这是一种超越以人为中心的种际公正境界。

张载的《西铭》最好地阐述了这方面的思想观念和基本主张。

> 乾称父，坤称母，予兹藐焉，乃混然之处。故天地之塞，吾其体；天地之帅，吾其性。民吾同胞，物吾与也。②

以天地为父母，只不过是一文学上的比喻而已，张载说得明白：

> 《订顽》之作，只为学者而言，是所以“订顽”。天地更分甚父母？

---

① 《列子·说符篇》。
② 《西铭》。

只欲学者心于天道。若语道则不须如是言。①

西方当代的一些先进的生态思想,也有着这方面的思绪。譬如:

美国著名的现代生态伦理学奠基人莱奥波尔德(Aldo Leopold)提出把伦理学拓展到大地的主张,把人类对大地的亲密情感推到新境界。他提出"大地共同体成员"说,提倡建立人与自然万物的伙伴关系,提出了"征服者的任务最终是征服自己"的命题。他的《沙郡年鉴》被西方视为"圣书",其中的"大地伦理"准则于1990年写进了美国林业工作者的伦理规范中。哲学家海德格尔认为西方传统形而上学就是"人类中心论",它呈现出一种"人作为理性的动物到处围绕着自身旋转"的情景,这情景使得人不再去思考存在、遗忘存在。这种"人类中心论"的恶劣性在于,它总是要将某物标示为(属于人的)"价值",从而决定要去剥夺其尊严。他表示:"人不是存在的主人,人是存在的看护者"。美国拉特格斯大学生物学教授于1978年发表了《人道主义的僭妄》,指出:人类中心的盲目自信导致自然保护陷入两难,违背了自然是有机整体性的原则。它揭露,所谓保护对人类有用资源的倾向,不过是一种破坏性保护,注定要失败。现代西方"反人类中心主义"的观点主要有:主张动物平等、主张生命中心、主张生态中心。动物平等论者认为,凡动物都有资格或权利得到人类的道德关怀,他们有对痛苦的感受性,不能搞"物种歧视"(speciesm),主张不杀戮、不虐待动物。生命中心论者主张以尊重生命为生态伦理的基石,认为凡生命物必须得到道德上同等的尊重,认为生命物本身自成目的,自有内在价值,无须人的目的加以确证。人的生命"没有"高于其他生命的特质。人应以不对其他生命物做恶为伦理责任,并补偿由于自己的错误行为给其他生命物造成的损失。生态中心论者认为,生态系统是生态伦理的出发点,人类对于大自然的责任与义务产生于生态系统内在的稳定与和谐的客观要求。"当一个事物有助于保护其他生命体的和谐、稳定和美丽的时候,他就是正确的;当他走向反面时,就是错误的"(罗尔斯顿)。还有人主张超越人类中心,他们承认人的愿望、需要对于道德评价的合法性,但提醒要看到人类中心主义的局限。

因此,我们没有理由那么贪婪地宣称万物是为人类所用的,它们不过是大自然提供我们的取之不尽的物质仓库而已,如果谁在这个意义上谈论价

① 《语录》上。

值主体是人类、价值客体是万物，必须坚决反对。

超出这一贪婪的主张，无疑也是可以把万物当成价值客体的，正如我们可以把自己的同胞中的任何一位当做价值客体，并不一定就是要奴役他一样。我们完全可以在互利和共享自然资源的框架中与其他生命物种共处。也可以把这一思想推广到对待那些无生命的事物。在"爱物"的基础上也是可以建立人与物的价值主体与价值客体的关系的。

人作为一个生命物种，也不回避为了自己的生存而把自然界的其他有生命和无生命物现成地拿过来或者经过劳动而受用的问题，这个意义上的价值主体与价值客体也是天经地义的。从生态平衡的角度理解，生态平衡乃是以某生命物种消费掉另外一些生命物种（还有某些必要的非生命物）为途径而实现的。人类作为一个生命物种，必然要靠消耗掉另外一些物种来维持生存，就是最讲慈悲的佛教徒也不例外，他们不消费动物，但不能不吃五谷和蔬菜，五谷和菜蔬也是有生命的。完全禁绝"杀生"如何可能？当年佛祖就碰到过棘手的问题，他遇见一只饥饿的秃鹰追捕一只鸽子，鸽子飞入佛祖怀里避难，秃鹰对佛祖的仁慈提出质疑：你救鸽子的生命，难道就让我饥饿而死吗？佛祖只能采用割肉饲鹰的办法来满足秃鹰和鸽子生命存在的需要。佛祖身上的肉割了可以无比神奇地立即复原，永远也割不完，可是凡人是会被活活割死的，就是割死了也喂不了几只秃鹰，秃鹰以后还是要追捕鸽子。秃鹰并不残忍，也只是为了生存，它服从大自然在食物链上对它的"安排"。一切动物，从比喻的意义上都可以说是盲目地以自我为中心的。它们对其他物种的不伤害，一般是因为这些物种不在它们的"食谱"或"栖住"范围。一般来说，动物在"果腹"的需求暂时满足之后，也会停止"杀生"，因而它们在食物链中往往处于常态的"杀生"状况，例外的情形往往是，某一物种恶性的过度繁殖——譬如蝗虫，这时候，大自然就会"鼓励"遏制该过度繁殖物种的天敌对之大加"杀生"，这种"杀生"对于维系生态平衡来说，反而是"善"的。人类破坏大自然的关键问题不是消费必要的物。关键在于两点：第一点是，人类由于劳动和理性的力量，使他好像处在"食物链"之外，在可能性上，他是一切物种的克星，而他自己"没有克星"（当然这只是人类自以为没有克星，其实应是有的）。因此，人类若是要对生态平衡负责，不是不要在生存允许的范围内"杀生"，而是要控制自己的贪欲，人类往往并不是为了正常生存的"杀生"而破坏了生态，而是那种为了填平无底的欲壑的“杀生”而破坏了生态。第二点是,人类由于不控制自身的生产,使得人口疯长,超过了可供应的资源量,这种情况下,即便是为了满足人类基本的需求,由于“人灾”的缘故,生态也会被破坏。

当我们首先确立起“大生命”这一至高无上的价值主体的时候,才可以再来谈论人类这个价值主体。理论界在谈论人类这个价值主体的时候,往往失之抽象,甚至似是而非。有鉴于此,这里要特别加以梳理。

关于人类这个意义上的价值主体,当今存在认识上的一个大弊病,就是只要“活着的我们自己”,既无视“已经去世的价值主体”对“我们”的要求,也不顾“未来的价值主体”对“我们”的要求。这是“现代性”弊病在认识论上表现出来的症状。这样的价值主体,其实是心灵不安的价值主体,他们“前不见古人,后不见来者,念天地之悠悠,独怆然而涕下”。独怆然而涕下,就是因为与古人、来者割断了联系,从而感到了自我的失落,被大块所吞噬。就主体即人的意义而言,从历史时间意识看,主体应该有前后相继的三类。一类是“已经去世的价值主体”。祖先、先辈、列祖列宗、先烈等等,就是这类主体,他们辛勤劳作、艰苦奋斗、浴血奋战,为活着的我们创造了物质生活条件和璀璨的文化、开启了伟大的事业等等,活着的“我们自己”对他们有义不容辞的责任。譬如,我们要是不把某件大事情做好,就会感到愧对列祖列宗,对不起死难烈士等等。这表明,已逝的主体的确是实在的,不能认为人死了就什么也没有。这类先前的主体以共同家园和民族文化、民族精神的积淀,赋予活着的我们以责任,使后者为他们服务,但他们是不在场的价值主体。活着的人与这些死了的人的联系是历史的、文化传统上的联系。死去的人们在我们栖息劳作的土地上洒过汗水和鲜血,我们所既得的生产力、社会关系体系、传统,都是他们缔造的。他们中有的佼佼者为教育我们而立功、立德、立言,现在以至永远是我们的精神导师(如孔子、老子)。就这个意义而言,铭记历史、传承优秀文化、实现民族复兴伟大理想等等,就是“已经去世的价值主体”对我们的需要。另一类就是现实存在的价值主体,即我们活生生的人。这一类价值主体具有相当复杂的关系,可持续发展观之所以广受人类接纳,重要原因之一就在于它考虑到了为一个地区人们谋利益与为别的地区谋利益的双重需要,这在当今东西南北问题矛盾复杂、不确定因素日多的背景中,是一个必须遵循的发展原则。马克思主义关于使现存世界革命化的理想,真正说来,是解决现实人多元多样利益需要的指南。在当今,全球化已经把所有的地域性问题世界化了,解决具体需要的问题,都要具有世界眼光、世界胸怀和共建和谐世界的立场和态度。那种非此即彼,你死我活,把自己幸福建立在别人痛苦之上的思路根本就行不通了,人们必须在新的背景下接受"己所不欲勿施于人"、"己欲立而立人,己欲达而达人"、"兼相爱、交相利"的原则来处理各主体特别是国家、民族这个层面的主体之间的关系。在对待文明的态度上,可以互相评价,自由讨论,自愿相互吸收借鉴,但是,不可以搞只此一家别无分店,把一种文明捧到天上,企图剥夺别的文明的存在权。学会和平共处、共建和谐世界,是检验当今人类主体生存智慧的试金石。最后一类就是"未来的价值主体"。我们常说"为将来的子孙谋幸福",从价值认识角度理解,"将来的子孙"就是价值主体。但是,这个价值主体只是将来才来到人间,现在却"不出场"。现实生活中谁也不能否认这种价值主体的实在性的。古时候,人们买田置地、蓄积产业,都是为了将来的子孙,今天,我们治理环境污染,实行可持续发展,除了为活着的我们自己以外,也是为了将来的子孙。我们为将来子孙的那种责任、操劳和策划,一点也不亚于我们对现实的主体的责任、操劳和策划。那种吃祖宗饭、断子孙粮的行径,从价值论上看,完全陷入了一种"损人利己"的大恶。"未来的价值主体"与现实的我们这种主体的联系,是通过我们不断加强责任意识,树立为万世开太平的雄心壮志来解决的。现实的我们只能解决历史交付于我们的任务,但是,如果我们不能承担历史任务,就会殃及子孙。譬如,中华民族伟大复兴的历史任务就在现实的我们肩上,我们不能卸下这副担子。现实的我们要有立功立德立言的作为,要惧怕被钉在历史的耻辱柱上,要惧怕后人的评论。从而鞭策自己为后人尽心尽责。

总之,当我们说自己是价值主体时,一定要有完整的价值主体意识,应该包括"已经去世的价值主体"、"活着的我们自己"、"未来的价值主体"这种历史时间意识中的"三位一体"的价值主体总体,这会使我们眼光远大,不至于短视浮躁。这会使"已经去世的价值主体"九泉之下得到慰藉,民族的优良传统得到弘扬,也会使后来者永远铭记我们,永远对我们感恩戴德,学习我们,承续我们的事业,传扬我们的精神。这样的主体才是永远有生命力的主体。"已经去世的价值主体"与"未来的价值主体"都是"不在场的主体",特点是,有利益但是没有维护利益的现实能力、对现实的我们没有任何实际制约力量。"活着的我们自己"作为价值主体,其活动完全是自作主张的，他们如果缺乏传承文明、开创未来的担当，那么，他们就没有对“不在场的价值主体”履行义务的现实约束条件。现实的我们只有靠把自己塑造成高尚的德性主体，才能真正使“已经去世的价值主体”、“活着的我们自己”、“未来的价值主体”利益兼顾。

由此看来，人应当在什么样的境界上成为价值主体的担当者，这是一个至关重要的大问题。这个大问题过去被严重遮蔽。由于这个问题没有解决好，就在价值认识中长期存在一个荒谬：这个价值认识在顶层，是一个人类利己主义的观点。它考虑的目标是，只要行为是为了人类的利益，就是最高的善。它没有考虑关于自然界的人类之外的生灵以及无生命的东西的存在性问题，要考虑也是在人类利己主义的框架下来考虑。这是当代生态伦理、大地伦理主义对人类中心主义猛烈攻击的焦点。笔者所关注的是，顶层是一个大写的人的“自私自利性”的价值意识，却要求下层的价值认识必须崇尚整体主义——在国际层面，要求一切国家不分大小一律平等；在国家层面，要求所属的群体、公民必须崇尚国家整体利益；在国家属下的诸层次群体，要求所属集体以及个人必须崇尚该群体的利益；在个人层面，除了要求必须崇尚一己服从群体外，还要崇尚为了他人，为了自己物质、精神、生理、心理的全面协调，等等——笔者的意思不是说这些“必须崇尚”不好，相反，笔者是完全拥护这些“必须崇尚”的。问题是，一种理论体系必须做到孔子说的“吾道一以贯之”。顶层是个利己主义，其他层次如何生发出整体主义？冯友兰说的四境界中的“天地境界”，应该成为我们的座右铭。宇宙、自然产生了人这一最高的“此在”，人应该也必须为天地立心，人应该出面来管理好这个世界，使得生态保持良好的状况，使得各物在自然中能各得其所。人在自然中的地位当然优于其他物类，他也有自己的欲求需要满足。但不能把人的欲求膨胀为人类利己主义，不能做一个狂妄自私的“主子”！

中国传统认识论最大的特点，就是它的价值认识取向合于天地之道。天是中国哲学的最高范畴，是中国人的最高支撑。而天人合一则是中国思想界最高价值目标。中国哲学的“天”，不仅仅是个无生命的实体。天有“道”有“德”。天之道“生万物”，“天（地）之大德曰生”。朱熹曰：

> 天地以生物为心，人以天地生物之心以为心。①

---

① 《仁说》。

这些观点，蕴涵着深刻的价值论源泉，也只有从价值论立场理解，才能悟透。因为“生”必定有目的性、方向性，这个目的性、方向性就是使“万物并育而不相害，道并行而不相悖”。天地无私生化万物，但只有人化育得最完善，以至于自然界的内在价值必须由人来实现。人在价值上成了天地之心，此乃“以天地生物之心以为心”，而不是只顾自己，把周围世界当做任意取用的仓库。人以自然界为人的价值之源，人负有赞天地之化育的使命，以大生命整体和谐为坚定信仰，努力实现民胞物与那种人类与自然的和谐价值取向，为此，要实现人与社会的和谐、人与人的和谐、人与自身的和谐。这是一个美好的价值系统。

中国传统文化主张“天大、地大、道大、人亦大，域中四大，人居其一”。但并没有把人类利益放在目空一切的地位。儒家文化认为，化育是天地自然的事情，人的地位和作用是“裁成”和“辅相”，所强调的是“辅相天地”、“不违天”的和谐原则。这种原则旨在一开始就与大自然友好相处，共同受益，按照它的逻辑，不会有今天关于人类与自然和解的问题。老子主张道法自然，就是“不固执地要违反事物的本性，不强使物质材料完成他们所不适合的功能”①。根据老子的看法，人与自然不能相安，是因为人的私欲太重。迷于为过眼烟云之事物而打拼，是“不知常”，“不知常”则必有凶。从节制欲望对于维系生态平衡的意义来看，老子的思想对今世还是有启迪性的。

但也要看到，中国传统的价值认识毕竟是朴素的，在社会生产力落后的状况下，不足以引领人走向自主、自由境界。它必然要让位于另外的方式——它的否定方式，这是它在发展中的一个环节。在这个意义上，又要承认，那种人天相分并且围绕人旋转的价值认识，在改变生产力落后状态，调动人本身沉睡的巨大潜力，提升人的本质力量，迈出人类自己解放自己的步伐方面，有其存在的历史合理性，并且也为人类更好地“为天地立心”打下了知识论基础。人在自然的怀抱里慢慢长大，不再满足于融入自然界，而是要把自然界对象化，形成以人自身为主体、以对象为客体的模式，人类用范畴系统言说对象，在符号系统中把握对象，在实验室中“拷问”对象，使对象在反复的“撕裂”、“解构”、“变形”、重组中，“交代”它们的秘密即规律，于

① ［英］李约瑟：《中国科学技术史》第3卷，上海古籍出版社、科学出版社1990年版，第7页。

是有了“驯服”自然的法宝，人类就变得强大起来。可这又使人的“在世”荒唐起来。人误以为他的“在世”如同“在教室中”那样外在，也可以走出来。人这时就神化了自己，从外面观察着、改变着这个世界。而科学成了他的“上帝之手”。特别是到了近代，人类把万物降成附庸。那个喊出知识就是力量的培根，喜欢把物质描绘成女人的形象，他主张：

> 对待自然就要像审讯女巫一样，在实验中用技术发明装置折磨她，严刑拷打她，审讯她，以便发现她的阴谋和秘密，逼她说出真话，为改进人类的生活条件服务。①

到现代，科学技术已经被抱有上述心态的西人首先误用，知识论的认识论终于彻头彻尾地蜕变成为人类企图征服和控制自然的工具，跟着是落后民族的人们邯郸学步，崇拜这样的认识论，并用以指导实践。结果是大自然被糟蹋得不成样子。生态女性主义者麦茜特这样控诉道：

> 在自然为她羞怯的长袍被撕碎而感到的悲哀中，强制地进入自然变成了语言上的赞许，使得为人类的善而剥夺和“强奸”自然合法化。……尽管在启蒙时代流行的作为养育者的大地的形象并未消失，但它已被新控制者的形象所压倒。对深入地球母亲的限制，被转化成了对完全剥夺的赞许，在“科学革命”之后，自然不能再控告她尊严的长衣被男人恶劣的行为撕碎。她从积极主动的教师和双亲中的一员，变成了没有心灵的、柔顺的身体。②

可见，一般性地谈论价值主体与价值客体，并不能够切近人类当代生存的紧迫性问题，更遑论为谋求解决这些问题提供思想支撑。人类应该承认在我们之上，更有一个大生命这一价值主体，它攫住我们的生命，使我们依靠它的健旺而更好地存在着，人类的生命分有大生命的健旺。我们要为大生命这个终极的价值主体忠实代言。我们固然也可以把大生命当成价值客体，但那是我们必须敬畏、必须呵护的价值客体。我们要把自己当成是大生命创造的大家庭的一员，是管理这个大生命之家的一员，人类是这个大生命之家的主心骨，应该有基本的平等对待“非我族类”的情怀，把“仁民”的心

---

① 转引自何怀宏：《生态伦理——精神资源与哲学基础》，河北大学出版社2002年版，第231—232页。

② 同上书，第232页。

态放大到“爱物”。我们固然也可以自称是它们的价值主体,但不要野心勃勃地把一切当成是为人而存在,由人而决定其在与不在的客体,我们研究那些客体,是为了如其所是地安排它们在大自然中的位置,是为了赞天地之化育。我们也杀生,但只要是为了生存和正确的发展,杀生也是正当的、必要的。但是人类要尽快地禁绝自己贪得无厌的恶习,学会节制。为此,必须不断提升自己的精神境界,实践“为天地立心”的抱负。

三、价值认识的基本途径——评价

价值认识的基本途径是评价。评价是人揭示人自身以及人所认识的对象的意义和价值的活动,它将人的视野从物的世界聚焦到意义的世界,从而导引着人的价值追求和价值创造活动。

评价必须是一种认识活动。认识不光是针对事物实体本身的由浅入深的理性进程,更是对事物与人之间意义的揭示。事物之与人,一方面展示的是实物世界,另一方面展示的是意义世界,这两者是不可偏废的。现实生活中,人们总是一边认识着事物本身,一边进行着意义的揭示。当我们听到有人说,“我只管认识事物本身,不介意意义评价”,或者说,“我只管意义评价,不介意事物本身”,应该认识到,这是社会分工带来的孤立片面的思维定势。实际认识本身是绝对不可以如此掰开的。一个科学家,不可以只顾自己研究“是什么”,而不管此种研究有益于人类还是有害于人类。要修一座水库,当然不能只是考虑工程技术方面的问题,必须考虑它对生态带来怎样的影响,对生活带来怎样的影响等等。揭示意义其实也是揭示客观规律,它也是一个由不知到知,由比较少的知到比较多的知的认识过程。在科学研究中,经常发生对某一对象进行“再认识”的事情,“再认识”之所以必要而且重要,有很多情况是原来的认识对某方面的意义有所低估、有所忽视,或者出现了价值错估等问题,人们感到这类问题若不澄清,必然有害于学术以及实践活动,所以才要再认识。

评价以反映主体本身的需要和尺度为特点,是对主体需要、客体功能这两者之间关系的认识。一句话,评价是关于价值的反映,是评价者与被评价者业已构成现实的价值关系中的认识活动。

只是当一定价值关系的主体自己来认识这种价值关系的结果时,

他的认识才是评价。从认识的主体方面来看，评价和知识、认知的区别就在于此。①

评价首先表现为人对于客体的态度——肯定还是否定，从而行动上给以何种立场。日常生活中，人人都要进行评价，几乎每时每刻都在进行着评价。我们接受民意测验或者参加选举，是投“赞成票”还是投“反对票”抑或投“弃权票”，甚至我们对日常小事报以“微笑”或者表示“沉默”，这都是一种评价。这种评价，当然包含着对对象本身的认识，否则我们就无法实施评价。但评价不简单是对对象认识的结果，更包括对对象本身认识之后关于利弊的全面权衡，因而所考量的内容是将对象本身的知识包容于自身的。它牵涉到世界观、人生观、价值观等等丰富内容。有时候之所以难以作出评价，很可能并非对对象本身认识不透彻，而是更深层的内容还没有思考成熟的缘故。光是认识事物本身是什么，不是智慧，而作出深刻的评价，才是智慧。

评价，这种认识活动应该而且必须有终极关怀观照。如果把视野放大到使评价对大生命负责任这一个高度，就必须认识到，对今天的人类来说，评价的前提必须是作为价值主体的人要具有宏大的大生命级别的整体主义的境界。要有庄子所说的那种“万物齐一”或者孟子所说的“仁民而爱物”的博大情怀，要有海德格尔所说的“存在的守护者”的深邃见识。如果固执于那种人类中心论的利己主义意识，评价就会走邪路。人类中心论的危害性在古代还不太明显，但在今天祸害不浅了。人类当然可以从自身利益考虑对所谓不利于人类的某些物种进行适度遏制，但如果要彻底消除，也有破坏生态的问题。因为，人类可以不要这些东西，而生态中却不能没有这些东西。有时人为了把某种东西(例如蚊子)彻底消除，竟然会连带地把草地铲除得干干净净，甚至还在原来的草皮地上糊一层厚厚的水泥。人们这样做的结果，可能的确消灭了某种东西，但却破坏了生态，也害了自己。

评价具有广泛的形式。评价不只是以抽象思维的形式，而是以多种意识形式——认识(对价值的判断)、情感(对价值的态度和体验)、意志(对价值的自觉的保证)等综合形式表现出来。更广泛地说，所谓“物质的批判”、“实践的批判”无不是人们在评价着什么。

---

① 李德顺：《价值论》，中国人民大学出版社 1987 年版，第 255 页。

评价的对象是价值事实。价值事实就是人与对象之间的价值运动形成的客观事实。价值事实有物质方面的价值事实和精神方面的价值事实以及社会关系方面的价值事实。食物的营养价值,某技术的经济价值等等,这是物质方面的价值事实。其客观性就像科学事实一样可以精确地度量。精神方面、社会关系方面的价值事实,虽然不像物质方面的价值事实那样可以精确地度量,也容易见仁见智,但是,它们依然具有作为事实的客观特征。因为,无论人们对这类属于精神方面的、社会关系方面的内容持怎样的看法,不能忽视的是,他们都秉持一定的观念去作评价,而这些个人所产生的观念,或者是关于他们同自然界的关系的观念,或者是关于他们之间的关系的观念,或者是关于他们自己的肉体组织的观念。显然,在这几种情况下,这些观念都是他们的现实关系和活动、他们的生产、他们的交往、他们的政治组织的有意识的表现,不管这种表现是真实的还是虚幻的。包括精神方面、社会关系方面的一切评价,无非是评价者把某种客观的事实同自身的事实联系起来的反映活动,就此而言,尽管精神方面、社会关系方面的评价远比物质方面的评价复杂,但是其对象都是价值事实。价值事实的特殊性在于,这种事实具有极鲜明的主体性。事实是通过主体本身的存在、结构、功能的活动方式的存在和变化而表现出来的,所具有的是一种主体的客观性事实,是价值关系的现实状态。肯定还是否定某种对象,不是以这个对象为尺度(物的尺度或外在尺度),而是以人及其需要为尺度(内在尺度)。这里就连带出现另一个重要的特征,即价值事实的确有因主体的不同而不同的情形。"在评价关系中,越是排除了谎言、虚伪、幻觉、强制等等主观随意的因素,越是显示出丰富的多样性、个性;不同的评价之间只有在承认多样性的基础上才能得到统一和综合。"①

价值事实这种依赖于主体性、具有同主体多样性相关联的特点告诉我们,在评价中,客体本身"是什么"固然是评价的前提,而主体"需要不需要什么"同样是评价的前提。没有对客体本身"是什么"的认知,就无法确定客体符合不符合主体的需要,而没有对主体"需要不需要什么"的认知,也就根本作不出评价。知己知彼方能评价准确。饮用水具有什么物质成分,这是客体方面的"是什么",人"需要不需要(指的是在具体的情境中)饮用

---

① 李德顺:《价值论》,中国人民大学出版社1987年版,第271页。

水”，这是主体方面的“需要什么”。主体又是多样的，即使一个人在不同的情况下，对饮用水“需要不需要”也是变动的，渴的时候特别需要水；喝足了后就不再需要水；被尿憋得找不到厕所就特别不愿意别人再强制他饮水。评价如果脱离了现实的、活生生的价值关系，就只是一些无意义的废话。

评价必须具有评价标准，无标准的评价事实上是不存在的。评价标准就是评价活动中施于评价对象的价值尺度和界限。标准总有“应当”之意，不少人依据这个特点，就指出评价标准具有主观性。对此，李德顺进行了辨析，他说：

> “应该让地球永远存在”和“应该准备地球有一天毁灭”，这两种“应该”显然相去甚远。在世界上，“应该”被使用的次数和表达含义的种类，简直无法统计。因此，用“应该”来说明评价标准是主观的还是客观的，不是问题的实质和关键。问题的实质和关键在于：“应该”和“不应该”是由什么决定的？人们根据什么提出“应该怎样”和“不应该怎样”？究竟“应该”“不应该”，最终能否验证？用什么来验证？①

有既合规律又合目的的“应该”，有只合目的而不合规律的“应该”，有只合规律而不合目的的“应该”。不能说，凡“应该”都一言以蔽之曰：主观片面。根据历史唯物主义的原理，要找到动机的客观基础。哲学上有实践是检验真理的唯一标准，这个标准对于所有的标准来说，具有终极地位和终极价值，所有的标准都不得违背这个标准，如同一个国家所有的法律都不得违反宪法一样。实践作为标准的唯一性在于，一个标准是不是正确的，最终只有通过实践来检验，舍此没有别的标准，如果“应该”被实践证实的确为“应该”，那就是正确的，否则便是“不应该”的。

> 全部社会生活在本质上是**实践的**。凡是把理论引向神秘主义的神秘东西，都能在人的实践中以及对这个实践的理解中得到合理的解决。②

实践既然是“全部社会生活”的本质，当然享有标准上的权威性。任何人倘若要回答以怎样的手段、通过怎样的途径来检验某种东西符合不符合人们认定的某个有具体规定的尺度和界限，或者说，以怎样的手段、通过怎

① 李德顺：《价值论》，中国人民大学出版社 1987 年版，第 279 页。

② 《马克思恩格斯选集》第 1 卷，人民出版社 1995 年版，第 56 页。

样的途径来检验关于这方面的某一具体判断，就最终要落到实践上。按照李德顺的说法，“实践是价值标准的本质形式”①。笔者理解，这形式由于是以全部社会生活的本质来担当的，它就具有最高的涵容性，对人类一切社会生活方方面面具有的特定标准都包容得了。它本身不属于内容性标准，而是各种内容性标准的形式标准。需要指出的是，实践作为检验一种有具体内容的价值标准的形式标准，可能不必具有外推到全人类共识的普遍性上去，这一点是不同于科学认识中的情形的，例如，在科学认识中，一个定律，被实践（实验）检验是正确的之后，全人类不管哪个民族，什么人种，只要研究它，都是一概如此。但是，很多价值上的检验，可能只限于在部分人类里头。例如，评价京剧的标准，很可能（至少在今天是这样）与欧洲的民族、非洲的民族无缘。对于文化的评价也是这样，必须尊重多样性。

> 评价所遵循的评价标准，是以作为实践内容的客观价值标准为根据和前提的；客观的价值标准是主体在实践中生存和发展的内在尺度，它与主体的社会存在和需要直接联系着……是现实地、历史地形成和改变着的，除了主体的客观现实及其实践外，评价标准没有其他先验的前提和更高形式。②

评价作为价值认识活动，必须遵循一定的原则。评价原则可以从多方面进行概括。评价，其应有之义，是要引领个体的人、多层面的社会群体乃至整个人类朝着理想的境界发展，这个理想的境界当然不是先验地被注入人脑的，而是人们世世代代在生活中通过体验、感受、反思而形成的有深厚生活基础和广大认同度的憧憬。

评价遵循的总原则包括紧密联系的四大要素：物质利益的增进、社会进步、人的全面发展、人与自然和谐相处。

物质利益亦称经济利益，就是人的需要得到满足的一切条件和内容，包括一切使用价值和再生产这些使用价值的一切手段。我们知道，社会进步的最终决定力量是生产力，如果再追问，生产力为什么会不断要发展？当生产关系成了生产力的桎梏，为什么要发生社会革命？革命胜利后为什么要造就新的经济基础和新的上层建筑？又为什么要把主要精力积聚到发展生

---

① 李德顺：《价值论》，中国人民大学出版社 1987 年版，第 291 页。

② 同上书，第 294 页。

产力上来？这一系列的追问实际上涉及最根本的动因——人类对物质利益的追求。马克思年轻的时候曾经同青年黑格尔派作过坚决斗争，这一派把物质利益鄙弃为“鸡毛蒜皮的琐事”，认为眼睛盯着物质利益的群众是“**精神的真正的敌人**”①，在他们看来，历史上一切不成功的历史活动，是由于群众基于物质利益的活动造成的，物质利益和群众是历史的对头。对于这样的谬论，马克思指出：

>……**利益**决不是“**不成功**的”，它“**压倒了**”一切，并获得了“**实际成效**”，尽管“**激情**”已经消失，尽管这种“**利益**”用来装饰自己的摇篮的“**热情**”之花也已经枯萎。这种**利益**是如此强大有力，以至顺利地征服了马拉的笔、恐怖党的断头台、拿破仑的剑，以及教会的十字军和波旁王朝的纯血统。②
>
>历史**不过是**追求自己目的的人的活动而已③

说历史不过是追求自己目的的人的活动而已，这里的目的，最基本的是要获得特定的物质利益，社会发展的底蕴就在其中。首先，人受肉体组织决定，必须谋得衣、食、住以及与此密切相关的物质内容。任何历史观的第一件事就是要注重这一基本事实的全部意义和全部范围。其次，“人们永远不会放弃他们已经获得的东西”④。群众对物质利益的追求有某种刚性的特点，这既体现于人与自然的关系中，又体现于人与人的关系中，当某种自然力表现出对人们的物质利益的剥夺态势时，人们要抗击灾害，直到把握规律，趋利避害；当某种社会关系体系表现出对人们的物质利益的剥夺态势时，“为了不致丧失已经取得的成果，为了不致失掉文明的果实，人们在他们的交往〔commerce〕方式不再适合于既得的生产力时，就不得不改变他们继承下来的一切社会形式”⑤。再次，在人类的物质利益不可被剥夺这一规律性的社会现象面前，一切社会性事物都是暂时的和历史的，这也包括生产力状况在内，因为生产力状况若总是停滞，人们的利益就会丧失。最后，社会的经济结构、政治的思想的上层建筑，都不过是基于物质利益的人的活动

① 《马克思恩格斯全集》第 2 卷，人民出版社 1957 年版，第 104 页。
② 同上书，第 103 页。
③ 同上书，第 118—119 页。
④ 《马克思恩格斯选集》第 4 卷，人民出版社 1995 年版，第 532 页。
⑤ 同上书，第 532—533 页。

的连锁创造物。人的全面发展都要通过物质利益的增进来实现。人发展的逻辑必须是需要——满足——新需要——新满足的不断循环往复，每一次的需要及其满足，总是构成当时的物质利益的主要内容。从原有需要的满足到新需要的满足，绝不仅仅是量的扩张，更是质的飞跃，其意义也不仅仅是使人的生命更好地维持，更在于带来人的意义世界的建设与改造，因而新质的需要及其满足，蕴涵着人的素质的提升和潜能的开发，既是新的物质利益的实现，又是人的本质的一个新层次的实现。人的发展，除了打破不合理的社会制度——这也是基于特定的物质利益的需要，最为基本的就是要摆脱贫困。完全普遍地摆脱贫困，是当代人类特别是发展中的民族物质利益的主课题。而贫困，就不简单只是一个收入问题，它牵涉到社会的方方面面，也牵涉到世界政治与国际关系的基本格局，必然要以推动社会进步为前提条件和现实条件。坚持评价上的利益原则，最重要的是要公平正义。作为评价主体，不管是国家、社会，还是个体，把自身的利益放在重要地位是应该的，但是，不能极端偏私，应该将心比心，与人为善，以邻为伴。在这方面，中国文化有着很好的思想资源，这在当今是最宝贵的，尤其是在处理国家、民族关系上，国家民族间必须和平共处、互利共赢、共同发展。

社会进步是指社会从低级向高级形态的发展以及同一社会形态中社会各方面的丰富和完善。

> 社会者，群居之民，有其所固守之约束，所同蕲之境界。是故，偶合之众虽多，不为社会。萍若而合，絮若而散，无公认之达议，无同求之幸福，经制不立，无典籍载记之流传，若此者，几不足以立群，愈不足以云社会矣。①

人们固守约束总是为了趋利避害。所谓同蕲之境界，主要内容少不了共同富裕之祈向；达议之被公认，最理想的无疑基于公众利益之期待；幸福之被同求，更彰显利益之重要；立经制，所期待的是公众利益之庇护；典籍之流传，深层原因还是能够满足人们企望利益公平公正在全社会进行分配的社会心理。持续地实现物质利益的增进，必须在社会中并依靠社会的进步逐步实现。社会表现为群聚，但绝对不是“偶合之众”，必须有固守之约束、同蕲之境界、公认之达议、同求之幸福、肃立之经制、流传之典籍。否则，萍

---

① ［英］甄克斯：《社会通诠》，商务印书馆1981年版，第1页。

若而合，絜若而散，不成其为社会。恩格斯直截了当地指出：在利益仍然保持着彻头彻尾的主观性和纯粹的利己性的时候，把利益提升为人类的纽带，就必然会造成普遍的分散状态，必然会使人们只管自己，彼此隔绝，使人类变成互相排斥的原子。因此，社会进步客观要求把无限杂多的个人利益整合为社会利益（当然，在阶级社会，整合的标准总是服从统治阶级的利益的），把每个人基于自身对社会的利益而产生的心理、动机、意见、思想观念、目标追求、行为规范等等，协调为一个统一的整体（当然，在阶级社会，这种协调的标准依然是统治阶级的价值体系和意识形态）。这种整合、协调，一方面是个人为了防范使族群撕裂的危险发生，加一方面是社会利益对个人利益的包容。这种社会利益对个人利益的整合过程，就是人对物质利益追求从混沌到有序的过程。显然，这一过程总体上是基于社会进步的客观要求而产生的。如前所述，群众对物质利益的追求有某种刚性的特点。保证既得利益不致失落以及得到进一步增进的根本条件，是社会实现按照当时生产力客观要求来说的进步。它首先表现为社会生产力的进步，这种进步在理论上意味着可供社会成员分配的现实物质成果要比从前多一些、好一些。社会进步同时还包括生产关系体系的进步，只有生产关系体系进步了，社会成员之间的利益分配才能比从前更合理。社会进步还包括政治的、道德的、法律的和其他各方面的进步，这些进步都是人类物质利益得到保护和增进的必不可少的条件和手段。从人的发展的角度看，每一次社会进步都必然带来人的新的发展。社会进步的历史的和逻辑的起点是自然经济形态的社会，生产活动、物质变换过程只在极狭隘的地域进行，生产一般表现为简单再生产，对劳动及其产品的占有基本采取劳役和实物贡赋等形式，没有披上物之间即劳动产品之间的社会关系的外衣。社会进步过程中这一起始状况，使人的发展具有了相应的特征，即“以人身依附为特征”，人的素质提高极端缓慢，人的潜力被深深地埋藏。社会进步第二阶段是商品经济阶段，人们借助劳动物化形式实际地形成关系。它“形成普遍的社会物质变换，全面的关系，多方面的需求以及全面的能力的体系”①。相应地，人的发展也以对物的依赖性为基础的人的独立性为特征。这一阶段的人同前一阶段的人相比，是鲁宾逊与星期五的比较，是前一阶段的人同他们心中

① 《马克思恩格斯全集》第46卷（上册），人民出版社1979年版，第104页。

的神的比较。第三阶段还远没有到来，但是，凭借理性的力量，我们相信，当社会进步到第三阶段即产品经济阶段之后，“人以一种全面的方式，也就是说，作为一个完整的人，占有自己的全面的本质”①。

社会进步与人的发展本质上是同一的。一种历史性进步，从社会角度观之，它是社会进步；从人的角度观之，它是人的发展。同时，也要看到，从人类历史发展的过程看，在以往有过的社会演进中，社会进步往往要以牺牲一个时代多数人的发展为代价，这应该被看成是社会进步推动人的发展的特殊形式。在阶级社会，社会进步的最大受益者是统治者，劳动者被压迫受剥削的地位并没有根本改变，但它到底还是一种有新价值的社会进步，譬如，旧时沉重的赋税有所减轻，劳动者得到休养生息，就像中国历史上每次农民起义后往往使新统治者推出缓解地主阶级和农民阶级的矛盾的新政策，从而使得社会生产力得到一定程度的解放，政治文明、精神文明、社会文明以及生态文明得到一定程度的提升。归根到底，人还是得到一定程度的发展。马克思认为，在特定阶段，人类的才能的发展，虽然在开始时要靠牺牲多数的个人，甚至靠牺牲整个阶级，但最终会克服这种对抗，而同每个个人的发展相一致；因此，个性的比较高度的发展，只有以牺牲个人的历史过程为代价。

在特殊情况下，社会成员自觉地牺牲个体的发展来阻止社会退步、捍卫社会进步，这是社会进步推动人的发展的不可忽视的内容。不言而喻，社会进步总需要那些有高度觉悟的分子具有使命意识、忧患意识、责任意识，来防范社会退步的事情发生，而一旦社会进步受到威胁或者说社会已经实际地退步了，牺牲个体的发展乃至整个生命来反对退步、捍卫进步，这是不可避免的，提倡勇于牺牲也是绝对必要的。同时，这种为社会进步而献身的行为，也是人的发展的特殊形式，它表示一个人以志愿的献身使得他人能够发展自我，他的肉体的毁灭，换来了精神生命的永生，他的个人利益发展的永久中断，换来了他人利益持续的发展。社会进步是一个集体性的理念，这是因为社会是一个有机整体。有机体的发展必定是统一的全面协调的发展。社会生产包括物质资料、生产关系、观念形态在内的全面生产，不是孤立的GDP产出，社会结构是历史地形成的，伴随着全面生产而变更着的人们的

① 《马克思恩格斯全集》第42卷，人民出版社1979年版，第123页。

总体关系格局。因此,社会进步要求从社会整体出发认识和处理社会问题。脱离有机性谈论社会进步,就离开了本质。脱离发展的现实针对性谈论社会进步永远触摸不到真理。必须把社会进步看成是经济的、政治的、文化的、诸多利益群体以及生态的方面,越来越朝着大和谐方向迈进的过程。任何"单打一"的"进步",都有害于社会有机体,正如人这个有机体不可以不成比例地成长而单项突出其"头"或"手"或"腿"一样。当然也不是"平拉开",就像人的腿要求多长一些,而鼻子并不要求长得像腿那样长。社会进步是各领域、各地区、各群体有差别的同时发展,是有重点发展的全面发展,是以经济建设为中心的重点发展与全面发展的对立统一,在经济发展基础上的社会、人、生态相得益彰。社会有机体对社会进步的根本要求是协调。马克思认为:社会"这种有机体制本身作为一个总体有自己的各种前提,而它向总体的发展过程就在于:使社会的一切要素从属于自己,或者把自己还缺乏的器官从社会中创造出来。有机体制在历史上就是这样向总体发展的"。① 协调是有机体发育的本质特征,整体的有机性只能建立在各要素、各层次、各子系统协调的实现。协调的破坏导致组织失序和紊乱,紊乱到一定的阈限,有机体就面临崩溃解体的危险。当代社会的机体性结构规模宏大且无比复杂,对协调发展要求越来越迫切。它要求在自然环境和社会环境层面实现社会建设与生态建设的协调;在社会环境层面实现经济建设、政治建设、文化建设、利益群体关系建设的协调;在产业和行政层面实现城乡、区域的协调;在国家内外关系层面实现国内建设与对外开放的协调。这是个宏大而壮丽的协调工程。

人的发展是指"每个人的自由发展"。就理想状态而言,人的发展应是指社会上每个个人的全面自由充分的发展。它要求消除人的发展中的"职业痴呆病",消除人的某种畸形化,消除造成这些不良症状的脑力劳动与体力劳动的对立,城市与乡村的对立等等社会条件,达到人的本质力量在一切方面得到发展;它要求这种发展是个人的自觉自愿自主的发展,不应被外力强加于人、禁锢着人,使人痛苦地就范,马克思批判资本主义时,总是谴责它对人的强制性,揭露资本拥有独立性和个性,劳动者被剥夺了独立性和个性,成了资本的附庸;它要求实现人的发展程度的最大化即不断地深化,包

① 《马克思恩格斯全集》第46卷(上册),人民出版社1979年版,第235—236页。

括劳动能力发展的最大化即不断地深化、人的社会关系发展的最大化即不断地深化、人的自由个性发展的最大化即不断地深化,等等。人的发展是一个带根本性的视角。相对于人的发展而言,人的物质利益的增进在其合理性上,是一个条件性范畴,不能作为一个目的性范畴,尽管当下它在不少人心目中获得了目的的地位,但那不过是人的发展只是受到利己境界的范限而产生出的幻觉而已。真正的内在关系是,人的发展是人追求物质利益增进的目的,人追求物质利益增进是人的发展的手段。因此,作为目的的发展要驾御人基于物质利益的活动。同样,人的发展也是社会进步的目的。人离不开社会,人的发展需要一个好的社会。怎样的社会是好社会,应该以人的发展为目的来衡量。一个社会形态所以被淘汰,就因为它不能再为发展多数人服务,对多数人的发展造成了危害。一个社会形态被历史所选择,就因为它至少相对于它的对立面而言,能一定程度地消除对人的发展的危害。法国经济学家佩鲁发表的《新发展观》强调发展是经济社会、人、自然之间的全面协调共进,中心目标是为了一切人和完整的人的发展。诺贝尔奖得主玛迪亚·森发表了《以自由看待发展》,主张自由是发展的目的,也是促进发展的手段,这也是基于人的全面发展的思想。他认为,财富、收入、技术进步、社会现代化最终是为人的发展、人的福利服务的。联合国开发署发表的《1994 年人类发展报告》把新发展观表述为:“发展的目的就在于创造出一种环境,在这一环境中,所有的人都能施展他们的能力,不仅为这一代,而且也能为下一代提供发展机会”。联合国还建立了评价社会发展的“人类发展指数”(HDI),这种指数由预期寿命指数、教育成就指数、生活水平指数构成。在得到综合人类发展指数后,对 100 多个国家进行了排序。联合国开发署在其发表的《1995 年人类发展报告》中,又提出了性别发展指数(GDI)以及性别赋权尺度(GEM),它们反映人类发展中性别不平等状况。《1997 年人类发展报告》提出了“人类贫困指数”(HPI),该指数用以衡量人类发展基本方面所存在的剥夺情况。HDI、GDI、GEI、GEM 提供一国的人类发展简要信息,可以比较全面、准确地反映一国在以人为中心的发展方面取得的成就和问题。社会进步的真正归宿应该是成为“自由人联合体”。那时,社会进步便同人的发展高度融合。在这样的社会,人民是真正的主人,社会的管理者是公仆;在这样的社会,人的价值是根本性的、被极大地弘扬的,物的价值是人的价值的观照并服务于弘扬人的价值。

人与自然和谐相处应该成为评价的最高原则。人的发展，原则上可以成为评价的目的性范畴，但是它不能忤逆人与自然和谐相处的原则，如果忤逆了这一原则，它本身就是一个“假”原则，其所以“假”，是因为人不可能脱离人与自然和谐相处的约束条件谈发展，那样只有自取灭亡。所以，不能对人的发展这一目的性范畴作出人类利己主义的误识。人的发展中的发展，不是将人提升为像恐龙时代那样的巨无霸的统治者，一切以人的需要来决定生杀予夺。人的发展中的发展，是指人不断地远离自身具有的动物性，不断提升自己的精神境界，从自然境界发展到道德境界，发展到止于天地境界之至善。在天地境界上，人真正地成了自身物欲的主人，有高尚道德情操，有睿智，用外在尺度、内在尺度以及审美尺度来认识世界和改造世界，使得世界呈现一个大和谐。那时，宇宙 cosmos（一个和谐的有规律的整体）就不再是个愿望，那便是著名的“横渠四句”的兑现。

第十章

审美认识

当我们真正正视那些不朽的艺术杰作，就会产生一种拘芬揽萃，含英咀华，如饮醴泉，如啖甘汁的美妙享受的感觉。赫尔岑说："歌德和莎士比亚抵得整整一所大学。一个人通过阅读体验了时代，不像在科学中，在科学中他只摘取最后的、得到澄清的成果，而是像那种一同举步、一同走上曲折道路的旅伴。"①20世纪早期，我国曾经发生过所谓的科玄大战，当丁文江等人大吹大擂科学万能在于科学方法无比优越的时候，当陈独秀宣称"哲学已是寿终正寝"的时候，当吴稚辉建构起科学万能的所谓"漆黑一团"的宇宙观、胡适搞出一套自然主义的宇宙观和人生观的时候，梁启超发出这样的怒吼：

> "科学帝国"的版图和权威无论扩大到什么程度，这位"爱"先生和那位"美"先生依然永远保持他们那种"上不臣天子下不友诸侯"的身份。②

这里用"审美认识"来概括梁启超当年用以区别于"赛"先生的"爱"先生和"美"先生，其心境颇似《老子》第五章里所表达的：有物混成，先天地生。寂兮寥兮，独立不改，周行不殆，可以为天地母。吾不知其名，强字之曰"道"，强为之名曰"大"。

一、审美认识的本质

审美认识的认识对象是美。马克思在为《新亚美利加百科全书》撰写

---

① 《赫尔岑文集》，上海文艺出版社1962年版，第5页。

② 张君劢、丁文江等：《科学和人生观》，山东人民出版社1997年版，第141页。

的“美学”条目中写道：

> 最可靠的心理学家们都承认，人类的天性可分作认识、行为、情感，或是理智、意志和感受三种功能，与这三种功能相对应的是真、善、美的观念。美学这门科学和感受的关系正如逻辑学和理智、伦理学和意志的关系一样。逻辑学确定思想的法则；伦理学确定意志的法则；美学则确定感受的法则。真是思想的最终目的；善是行为的最终目的；美则是感受的最终目的。①

审美认识就是对对象进行美的审视。审美的本质往往又与美的本质交织在一起，几乎无法分开。因此，必然牵连到对美的本质的探究。

按照马克思的说法，人能够按照任何一个种的尺度进行创造，能够按照内在尺度进行创造活动，也能够按照美的尺度进行创造活动。人不仅仅在衣食住行方面创造美，更有专门创造美的特别实践活动——雕塑、音乐、绘画、舞蹈、散文、诗歌、戏剧、小说等等。它们构成了人类对外界，对自身独特的认识类型。

关于美，从来都是有争论的。美对于人来说是一种什么样的感受？美的本质是客观的还是主观的？美是自然界所固有的还是只有在社会的基础上才能产生的？衡量一个对象是美的还是不美的有无客观的尺度、标准和规范？美对人有用还是没有用？等等。

美肯定是人的一种感受，它显示出来的状况就是人处在特定关系中产生出心理上的愉悦或震撼的体验。当一个人经历一种情形说心旷神怡或心灵震颤时，就处于审美认识中了。

审美认识时，我们一定是面对着某种对象，这对象可能是天空、云彩、原始森林那样纯粹自然性的实体；也可能是人化的世界中的某种内容：人造物、制度、关系等等；也可能就是人本身：人的肉体状况、人的精神状况、人的行为，等等。总之，一定要通过特定对象审视“美”。因此，审美的第一要素就是承载着美的对象。由于美寓于特定载体之中，我们就叫那载体为“美的东西”。“美的东西”，我们总是乐于面对、乐意欣赏。对于有些美的东西，我们总是珍惜它，甚至还会产生占有它的意识。显然，就人类心理常态而言，承载着美的东西，一定是能引起愉悦或震撼感受的东西。

---

① 转引自许苏民：《人文精神论》，湖北人民出版社2000年版，第62页。

这就是说，美有其客观基础。中国古代有一种主张，即天地本身是能够创造美的，“天地有大美而不言”。当我们面对壮丽的山河，不得不惊叹大自然的鬼斧神工。虽然说美离不开审美者——人，但那些美的基质毕竟是大自然的造化，并没有人力加于其上。那些迷人的自然景观，显然是天生的，包括我们人类自身的肉体那么对称、那么协调、那么精巧，也是大自然的杰作。古代希腊也有类似的主张，毕达哥拉斯认为美是和谐，这个和谐是宇宙所固有的。毕达哥拉斯认为，客观事物存在着一定的数量关系和比例，它们是人感到美的依据。当事物本身呈现出一种“黄金分割”的比例关系——即呈现出将一个对象分成一个小半和一个大半，小半与大半的比例等于大半与整体的比例——的时候，我们对该事物就产生出一种很和谐的感受性。英国画家贺加斯还认为，当事物呈现出正弦曲线时，就很美。还有一些人主张，事物本身的对称性、协调性、节奏性，都是美产生的客观依据。柏拉图也认为美是客观的，不过他认为那是客观的“相”，一切美的事物正因为分有了美的“相”才美。人从个别的美开始，好像升梯一级一级逐步上升，直到最普遍的美。从一个美的形体到两个美的形体，再到每一个美的形体；从美的形体到美的制度，从制度到学问知识，最后一直到美本身——他认识到了美是什么。根据汪子嵩等人的研究，柏拉图的“美的相”具有这样的特征：

一、它是永恒的，是不生不灭不增不减的。

二、它是绝对的，不是在这部分美那部分丑，不是在这一时美那一时丑，也不是在这一方面美那一方面丑，也不是对这些人美对那些人丑。

三、它是单一的（一类中只有一个），自身存在的，既不表现为某一个面孔、某一双手，或是身体的某一其他部分，不存在于某一篇文章或某种知识中，也不存在于另一个本体如一个动物，或大地和天空中。

四、具体事物分有“相”。具体事物都是有生有灭的。而“美的相”却并不因此有所增减……①

柏拉图的主张很容易导致对美的本质作出客观唯心主义的解释。

理论物理学的很多工作者都认为，大自然是按照美的规律“设计”的。

---

① 汪子嵩等：《希腊哲学史》第二卷，人民出版社 1993 年版，第 766—767 页。

例如爱因斯坦就坚信自然的基本设计表现出简单的美。H. 邦迪（Bondi）说：

只要觉得一个方程是丑的，他就对之完全失去兴趣，并且不能理解为什么还会有人愿在上面花这么多的时间。他深信，美是探求理论物理学中重要结果的一个指导原则。①

A. 热这样阐述他和他的同事研究理论物理学问题的旨趣：

美先于真。

我和我在基础物理学界的同事们……乐于自认为我们是在探求美。……毫无疑问，终极设计者只会用美的方程来设计这个宇宙！我们宣称，如果有两个都可用来描述自然的方程，我们总要选择能激起我们的审美感受的那一个。“让我们先来关心美吧，真用不着我们操心！”这就是基础物理学家们的呼声。

读者也许会把物理看成一个具有精确预言性，而不适于审美沉思的科学。其实，审美事实上已经成了当代物理学的驱动力。物理学家已经发现了某些美妙的东西：大自然在最基础的水平上是按美来设计的。②

A. 热将物理现象比做歌词，将当代物理学的美学问题比做音乐：

大量的物理现象（歌词）如果不是放到当代物理学的美学框架（音乐）中去谈论的话，也将会枯燥的，而且也无特别的启发性。……不论是作为一名基础物理学家还是一名歌剧爱好者，我都更偏爱音乐而不是歌词。

也有些人否定美具有客观基础，主张美是纯粹主观的。休谟认为：

美不是存在于事物本身的一种品质，它只存在于直观事物的精神之中，而每一个人的精神所看到的美都是不同的。③

宇宙在造物时，的确“遵从”它自身的规律，这种合规律性，应当说是“美”的客观依据。因为，尽管人是唯一能够审美的主体，但人也是宇宙按

---

① 转引自［美］A. 热：《可怕的对称》，荀坤、劳玉军译，湖南科学技术出版社1992年版，第9页。

② 同上书，第9—10页。

③ 转引自［保］瓦西列夫：《情爱论》，赵永穆、范国恩、陈行慧译，三联书店1986年版，第187页。

照同一的规律创造的，人按照自己的合目的性审视事物是美还是不美时，它也不能脱离宇宙创造他和所有事物时的规律。科学家们之所以对事物自身存在的对称性、协调性、节奏性等等着迷，就因为，宇宙在创造人的时候，同样也赋予他这些属性，所以，他目睹事物呈现这些属性时，便顿生美感。

美既有客观性，又有主观性，二者统一于人对生命的感受与生活实践。机械地将美归于客观或者主观，都是错误的。

美是人特有的一种“感受性”和“体验性”。无感觉官能的事物，当然也没有“感受性”和“体验性”，水从瀑布顶端坠落下来，它自身既感受不到那惊雷疾电的壮美，也欣赏不了那飞沫处显现的彩虹的秀美，更体验不到那磅礴的气势，虽然那气势是由它造成的。云、雾、光本身感受不到由自身在空中构建的海市蜃楼之奇幻的美，体会不到那份空灵。天地有大美不言是因为它们原本没有“感受性”与“体验性”，不能反观自身。然而，动物这种特殊的生命物种，却能够享受到天地的大美，高等动物更是如此，尽管它们那种感受不能够称为美感，却可以说是快感。需要明确的是，动物的快感是紧紧围绕种的进化更能适应自然选择这种目的而产生的：雄师的硕大体形、高昂的头颅、山摇地动的吼声以及神圣不可侵犯的形象，能够引起雌狮的快感，也能够引起它自身成为“王者”的快感，从根本上说来，是有利于繁衍强健凶猛的后代，以便在弱肉强食的丛林法则面前立于不败之地。许多雌性动物一定要等到雄性动物决斗之后，才肯委身于胜者，都是基于丛林法则。花儿是植物的生殖器官，植物本身虽然没有动物那样的快感，它被塑造得那么美，应该是要赢得蝶、蜂之类的“好事者”的快感，好把受精的花粉传播到异地，这也是要繁衍生命。在适者生存规律强制作用下，动物个体的炽热生命力和肉体各部分高度协调性，有益于最佳发挥生命运动的功能，这是造成快感最根本的吸引因素和刺激因素，它体现为“种属的尺度”。

应该说，人对人的美的感受，最初也是基于生命的存在和繁衍的。从最初的意义说，属于“快感”的那种“种属尺度”也适合于人。肌肤圆润光泽、乳房隆起富有弹性、身体轻盈匀称，这表现了母亲的体态的和谐。在奥地利和法国发现的旧石器时代的小雕像，都有隆起的乳房、丰满的臀部和腹部，与性、与生育相关。男性则是面孔轮廓清晰分明、体格匀称、肌肉结实、胸部宽阔、步伐矫健。荷马史诗中描述的赫克托耳、奥德修斯、阿伽门农等等就是这样。

但是,人的审美活动的现实基础却是建立在根于劳动的社会性之上的。审美的生理基础与社会基础具有复杂的关系。对人的审美缘起于肉体生命的健旺与种的健旺繁衍,但绝不局限于此,它升华到“爱”。爱,超越了对性与生育的考量,突出了社会性与精神性。爱,应该被看成是人类审美的真正起步,它体现了肉体与精神的完美结合。要认识审美的本质,人们必须聚焦于爱。因为,第一,当他或她还停留在对性的渴望而追求两性的结合,认为那就是美的时候,他们就只是被性欲冲动所驱使,只是把性欲的满足这种生理现象视为美,这是以自身的性要求为转移的,严格地讲,这是不能称为审美的。第二,当他或她仅仅是因为容貌与体态而欣赏着对象,这固然也是在审美,但那却是十分浅层的,并且是相当地不确定的。因为,容貌与体态会随着时间之流而逝去,只要没有办法拒绝老之将至,那么,审美的恒久性必是难的。再则,纵使在相对稳定的时段固然有把对美的审视确定在某对象之上的可能,但那也是难的。因为,造物主会同时缔造众多的尤物,而仅仅以容貌与体态为美,见异思迁就在所难免。而见异思迁是不合乎审美要求的,如果朝说某人美,暮说某人不美,美的本质便没有寓于对象之中了。只有爱才是把握住审美的本质的典型表现。爱,将性欲与对容貌、体态的欣赏包容在自身,又超越了它们。爱,不仅在优雅地审视着美的对象,而且在不懈地创造着美,爱不断地为审美创造生机与活力。所以,当性的欲求渐趋衰竭,当如花美眷似水流年,爱依然存在,美就依然存在,审美就依然存在。所以,从爱对性与容颜体态的辩证否定,积极超越来揭示审美的真谛,是正确的途径之一。

把两性之间的性爱作为审美认识的一个内容,这意味着,爱情的确与日常生活中的男女问题以及生命的生产问题密切相关,爱情不可能不源于性。但是又必须看到,爱是对动物纯粹性行为的否定。爱情应当是人类最早从野兽中提升出来的、属于人的社会内容之一。禽兽只求雌雄交配,极少的动物有择偶的习性,即使有,也都是本能使然。只有人才有爱情这一高贵的情感。它是最早为人所意识、所肯定的东西。

以爱情为轴心,亲情等属于爱的范畴的内容也发展起来,它们同样是具有非常感性的自然基础的:生命在漫长的进化过程中逐渐发展出哺乳动物,这种动物比其他动物具有更浓厚的亲代对于子代的情感关切和守护幼仔生命的责任,从而使其更有利于生命延续。强大的恐龙缺乏亲情,缺乏合群性，它们残杀后代，残杀同类，加之环境发生了不利于生存的变化，就走向了灭绝。后来的哺乳动物，从怀孕与哺育中将舐犊之情注入本能，且同类之间具有不同程度的合群性，更适于生存。从猿变人之际，始祖们将这种亲情与合群性，升华为属人专有的社会性。所以，爱的问题，以爱情为中轴包括亲情之爱和友爱，是人类永恒的内容。

爱的问题产生的同时，美的问题也随之而来。当然，美的问题与爱的问题不是那么绝对同一，抽象而论，它们的联系似乎并不总是那么具有必然性。但是，只要稍加考察就会发现，二者是密不可分的。在希腊神话里，有两个爱神各代表希腊人对爱情的世俗性与超世俗性的侧重。最先的一个爱神是 Eros（厄洛斯），它产生于混沌，在神的谱系中是资格最老者之一。

> 小爱神爱洛斯（一般译为厄洛斯——引者注）之出现在希腊人的想象中，生动地说明了人的爱欲之美已经开始高于高等动物根于生命本能的美感萌芽，因为人已经开始赋予两性之间的爱欲之美以超越生命之有限而达于无限的形上意义，从而把自己的性行为与动物的交媾相区别。①

后出现的爱神是阿芙罗狄忒，也就是罗马神话中的维纳斯。克洛诺斯弑其父乌拉洛斯并抛尸于爱奥尼亚海，激起的海浪中心浮起白莲花式的泡沫，出现了阿芙罗狄忒，掌管爱与美，使爱神与美神是同一个神，它不仅保留有对性爱与生育的崇拜，更眷注爱的审美理想，体现古希腊人爱情观的升华。

爱情是审美认识的永恒主题，没有一个时代对此表示异议，这就足以说明爱在审美中的重要地位。爱，已经把审美的重心从物质的表层转移到精神的深层。在爱中，性的欲求和人类繁殖的肉体形式被灌注了精神。使得人类的两性生活绝对不倒退到动物般赤裸裸的性交，而是朝着以情为魂的光彩道路发展，直接的感性魅力和生命活力便被精神的光芒所照耀，肉体方面的审美内容反倒为那纯洁的精神服务。

人们在爱中，在审美中认识着对象。这种认识的真谛是难以用科学认识来揭示的。爱情不服从逻辑的规范，虽然说在审美过程中，科学认识依然起着明显的作用，如，一个人对其所爱的人进行尽可能周全的调查，占有尽

---

① 许苏民：《人文精神论》，湖北人民出版社 2000 年版，第 107 页。

可能详细的第一手资料，并且广泛征求旁人的意见，加以分析，作出客观的判断，等等。但是，审美认识毕竟不能归结于科学认识。莎士比亚的戏剧《安东尼与克莉奥佩特拉》中有一段耐人回味的对话：

克莉奥佩特拉：假如真的是爱情，请问有多少？

安东尼：数米而炊的爱情才可以计算。

克莉奥佩特拉：我要定出被爱的界限。

安东尼：那您就得开辟新地域、新天堂。

莎士比亚通过安东尼之口，说出自己的见解：爱，是不可以用实证的方法去计算的；被爱，也是不可以用逻辑的方法去界定的。同样，美也是不能用科学的办法去实证与界定的。当年柏拉图坚持用逻辑实证的办法探讨美的本质，对于美的感性事物加以否定，追求认识那美的“ἰδέα”（相）。但他不得不叹息：美是难的！

莫克列尔说：

我们往往根据某些特征来设想对象，我们总想夸大这些特征的意义，必要时还要回避理性的监督。我们需要这种夸大来为我们单纯的愿望辩解并赋予它崇高的意义，承认道德和思想上的种种完美，以便使自己确信，自己所爱的人是唯一的，不可替代的。这一事实本身即是爱情的开始，它是某种程度的越出“我”的范围，某种过度的性兴奋，一种对实际力量的主观夸大。没有这种愿望的意识幻觉和这种无意识的自我激励，就不是爱情，而只是一种性的欲求。①

所以，企图用科学认识的方法解决爱情问题，是注定要失败的，这就是审美认识可以成为独立的认识形式的一个证据。

爱情追求两性在各个方面的整体的结合，作为审美的对象，这种美的缔造和升华，取决于一个人的文化修养，这已经将审美的注意力转向人性了。

以爱情上的审美为基础，审美还应该有另一重境界，那就是体验崇高。关于崇高，将在下文论述。这里要指出的是，人类对崇高的欣赏，实质是追求自身的超越，追求生命境界提升。从这个意义来看审美的本质，与其说是审视外物，不如说是审视人的心性。

---

① 转引自［保］瓦西列夫：《情爱论》，赵永穆、范国恩、陈行慧译，三联书店 1986 年版，第 203 页。

首先，心性之美总是审美的基础与前提。即使我们审视的对象不是人，纯粹是自然风光，那也是如此。我们面对着荒凉就感到不美，因为荒凉不适于生命的存在，面对着荒凉，便感到生命在承受煎熬、面临着威胁。即使那荒凉是生命物的存在状态，譬如杂草丛生，我们也不会感到那是美的，因为那种无序的混乱，不是人的生命所要求的环境。我们面对旖旎的自然风光便感到美，其实是因为我们有了归宿感，我们希望生命能够融入这美丽之中，希望这美丽之所在成为我们心灵的故乡。我们面对那雄伟奇险的自然风光，也会感到那很美，其实是因为它能够激发我们生命的潜能，我们希望生命也能够像面前的大自然一样，摆脱平淡无奇，创造出奇崛或者波澜壮阔。心性之美总是审美的基础与前提，还含有这样的意思：诚然，大多数人无须太多的心性修养，便能够欣赏自然风光，并没有圣人与凡夫的区别，这似乎有道理，但其实并非如此。譬如大江东去，孔子能审视到"逝者如斯，不舍昼夜"，苏轼能审视到"浪淘尽千古风流人物"，但是一个叫花子可能面对大江东去而发愁怎么能够渡过江去要口饭吃，大江东去在他眼里就不再是美的了。叫花子有生存之忧患，则难以培育审美的心性，所以不能像孔子那样从大江东去中感悟到生命应该奋进不止，不能像苏轼那样，从大江东去中思考生命应该努力做到不被历史的大潮冲刷得了无痕迹。

康德十分强调审美对人性的依赖，他指出：

> 人们各种锐意的和烦恼的不同感受有赖于引起这些感受的外界事物的性质，远不如其有赖于人们自身的感情如何。……某些人的快乐对于别人却是痛苦，爱情的烦恼对人人都是一个谜，以及一个人所感到的激烈矛盾而另一个人却可以完全无动于衷。对于人性的这种特点的考察的视野，可以伸展到非常遥远，并且还隐蔽着一片既引人入胜而又富于教益的宝藏有待发掘。①

很有必要专门提及普罗丁，他对于审美认识本质的揭示是有重大贡献的，他的基本思想至今依然十分深邃。普罗丁强调美离不开善。在他看来，"美就是善，从善那里理性直接取得它的美"。他认为，美是从艺术家心中表现出来的，艺术表现艺术家心灵中美的构思，审美就要审那"心灵的艺术"。他以雕刻为例，认为由艺术加工的石头之所以美，并不因为它是石

---

① ［德］康德：《论优美感和崇高感》，何兆武译，商务印书馆2001年版，第1页。

头，而是由于艺术所放进去的“相”。它不是石头的自然物质原有的，而是在进入石头之前早已存在于那构思的心灵中，它之所以存在于艺术家的心中，是因为艺术家参与艺术的创造。这已经十分出色地表达了审美认识的本质在于审视人性的境界。他强调心灵美要在创作的作品之先，要加强主体自身的修养。指出，心灵本身如果不美也就看不见美。所以一切人都须先变成神圣和美丽的，才能观照神和美。①

普罗丁提出一个“神的美”的概念，他认为这是最高的美。神纯然太一，超然独立，洁净无尘，是一切所归依，一切所仰望，一切因它而存在，而生活，而思维，因为它就是生命、理性和存在的原因。“神的美”表现为智慧与庄严，出自理性。虽然人的艺术美也出于理性，但神是理性的化身，而人的心灵的理性来自神的理性。

美是理念所在的地方，善在美的后面，是美的源泉。②

他就是这样通过一系列神秘的说法，推出美中的深沉的至善来的。当然，在我们看来，至善是人们在生活实践中，由对生命的诗意存在的体验与憧憬所构想出来的纯洁心灵的境界，而不是什么对象来自某种神秘原因往人心的“嵌入”。

最可贵的是，普罗丁的审美情趣中有一种浓厚的“回故乡”情结：

让我们逃回到我们亲爱的故乡吧，在故乡才能听到最真挚的忠告！③

这里，普罗丁的思绪深入到了终极关怀的深层，他所考虑的是现实生活中物质同精神、灵魂与肉体、人与自然的尖锐的对立与分裂，他意识到了这种分裂会导致人的被撕裂的危险，导致人的精神上涉无期限的流浪，所以，他使用了令人伤感的“回到我们亲爱的故乡”的话，而且还使用了一个“逃”字。

既然是“逃”，又如何“审美”？可见解答这个问题必然有生存论上的重负压迫着我们。应当说，普罗丁是一个生存论思绪极凝重的哲学家，他视“太一”为最高本原，而这“太一”既非形质的存在，也非无形的存在，而是无

---

① 参见邓晓芒、易中天：《黄与蓝的交响》，人民文学出版社2000年版，第158页。

② 转引自吴琼：《西方美学史》，上海人民出版社2000年版，第159页。

③ 同上。

限的生命力,具有创生一切的力量。他从一种客观唯心主义的立场叙述他对人的生命之形上追求冲动的理解,把这种冲动说成是太一的创生力量的冲动。从而他也就把人的这种形上之思说成是太一的"第一境界"——"心智",是一种"神性"。这种"神性"一方面保持着思维的统一性功能,另一方面又有"多"的理念,它们"流溢"出来就作为动力创造了感性世界。

> 心智(或精神)最直接的产物是心灵、灵魂。而灵魂又从事于将非存在的物质造成形体,形成感官的现实世界。因此在这里,灵魂是属于心智世界(理念世界)和可感世界之间的中间者,它向上是回归到心智和太一,与宇宙合一;向下是下降到物质现象世界,与肉体为伍。①

普罗丁按照这样的思路继续考虑,认为一般人的审美受声色的诱惑,脱离了神,迷恋于"虚假的存在",再看不到神性、真、善、美了。他认为灵魂不会甘于此,它源自于神,仍然有复归于神的趋向,也就是返回到心灵的故乡。

> 我们的故乡是我们所由来的地方,我们的父亲就在故乡里。②

在普罗丁看来,返回的办法有真、善、美三条:一是理论上,人要培养自己对辩证法的认知,以便达到对神的认识;二是实践上要通过净化心灵来培植美德;三是审美上完成灵魂向永恒的"真实界"的提升。

普罗丁认为,最高的审美,要靠一种"内心视觉"。例如对一幢房子,要从感性直观中达到对不依靠砖头的房子的美的内在本质的认识。这里存在一个精神气质,即物我两忘以及物我混一的气质。普罗丁说:

> 在观照中,我不是在物外,物也不是在我外;凡是以慧眼观物的人都能见到自己心中有物在,……必须有内视工夫,才能见到物我合一,见到物即我,正像一个人一旦被阿波罗或什么诗神凭附,就能在自己心中见到神的形象,有了以心视神的能力那样。③

他强调,这要使人做到心灵美。人对心灵美的眷注,要类似"恋爱的心情"。人必须使自己心灵净化,虔诚地追求心灵美。然后,通过美的心灵,以比爱恋心灵美更爱的情感去渴望神。

---

① 转引自吴琼:《西方美学史》,上海人民出版社 2000 年版,第 160 页。

② 转引自同上。

③ 转引自同上书,第 164—165 页。

……怀着满腔惊喜交集之情，感到无伤的悸动，以一种真正的爱慕和啮心的热望去爱它……①

普罗丁的审美情趣中有一种宝贵的精神气质，他关心人的生存状态，重视精神自由。他对审美做了重大的转向，使人对审美由向外界审视转向审视人的内在精神，而且是根本性、形上性的。他有一种对生命的开悟，有对生命提升的热烈期待，期待解脱，也期待超越，期待救渡苦难人生。他能够将审美看做是达于消解精神与物质对立的中介，同时，他强烈地想要知道审美心理深度的秘密。

综上所述，完全有理由认为，审美判断力是心性的一种特殊能力，即使对纯粹自然事物的审视，也有赖于心性修养。经过上述的分析，可以对审美的本质作出这样的结论：审美，就是类生命、个体生命对其诗意存在的体验与追求。审美的本质其实就是审视以便发现和培养纯洁高雅的人性。离开对人性的审视，就从根本上离开了审美的本质。审美固然与人的感官愉悦享受有关，但是，庸俗的感官享受几乎可以说是基于本能的，不用培育，而健康高雅的审美情趣和审美能力，则是很难培养出来的。人们若要达到像开普勒那样由发现行星运动规律而敏锐地感受到宇宙神秘和谐的水准，是需要艰苦的人性历练的。人性从人的自然属性中冲腾出来，它时时都有被自然属性所困厄的危险，当人性真的为自然属性所困厄时，人性便呈现出庸俗甚至丑陋之状，那就谈不上健康高雅的审美。优美感和崇高感都是由于人性的优美和崇高才被激发起来的，人性不优美，就不会欣赏事物的优美。流氓和痞子面对窈窕淑女，会激起占有欲，但那是对优美的侮辱和践踏。庸人不能面对崇高的英雄壮举，他们生怕自己那惨淡经营的浅浅人生被崇高震破，宁可掩面不见；粗鲁的汉子和浅薄的女人只会像蚊蝇那样对着崇高嗡嗡。审美越是向前发展，就越是向人性深处审视。正如康德所言：

真正的德行只能是植根于原则之上。这些原则不是思辨的规律而是一种感受的意识。它就活在每个人的心中。它就是对人性之美和价值的感觉，这样说就概括了它的全部。惟有当一个人使自己的品性服从于如此之博大的品性的时候，我们善良的动机才能成比例地加以运

① 转引自吴琼：《西方美学史》，上海人民出版社 2000 年版，第 163 页。

> 用，并且会完成其为德行美的那种高贵的形态。①
>
> 对于内心的认识，我们凭的是心灵体验，我们不必凭对感性、智性的加工，就可以直指本心，从而明心见性（人性）。②

康德所说的"不是思辨的规律"，这是说，审美认识不像科学认识那样依赖于对规律的把握，而是依赖于直接体验，而最能直接体验的就是自我人心。

二、美感的基本类型：阳刚与阴柔

关于美感的类型，理论界说法不一，有学者把美感分得很细，如分成典雅、悲情、怪异、崇高。③ 依笔者看，中国传统文化中基本看法就很有道理：一阴一阳之谓道。美感主要是阴阳两大类型。天地有大美。天之大美在于"天行健"，是阳刚之美；地之大美在于"地势坤"，是阴柔之美。有天地然后有万物，万物也是阳刚之美与阴柔之美。周易用乾、坤、风、震、巽、坎、离、兑象征自然万物。乾卦的性质为刚健，包括天、君、父、马等比较刚健的物象；坤卦的性质是柔顺，包括地、母、牛等比较柔顺的物象；震卦的性质是震撼，包括雷、龙、踏等有震撼力的物象；巽卦的性质是随顺，包括风、木、长女等比较随和的物象；坎卦的性质是下陷，包括水、沟等比较倾向下位的物象；离卦的性质是光明，包括火、日、电等比较有光热的物象；艮卦的性质是静止，包括山、石等物象，兑卦的性质是愉悦，包括泽、妾、少女等物象。各本卦所包括的物象，"无非触类可为其象，合义可为其征。义苟在健，何必马乎？类苟在顺，何必牛乎"④？八卦所包括的物象，从审美的角度看，无非阳刚之美与阴柔之美两大类。这是周易判天地之大美的智慧。有万物然后有男女，男人之美，在于阳刚，女人之美，在于阴柔。"阿里山的姑娘柔如水，阿里山的小伙壮如山"就表达了男女美感的类型。有男女然后有夫妇，夫主外，要赖其力维系家庭生存，其美在于阳刚；妇主内，相夫教子，以其慈祥和善和忍耐之承负来哺育幼儿，敬仰长者，化解矛盾，和谐家庭成员，其美在于阴柔。

---

① 转引自［德］康德：《论优美感和崇高感》，何兆武译，商务印书馆 2001 年版，译序第 11 页。

② 同上书，译序第 13 页。

③ 参见黄凯锋：《审美价值论》，云南人民出版社 2005 年版，"第四章：美的类型"。

④ 《周易略例·明象》。

有夫妇然后有父子，父予子生、导子长，父令子从，其美在于阳刚；子孝父，以柔顺谦卑，常怀感恩之心、报恩之意为德，其美在于阴柔。有父子然后有君臣，中国古代家国同构，由事亲推至事君，由齐家而治国而平天下。故理想中的君，应泽被天下，其美在于阳刚；理想中的臣是忠诚国家民族的为国治事者，所谓"食君之禄，为君分忧"，忠君报国，其美在于阴柔。有君臣然后礼仪有所错，礼者，理也。有制度、律条，纲纪须正，不可亵渎，其美在于阳刚；夫仪，仪态、仪表、仪容为质。常以乐相伴随，凭教化之功佐助于礼，其美在于阴柔。所以，不可以在阳刚之美与阴柔之美外生出许多枝节来遮蔽根本。

在西方，比《周易》诞生的年代晚很多的古罗马人朗吉弩斯，用另一套语言表达了阳刚之美与阴柔之美的意思，那就是尼罗河、多瑙河、海洋与溪涧。更后来的德国人康德则用比较规范的术语——优美感与崇高感整理了西方几千年关于美感基本类型的看法。这里，尼罗河、多瑙河、海洋之美，是阳刚之美；而溪涧之美，是阴柔之美。

朗吉弩斯说：

> 大自然把人类放到宇宙这个生命大会场里，让他不仅来观赏这全部宇宙壮观，而且还热烈地参加其中的竞赛，它就不是把人当作一种卑微的动物；从生命一开始，大自然就向我们人类心灵灌注进去一种不可克服的永恒的爱，即对于凡是真正伟大的，比我们自己更神圣的东西的爱。因此，这整个宇宙还不够满足人的观赏和思索的要求，人往往还要游心于骋思于八极之外。一个人如果四方八面把生命谛视一番，看出一切事物中凡是不平凡的，伟大的和优美的都巍然高耸着，他就会马上体会到我们人是为什么生在世间的。因此，仿佛是按照一种自然规律，我们所赞赏的不是小溪小涧，尽管溪涧也很明媚而且有用，而是尼罗河，多瑙河，尤其是海洋。①

根据这一论述，朗吉弩斯是西方第一个说出美感类型的人，而且说得非常深刻。

首先，作者是本着以人性为底蕴来划分美的基本类型的。这个标准虽然没有被作者鲜明地陈述出来，但它蕴涵于作者的陈述之中。朗吉弩斯认

---

① 转引自朱光潜：《西方美学史》，人民文学出版社 1979 年版，第 112 页。

为,我们人类来到这个世上,是应该追求崇高的,这是一个境界追求的标准问题。根据这样一个潜在的标准,朗吉弩斯把美感瞄准了崇高:一切事物中凡是不平凡的、伟大的和优美的都那么巍然地高耸着,人应该从中体悟到来到这人世间的目的,是要高举远慕,作出一番有震撼性的、令人千古仰慕的事业来作为人生止于至善的标识。在这个前提下,朗吉弩斯指出了有两个类型的美感——溪涧的明媚与尼罗河、多瑙河、尤其是海洋的恢弘博大。在朗吉弩斯这里,它们的关系不是平列的,崇高感明显地位列优美感之上。但是,他毕竟承认存在着两种美感。朗吉弩斯的倾向性是完全正确的。因为,尽管小溪小涧之明媚的确令人销魂,但是,引领人类无限创造的却是类似尼罗河、多瑙河,尤其是海洋的奔腾不息和汪洋恣肆。英国著名历史学家阿诺德·汤因比曾经把文明的发展比做在峭壁上从一块凸出的岩石向更高的另一块凸出的岩石的辛勤勇敢、坚持不懈的攀登,上面总是有更高的目标,下面是万丈深渊,人们只有永远指向崇高,文明才不至于死亡。这就为我们断定人性指向崇高的那种美更具有审美价值提供了一种深邃的历史感,使我们对崇高感有了历史意识。尽管优美感是那么迷人,但是支撑文明生命的还是人类的崇高之美,如果没有它,文明就会毁灭,从而,优雅也就荡然无存了。这里可以看出朗吉弩斯对人类向上的志气、进取的锐气、奋斗的勇气的一往情深。朗吉弩斯实际上给后人提出了一个深刻的问题:为什么偏好于崇高是一个人类性的偏爱?并且他也给后人一个初步答案,那就是:人类生命祈向于崇高。"即对于凡是真正伟大的,比我们自己更神圣的东西的爱"。他没有从哲学上作出解释,但这句话能够令人震撼也就够了。此外,"这整个宇宙还不够满足人的观赏和思索的要求,人往往还要游心于骋思于八极之外"这句令人荡气回肠的宣言般的言论表明,朗吉弩斯看到了在人类的审美中,有一种不可遏制的形上冲动,想要为人类寻求生命的最高支撑点。认为人类追求崇高是合乎大自然的或者说是具有宇宙创造人的"本意"的合法性的。即大自然造人的目的不仅仅是让他观赏全部宇宙壮观,更要其参加其中的竞赛,证明自己不是一种卑微的动物。因此,宇宙的整个形下存在不能满足人的要求,人还要游心于骋思于八极之外。作者的思考启迪我们认识到,美是生命追求永恒、崇高的本性,我们追求美,最根本的目的是要给我们短暂的人生增加激情、豪气,注入永恒的意义。审美在归根结底的意义上是审视生命的真谛。我们叙述到这里时,立即感到生命升腾的壮丽，从心底腾涌起想使人成为神的那种情感的巨澜。笔者以为，这才是朗吉弩斯此番言论的精妙之所在。

朗吉弩斯还提出了"四个崇高"：崇高对象、崇高感情、崇高热情、崇高风格。崇高对象如大江大海是客观地存在着的"不平常的事物"，这些事物具有"庄严"、"伟大"、"壮丽"、"雄浑"、"威严"等等特质。崇高感情就是人面对崇高对象引起相应的心理体验，它或惊异、或敬畏、或亢奋、或超迈。崇高热情同崇高感情实际上难以区别，但是在朗吉弩斯之前的凯齐留斯写过一篇论崇高的文章，朗吉弩斯在批判他时，强调了崇高热情的极端重要性。他说：

> 如果凯齐留斯从未想到热情有助于崇高，所以只字不提，认为是微不足道者，那么他就铸成大错了。我大胆地说：有助于风格之雄浑者，莫过于恰到好处的真情。它仿佛呼出迷狂的气息和神灵的灵感，而感发了你的语言。①

根据这段话分析，崇高热情是一种"有助于风格之雄浑者"的真情，打个比方，李白面对黄河的磅礴气势，有一种"万里泻入胸怀间"的真情，这真情便有助于风格之雄浑者，倘若有人只是发愁水流湍急难渡，他就只有引发愁情而引不出抒发风格之雄浑的真情来。

朗吉弩斯强调并非所有的热情都能够生发出崇高感。它认为，有些热情是卑微的，去崇高甚远。此外，崇高的热情必须是感发成语言的，那感发不出语言，只知道说"伟大啊"、"壮观啊"，也不是真的崇高的热情。最后，他认为崇高的热情中冲腾着灵感、灵气。

崇高风格是一颗伟大心灵的回声。② 朗吉弩斯关于崇高风格的观点有五个要素：一是伟大庄严的思想，二是慷慨激昂的热情，三是构想辞格的藻饰，四是高雅的措辞，五是尊严和高雅的结构。显然，崇高风格是文艺作品的一种风格（例如豪放）而非对象性的东西。朗吉弩斯评论经典作品的崇高风格时，使用了"泛滥着一片雄浑的苍茫"、"如火如荼热情磅礴的焕发"、"豪迈的崇高"、"一切燃烧起来，散之四方，可以比拟疾雷闪电"、"野火燎原，席卷一切，扫荡一切"等比喻，这在我国文坛是常见的一种品评。

---

① 转引自吴琼：《西方美学史》，上海人民出版社 2000 年版，第 142 页。

② 转引自同上书，第 139 页。

朗吉弩斯认为，在表现崇高过程中，想象特别重要。他指出：所谓想象作用，一般是指不论如何构想出来而形之于言的一切观念。即当你在灵感和热情感发之下仿佛目睹你所描述的事物，而且使它呈现在听众的眼前。①这似乎就是创造崇高的艺术形象的过程。

在西方，明确地将美感的类型区分为上述两大类型并撰文进行细致分析的，是康德。康德在其《论优美感与崇高感》中，将美感区分为优美感与崇高感，——笔者将这两个范畴用中国术语表达为阳刚之美与阴柔之美，但在陈述康德的思想时，仍然使用康德式的术语，不再说明——康德对优美感和崇高感并没有直接下定义，他只是进行细致的描述。在他看来，美感主要有两种：崇高的感情和优美的感情。它们都令人愉悦，但却是以非常不同的方式。一座顶峰积雪、高耸入云的崇山景象，对于一场狂风暴雨的描写或者是米尔敦对地狱的叙述，都激发人们的欢愉，但又充满着畏惧；相反地，一片鲜花怒放的原野景色，一座溪水蜿蜒、布满着牧群的山谷，对伊里修姆的描写或者是荷马对维纳斯的腰束的描绘，也给人一种愉悦的感受，但那却是欢乐的和微笑的。为了使前者对我们能产生一种应有的强烈力量，我们就必须有一种崇高的感情；而为了准确地享受后者，我们就必须有一种优美的感情。高大的橡树、神圣丛林中孤独的阴影是崇高的，花坛、低矮的篱笆和修剪得很整齐的树木则是优雅的；黑夜是崇高的，白昼则是优美的。对崇高的事物具有感情的那种心灵方式，在夏日夜晚的寂静之中，当闪烁的星空划破了夜色昏暗的阴影而孤独的皓月注入眼帘时便会慢慢引起对友谊、对鄙夷世俗、对永恒性的种种高级的感受之中。光辉夺目的白昼促进了我们孜孜不息的渴望和欢乐的感情。

> 崇高使人感动，优美则使人迷恋……崇高必定总是伟大的，而优美却也可以是渺小的。崇高必定是纯朴的，而优美则可以是着意打扮和装饰的。②

康德认为，在人的德性才智中也具有崇高感与优美感的分别，譬如，悟性是崇高的，机智是优美的；勇敢是崇高而伟大的，巧妙是渺小却优美的；真诚和正直是淳朴和高贵的，玩笑和开心的恭维是精妙而优美的；无私奉献是

---

① 转引自吴琼：《西方美学史》，上海人民出版社2000年版，第144页。

② ［德］康德：《论优美感和崇高感》，何兆武译，商务印书馆2001年版，第3—4页。

高贵的，风度和谦恭是优美的。在人的德性才智上：

> 崇高的性质激发人们的尊敬，而优美的性质则激发人们的爱慕。①

关于崇高的表现形式，康德认为有三种：第一种是令人畏惧的崇高，第二种是高贵的崇高，第三种是华丽的崇高。

康德又认为，崇高只在心灵。崇高“对人的想象力仿佛在施加暴力”②。崇高有数量上的崇高和力量上的崇高两种。数量上的崇高表现在体积的巨大，它唤醒人用理性弥补感性功能的不足，把对象当做整体来想象。力量上的崇高表现为对人不构成生命危险的威力怀着崇敬和激动的心情进行审美，它使人的勇气和尊严感被调动起来。他指出，自然的威力的不可抵抗性迫使我们（作为自然物）自认肉体方面的无能，但是同时也显示出我们对自然的独立，我们有一种超过自然的优越性，这就是另一种自我保存方式的基础，这种方式不同于可受外在自然袭击导致险境的那种自我保存方式。这就使得我们身上的人性免于屈辱，尽管作为凡人，我们不免承受外来的暴力。因此，在我们的审美判断中，自然之所以被判定为崇高的，并非由于它可怕，而是由于它唤起我们的力量（这不是属于自然的），来把我们平常关心的东西（财产、健康和生命）看得渺小，因而把自然的威力（在财产、健康和生命这些方面，我们不免受这种威力支配）看做不能对我们和我们的人格施加粗暴的支配力，以至迫使我们在最高原则攸关，须决定取舍的关头，向它屈服。在这种情况下自然之所以被看做崇高，只是因为它把想象力提高到能用形象表现出这样一些情况：在这些情况之下，心灵认识到自己的使命的崇高性，甚至高过自然。③

这样，康德就把美的基础进一步从客体方面转移到主体方面来了，被称为是美学史上的一场“哥白尼式的革命”。本来，普罗丁在转向审美者个体心灵深处方面已经作出了贡献，但是西方在后来关于美学的研究上，表现出来某种退步：一是在关于崇高的理解方面，并没有沿着朗吉弩斯的思绪走下去，而是又回到客观性方面去了。譬如，博克就把崇高看成是对象的令人恐怖的现象：海洋、风暴、星空、黑夜等等。二是人们的审美情趣偏向于感官享

---

① ［德］康德：《论优美感和崇高感》，何兆武译，商务印书馆2001年版，第6页。

② 转引自朱光潜：《西方美学史》，人民文学出版社1979年版，第367页。

③ 转引自同上书，第371页。

乐，并且对艺术也偏重于从审美享乐方面去理解或倡导，成为一种审美感受学，不大重视关于崇高的精神体验。康德在上述两个方面都进行了澄清。在第一方面，他明确地指出：

> 当我们称一个自然的对象为崇高时，我们是不正确地表达自己，……适合作为崇高性的表现的对象只能发现在心里：因为真正崇高的不能包含在什么感性的形式里，……例如风暴激起大海怒号，不能称为崇高。①

康德的意见是正确的。从感性讲，人在认为是崇高的对象使人感到自己的渺小、无能，产生恐惧、压抑、屈服的种种痛感；从理性讲，人在认为是崇高的对象面前，以理性的力量成为自我保存的特殊方式，从而获得了心理上的胜利，把由感性造成的痛感转化成美感。这实际上是对人的使命、尊严和力量的高度肯定，这是一种心境的开扬。正如康德所言，

> 对自然的崇高感就是对我们自己的使命的崇敬，通过一种“偷换”(Subreption)的办法，我们把这崇高移到自然事物上去(对主体方面的人性观念的尊敬换成对对象的尊敬)。②

康德关于力量的崇高，很大程度上讲的是道德问题，所赞颂的是人类的勇往直前的精神气度。所以康德要强调，如果没有道德观念的发展，对于有修养的人是崇高的东西，对于无教养的人却只是可怕的。③

根据康德上述对崇高感和优美感的描述，我们可以简单地进行统计：

崇高感

载体	感受	体验
崇山景象	欢愉但充满畏惧	诚恳刚强
狂风暴雨	欢愉但充满畏惧	可怕恐惧
地狱国土	欢愉但充满畏惧	忧郁惊奇
黑夜	欢愉但充满畏惧	

必定总是伟大的；必定是纯朴的优美感；使得我们身上的人性免于屈辱，心灵认识到自己的使命的崇高性，甚至高过自然。对我们自己的使命的

① ［加］约翰华特生编选：《康德哲学原著选读》，商务印书馆 1963 年版，第 288 页。
② 转引自朱光潜：《西方美学史》，人民文学出版社 1979 年版，第 371 页。
③ 转引自同上书，第 372 页。

崇敬

优美感

载体	感受	体验
原野景色	欢乐的和微笑的	活泼泼
布满牧群的山谷	欢乐的和微笑的	
维纳斯腰束	欢乐的和微笑的	
白昼	欢乐的和微笑的	

可以是渺小的；可以是打扮和装饰的

这样，就可以对优美感和崇高感分别下一个定义了。所谓优美感，也就是阴柔美感，就是一种赏心悦目的美感。所谓崇高感，也就是阳刚美感，就是一种震撼心灵的美感。

作为辩证法大师，康德始终没有忘记对优美感与崇高感之间相互依存、相互作用、在一定条件下相互转化之关系的辨析。他指出：

> 这两种感觉都结合在自己身上的那些人将会发见：崇高的情操要比优美的情操更为强而有力，只不过没有优美情操来替换和伴随，崇高的情操就会使人厌倦而不能长久地感到满足。在人选良好的一场社交谈话有时会引起的高级感受中，必定要穿插地融合着欢乐的笑谈，而笑逐颜开的欢愉会与严肃动人的形态形成优美的对照，她使这两种感受可以无拘无束地相互交换。友谊主要地是崇高感的宣泄，而性爱则是优美感的宣泄。然而柔情与深沉的敬意却赋予后者以一种确凿的价值和崇高性。反之，诡谲的玩笑和信任则提高了这种感受的优美情调。①

尽管康德没有反过来论述优美也离不开崇高，但他的论述可以启发我们思考它们相互关系的全面性。第一，所谓"崇高的情操要比优美的情操更为强有力"是指崇高的情操具有对审美者心灵的震撼力，如果是这样的话，那么，优美的情操则给审美者以愉悦的吸引力。崇高以其突破人的某种极限而使人感动，当崇高感攫住我们的心灵时，我们的表情多半是肃穆庄严的，甚至落泪，或者十分激动，甚至亢奋。当优美感充溢于心田时，我们的表

① ［德］康德：《论优美感和崇高感》，何兆武译，商务印书馆2001年版，第6—7页。

情多半是安谧甜美的，甚至欢笑，或者心驰神往，甚至痴迷。崇高令人紧张，优美使人松弛；崇高使人难过、痛苦，优美使人享受、快乐。第二，如果说崇高的情操没有优美的情操伴随会使人厌倦而不能长久地感到满足的话，那么，优美的情操没有崇高的情操相伴随更会如此。这是因为，人的生命中既有不堪承受之重的痛苦，更有不堪承受之轻的迷茫。第三，诚如康德所言，"两种感受可以无拘无束地相互交换"，就是两者的转化。崇高中不失优美，在一定的条件下，崇高感转化为优美感。同样，优美中不失崇高，在一定条件下，优美感转化为崇高感。人的优美不仅仅是外表的优美，而是从内里优美到外，"这种挡不住的感觉生气灌注于言谈举止，不经意之间连同心灵和盘托出"①，而内里的优美是长期生活的历练，饱含着奋斗的艰辛，其中必有指向崇高的不懈追求，非如此，就不能脱俗，不脱俗就优美不起来。可以说，常年坚持一种优美（如话务员长年以优雅的语言同别人通话），本身就是忠诚于某一对象例如事业的表现，而忠诚则属于崇高。母亲给儿女的审美感受总是优美的，但母爱又必定是伟大的，伟大则属于崇高。同样，人的崇高也不仅仅是表现在出语不凡，关键是要有路见不平拔刀相助，关键时刻挺身而出，站着是条汉，倒下是座山等等气派。而这也是平常生活反复历练的结果，包括平时对别人体贴入微、善解人意等等优美感的点滴培养。生活当中，由优美情操转化为崇高情操，由崇高情操转化为优美情操的事情比比皆是。一位说话像百灵鸟一样声音优美的姑娘，在忍无可忍的恶势力面前，可以仗义执言，表现出女中豪杰那种崇高。同样，冲锋陷阵的勇士浑身是胆，但在念着心爱的人写来的情书时，他的情绪必定转化为优美。人对事物的审美感受也是一样，面对一座山，当从不畏风雪雷暴总是那么雄姿挺拔方面欣赏，山是崇高的；而从它的翠绿、薄雾轻笼，宛若画中之景欣赏，山又是优美的。小溪小涧流，从流水潺潺，轻柔如歌方面欣赏，溪涧是优美的；但从它们终日流淌不息、滋润花草树木而不自夸方面欣赏，溪涧则是崇高的。山在雷暴风雪面前给人以崇高感，而在日出的时候，给人的感受则是优美的。理查·D. 布莱克默的散文《十月的日出》这样写道："透过一片晨曦，朝阳从朦胧的山冈和起伏连绵的高地边际沉重地抬起肩头。……群山的雄姿却接二连三地涌现。树木层层叠叠，宛若披在刚被唤醒的山峦上的斗篷，端庄威

① 黄凯锋：《审美价值论》，云南出版社 2005 年版，第 68 页。

严,唤起狂风暴雨的记忆。秋季成熟的手已经在抚摸它们了,它们顺从秋季的到来,染上了金黄,丹红和橄榄绿。它们对朝日所怀的一片喜悦,像是奉献给一个新郎的,但更像是奉献给一位尊长的"。这是何等地优美！溪涧是优雅的,可是当它面临悬崖时毫不犹豫地扑下去,就像视死如归的壮士一样,这是何等地崇高!

康德认为,优美感和崇高感是美学领域的基本范畴,人类生活实际中的方方面面都可以纳入这两个范畴加以说明。《论优美感和崇高感》第三节是"论崇高和优美在两性相对关系上的区别",第四节是"论民族性——就其有赖于对崇高与优美的不同感受理论"。这就表明,康德想用这两大范畴去说明一切领域的美感问题。实际上,康德在道德领域以及艺术领域,都试图用这两大范畴加以说明。显而易见,在康德的心目中,优美感和崇高感是一个普遍的范畴。

体现在两性相对关系上的阳刚之美与阴柔之美。

如前所述,阳刚之美与阴柔之美是一阴一阳之谓道在审美观上的体现,把万事万物之美概括为阳刚之美与阴柔之美,乃中国古人判天地之大美的智慧。既然如此,肯定在审视两性之美时也是完全行得通的。在中国文化里,以阳刚来赞誉男性之美,以阴柔来赞誉女性之美,这已经成为几千年的习惯。在西方,康德也是这样主张的。尽管康德声明过他并不认为女性就缺乏高贵的品质(这里的高贵应该理解为崇高)以及男性就必定全然不要优美,但是康德认为,女性就是要高扬优美的特性;而崇高则突出成为男性的标志。这说明在中西人类关于两性的审美上,看法是一致的。

两性不同的美是客观存在的,即使在做同样的事情,也不能泯灭它们的特质。例如,体育竞技中,不难区分男性的刚猛与女性的柔韧,这种竞技,即使在一些男女混合进行的项目中进行,也是没有办法取消其美感上的类型差别的,那是一种有差别的同一性,给人一种刚柔相济的美感。两性相对关系上的阳刚之美与阴柔之美主要体现在以下方面:

第一,从生理构造上看,男性体态诠释着强健和力量;女性体态诠释着柔韧和灵巧。如男性发出的声音给人洪亮、浑厚、硬朗的美感,女性发出来的声音给人以清脆、圆润、优雅的美感;男性的骨骼粗壮,肌肉发达,给人的感觉是足以担当重任,女性的骨骼肌肉相对地表现出柔韧灵巧,给人的感觉是适宜承担细腻的活动内容。

第二,从行为举止看,男性主“动”而女性主“静”。从统计上看,男性比较粗犷而女性比较细腻;男性尚“力”而女性尚“雅”;男性倾向于“豪放”而女性倾向于“婉约”。男性一般喜欢关注那些表现力量与雄浑方面的内容,而女性一般喜欢关注那些优雅艳丽方面的内容。康德在谈论女性举止神情的优美时,这样说道:

> 女性对于一切美丽的、明媚的和装饰性的东西,都具有一种天生的强烈感情。早在孩童时期,她们就喜欢打扮,而且一装束起来就会高兴。对于一切引起人厌恶的东西,她们是纯洁的而且是非常柔情的。她们喜欢玩笑而且能够因为小事而开心,只要那是欢乐可笑的小事。她们很早就对自己有着一种端庄得体的作风,懂得赋予自己以一种美好的风度并且自矜;……她们有许多同情的感受、好心肠和怜悯心,她们把美置于实用之前,并且很愿意把维持生活的节余储蓄起来,以便支付在争奇竞艳方面的消费。对于最轻微的冒犯,她们也有着非常之亲切的感受,而且还会注意到对自己最细微的缺乏重视和尊敬。总之,她们赋有天性中优美的品质与高贵的品质这两者对比的主要根源,并且甚至于还使得男性精致化。①

第三,从思维特点看,男性相对注重宏观,女性相对注重微观。譬如,男性女性都关爱他人,但男性对他人的关爱往往是粗线条的:温饱、读书、治病等等,关注大的方面。女性对他人的关爱很可能就具体到细节,可能漏掉一些大的方面。譬如,做母亲的容易太过于顺从孩子挑食或讲究穿着的习惯,反而看不清宏观上这种顺从对孩子成长不利,而父亲固然在细节上比较粗心,但在孩子成长的大的方面把关得当。

在认识到两性之美的特点后,还需要使思绪更向本质的内层进展。

首先,两性的美感最能体现一阴一阳之谓道。在柏拉图的《会饮篇》里说:原始人最初是圆球状的,四手四脚,头上有前后两张脸,圆脖,四耳,两个生殖器。力大无穷,敢挑战神祇,被宙斯将其劈成两半,他们的力量减小了许多。可是,人急于要找到自己的另一半,一旦找到后,就搂抱、缠绕,希望再长成一体。结果因饥饿得都快死了也不分离。宙斯极为怜悯,遂把他们的生殖器官从后面移到前面,使他们在拥抱时可以交合、生育。《会饮篇》

---

① [德]康德:《论优美感和崇高感》,何兆武译,商务印书馆 2001 年版,第 29 页。

表达了"爱是寻找另一半"的真谛。从审美的角度理解,男性或女性单方面的美总是有缺憾的,只有男女相合,互相补充,互相塑造,人性才能趋向完美。

其次,有利于生命的健旺、种的繁衍以及关系的和谐,这是两性审美的深层根源。现代人无论在两性的审美上有多少新见解,都不会超出生命对美的本质要求。据说,美国科学家挑选出30张不同的脸部照片,分别让来自不同国家的评阅者评判,再用电脑程序将得分最高的几个脸部特征组合起来,得出人们理想中的俊美面庞。他们发现,在男性心目中,理想女性的面容是:额头饱满、嘴唇丰满、颚骨短小和下巴尖细。在女性的心目中,理想男性的面容是:眉毛粗浓、颚骨较大和下巴稍宽。科学研究表明,颚骨短小显示出雌性体内的睾酮含量低,雌激素含量高,其生育能力较强;下巴宽大则表明雄性体内的睾酮和雄性激素含量高,这恰恰是体格健壮所不可缺少的基本条件。这些都与两性身体内的性激素含量、生育能力和人在大自然中的生存竞争能力密切相关。科学家还发现,人体美的一个重要因素是对称性。对于人体的研究亦表明:身体对称性好的男性,除了面庞较富有吸引力外、其体格也强于同龄人,性格亦较富支配性。好莱坞影星丹泽尔·华盛顿被美国《人物》杂志评为"当今最富魅力的男性",凭的是人们的观感;而科学家们则以测量来证明了丹尼尔·华盛顿的面庞各部分几乎完全对称。科学家们还告诉人们,除了对称性以外,许多容貌俊美的人的另一个共同特点是标准性,即他们的身材和容貌特征往往都取人群的平均值,这种现象有生物学上的合理性,因为从遗传学的角度看,这种特征携带有害基因的可能性最小。心理学家们用简洁的线条勾画出不同的妇女体形轮廓图,然后让男性评阅者打分。虽然这些评阅者的文化背景和国籍各不相同,年龄也从8岁到85岁不等,但他们都不约而同地给腰臀比率约为0.7(腰围是臀围的70%)的体形打了高分。1993年,荷兰的研究人员在研究中发现,腰臀比率在0.69这个范围内的妇女都比较健康,生育力比较强;腰围相对略有增加者,意味着其生育力会有所下降。这些事实说明,对人的外形的审美,有人的生物本能方面的依据。① 人类是从动物界发展而来,永远也不能完全摆脱自身的某些动物性,故对美的追求有其生物学的基础。这种基础,不会因

① 参见许苏民:《人文精神论》,湖北人民出版社2000年版,第104—106页。

人的高度发展而消失。至于善良、宽容、利他等等内在心性之美，则是为了良好地维持家庭、邻里、社会关系的需要，在许多场合，女性或女性衡量异性之美时，对这些方面往往引起足够的重视，人们总是把异性的外在之美与内在统一起来进行衡量，有时在逼不得已的情况下会作出宁求内在之美的选择。

再次，两性的审美中，性吸引是重要的基础之一。康德说道：

> 整个这种销魂，确实是在性的本能的基础上展开的。大自然在追寻着它那伟大的目标，而一切的美好都合在一起，——尽管它们看来好像是距离得有如它们所愿望的那么遥远，——也只不过是伪装的点缀罢了，它们的魅力归根到底还是出自这一根源的。一种健康而茁壮的情趣，总是非常之接近于这种本能的，而很少是为了一个女性的神态或容貌或眼波等等的魅力而神魂颠倒；而且正由于它确实是仅仅关系到性别，所以它往往就是把别人的娇气看作是虚假的装腔作态。假如说这种趣味并不美好，它却也不应该因此就受到鄙视。因为绝大多数的人类，就是靠着它而以一种非常之简单和确切的方式在遵循着大自然的伟大的秩序的。绝大多数人的婚姻都是由它促成的，而且还确实都是人类物种中最勤勉的那部分人。①

康德直言不讳地道出性的吸引是审美的重要基础之一，这是一个很客观的立场。康德强调这一点，显然是对世人迫于生存的艰辛而将别的东西作为决定男女结合的要素表示强烈不满。他抱怨“男人的头脑里既然没有充满这令人销魂的姿容、含情脉脉的双眸、高贵的仪态等等，而且也一点都不懂得这一切，所以他更为注重的就是料理家务的德行、节俭等等，还有嫁奁”②。康德的意思不是不要料理家务、不要节俭等等，他的意思是不要太过务实而失去了对大自然赋予异性之美的欣赏，至于只考虑丰厚的嫁奁、贪图财富权势，把两性的结合当做晋身之阶等等，就更加可鄙了。

第四，性别美的核心是内涵修养。孔子指出：“君子有三戒：少之时，血气未定，戒之在色；及其壮也，血气方刚，戒之在斗；及其老也，血气既衰，戒

---

① ［德］康德：《论优美感和崇高感》，何兆武译，商务印书馆2001年版，第38页。
② 同上。

之在得"①。这三戒主要是针对男性之美的内涵修养而言的。少时勿沉湎于色,壮时勿好勇斗狠,老来勿计较得失。康德在《论优美感与崇高感》中,则对女性在戒虚荣、要有羞耻心、要谦逊得体、戒庸俗趣味等方面进行了中肯的分析,这些都是思想家对加强性别美的内涵修养的金玉良言。康德有句话说得很有震撼力:对于一个男人,没有什么别的辱骂能比他被人称为笨伯更加触及痛处,而对于一个女性则莫过于被人称为无聊透顶了。

男性之美既然属于阳刚,在内涵修养上就应该努力塑造自己的男子汉形象。沦为让人家称"笨伯"就是做人的失败。康德在《论优美感和崇高感》的另一处还提到,男人要防止使自己滑向成为别人的"笑柄"的地步。笔者理解,不要做"笨伯"、当"笑柄",都是强调在男性美的追求中莫要使之浅陋而使品行丑陋。男人就应该顺着男人之性发展,不要说"娘娘腔",走"娘娘步",着"娘娘装",充满脂粉气,把自己搞得男不男女不女。但追求男子汉气质也不要做作,不要把粗鲁当成勇敢,不要把浪费当成豪爽,不要把无情当成"豪杰"。鲁迅先生的诗"无情未必真豪杰,怜子如何不丈夫;知否兴风狂啸者,回眸时看小於菟",就是强调豪杰、丈夫形象要按其本真之状来塑造,不惺惺作态。同样,女性若被人称为"无聊",也是塑造女性美的大失败。不要沦于无聊,也是强调女性在美的追求中莫要失之浅陋而使行为丑陋。譬如,不要说脏话,"女性作为女性,永远都是在格调高尚的谈话中令人愉悦的对象"②。又如,谦逊得体,这样才能焕发出对别人的一种安详的友好和尊重,同时还结合着对自己的某种高贵的信心和一种合理的自尊,既以魅力吸引人而又以敬重感动人,同时也不能不是极其有魅力的。

最后,以获得爱情与婚姻的美满为皈依。大自然赋予男性的美就是向崇高发展,而赋予女性的美就是向优雅发展,这是一条原则。没有这样的原则,我们就会看到男人模仿女人,为的是讨人喜欢,而女人有时候(尽管是罕见得多)则装出一副男人的神态,为的是引人尊敬。但是人们所做的一切违反大自然意图的事,总是会做得非常糟糕。康德反对"使得许多男人们成了奶油小生,使女性们成了女书呆子或是女武士"的社会现象。他以富有诗意的笔触这样写道:

---

① 《论语·季氏》。

② [德]康德:《论优美感和崇高感》,何兆武译,商务印书馆2001年版,第37页。

最为重要的则在于，男人作为男人应该成为一个更完美的丈夫，而妇女则应该成为一个更完美的妻子；也就是说，性的秉赋的冲动要符合自然的启示在起作用，使得男性更加高尚化并使得女性的品质更加优美化。当一切都达到极致时，男人对自己的优异性就可以大胆地说：即使是你不爱我，我也要迫使你不能不尊重我；而女性对自己魅力的权威也非常之有把握，就回答说：即使是你们内心里并不高度评价我们，我们也要迫使你们不得不爱我们。①

美满的婚姻应该就是“被男人的理智和妻子的情趣所鼓舞和指导的”。如果是这样的话，则男人越是崇高，也就越发要把最大的努力目标置于所爱的对象的称心满意之中；女人越是优美，也就越发力图以盛情来报答男人的这种努力。夫妻之间如果争论发号施令的权利归属，“事情就已经是彻底败坏了”（康德语）。女性如果粗暴，便是妄自尊大；男性如果粗暴，“极其下流而可鄙”（康德语）。夫妻相处久了，那些甜蜜的感受会由于共同生活和家务操劳而逐渐变得日益迟钝，但是，爱情并不消失，它演变成了互相信任，其美就在于“不会勾销欢愉的全部价值，从而正是由于这个缘故，才唯有它是值得人们去做出这样的一种结合”②。

人类追求两性美，一些时候也走过弯路。譬如中国古代，夫权制背景下，有所谓“女子无才便是德”的说法，这种说法在审视人的内在美时是很成问题的。人的美固然有外形，更有内在，而内在之美主要在于德行与才气。倘若女子的内在以无才为美，就扼杀了天生女人的气禀，那样塑造出来的美，必定是一种依附性的畸形。这种错误主张在西方同样也存在。例如康德认为：

艰苦的学习或艰难的思索，哪怕一个女性在这方面有高度的成就，也会消灭她那女性本身所固有的优点，而且这一点还可能由于其罕见的缘故而成为一种受到冷漠的惊叹的对象；而如此同时它却削弱了女性能用来对于男性施加巨大威力的那种魅力。一个女性像是达西埃夫人那样地满脑子都是希腊文，或者像是夏德莱伯爵夫人那样，对力学上的基本对抗性进行研究，简直就可以因此而长出胡须来了；因为这样

① ［德］康德：《论优美感和崇高感》，何兆武译，商务印书馆2001年版，第46页。

② 同上书，第47页。

> 或许更可以明显地表现出她们自己所追求的那种深奥性的风格。优美的理智选择一切与美好的感觉密切相关的东西作为自己的对象，而把抽象的思辨或是虽则有用但却枯燥无味的各种知识都留给辛勤的、彻底的和深沉的理智。因此，女性就不要去学习几何学；关于充足理由律或单子论，女性也只需懂得那么多，只要足以尝尝我们冥思苦想的、没有趣味的男性所要钻透的那些闹剧之中的一点点咸味也就够了。①

康德这番话直到今天也是困扰知识女性心灵的大问题。笔者认为有必要说清楚。

学习和思索对于男人和女人,不仅有辛勤与艰难的一面,而且还有其获得包括优雅在内的宝贵气质的一面。康德把女人的“养颜”看得过于重要,以致于要女人们牺牲掉辛勤的学习与艰难的思索作为代价。其实,女性养颜可以有很多途径。如饮食睡眠合理、科学健身都是极为重要的,而这方面正常秩序被打乱,不仅仅是因为辛勤学习和艰难思索,更包括不适当的宴饮及娱乐。有些女性在这方面造成的摧残,并不亚于用脑过多。康德此论很重大的一个过失,就是将一种男权支配下的不良偏向作为合法标准让女性屈服,那就是他所说的,即使在学习与思考上颇有成就的女人,也会“成为一种受到冷漠的惊叹的对象”。也就是说,在他那个时代,女性勤奋学习和艰难思索而有所成就是罕见的,因其罕见,所以受冷漠。作为思想家,应该向人们宣示真理而不是张扬偏见。女性解放的程度从来是文明发展的程度的一个重要标志。女性如果不能走向社会,就不能真正解放,而走向社会就包括有工作岗位,取得经济上的独立性,从而摆脱对男性的依附。这样,女性追求美才有坚实的基础,而要想在工作岗位上有所作为,就免不了要辛勤学习和艰难思索,尤其是在从事复杂劳动、创造性和竞争性强的岗位上更是如此。问题只在于,社会要有足够的能力、有足够的和谐度去顾及男性与女性由于性别差异引起的涉足领域或风格方面的差别。不能屈从于世俗的关于“女子无才便是德”的见解而泯灭女性在创造力方面的潜质。“女为悦己者容”,其前提必须是“悦己者”的审美观必定是健康的。如果“悦己者”的审美观不健康,那么，女性盲目追求“为悦己者容”，就会酿成悲剧。中

① [德]康德:《论优美感和崇高感》,何兆武译,商务印书馆2001年版,第30—31页。

国封建社会男性要求女子无才便是德，则大部分女子都是文盲，她们在精神上发展的利益就遭到了粗暴践踏，沉重的家事落在妇女身上，于是皮肤也容易粗糙，容颜体态也就变得不那么优雅，待她们色衰之后，就被男人遗弃。男人们甚至要求女人裹脚，要女人以自己的残废为代价来满足男人们的欣赏。历史表明，女性的青春杀手并不在于学习和思索，而在于制度安排对女性的极度不公正，在恶劣的制度环境中，受到日益沉重的精神抑郁、摧残。

体现在民族性上的阳刚之美与阴柔之美。如人有其性，可以从阳刚与阴柔方面对其审美一样，民族也有其性，也可以从阳刚与阴柔方面对其审美。康德在《论优美感和崇高感》中，从艺术和科学、“已成为了道德性的那些事物”、“过度沉溺于宗教以及其中确切地是属于人的那部分东西”、两性关系、历史五个方面透视了一些民族。这对民族性的审美起到了投石问路的作用。但是，他没有就这五个视点的合法性作出论证，因而某些结论的信度就成问题。例如，从艺术和科学的角度看，他认为意大利和法兰西最富于优美感；德意志、英格兰、西班牙则最富于崇高感；荷兰则“这类更美妙的情趣相当地不为人所注意”。他没有说明，是否有艺术和科学就是优美，没有艺术和科学就是崇高？是否艺术和科学成就越高就越优美？如果答案是肯定的，那么，先前康德关于优美感与崇高感的基本看法是否有被颠覆的危险？显然，对于这些至关重要的学理上需要首先厘清的问题不解决，是很难有中肯结论的。例如，当意大利民族处于古罗马时期的时候，其情趣无论从哪方面看，都属于崇高。又如，从所谓“已成为了道德性的那些事物”方面看，康德认为，西班牙人是恳挚的、沉默的和真诚的，有骄傲的灵魂，对于伟大的行为要比对于美丽的行为更有感情，很少有慈爱温柔的善意，往往是粗暴的而且还很残酷；意大利人比西班牙人有着更多的优美感，又比法兰西人有着更多的崇高感；法兰西人对于道德美怀有一种压倒一切的感情；荷兰人对于在美好的理智中都有些什么是优美的或崇高的东西很少有什么感受。法兰西人的荣誉感就是虚荣心；在西班牙人那里就是高傲；在英格兰人那里就是骄傲；在德意志人那里就是傲慢；在荷兰人就是自高自大。再如，认为西班牙有一种轻信的情趣；德国和英国有狂信的情趣；法兰西倾向于漠不关心一类。还有，认为阿拉伯人好像是东方的西班牙；波斯人好像是亚洲的法兰西；日本人大概可以看做是英格兰人，“但是除了他们的坚决性（那已经退化成为极端的顽固性）、他们的勇悍和不怕死而外，很难说还有任何其他方面的品质”①；印度人被归为冒险的那一类怪诞；中国人则被他说成是“繁文缛节和过分讲究的问候之中包含有多少愚昧的怪诞！甚至于他们的绘画也是怪诞不经的，所表现出来的都是些奇怪的和不自然的形象，类似那样的东西是全世界都找不到的”②。最后，认为非洲的黑人在天性上并没有审美超出于愚昧之上的感情；北美洲的民族有一种强烈的荣誉感，“勇敢乃是野蛮人的最大的优越性，而复仇则是他最甜美的欢乐”，“一种极不平常的缺乏感情，则成为这些种族的标志”，等等。这样一些说法，都比较武断。至少作为一个中国人，一定要对康德说“不”，康德看不懂中国画，那是他鉴赏力的缺憾，中国作为礼仪之邦，绝对不是什么“繁文缛节和过分讲究的问候之中包含多少愚昧的怪诞”！至于说两性，东方人显然不能认同康德所说的所谓“有着非常之虚假的趣味”③。

民族性是个特别复杂、也特别敏感的范畴，对它的审美，不能把阳刚、阴柔像标签一样随便贴，特别是像中华民族这样一个有着56个民族组成的民族共同体，审美评价万不可简单化。对民族的审美，像康德那样给出若干仅仅属于社会意识形式方面的指标，是很难避免坠入主观主义的。最重要的是根据历史主义的原则，将被审美的民族的历史进行一番认真回顾，从它们特定生存环境（自然的和社会的环境），从它们的生产方式、它们与别的民族发生的关系以及它们兴衰荣辱中窥视其性格。还要本着十分客观的立场和十分严谨的态度，认真地解读它们遗留的经典文论，从其中发现它们的文化基本精神和价值系统，然后郑重抽象出它们的美。这样的审美，实际上是在全部的认识活动结束之后，而决不是单独孤立的审美认识过程。这样所得出的结论，尽管也会有可商榷之处，却不至于无的放矢。

从民族心理学上讲，把一个民族的审美类型说成是阳刚之美或者阴柔之美，绝不应该是褒贬的，正如把女性之美说成是阴柔的、把男性之美说成是阳刚的并不意味着一褒一贬一样。这样，被评论的民族才不致于表示反对甚至抗议。此外，如同人的性格、情趣是会随着具体境遇而变化的一样，

---

① ［德］康德：《论优美感和崇高感》，何兆武译，商务印书馆2001年版，第59页。

② 同上书，第59—60页。

③ 同上书，第62页。

民族性格和趣味也会变动，应该在变动中概括相对稳定的气质，抓住一种特定条件下的情境就下断语，难免偏颇。此外，所谓阳刚与阴柔，涵容性很强、交织程度很高，需要找出矛盾的特殊性，必须对它开头怎么样、现在怎么样、中间发生了哪些变化，为什么要发生那样的变化、哪些要素至关重要等等，进行详细描述。

"新文化运动时期"不少学者喜欢将中国和西方对比着讲。例如，主张一为自然的、一为人为的，一为安息的、一为战争的，一为消极的、一为积极的，一为依赖的、一为独立的，一为苟安的、一为突进的，一为因袭的、一为创造的，一为保守的、一为进步的，一为直觉的、一为理智的，一为空想的、一为体验的，一为艺术的、一为科学的，一为精神的、一为物质的，一为灵的、一为肉的，一为向天的、一为立地的，一为自然支配人间的、一为人间征服自然的。这样比较，出于前辈要拯救中国，多看自身的问题，使当时的国人有震撼力的感受，那种心境完全可以体谅，但笔者觉得如果这样地把中华民族之美归结成以崇尚自然、倾向安息、态度消极、偏于依赖、比较苟安、惯于因袭、偏重直觉、重视体验、看重精神、比较务实等等的阴柔之美，其中虽然不乏正确的判断，但总体上不甚确当。中华民族之美是多姿多彩的。如果从它在漫长的历史时期走的是一条"为新路径"看，它很注重尊祖崇德，保留历史创造的有价值的东西，重视平稳前行。如果谈到中华民族崇尚中庸，那么，它的理想的审美形态应该是在阳刚之美与阴柔之美之间保持中庸之道。从中华民族极为崇尚"和文化"看，从它表达情感的方式相对含蓄来看，从它作为礼仪之邦来看，它是阴柔的。从它著称于世的勤劳勇敢、自强不息以及在遭逢灾变、异族入侵时总是不屈不挠抗争到底的精神来看，它是阳刚的，等等。当然，这并不是不要批评，不要如实讲来。所谓如实，在这里要揭示审美感知方式、情感特点、风格情调等方面所共同具有的根本特征。揭示一个民族的审美类型，要正好符合该民族大众心理的顺畅感、认同感，切中这个民族的个性特征，又有最大的求同存异的辩证理解。

体现在思想文化和学派上的阳刚之美与阴柔之美。一个时代，一个民族，其思想文化和学派风格亦呈现出阳刚之美与阴柔之美这样两大类型。通过这样的审美，有助于生动深刻地了解一个民族在一个时代学术活动的美学特征。中国先秦时的儒家和道家就是最典型的个案。孔子有言，仁者乐山，智者乐水。朱熹云："知者达于事理而周流无滞，有似于水，故乐水；

仁者安于义理而厚重不迁，有似于山，故乐山。”①又，“子贡问曰：‘君子见大水必观焉，何也？’孔子曰：‘夫水者，君子比德焉。遍予而无私，似德；所及者生，似仁；其流卑下句倨皆循其理，似义；浅者流行，深者不测，似智；其赴百仞至谷不疑，似勇；绵弱而微达，似察；受恶不让，似包；蒙不清以入，鲜洁以出，似善化；至量必平，似正；盈不求概，似度；其万折必东，似意；是以君子见大水观焉尔也。’”“‘夫智者何以乐水也？’曰：‘泉源溃溃，不舍昼夜，其似力者；循理而行，不遗小间，其似持平者；动而之下，其似有理者；赴千仞之壑而不疑，其似勇者；障防而清，其似知命者；不清以入，鲜洁而出，其似善化者；众人取平，品类以正，万物得之则生，失之则死，其似有德者；淑淑渊渊，深不可测，其似圣者；通润天地之间，国家以成：是智者所以乐水也。《诗》云：“思乐泮水，薄采其茆，鲁侯戾止，在泮饮酒。”乐水之谓也。’”“‘夫仁者何以乐山也？’曰：‘夫山茏嵸𡾰嵬，万民之所观仰，草木生焉，众物立焉，飞禽萃焉，走兽休焉，宝藏殖焉，奇夫息焉，育群物而不倦焉，四方并取而不限焉，出云风通气于天地之间，国家以成：是仁者所以乐山也。《诗》曰：“太山岩岩，鲁侯是瞻。”乐山之谓也。’”②由此可见，乐水者主阴柔却不失阳刚，同样，乐山者主阳刚却不失阴柔。两者是良性互补的。

体现在文学艺术上的阳刚之美与阴柔之美。文学艺术上，历来同时有浪漫主义与现实主义。依笔者看来，它们也是阳刚之美与阴柔之美的对立统一。浪漫主义汪洋恣肆、天马行空，构思雄奇险绝，出语惊天动地，意境神秘深厚，其美在于阳刚。现实主义紧贴实际，朴实道来，说寻常百姓事，发千家万户感，其美在于阴柔。读李白和杜甫的诗，细细品来，的确有浪漫主义的阳刚之美与现实主义的阴柔之美的感受。宋词中的豪放词和婉约词，也是典型的阳刚之美与阴柔之美。作为词作风格的豪放和婉约，它们之间呈现出很强的互补关系。豪放派创作视野广阔，气象恢弘雄放，作品反映广阔的社会生活，气势豪迈壮阔，感情奔放激烈，笔力刚健遒劲，境界雄奇浑厚，在审美效果上，令人亢奋、激动、昂扬。苏轼的《念奴娇·赤壁怀古》和辛弃疾的《永遇乐·京口北固亭怀古》等，是这方面的代表作。不失为阳刚之美。婉约派在内容上侧重儿女风情、离别之思。作品多写个人遭遇、男女恋

---

① 朱熹：《论语集注》。
② 刘向：《说苑·杂言》。

情,长于表现离愁别恨,风格婉约清丽、缠绵悱恻。在审美效果上,往往令人怡悦,沉入意境之中。柳永的《雨霖铃》和李清照的《一剪梅》等,是这方面的代表作。不失为阴柔之美。一阴一阳之谓道,婉约与豪放也呈现出阴阳关系。人的精神世界不仅需要豪放的情感,也需要婉约的情感。这是刚美与柔美的两种韵致。如清人谢章铤所言,"词家苏辛秦柳,各有攸宜,轨范虽殊,不可偏废"①。

三、审美认识的诗性特征

康德提出,审美判断力不同于逻辑判断力,它不运用一个已知的概念去规定作为审美对象的物。当说"这朵花是美的"时,这显然不顾抽象概念,而是从个别出发,去寻找一般。而这个一般("美")是一种"主观普通性"。即是说,当有一个人指出"这朵花是美的"时候,在场的"人人都应当从心里同意"。所以,这个人从"这朵花"中寻求到的不是单属于他的美感,而是一种"共通感"。这种"共通感",在根源上是由于"一切事物都具有合目的性"。康德据此认为,审美判断力不是指向事物的,而是指向心灵的,所以他称之为"反省的判断力"。这种反省的判断力表现为人的认识能力的自由协调。在这个协调中,"它好像是认识活动,却又不是很规范(指的是科学认识活动那种规范性——引者注)的认识活动;它好像是道德实践,却又不纯是道德实践",但它确乎把这二者扭在一起了。康德把这种认识能力的自由协调叫做"鉴赏力",又可称为审美力,还被叫做"趣味"(Geschmack),所以,鉴赏力有时被译作"审美趣味"。

康德在这里涉及的正是审美认识的特征,而它所描述的那种状态,正可以用"诗性"来表达。"诗性"是人的灵性的象征性表达,其特点就是康德所说的:它好像是认识活动,却又不是很规范的认识活动;它好像是道德实践,却又不纯是道德实践。它以奇特的想象的自由驰骋为特点,吸引人们共同参与作为一种认识活动的审美认识。

康德从三个方面考察了"审美判断"。

其一,从质上考察。康德要求在审美判断与逻辑判断之间作出区分。

① 《赌棋山庄集词话续篇》。

他认为，在“这朵花是美的”审美判断中，“花”不涉及概念，它只是一单纯形象；“美”也不应是一个概念，它只是人的主观快感，从而它不应联系着作为概念的“花”，它只是作为一种“快感”而同那作为“快感”之源的“花”相联系的。这作为“快感”之源的“花”，只是花的形式，正是这“花的形式”才引起人们的快感，人仅从它关于“花”的快感判定“这朵花是美的”。这样，审美判断实质上是一种情感判断而非理智判断。审美是非功利性的。康德要避免回到经验主义那里去，这就使得他致力于寻求作为“美的快感”与普通快感之间的区别。他发现，这一区别在于前者不带利害的计较，后者却必然是带有利害计较的。由鉴赏力引起的快感是共通的，是由人类共同的情感体验得到的。这种共通的快感达于“合目的性”的完成，但它不具有具体的功利目的。审美愉快的普通性是必然的，是人的自由本性的体现。既然如此，美也必定不等于善。康德说：

> 要把一个对象看作是善的，我们就必须知道这对象是应该用来做什么的，对它就必须有一个概念。在对象中见到美，就必须对它有什么概念。花卉、自由的图案画，以及没有目的地交织在一起的线条（即所谓“叶状花纹”）都没有意义，不依存于明确的概念，但仍产生快感。①

康德的思绪是与他所强调的“自由”的精神状态相联系的，审美是人类自由的行为，所以他不能带有利害的计较：一个审美判断，只要是掺杂了丝毫的利害计较，就会难免是偏执的，而不是单纯的审美判断。人们必须对于对象的存在持冷淡的态度，才能在审美趣味中做裁判人。

最后，康德认为：

> 审美趣味是一种不凭任何利害计较而单凭快感或不快感来对一个对象或一种形象显现方式进行判断的能力。这样一种快感的对象就是美的。②

康德这种观点有一定的道理，譬如，在颐和园观景，如果心里老想着当年清朝政府挪用购买军舰的经费修建这个园林这一造成中国在甲午中日战争中失败的重要原因，那就欣赏不下去了。只有暂时放开那历史上耻辱的记忆，此时专门纯粹的欣赏它，那柳荫、湖水、曲桥、亭台楼榭之美才能令人

---

① 转引自朱光潜：《西方美学史》，人民文学出版社 1979 年版，第 351—352 页。

② 转引自同上书，第 353 页。

心旷神怡、流连忘返。不过,也应该看到,康德的观点也有些过于理想化,在实际审美中会遇到难题,就像他所主张的“道德律令”一样。譬如,人们对于一个不劳而获、老是占他们便宜但确实长得漂亮的年轻人,说他是“银样蜡铳头”,这里的“银样”,依然是对一种美的肯定,但“蜡铳头”却是根据利益而对其人的美作出的否定性判断。再譬如,一团湖水清澈见底,不知情的人可能一开始会判断它是美的,但当他得知这湖水被化学工业物质严重污染,里头不能存活一条鱼的时候,就会立刻认为不美,尽管它仍然是蓝蓝的、清澈见底。审美既然是人作出的,生命的趋利避害的基本法则没有办法不贯通其中。就生命的趋利避害而言,审美又必然是功利的。不过,康德的见解对于批评那种固执于庸俗自私的功利观来对待审美认识的人们来说,那是真理。

其二,从量上考察。康德认为审美判断是单称判断,但是它与逻辑学上的单称判断不同,逻辑学上的单称判断不能显示普遍性。当说“这个××令人愉快”时,只是凭主观的快感判断,其中的原因还是审美活动的所谓不计利害。由于不计利害,一个人认为一事物是美的,他在这个对象的感受性中,自己就完全是自由的,这里没有唯他才有的特殊内容。因此,他就有理由预设、断定他的感受性对一切人均有效。但这种普遍性不来自基于对象客观性的逻辑推论,虽然它具有类似的推论形式,使这种普遍性并不靠对象。这就是说,审美判断所要求的普遍性是主观的。①

“普遍的主观性”的理论赖以立足的,是基于“审美判断心境”的“美的普遍可传达性”,“审美判断心境”建立在人类具有“共同感觉力”的预设上:所有人对认识功能的和谐自由活动的感觉是共同的。所以,任何一个人只要是不带利害计较而作出的审美判断,虽然形式上是特殊的,但实质上是普遍的。他认为:

> 美是不涉及概念而普遍地使人愉快的。②

其三,从关系方面考察,康德把美分为“自由的美”与“依存的美”。

> 前者不以对象究竟是什么的概念为前提,后者却要以这种概念以及相应的对象的完善为前提;前者是事物本身固有的美,后者却依存于

---

① 参见朱光潜:《西方美学史》,人民文学出版社1979年版,第354页。

② 转引自同上书,第356页。

一个概念（有条件的美），就属于受某一特殊目的概念约制的那些对象。①

所谓“自由的美”的条件是苛刻的，没有几样实际的东西符合它的要求。例如，花卉的美，如果人们不从植物的生殖器的角度看，方可是“自由的美”。他认为只要是沾染感官的吸引力、联系到人的情绪，就不能是“自由的美”。如此说，自然风光都只能是“依存的美”了。从关系方面考察，他给美下的定义是：

美是一个对象的符合目的性的形式，但感觉到这形式美时并不凭对于某一目的的表现。②

康德对艺术的定义是：通过以理性为活动基础的意志活动的创造。③艺术的精髓就是自由，但这种自由与必然性是统一的。艺术不是自然，但“艺术也只有使人知其为艺术而又貌似自然时才显得美”。④ 康德认为，艺术创作必须以“天才”为经验条件，是天才们给艺术立法，以便人们在一个审美对象前有产生共同感受的“法规”。艺术创造只有遵行一定规则，才能貌似自然。审美判断既然不通过概念，就不能运用对创造者来说是“外来”的规则。艺术的规则只能出自艺术作品本身。艺术又要有规则（符合自然），又不能从“外”（创造者之外的人）搬来，那就只有靠作为天才的创造者本人了。康德的这一观点揭示了艺术创造活动的特殊性，指出了它不同于科学活动的事实。他指出：

在科学领域里，最伟大的发明者和最勤勉的摹仿者或学徒之间，只有程度上的分别，而在他和对美的艺术具有天赋才能者之间，却有种类性质上的分别。⑤

康德上述观点，对于进一步了解审美认识的特征有重要的启示意义。

在审美认识中，起重要作用的认识方式是直觉和形象思维，而不是逻辑运思。一个人爱另一个人尤其是异性，有时候是很难说出在科学认识意义上的理由的。这种直觉也许不可靠，但它就是在爱与欣赏中发挥最重要的

① 转引自朱光潜：《西方美学史》，人民文学出版社 1979 年版，第 357 页。
② 转引自同上书，第 360 页。
③ 参见同上书，第 373 页。
④ 转引自同上书，第 376 页。
⑤ 转引自同上书，第 378 页。

作用，在相恋的人们中，很难做到冷峻地进行材料收集或逻辑推理，尽管旁观者可以这样那样地责备，但旁观者不在局中。

在审美认识中，对象完全可能是幻想的内容，这在科学认识中是要禁止的，即使爱因斯坦在相对论中，在思想中创造接近光速的高速火车，从而进行思想实验，他只是为了把那些在当时只有极个别人能够懂得的高深理论比较感性地道出，这已经是向审美认识学习了，但这不同于审美认识中那种被文学艺术家玩得精熟的东西。文学艺术家的虚构，总的看是源于现实生活，但是具体分析，由于想象的奇特、夸张的丰富以及创造性的张扬，造成的艺术形象魅力无穷。这个本事，远古的人们就具有了，例如中国神话中嫦娥奔月的凄伤、后羿射日的雄强、夸父逐日的浪漫、刑天大战天帝的神武，等等。它们并不因为是虚构而随着科学的昌明而暗淡，恰恰相反，越是科学发达，它们就越是有魅力。

有学者用“外指性”与“内指性”这样的概念以示日常语言与文学语言的区别。认为文学语言的“内指性”“只要求它符合作品的艺术世界的诗意逻辑，而不必要经过客观生活的验证。从这个意义上说，文学作品中的语言是‘自主符号’”。[①] 这个见解是深刻的，只是有一点需要改动，所谓“外指性”与“内指性”的区别，确切地说，并不是日常语言与文学语言的区别，而是科学语言与审美语言的区别。日常语言是混一的语言，它往往亦外指亦内指，就大多数人沟通思想的需要而言，它要求外指，即要指称语言符号以外的现实环境，不能让听者不知所云。但是，日常语言有时也很需要内指，譬如，一个女子中意一个男子，又不知道对方有没有意中人，也不知道对方是否中意自己，在这种情况下，她的语言肯定不是“我爱你，你如果也爱我的话我们就恋爱怎么样”，而是要通过暗示、试探、旁敲侧击等手段发出她“示爱”的内心的“诗意逻辑”。日常生活这种亦外指亦内指的混一性，使得语言的发展有两种可能的发展方向：一是向更为精确的外指方向发展，二是向更为高妙的内指方向发展。前者在科学认识中如鱼得水，后者在审美认识中如虎添翼。由于内指的需要，审美认识中的诗意逻辑的确极大地不同于科学认识中的科学逻辑。在审美认识中，为了达到审美效果，是允许不顾及科学事实的，甚至还有这样的情形，如果一定要接受科学事实的剪裁，可

---

① 童庆炳：《文学审美特征论》，华中师范大学出版社2000年版，第98页。

能就没有审美活动。例如,“姑娘好像花一样”,在植物学上,花是植物的生殖器官。逻辑学告诉我们,“花是植物的生殖器官”这个命题表明,“花”与“植物的生殖器官”等值。而代数学告诉我们,由 A = B、B = C,可以推出:A = C。故“姑娘好像花一样”也可以说成“姑娘好像植物的生殖器官一样”。这在科学认识上是合理的,但是,审美认识绝对不承认它的合理性!《我属于中国》这首歌一开始就唱道:“你说我是你的遥远的星辰,从前的天空,也有我的闪烁;你说我是你失收的种子,从前的大地,也有我的收获”,如果从科学认识看,荒唐透顶。“我”曾经是一颗星宿,“我”前生是一粒种子!但从审美认识的立场看,它塑造了一个人属于祖国的深远的意境,它是内指的,要我们去揣摩其中的深意。另外,如果从科学认识看来,一句话的指谓必须是明确的,否则就没有可检验的前提,而所采用的隐喻“遥远的星辰”、“失收的种子”究竟是什么意思呢?这是站在科学认识立场必定要提出的诘难,但是,审美认识要的就是这种朦胧效果,正因为有这样的空白,才为听众提供了想象驰骋的天空。审美认识连语言都表现出对科学认识所强调的语言运用规律的颠覆。科学认识要求语言简明,譬如,“当且仅当 P,则 Q”,不能用日常语言说:当一件事情呈现出状态 P 的时候,而且只能出现这种状态 P 的时候,那么,随之就会出现另一状态 Q,因为这样太过啰嗦。但是,审美认识在必要的时候可以重复。如鲁迅的《秋夜》:“在我家的后园,可以看到墙外有两株树,一株是枣树,还有一株也是枣树”,这样的重复是表达被迫闭门读书的孤独寂寞心情的需要。科学认识讲究逻辑关联,而审美认识只要出于意境创造上的需要,可以打破这个规则。有这样的诗句:

别加糖,
在早晨的篱笆上,
有一枚甜甜的
红太阳。

如果按照科学的法则,只能说有一个红太阳,不可以说有一枚红太阳,太阳不可能是“甜甜的”,而且,不可能说把太阳放到早晨的饮料里,只要甜甜太阳就够,别加糖了。对于科学认识来说的这许多错乱,在审美认识里都是表达一种特殊体验所必要的。正如这诗句的作者说的那样:

众多的体验在骚动的刹那就创造了最佳的通感组合。有一次,我看到太阳,一下就掠过新鲜、圆、红、早晨等直觉和观念,想到了草莓,甜而熟的草莓，于是就产生了这句话："太阳是甜的"。

审美认识所追求的目标和经历的路径有其不同于科学认识之处。科学认识所追求的目标是认识对象内部的必然联系，这种必然联系是事物本身所固有的、不为尧存不为桀亡的现成性内容。而审美认识所追求的目标则是体悟到一种"意"，即某种意义世界，但这意义世界不是现成的，而是读者受作者文本的"要求"，与作者共建起来的，并且本质上是处在"在建"中的精神意义。

审美认识对"意义"的体悟，经历由"言"到"象"，再由"象"到"意"的阶段。"'言'是文学的物质外化，是信息的载体；'言'作用于接受者的感官之后在脑海里浮现出'象'；'意'是审美主体透过'象'领悟到精神意义、所受到的思想启迪或情感熏陶，是由'象'暗示出来的。相对于'意'而言，'象'也是信息载体。这里的'言'和'象'都起到传输信息的入门向导的作用。"①人们在审美过程中，由言所传达的物事到读者体悟到意义世界，这便是审美认识中特有的由浅入深。庄子所说的"可以言论者，物之粗也；可以意致者，物之精也"②，就是对这种认识的由浅入深的表达。这种由浅入深，同科学认识过程中的由浅入深是不同的，科学认识的由感性到理性，是一步一步地把感性过滤干净，最终远离感性具体，到达一个思维具体，这种思维具体的构造要素乃是概念、判断、推理，完全没有了"只可意会，不可言传"的影子。审美认识中的"言"，只能提供某种模糊的语境，而审美信息的扩张，则有赖审美者自己调动起想象。所以，在审美认识中浸淫长久的作家，都有意地利用模糊语言创造模糊意境，诚如晚唐诗人罗隐所言，"劝君莫用分明语，语得分明出转难"。需要说明的是，这并不是说，在审美认识中，可以不需要严谨精神，恰恰相反，审美认识对于严谨性的追求并不亚于科学认识。古云："吟安一个字，拈断数茎须"，"只将五字句，用破一生心"，这是非常严谨的，只是与科学认识中的严谨完全不同。

最后，审美认识显然不同于科学认识的，就是在审美认识中要集中全力塑造艺术形象，而这在科学认识中是忌讳的。塑造艺术形象也许可以在科学活动之初潜在地起作用，但是，一旦真正进入规范的科学运思，必须是逻

---

① 龙协涛：《文学阅读学》，北京大学出版社2004年版，第67页。

② 《庄子·秋水》。

辑的、实证的，断乎不可去打造什么艺术形象。在审美认识里，情形就决然不同。审美认识是形象的王国，其情形正好跟科学认识相反：在审美认识中，搞逻辑、实证是忌讳的，逻辑与实证可以在审美认识中潜在地起作用，但是，一旦要创造真正的好作品，决定一切的是艺术形象。

艺术形象不仅包容思想，更重要的是它要大于思想，形象大于思想是审美认识中的一条重要规律。传统文学理解理论的基本思绪是：作品形成之初，意义就固着其中，读者的领悟不过是对作者思想的揭示。这是用传统的科学认识解释审美认识。这种理论封堵了"形象大于思想"的思路。诠释学(Hermeneutics)颠覆了这种理论。所谓诠释，"是就已有的文化与语言的意义系统作出具有新意新境的说明与理解，它是意义的推陈出新，是以人为中心，结合新的时空环境与主观感知展现出来的理解、认知与评价。……表现诠释者心灵的创造力，并启发他人的想象力，体会新意"①。德国哲学家伽达默尔(Hans-Georg Gadamer)认为，诠释是"一种把自己置身于作者的整个框架中的活动，一种对一部著作创作的'内在根据'的理解，对创造行为的一种再创造。……是对原有作品的再生产，对已经认识的东西的一种再认识，……一种重建"②。这些见解意味着，诠释造就的意义世界必然大于作者所欲表达的思想。

作者的思想对于作品意义世界的建设固然重要，但并不具有绝对权威，作者塑造的艺术形象却是永恒的建树，读者可以从中领悟并不断开启意义世界图景，却无权重构原作的艺术形象。只有承认作品意义世界的生成过程性，才能给予读者在诠释中的重要地位；只有承认作者对艺术形象的独创权，才能给予作者在诠释中的重要地位。要维护作者与读者在诠释中的合法性，必须承认形象大于思想。

形象大于思想的最大奥秘，在于形象的象征性，这是文本拥有形象大于思想效果的潜在根据。

象征性本质上是"对潜在整体和永恒事物秩序的召唤"③。作者之所以要用形象说话，是因为形象可用象征的方式传达出用概念或逻辑话语不容

---

① 成中英主编：《本体与诠释》，三联书店 2000 年版，第 6 页。

② Hans-Georg Gadamer. *Truth and Method* [M] Crossrod Publishing Corporation, 1989, pp. 2－3.

③ ［德］伽达默尔：《哲学诠释学》，洪汉鼎译，上海译文出版社 1994 年版，第 63 页。

易说清楚的感受和体验。读者之所以注重形象，是因为形象将读者带入意会、感受、体验的状态，为他们提供驰骋想象的空间。这里面就存在着形象大于思想的合理性。形象的象征性也是形象大于思想的必要条件。所谓象征，就是通过形象表现相关的理念、思想和情感。就审美认识与科学认识的区别而言，审美认识追求象征性，科学认识追求解释性。象征性不同于解释性：解释性要求揭示，象征性要求暗示；解释要求语言直白、精确，象征要求语言含蓄、模糊；解释将意义的揭示权留给作者，象征将意义的揭示权给予读者。前者形成科学文论，后者形成艺术作品。迦达默尔指出：

> 象征物或象征性的本质明显地在于，它与那种用理智的方式恢复其终极意义的做法没有关系。象征在其自身中获得其意义。①

文艺作品的形象是一次性产出的精神产品，作者拥有形象生产权。意义世界的建构则是受众的无穷连续工程，作者参与意义世界建设，靠的不是写作意图，而是形象对于意义重建所具有的无穷张力。"少壮不努力，老大徒伤悲"，作者的思想是指趁少壮而努力于儿女私情，但在诠释中，本来的这一思想被摒弃，重建成趁少壮努力于求知与创业的意义世界。因此，形象的象征性是形象大于思想的必要条件。

形象的象征性之所以是形象大于思想的必要条件，就在于它以生活世界的开放性与艺术语言的独特性开启意义世界。生活世界随着时间的流逝而开启着生活意义。一方面，生活随着时间的迁移而呈现出不同的意义，因此，作者与读者对生活的理解会是不同的；另一方面，生活的感悟与体验终归是对人生真谛的求索，有其统一性。这种统一性沟通了不同时空的人。设若"前不见古人，后不见来者"而孤立地"念天地之悠悠"，必然敏感于沟通的断裂，遂"独怆然而涕下"。因此，文本提供的形象对读者总有"似曾相识"的感受，引发自己的生活哲理之思。

就审美认识与科学认识的区别而言，一个值得关注的问题就是象征性的语言与解释性的语言的差别性。在象征中，有限的语言展示着某种丰富性和模糊性的意义世界。科学语言直陈对象的秘密，只要求读者有相应的背景知识，不一定需要借助想象。文学语言不与描述的对象对称，甚至虚构

---

① Hans-Georg Gadamer.: *The Relevence of Beautiful and Othe Essays*, [C] Cambridge University Press, 1986, p. 37.

对象,但其语言展示无限丰富的人类精神世界。诗或词的语言诚然出自日常用语,但是当日常用语一旦被提炼到诗词中,就具有了特殊意义,就像黄金作为商品自有其使用价值和价值,而一旦被提到货币的位置,便充当一般等价物,原本的东西反而退隐一样。例如,马致远把枯藤老树这类日常用语提炼到《天净沙·秋思》中,那些日常用语便脱离其本意而承载作品的象征功能。伽达默尔指出过这种现象:

> 诗歌在似乎已经耗尽和废弃的语词中唤起了一种隐秘的生命,并向我们讲述关于我们的东西,很显然,所有这一切都是语言所能做到的,因为语言并不仅仅是反思思维的创造,而是它自身塑造了我们生活于其中的世界确定的方向。①

对于被提炼到诗词中的词语究竟作何理解,在诸多情况下是只可意会不可言传的,上乘艺术品全都有"此中有深意,欲辩已忘言"之妙。

四、审美认识中真理的主体性

审美认识中,关于文学诠释的理论,为认识论注入了生机活力,它有力地挑战了那种关于现成性的真理的成说,树立起一种关于真理问题的独特见解。在它的视域,真理不是现成性的,也不只是要人静态地去探索而无法将人的活动加入其上的那种理念,而是一个由作者和无数读者共同探索的无穷动态过程,这就强有力地诠释了马克思关于把现实、感性当做主体来理解、从实践去理解的最重要的认识论思想。因为,它不仅生动地表明真理是一个过程这样一个深刻的思想,更为关键的是,它还表明这必须是一个"未完成态"的共同建构的过程。关于作者和无数读者"共同构建"这一理念,又十分恰当地印证了群众创造历史的基本结论。所以,笔者认为,在这里,认识论中的重大问题即主体性问题,开出了一个新的视域,为我们进一步理解马克思的认识论基本精神,提供了强有力的证明。

以李后主的《浪淘沙令》为例:

> 帘外雨潺潺,春意阑珊。罗衾不耐五更寒。梦里不知身是客,一晌

---

① Hans-Georg Gadamer. *Truth and Method* [M] Crossrod Publishing Corporation, 1989, pp. 449 - 450.

贪欢。独自莫凭栏，无限江山，别时容易见时难。流水落花春去也，天上人间。

显然，这首词是我们探索它的意义世界之真理的平台、依据，但可塑性就在于对这里塑造的形象的解读。

宏观上，“天上人间”，对凡属于决定人群、族群、家庭、个人命运的“今非昔比”的灾变性体验，都可以包容。这样的体验无论哪个时代都有，且对当事者具有头等的生存意义。微观上，潺潺夜雨、阑珊春意、微薄罗衾、深寒五更、可怜落花、无情流水、春去也等等，象征性非常丰富。显然，就李煜来说是自有所指，但读者却不必拘泥于此，可以把自己的领悟加于其上。同样，读者的体验也是有限的，他们向来者开放。还要看到，《浪淘沙令》提供的象征性深入到了心里，这是它细腻感人之处。后主对往昔的眷恋被挤压得由“实”转“虚”，眷恋之情只有靠虚幻来慰藉，只有在梦里，“见时难”的问题才能够得以解决，只有在梦里，才“不知身是客”，才可以“一晌贪欢”。“独自莫凭栏，无限江山”更深刻地表达失去故园的痛楚：眷恋一个对象，通常是未见而盼见，既见而缠绵，这已然情殷，然而作者却深到“怕见”，这就对人的绝望心理的象征更具深度。试比较：唐人金昌绪写的“打起黄莺儿，莫叫枝上啼；啼时惊妾梦，不得到辽西”与金圣叹修改的“莫打黄莺儿，任它枝上啼；啼时惊妾梦，免得到辽西”，很明显，后者更甚。后主的词显然活用了乐府的这种心理象征表达手法，令读者不禁顿生怜悯之心，遂发不平之意。这首词的象征性最感动人的特点，是它始终把象征性建立在由明到暗、由希望到绝望的动态中，作者抓住了春的离去的颓景与相应的悲情。春，一般在文学艺术中、在日常生活里都是象征美好事物的，后主在词中哀叹春意阑珊（将残、将尽），但即使必残、必尽，让它自己了却也罢，老天却偏偏用潺潺的雨去摧毁这“残”。这就自然引出了“罗衾不耐五更寒”的哀叹，谁都感受得到这是对人的逆境的象征，特别是对可怜无助的人们身处强大无比又被人将无助者的悲哀拿来用做游戏娱乐的象征。阑珊春意与潺潺雨声的对比、微薄罗衾与深寒五更的对比，产生了读者不寒而栗的心理震撼效果，更见出“不耐”的情感深度。对美好的东西别时容易与见时困难的对比，对内心想凭栏看无限江山与因怕见而喊出“独自莫凭栏”的对比，对梦里“不知身是客”与事实上只是一个“客”（囚徒）的对比，对一晌的欢娱与永生的苦愁的对比，等等。象征渐次深沉而凝重，使读者觉得需要郑重对待，最后在一声“流水落花春去也”的撕肝裂胆的悲叹中达到了极致，它只能用“天上人间”的大反差来进行处理。于是，一种悲剧性的美感，便在此痛不欲生的悲惨中诞生！

但是，词的字面意思对于真理的认识，是远远不够的。审美认识不是像科学认识那样理论地再现现实世界，而是要构建出一个丰富的开放的意义世界。审美认识正是在这样的意义世界的建造中实现形象大于思想的。审美认识以建立意义世界为己任，这就赋予文本的“存在性”或曰“实在性”以特殊的内涵，即任何文本只有进入“解读”过程才是存在的。这一观点是难以见容于科学认识与旧唯物论的认识论的。后两者都一致强调客体的不依赖于人，而前者却强调作品依赖于读者的解读，非解读无以存在。文学诠释学令人信服地指出，文学意义的生成、文学的价值实现和文学的功用发挥，都离不开阅读，强调读者才是构建文本意义世界的主体。创作是作者以心接物，阅读是读者以心接心。如果说，创作无定发，那么，同样可以说，解读无常规。对于杜诗，“兵家读之为兵，道家读之为道，治天下国家者读之为政”，“解之者不下数百余家，总无全璧”①。胡塞尔、海德格尔、迦达默尔等著名的理论家，都以极大的兴趣研究阅读现象，他们的成果对认识论关于主体性的思考、关于真理的思考，对于破解由传统形而上学致思方式造成的难题，具有重大的作用。

在这个意义上，有必要粗线条地描述一下文学阅读理论发展的轨迹。文学阅读理论经历了三个阶段。

第一阶段是作者中心论，这个阶段与旧唯物主义的认识论对人类的认识活动发挥主导作用的历史时代相对应，或者可以说，作者中心论就是旧唯物主义的认识论在文学阅读上的反映。作者中心论从作家及其创作活动来解释艺术的本质及其规律，把兴趣完全集中在探讨寄寓在作品中的作者的原意上，其研究纲领是要还原作者经历的那个模样（例如实证主义美学理论）。因此，作者中心论的研究者把精力投放到收集史料进行种种考证上，具有孤立封闭地认识对象的特点。新批评派认为这是“外部研究”。

第二阶段是作品中心论。作品中心论把文本作为自足的东西。美国作家梅尔维尔（H. Melville）说：“我希望天下的好书都是私生子，没有父亲，也

① 薛雪：《一瓢诗话》。

没有母亲，我们就此可以直接赞美书的本身，不要把号称是它们作者的人牵连进去。”它们可以说是“内部研究”（诗的结构及其对应物）。

实证派和新批评派都有一个信念，即作品的意义是先在的。是作品完成之时就定了的。形式主义、结构主义把文学看成是独立于外在世界的自足体。似乎某种固定的模式和符号体系可以囊括无限丰富的文化，人们所要的是把这个放之四海而皆准的模式和符号体系寻找到，像我们寻找埋在地底下某个地方的宝藏那样。作者中心论和文本中心论者往往旁授远绍、寻踪觅迹、穿凿附会、钩沉发隐。这其实是被文本和作者牵着走了，看起来实证气息很浓，很严谨，其实，在那里，主体已然失落。我国古代也有不少文士痴迷于遥契作者，例如清代的仇兆鳌在解杜的立场上追求“反复沉潜，求其归宿所在，又从而句字比之，庶几得作者苦心于千百年之上，恍然如身历其世，面接其人，而慨乎有余悲，悄乎有余思也”。

有学者指出：

> 无论是实证主义批评标榜消除了批评中的主观好恶和个性特征，从影响文学的一些客观因素，诸如种族、时代、环境等，来确证文学的本质和意义，还是形式主义、结构主义和新批评（似应加“主义”二字——引者注），都是把文学当作独立自足的客体，寻绎其中具有某种规律性的形式、结构和关系等，这实质上是遵循了科学事实认识的思维方法。但在审美领域，如果执著于科学事实认识的思维方法，是注定要碰壁的。①

第三阶段是读者中心论。读者中心论突出读者，既承认文学审美特质和形式演进的独立过程，又重视经济、政治、思想、文化史发展对它的影响，认为作品的意义是作者与读者共同参与创造的流动过程，文学的发展既取决于作者的意向、作品的语义图景，又取决于读者的价值取向。文本不仅仅是一个语言的形式结构系统，更是一个“召唤性的结构”。作品意义是生成着的，处在读者与作者相互作用的张力场中。接受美学从文本与读者的关系建构理论体系，文本具有不依赖于读者的客观性，但这种客观性是相对的，离开了审美主体的观照，文本的客观性没有意义。“夕阳芳草寻常物，解用都为绝妙词”。审美对象凭着审美主体的“解用”，就开显出意义来。

---

① 龙协涛：《文学阅读学》，北京大学出版社 2004 年版，第 8 页。

古人作诗，随感而发，情来不能自已，为什么要这样作诗，想表达什么，虽然作者有总体意向，然而要作者仔细道来，怕也未必能够。譬如李白常常在醉态写作，虽然也是发泄胸怀间的内容，然而醉里的思绪怎能那么明晰？陈寅恪说："著者有意无意之间，往往依其自身所遭际之时代，所处之环境，所熏染之学说，以推测解释古人之意志。由此之故，今日之谈古代哲学者，大抵即谈其今日自身之哲学者也。"①"文学读解转到以读者为中心，实际上是由物（书）的问题转化为人（读者）的问题，对文学观念的变革不是局部的，而是全局的，从而导致对传统的研究方法的根本扬弃。"②

对于中国传统的审美认识成果，更需要我们主动地从读者、作者、文本的相互作用上来把握，更需要突出读者的主观能动性。这是由中国审美艺术创作的特点所决定的。例如，中国古代诗文创作最忌讳直陈、言尽意、精确、确定，而十分讲求"言尽而意不止"、"韵外之致"、"味中之味"。梅尧臣说："圣俞曰：'作者得于心，览者会以意，殆难指陈一言也'。"③孔子说的"巧笑倩兮，美目盼兮，素以为绚兮"，本来表达的是赞美一个女子的天生丽质，而当子夏问"何谓也"的时候，孔子便以"绘事后素"喻之。当子夏从同一道理联想到礼由仁生（"礼后乎"）时，孔子就大加赞赏："起予者商也！始可与言诗已矣"！这就是孔子倡导的接受者要有举一而反三的继承创造性。"借古人之歌哭笑骂以陶写我之抑郁牢骚"④，这是中国骚人墨客一贯的风气。这种主动解读的特点，是造就中国审美认识不朽魅力必不可少的途径。《文心雕龙》云："书亦过华，玩绎方美。""玩绎"总有作者的再创造，玩绎是无止境的，所以世间就有看不完说不够的《红楼梦》一说。刘永济认为："文学之事，作者之外，有读者焉。假使作者之情性学术，才能识略，高矣美矣，其辞令华采，已尽工矣，而读者识鉴之粗精，赏会深浅，其间差矣，有同天壤。……盖作者往矣，其所述造，犹能绵绵不绝者，实赖精识之士。"（《文心雕龙校序》）这在科学认识中是不可见的，也是不可思议的。科学认识表明，当一个人揭示了一个定律，别人只有运用的份、传授的份，就不能再在这个定律上倒腾了，倒腾就是重复，是不允许的，而在审美认识中，却是正常的。

---

① 《今明馆丛稿二编》，上海古籍出版社 1980 年版，第 247 页。

② 龙协涛：《文学阅读学》，北京大学出版社 2004 年版，第 8 页。

③ 《六一诗话》。

④ 吴业广：《北词广正谱序》。

我国古代不少有识之士都认同读者在诠释中进行再创造的重要性和必要性。欧阳修认为，读者要想与作者绝对心意相合，是不可能的。

有知而好者，有好而不知者，有不好而不知者，有不好而能知者。褒于书画，好而不知者也。画之为物犹难识，其精粗真伪，非一言可达。得者各以其意，披图所赏未必是秉笔之意也。昔梅圣俞作诗，独以吾为知音，吾亦自谓举世之人知梅者莫吾若也。吾尝问渠最得意处，渠诵数句，皆非吾所赏者。以此知披图所赏，未必得秉笔之人本意也。①

南宋刘辰翁云：

凡大人语不拘一义，亦其通脱透活自然，观诗各随所得，或与此语本无交涉。②

清谭献云：

作者之用心未必然，读者之用心何必不然。③

王夫之强调："读者各以其情而自得。"他说：

作者用一致之思，读者各以其情而自得。故《关雎》，兴也；康王宴朝，而即为冰鉴。'訏谟定命，远道辰告'，观也；谢安欣赏，而增其暇心。人情之游也无涯，而各以其情遇，斯所贵于有诗。④

龚澄云：

有作诗之谊，有谈诗之谊，有太师采师，瞽矇讽诵之谊，有周公用为乐章之谊，有孔子定诗建始之谊，有赋诗、引诗节取章句之谊，有赋诗寄托之谊，有引诗以就己说之谊。

西方近代的文学理论、评论中也有不少这样的主张与实践。例如，易卜生（Ibsen）《玩偶之家》结尾，娜拉出走，砰的一声关上门，英国的萧伯纳（G. B. Shaw）说：这一声"比华铁卢或赛顿的大炮还要响"，这显然是作为读者的萧伯纳的言论，而并非易卜生的原意。法国文学批评家圣伯夫（S. Beuve）说："最伟大的诗人并不是创作得最多的诗人，而是启发得最多的诗人"。这里的"启发得最多"，当然是读者受益于诗人诗作，而在百尺竿头，更进一尺。说白了，伟大诗人的作品是"砖"，启发得最多就是引出的

---

① 《欧阳文忠公集》卷一三八《唐薛稷书》。

② 《须溪集》卷六《题刘玉田题杜诗》。

③ 《复堂词录序》。

④ 《薑斋诗话·诗绎》。

"玉"最多。法国作家法朗士(A. France)在《乐园之花》中说:"书中的每一个字都是魔灵的手指,它只拨动我们脑纤维的琴弦和灵魂的音板,而激发出来的声音却与我们心灵相关。"

伽达默尔用游戏与节庆来通俗地说明读者在文本意义建构中的主体地位。他指出:

> 艺术作品是一种游戏,并且是那种为了使艺术得以具体化而必须被观赏者观赏的游戏。因此,对所有的文本真实性来说,也只有在理解的过程中,僵死的意义踪迹才能转换成为富有活力的意义。①

他还说:

> 节庆的特征就在于,它只是对那些实际参与到节庆中的人来说才是充满意义的。正因为此,它体现了一种必须被充分领会的独特存在。……美的本质是某种必须突显在公众目光中的东西。②

游戏与节庆关键要有人参与。参与游戏与节庆的大众都有展示才华的机会,并非只有规则的制定者才是做得最好的人。我们不知道象棋规则的制定者是谁,但是,我们知道胡荣华等等参与者,我们相信那位规则制定者不会是胡荣华的对手。同理,作者提供的作品便是文本意义建构所遵循的东西,所有建构者都必须以文本为根据进行解读,遵守"效果历史"(effective history)的规约。"效果历史"这一概念本身就维系了读者在理解中建构文本意义世界的主体地位。所谓"效果历史",是标志文本意义真理观的哲学范畴,是指在理解者和文本相互作用中所产生的历史的真实和历史理解的真实。效果历史观并不奢望消除文本与理解者的历史间距,相反,它尊重这种历史间距,主张由文本规定的历史真实与由历史间距规定的历史理解的真实都是真实。"效果历史"强调的是这两个真实之间的必要张力,而不是非此即彼。这样,理解就成了一种在"事物本身"和我们的前判断或偏见之间的无穷"游戏"过程。于是,文本的意义因此就具有了无限的可能性。当文本的意义和理解者一起处于不断生成的运动过程中时,就构成了"效果历史",这种"效果历史"就是理解的本质。在这一关于理解的观念

---

① Hans-Georg Gadamer. *Truth and Method* [M] Crossrod Publishing Corporation, 1989, p. 160.

② Hans-Georg Gadamer.: *The Relevence of Beautiful and Othe Essays*[C] Cambridge University Press, 1986, p. 49.

里，理解者同时必然是文本意义的能动建构者。

罗曼·英加登（Romen Ingarden）以现象学（Phenomenology）的意向性概念来阐述文本自身的未完成性与读者参与意义建设的必要性。他说：

> 每一部艺术作品……在确定性方面，其自身具有明显特征的空白……它是纲要性的图式化的创作。并且并不是其所有的决定因素、成分或素质都处于已实现的状态，其中有些东西只能是潜在的……观赏者就是去充实作品的图式结构，至少是部分地丰富作品的不确定领域，实现只是处于潜在状态的各种要素。这样就产生了艺术作品的“具体化”的东西。……作品的“具体化”不仅是观赏者对已描述的东西的一种“建构”活动，而且也是作品本身的完成与潜在要素的实现。①

沃尔夫冈·伊泽尔（Wolfgang Iser）从文学文本的虚构性与空白性特点的角度，指出了读者参与意义建构的重要性。他认为，文学文本与其说实际地形成了意义文本，不如说开始了意义的实现。它们的审美特质就在于这一实行结构，显然这一结构不能等同于最后的结果，因为没有单个的读者的参与，就不可能有实行。虚构文本的空白具有典型的结构，其功能在于引起读者的建构活动，这种活动的实施使交互影响的文本内容变得明晰起来。变化的空白产生了彼此冲突的形象序列，正是通过这个序列才使得文本的意义在读者的想象中活跃起来。他把这种结构叫做“召唤结构”，认为“召唤结构”向人们发出阅读的“请柬”。

由此可知，无论是作者还是作品，都不能使意义自明地呈现出来，作品只有通过阅读活动才能建构其意义。因此，读者的介入是完成文本的基础，因为在事实上，这种文本的完成只是作为一种潜在的现实存在——它要求“主体（读者）将潜在的东西现实化”②。

仍以《浪淘沙令》为例来探讨解读对于文本意义的开启与深化问题。后人冠李煜的词为“神秀”，尊他为词中“南面王”，将他和李清照并为词中男女第一人，这些显然并非是其人成为囚犯写下若干词的当时就已经确定、等待后人发现的某种“定在”，而是后人“建构”起来的。后人对李煜的定位显然不是拘泥于历史事件及其历史价值的意识形态考量，如果拘泥于此，关

---

① ［波］罗曼·英加登：《艺术的与审美的价值》，载《英国美学》1964 年第 14 卷，第 202 页。

② ［德］沃尔夫冈·伊泽尔：《阅读行为》，湖南文艺出版社 1991 年版，第 86 页。

于社会进步的基本理由就足以封杀其意义,《浪淘沙令》就会与其历史朝代、人物一起被埋葬。然而这种不幸之所以没有发生,根源就在于文学诠释本质上是读者与作品的"视域融合"(the fusion of horizons)建构了它的意义世界,这种意义世界早已脱离了作品的当下性而进入了动态境域。人们不再据守"亡国之君咎由自取"的见解,而是把李煜当做一个弱者,由此追问人际和谐可不可能以及如何可能。即使把他作为亡国之君,他向大宋投降起码不是逆历史潮流而动,纵然没有好张扬的,也不该背着"违命侯"的侮辱性称号,过着"日夕以眼泪洗面"的日子,更不该被毒死。虽然宋的诞生、南唐的灭亡和李煜的没落是历史的必然,但是李煜作为弱者受到的不公正待遇却在读者心中自有决断。后人甚至还可以这样想:当宋太祖对李后主进行虐待而缺乏恻隐之心的时候,他显然没有料到后来自己的后人也忍受着"靖康之耻",这是不是报应!靖康之耻引起岳飞写下《满江红》是值得千古咏叹的,但李煜的不公正待遇难道就不值得讨论么?再如,后世每逢国破家亡之际,读《浪淘沙令》都会别有一番滋味,等等。基于这些正当的理由,读者便在探求人际和谐的大问题上反复诠释,使作品的意义不断开启与深化。从微观上看,对词中的句子意义的认识也不断变得丰富、多元。例如,对"天上人间",一种理解是:春去了,何归依,天上抑或人间;另一种理解是:国存时与国亡时的处境犹如天上人间;再一种理解是:形容所思的人们相见之难犹如天人阻隔;还有一种理解既指相隔遥远,又通境遇剧变。所有这些,其实都是诠释浇开的绚丽的意义之花。

当然,这绝不意味着认为读者对文本的诠释可以是无度的。无论如何,诠释不能超过文本形象所提供的可能范围。

> 在文学读解中,如果对创造性理解中的"添加剂"和思维惯性不予以合理控制,而听任其发展到无视审美对象的客观规定性和超越"回旋余地"的不适当的程度;如果只是把文本对象当成主观观念的外化和情感宣泄的媒介,以一种不切实际的先入之见和对形象任意肢解的偏执来左右个人的感受;如果接受主体的再创造变成不着边际的臆说,任意褒贬臧否,以致穿凿附会,生造微言大义——那么,就会造成对文本信息的胡乱引申和肆意歪曲,这样的解读只能是非审美的。①

---

① 参见龙协涛:《文学解读学》,北京大学出版社2004年版,第45页。

第十一章

真　理

认识论的精华是真理,人的所有认识活动都指向真理。所以关于中西认识论融合的思考,不能不聚焦到真理这个精华之上。

真理这一概念在希腊哲学中很早就出现了。有史料可稽的,至少在巴门尼德残篇中就出现了"真理",残篇中有多处出现"真理"概念。如:"所以你应当经验一切;圆满真理的不可动摇的核心,以及不含任何可靠真理的凡人们的意见。意见虽然不合真理,你仍然要加以体验……";"来吧,我告诉你(你要谛听我的话),只有哪些研究途径是可以设想的。第一条是:存在物是存在的,是不可能不存在的,这是确信的途径,因为它通向真理;另一条则是:存在物是不存在的,非存在必然存在,这一条路,我告诉你,是什么都学不到的。因为你既不能认识非存在(这确乎是办不到的),也不能把它说出来";"现在我结束我对于真理的可靠的言辞和思想"。但是,早期希腊人并没有对于真理的本质为后人说出点什么。无论如何,有两点是可以肯定的。其一,真理必定是一种理念,分歧只在于,它属于什么样的理念。其二,真理,在古希腊人看来,是在人认识某种东西之前就作为完成态的某种东西存在于某种地方的,人只是去发现。

以下遵循历史与逻辑相统一的原则,对真理的真谛加以探讨。

一、对几种主要的真理观的评析

历史的方法是人们用严肃的态度和严谨求实的作风研究问题的重要方法之一。思想只有努力穿越历史的天空,才能变得深沉凝重,从而叙述才见出应有的信度。有鉴于此,在真理观问题上,不妨先行历史地将主要的理论观点来一番考察。

(一)外在于认识的真理观

柏拉图提出ἰδέα,这个词只能翻译成“相”,它不是一种主观的内容,这个词涉及人们真正追求的“真理”是什么的问题。柏拉图主张ἰδέα是最高的善,是绝对不变的实体,万物是ἰδέα的摹本,我们所感知的都是ἰδέα的摹本,万物趋向于它们的ἰδέα,这就是善。显然,人们所追求的真理就是这种ἰδέα,这种ἰδέα不在可感知的物理世界中。柏拉图认为,物理界、现象界时刻变化着,所以不够格作为知识的对象。他的这种观点明显地秉承了巴门尼德的思想。他的著名的“洞穴”理论,说清了他对真理的见解:没有哲学知识的人好比是被囚禁在洞穴里的一群囚犯,他们带着锁链,只能面朝洞的尽头,不可以转过身子来。他们面前有一堵墙,背后有一团火。他们只能看到这堵墙上关于火的影像,无法看到真实的火。于是,他们便以为那堵墙上关于火的影子是真正的火。假定后来有一名囚犯有幸挣脱了锁链,走向洞口,这时他才第一次看见这火才是实在,原来看到的不过是它的影子而已。但是,当他重新回到洞中,把自己的重大发现告诉同伴,设法向他们说清楚他们平日所见的其实不过是真实东西的模糊反映或影子,但他却说不清道不明,因为他见过真实的东西,那真实的东西弄花了他的眼睛,以致于他反而辨别不出那些影子了。他只有告诉同伴们走向阳光的路径,可同伴们认为他犯糊涂,他感到自己没有办法说服同伴。根据他关于洞穴的这一番叙述,如果把这个ἰδέα视为真理的话,那么,这个ἰδέα显然多少有些偏向于某种客观的精神性的存在,对后来黑格尔的“绝对精神”有特殊的启迪作用。

这种外在于认识的真理观有如下特点:

其一,真理是绝对正确的,没有丝毫值得怀疑的地方。

其二,真理是绝对自在的,人们是否认识到它,都跟它本身无关,也就是说,丝毫不影响它的实在性。因为,它就是“在”本身。就此而言,真理是外在于认识活动的。

其三,真理与现实事物的关系是实在与影子的关系,真理是真实的,事物是虚假的,真理是自足的,事物对于真理来说,具有绝对的依附性。

其四,就“是”而言,真理外在于认识,但是,就进入人的主观领域而言,它还是以认识为途径。但不是感性认识,一定要抛弃感性认识,坚定不移地走如巴门尼德所指引的纯思维的路径。

这种真理观是存在论的,非认识论的。基本上可以说,它把本质(规律)这种属于存在论领域里的范畴,当成是认识论中的真理范畴,并且这种规律被认为是与现象本身分离着但又主宰着现象的某种内容。这种观点对西方后世的影响是深远的,主张基本上被延续着。

(二)符合论的真理观

符合论分唯物主义的符合论与唯心论的符合论。

唯物主义的符合论主张:真理就是一种被证实为正确的认识,所谓正确就是主观符合客观。这种唯物论的符合论在古希腊就有了,例如亚里士多德主张,凡以不是为是,是为不是,这就是假;凡以实为实,以假为假,这就是真。以是为是,以实为实,以假为假中前面的"是"、"实"、"假",都是指对象本来面目,后面的"是"、"实"、"假"都是指命题或判断。这里所要求于命题或判断的是对客观实际事物性质、状态或关系的描写或陈述的真实性,其真实性完全取决于它们与对象符合与否。"一个人存在着"这个事实,蕴涵着"他存在着"这个命题的正确性。那个正确的命题绝不能是这个人存在的原因,而这个人存在这个事实,看来才是这个命题之所以正确的原因,因为命题的正确或错误取决于这个人存在或不存在这个事实。命题的真或假并不取决于命题本身,而取决于命题与事实之间有没有一一对应的关系。由词项结合构成的命题对应于由事物所构成的事实。命题是与事物特性的符合,并且是与事物特性中表现事物本质的特性的符合。

唯物主义的符合论坚持了唯物主义的原则,所以它又叫客观真理,即是说,真理的形式是主观的,内容是客观的。一种认识可以由主体所主张,但其是否具有真理性却不以主体的意志为转移,而要由实践做判准。由于事物是发展的过程,实践是发展的过程,人的认识能力也是发展过程。所以,真理也是过程。在此无限过程中,任何具体真理本身包含着二重性,即绝对性与相对性。

唯心论的符合论的典型表达似乎比较晚。例如贝克莱的"存在就是被感知"就是这种典型表达。这种唯心论的符合论主张事物符合概念或理智。不过,由巴门尼德和柏拉图的思想很容易演变成这种符合论。例如,黑格尔认为,现象世界是由绝对精神的外化形成的,由此推论,真理是对绝对精神的符合。他说，如果有人说某艺术品是“真的艺术品”，这就表明某一艺术品与我们早已形成的真艺术品的概念相符合。

亚里士多德对柏拉图的ἰδέα进行了批判，但他也保留了ἰδέα的东西。亚里士多德关于形式因的主张不能不说与ἰδέα相关。他认为事物都由形式因与质料因构成，但质料因是被动的，形式因是主动的。与柏拉图ἰδέα所不同的是，形式因是不离开事物、属于事物的，人的心灵可以思维事物的形式。“心灵所思维的东西，必须在心灵中，正如文字可以说是在一块还没有写什么东西的蜡版上一样”①，心灵被称做“形式的所在地”②。

当时的斯多噶派也反对柏拉图的主张，这一派认为，一切知识都是从个别事物的感觉开始的，心灵就像蜡块，其知觉是由外物在心灵上打的印记。共相无非是思维整理知觉所形成的内容，因此，观念不应是心外的独立实体，而是存在于心的内容。

近代的笛卡尔从哲学认识论上使用“观念”这一概念，它始终是在心的“影像”意义上使用“观念”，把中世纪关于观念的理解从神的心中拉回到人的心中。笛卡尔将观念分析为三种：

> 在这些概念中间，我觉得有一些是天赋的，有一些是从外面来的，有一些是我自己制造出来的。因为我具有一种能力来设想我们一般地称为事物、真理或思想的东西，所以我觉得我的这种力量不是从别处得来的，只是来自我自己的本性；可是如果我现在听到某种声音、看见太阳、感觉到热的话，我直到现在为止都是断定这些感觉来自某些存在于我以外的东西的；最后，我觉得美人鱼、飞马以及其他这一类的怪物都是我心灵的虚构和捏造。③

笛卡尔的上述思想，直到康德之前，一直被欧洲哲学界所尊奉。不过，后来关于天赋观念的争议，导致唯理论与经验论的分野。斯宾诺莎和莱布尼茨都承认天赋观念，这些观念包括上帝、实体以及逻辑和数学中的某些公理。经验论者则否认天赋观念，主张感觉经验是观念的唯一来源。洛克在系统批判笛卡尔天赋观念的过程中，创立了“白板说”。认为人心如同一面

---

① 北京大学哲学系外国哲学教研室编：《西方哲学原著选读》上卷，商务印书馆1981年版，第152—153页。

② 同上书，第151页。

③ 同上书，第374页。

“白板”,外间有什么样的事物,“白板”上才有什么样的图案。关于“天赋观念”有无之争,实际上涉及认识的来源与感觉的可靠性问题。唯理论否认感觉经验的可靠性,要求使用具有自明性天赋观念来确保知识的可靠性,经验论坚持感觉经验在认识中的基础性地位。但是,在感觉观念是否与外物相似这个问题上,并不能完全用唯理论与经验论来划界。在古代希腊,有“流射说”认为对象发出某种“流射物”进入感官,于是感官中就有了对象的影像,按照这种解释,感觉同其对象的相似性是不成问题的。但是到了近代,大多数哲学家都不这样主张了。譬如,笛卡尔认为,他自己在一个问题上“弄错了”。

> 我以为有一些东西在我之外,那些观念是从这些东西来的,并且与这些东西完全相似。①

反对笛卡尔天赋观念的霍布斯同样认为,当我们听到铃铛的声音时,实际上铃铛只有运动,没有声音,我们听到的声音只不过是铃铛的运动使空气运动,空气又将运动通过耳朵和神经传给大脑,这才产生了声音的感觉。

洛克在这个问题上抱具体分析的态度,他认为,物体具有第一性质与第二性质。体积、广延、形状、动静、数目等与第一性质是相似的,而颜色、声音、滋味等与第二性质是相似的。

符合论的真理观蕴涵着对对象与关于对象的感觉并不一样的认同。因为,符合是以有差别为前提的,一样就无须符合了。在洛克看来,观念应该有三组:第一组是实在的观念和幻想的观念;第二组是相称的观念和不相称的观念;第三组是真正的观念和虚妄的观念。实在的观念是与自然中事物的真实存在相符合的观念。幻想的观念是在自然中没有基础的概念。相称的观念是指完全表象其原型的观念,不相称的观念是不完全表象那些原型的观念。真观念假观念的真假不在于它本身,一个观念的真与假,主要看其与所参照的东西契合与否,契合为真,不合为假。这三组观念的划分,显然都是符合说性质的。哲学史上把他的这种主张叫做“摹本说”。洛克自己也明确表示:

> 在我看来所谓真理,顾名思义讲来,不是别的,而是按照与实在事

① 北京大学哲学系外国哲学教研室编:《西方哲学原著选读》上卷,商务印书馆 1981 年版,第 373 页。

物的契合与否，而进行的各种标记的分合。在这里所谓各种标记底分合，也就是我们以另一名称称之为命题的。因此真理是属于命题的。①

洛克的摹本说坚持了反映论，但他认为，只有简单的观念才是与真正的存在相应的，才不虚假。他宣称实体不可知，从而，“复杂的样式观念”以及“关系观念”由于不存在与客观存在物的直接对应关系而不存在真假。在这里，它已经背离了自己的摹本说。

摹本说的消极性是明显的。

贝克莱指出，既然实体不可知，怎么可能知道观念与物契合与否？

人们如果相信有实在的事物存在于心外，并且以为自己的知识只有在契合于实在的事物时，才是真实的，那他们当然不能确知自己有了任何实在的知识。因为我们如何能知道我们所知觉的事物是和那些未曾知觉到的事物相契合呢？是和存在于心外的那些事物相契合呢？②

贝克莱用存在就是被感知从根本上颠覆了摹本说，导致了唯我论。但这同时也颠覆了他自己所笃信的宗教神学信仰。因此，他又认为个人的感觉观念有外界原因，只是这原因是上帝。在这个基础上，他承认观念“模拟并表象事物”：

造物主在我们“感官”上所印下的各种观念，叫做实在的事物。至于在想象中被引起的那些观念，则是比较不规则，不活跃和不固定，因此它们可以叫做狭义的观念或事物的图象，它们模拟事物，并表象事物。③

但是，既然上帝如同实体一样不可知，贝克莱又怎么能够坚信上帝存在呢？所以，否定符合说所遇到的困难同样是严峻的。

休谟彻底地主张凡实体一概不可知：物质实体不可知，精神实体也不例外。彻底摧毁了符合论，走向不可知论。

唯物论的符合说在真理探讨的大方向上是无可非议的。人类对“真”的千百年信念，就一直指向主观对客观的符合，离开了客观性，就没有资格谈论真理。例如，现代哲学家蒯因完全否认了真理的客观性，从而也就否认

① ［英］洛克：《人类理解论》，商务印书馆1981年版，第566页。

② ［英］贝克莱：《人类知识原理》，商务印书馆1958年版，第58页。

③ 同上书，第32页。

了真理本身。他认为,我们所谓的知识或信念的整体,从地理和历史的最偶然的事件到原子物理学甚至纯数学和逻辑的最深刻的规律,是一个人工的织造物。物理对象是作为方便的中介物被概念地引入这局面的,就认识论的立足点而言,物理对象和诸神只是程度上、而非种类上的不同。这两种东西只是作为文化的设定进入我们的概念的。物理对象的神话所以在认识论上优于大多数其他的神话,原因在于:它作为把一个易处理的结构嵌入经验之流的手段,已证明是比其他神话更有效。在任何情况下任何陈述都可以认为是真的,如果我们在系统的其他部分作出足够剧烈的调整的话,即使一个靠近外围的陈述面对着顽强不屈的经验,也可以借口发生幻觉或者修改被称为逻辑规律的那一类的某些陈述而被认为是真的。

如果是这样否定外界事物对认识的制约,那么,真理就成了任何人基于任何目的的主张,人类也就断无真理可言。

但是,的确要看到,符合论走到现在,也尚未完全摆脱独断的痕迹,这是一个重大的问题,它如何发展,这与克服自身独断的弊病息息相关。符合说最初被亚里士多德所表述时,皮浪主义者就认为这种符合说独断。他们认为,感觉是不可靠的、不确定的、虚假的,不同人对同一对象的感觉又是不同的,根本就无法相信感觉向我们提供的内容是真实的。当然,他们也认为,理智也具有不可理解性,我们没有关于理智方面的确切知识,故不可运用它们来判定真假,即使理智是可以理解的,它们关于自身还有许多东西搞不清楚,又如何精确地理解其他的东西?他们得出结论:“我们谁都不知道任何事物,甚至于不知道‘我们究竟是知道某物还是不知道’”。皮浪主义固然荒唐,但它启示我们认识到,符合论不是靠宣称就能够立足的,它的立足需要人们在主体本性、物的可知性、真理的检验标准等方面进一步作出艰苦细致的研究。

要坚持与发展唯物论的符合说,必须对这种符合论的大前提即基本的经验信念具有非推论式的证实进行追问,但是,传统的唯物论的符合论在这种追问面前却显得十分窘迫。它主张,知觉信念(perceptual beliefs)必定具有非推论式的作用。譬如,我看到我面前站着一个身着红衣服的姑娘,我形成了这样的知觉信念,它是直接得到的,无须任何中介环节。无须以其他的信念为其基础。但是,如果我没有关于“我”、“面前”、“站着”、“一个”、“身着”、“红色”、“衣服”、“姑娘”这样一些信念,我根本就形不成关于“我面前站着一个身着红衣服的姑娘”的判断，一个刚能睁眼看外界的婴儿，也同样可以有一个身着红衣服的姑娘站在他面前，可是，婴儿绝对形不成所谓“我面前站着一个身着红衣服的姑娘”的信念。这就是说，知觉信念并不是纯粹客观的，它同样需要别的信念加以整理或诠释。某地农民早于中国古文字学家而看到甲骨文的载体，但他们却视而不见，他们的生活经验只告诉他们，那是些龟壳等东西，原因就在于没有甲骨文字的信念来加以支撑。中国古文字学家之所以不同于这些农民，就在于有古老文字这样的信念来诠释所见物体。同样，英国的科学家和牧师约瑟夫·普里斯特利对红色氧化汞加热，把所释放的气体收集起来，发现了这种气体具有可燃性，为动物呼吸所需要，但他却于1774年宣布它为笑气。法国的拉瓦锡则能够认识到这是大气的两种主要成分之一，从而取得了氧气的发现权。这说明，如果没有一种科学理论在人的心中，心灵果真类似一块“白板”的话，那么，人通过感官所感知的就只能是混沌，任何见闻都不能成为科学事实。正如库恩所言：

> 发现某一类新现象必然是一桩复杂的事件，里面既包括认清事物是那个东西，又包括认清它是什么东西。……只有一切有关的观念范畴都事先准备好，也即现象根本不属于新类，发现那个东西和发现它是什么东西才会毫不费力地同时一起实现。①

可是这样一来，符合说的前提就被颠覆了。因为符合说必须提供一个具有自明性的内容作为另一个内容去与之符合的参照，它不可能是客观事物本身，事物本身并不能回答某种认识与之符合与否。基本的知觉信念又被证明是靠不住的，并不存在着一个无须其他的经验信念给以诠释的所谓基本信念。

如果承认在主观感知领域有某种基本信念，这就等于抛弃了唯物论的符合论的基本立场，因为承认有这么一种无须检验的主观感知，就等于承认了一个唯一的、至高无上的绝对，如此的独断是人类理智难以接受的。因此，基本信念这种特权肯定为认识论所诟病。为了摆脱诘难，一些人提出了“所与”这一概念，“所与”（given）是指一种认知状态的客体，它们是“直觉”、“直接意识”、“当下经验”、“直接体认”、“直观”等等，这种东西是知识证实的终极源泉。那么，由“所与”取代“基本信念”，情形是否就乐观一些

① ［美］库恩：《科学革命的结构》，上海科学技术出版社1980年版，第46页。

呢？不然。“所与”理论直接地诉诸经验信念之外的客观世界，诉诸相关的经验事实，这种即使是最直接、最当下的感知，依然是主观的东西，并不能够取得证实的豁免权，也不能够用来证实其他的信念。

在没有把实践观引入真理观之前，符合说不可能不处在如此窘迫的状态，它处于这种状态完全是因为它属于消极被动的反映论。

（三）联贯论的真理观

联贯论是为了解决传统符合论在坚持基本信念而陷入窘境时所提出来的。亨普尔说：

> 科学解释，尤其是理论解释的目的是……客观性的洞见。这一客观性的洞见是通过以下方法达到的，即通过系统的一致性，通过把现象看成是与特殊的、可验证的、基本的原则相符合的共同潜在的结构和过程的表现。①

联贯论认为，所谓证实，其实是一个信念体系内部的信念之间相互融洽的关系。当且仅当一个经验信念与这一信念所属的信念体系相联贯时，这一经验信念就获得了证实。联贯论强调要把真理理解成建立在逻辑的联贯性、理论的实用性、解决问题的效能或科学家之间的协商与谈判或主体间性的基础上。它相对地弱化了证据与感知经验或逻辑推理的决定性作用，看重真理所具有的理论的一致性、功用性、探索者之间的辩论的充分性基础上的共识性。符合论与联贯论在深层次上属于同一的思路。其基本假设都是：真理是科学研究的结果，结果必定是纯客观的。人们将社会因素的介入理解成真理探究的污染源。把真理的求索者视为具有普遍性、公有性、无私利性以及有组织的怀疑主义者。20世纪后期，学界越来越强调真理求索中人为因素与社会因素的建设性作用，有的甚至导致相对主义。

联贯论主张整体证实。它认为推论证实在本质上是整体性的或成系统的。在整个联贯一致的信念系统中，一个信念总是借助于其他信念的推论关系而得到证实的。联贯论把经验证实区分为两个层面：一为局部层面的证实，一为完全的证实。联贯论认为，人们对于后者往往不大重视，而专注于前者，实际上后者具有决定性的意义。专注于前者，推论的证实呈现为直

---

① Hempel, Carl G. *Aspects of Scientific Explanation*, New York: Free Press, 1965, p. 6.

线性，即一个信念往往要凭借其他信念作为前提来证实。而那些用做前提的信念本身也还是要通过别的信念作为前提。如果证实过程中有作为前提的信念遭到怀疑，就需要对整个信念体系进行证实了，即要求完全证实。在一个信念体系中，各个具体的信念之间，不应该存在所谓的认识在先，即欲确证某信念，必先认识可以诠释它的别的信念的这种关系，这样也就不再存在产生证实回溯的真正基础了。

联贯是联贯论的核心概念，它在不同的哲学家那里有不同的称谓，如刘易斯称“一致”（congruence），齐硕姆称“共存”（concurrence）。联贯论意义上的所谓联贯，是指一个信念体系内部之间以整体的、系统性的、推论的、解释性的关系为基础而获得组合的状态。由于这种组合，诸信念呈现出紧密联系、有一定秩序或结构的信念体系。联贯应该满足五个条件。

1. 只有当一个信念体系是逻辑上一致的时候，这一信念体系才是联贯的。需要指出的是，逻辑上的一致是联贯的条件之一，但不能因此就认为，逻辑上的一致等于联贯。譬如，在一组命题中有 3 个命题：这是一棵槐树；蝙蝠没有视觉能力；某市在长江边上。这一组信念没有逻辑上的矛盾关系，然而彼此风马牛不相及，要说联贯，也只能算是极低度的联贯。这样，就需要满足第二个条件，即关于概率一致。而如果一组中的 3 个命题是这样的：人总是要死的、苏格拉底是人、苏格拉底总是要死的。那么，它们就既满足了逻辑上的一致性，又有相当好的联贯性，即是说，在一信念系统中，每一信念都得到其他信念的支持。

2. 一信念体系的联贯与它的概率的一致成正比。概率一致与逻辑一致有区别。第一，完全避免概率不一致的产生是不可能的，但可以在不同的条件下创造出更大程度的概率不一致从而避免承认程度较小的概率不一致。第二，概率的一致有程度上的差别，取决于一经验信念体系究竟包含有多少相互冲突的信念以及每一冲突的信念中不可能性的程度。

3. 一信念体系的联贯因各组成信念之间的推论关系的数量和力度成正比地提高。推论关系并不一定都要获得解释关系形态，其他的非解释的推论也有构成联贯依据的资格。但是如果各组信念之间不仅能够满足一般的推论关系的要求，而且能够满足解释关系的要求，可视其为由于各组成信念之间的推论关系的呈现而提高，且提高程度与这种关系的数量和力度成正比。胡军举例说，假定一个人站在离电线杆 3 米远的地方，这根电线杆 4

米高，在这个人的脚旁是一只老鼠，而在电线杆的顶端却落着一只猫头鹰。从毕达哥拉斯定理及这一具体的背景来看，这个人马上就可以推算出这一只老鼠离猫头鹰有5米远。这一推论显然对于证实这一个人的信念即老鼠离猫头鹰有5米远是完全充分的，而且这一推论关系意味着关于老鼠离猫头鹰5米远的信念与这个人的其余信念是联贯的。但是，这一例证所包含的所有这些信念似乎都与解释没有任何关系。尤其是这一推论关系没有解释为什么这只老鼠离猫头鹰这样近。通过这一例证，我们就可以清楚地看到，把联贯与解释的观念紧密地联系在一起是错误的。但是，我们却也应该承认，如果能对为什么这只老鼠离猫头鹰这样近这一事实作出解释，那么这样的解释确实会提高这一信念体系的联贯程度。胡军强调，这里“包含着这样一个重要的思想，这就是每一单个的信念可以有许多不同的推论关系，而具有这众多推论关系的程度也同样是联贯必须具有的且有决定性的要素”①。

4. 一信念体系的联贯会降低到这样的程度：这一信念体系被分割成众多的信念子系统，且这些子系统之间缺乏推论关系而彼此相对成立。一信念体系内诸信念之间应该有推论关系，这是实质性的联系。但对于这种联系需达到怎样的一个程度才可以满足联贯的要求，主张不一。布兰夏德(Brand Blanshard)认为：“完全联贯的知识应该是这样的知识，在其中每一个判断都蕴涵着这一体系的其他部分，也被这一体系的其他部分所蕴涵。”②实际上，完全联贯只是理想状态，布兰夏德感到就连欧几里得几何学体系也达不到这样的标准。这样，适当减低联贯要求就成为必要的了。尤英(A. C. Ewing)认为，可以降低至这样的程度：一信念体系中每一命题被这一信念的其余部分所蕴涵，而该命题却不蕴涵这一信念体系的其余部分。③刘易斯则把标准降得更低，他主张，一组陈述被认为是一致的当且仅当它们以这样的方式相联系，即如果这一组陈述中的其余部分被假定为既定的前提，那么这一组中的任何一个命题的先在的概率将得到提高。④

---

① 胡军：《知识论》，北京大学出版社2006年版，第239页。

② Blanshard Brand. *The Nature of Thought*, London: Allen & Unwin, 1939, p. 264.

③ 参见 Ibid., 1939, p. 265。

④ 参见 Lewis, C. *An Analysis of Knowledge and Valuation*. La Salle, II. L.: Open Cout. 1946, p. 338。

在这里,人们不再提蕴涵的要求,而代之以概率提高的要求,推论关系被弱化。但是,过分地降低标准是很难自圆其说的,必须给以限制。尤英看到了这一点,他强调,规模小于整个信念体系的任何一组信念都不可能在逻辑上独立于这个体系的其余部分。

5. 一信念体系联贯的降低与这一体系信念内容中未获解释的非常态事实的出现成正比例。非常态作为一种事实或事件,"具有重复出现或产生的模型,这样的模型被认为是由信念体系中的一个或多个信念形成的,但是它却不能由信念体系中的其他信念而得到解释。这种非常态的出现使信念体系的联贯降低到了这样的程度,即对非常态事实或事件的信念与其所属的信念体系的其余部分之间只具有很少的推论关系"①。由于这样,就使整个信念体系的联贯性出现危机,联贯论要防范这一危机,就必须有这第五个条件。②

联贯论的贡献在于,它强调了联贯在真理问题上的基本要素地位。一个认识论体系中的诸信念如果互相矛盾,那是根本不可思议的。即使是主张符合论的论者,也十分尊重联贯的作用。但是,仅仅追求信念体系内在一致,并不足以使得一种真理观成立,如果联贯论不能够包含外在事物的经验内容在其内的话,它就没有通向真理的可能性。因此,联贯论必须回答它所面临的难题,那就是:信念体系的联贯与经验内容的关系该怎样对待,联贯论能不能完成找寻真信念的认识论任务。很多人在这方面作出了可贵的努力。譬如,金岳霖先生致力于颠覆所谓"命题在内,在我,事实在外,在客"的"鸿沟说",想要说明知识理论既能够反映外在的经验内容,又有知识体系内部的联贯性。他指出:

> 正觉所供给的所与本来就是客观的,它是客观的呈现。事实是以意念去接受了的所与,就所与说,它是在客的,在外的;就以意念去接受说,它是在我的,在内的。命题与事实本来就没有鸿沟。③

在金先生的论述中,好像通过意念,经验的客观事实与命题的鸿沟被"填了起来"。但是,对此胡军指出:

---

① 胡军:《知识论》,北京大学出版社 2006 年版,第 240 页。

② 关于联贯应满足的五个条件,参考与引用了胡军在《知识论》中的研究成果,详见该书第八章第三节,特此致谢!

③ 金岳霖:《知识论》,商务印书馆 1963 年版,第 914 页。

> 但要知道的是，意念接受所与的过程并不是简单的意念加上所与便完事。两者真正地要融合在一起，并形成第三者的首要的条件就是互相改变对方的性质。结论也就是，意念如果不改变所与的性质的话，或者说所与如果不改变意念的性质的话，就不可能形成事实。但是，如果双方互相改变对方的性质，那么结果就是事实必得改变其固有的客观的性质。真是这样的话，金岳霖关于消除命题与事实之间的鸿沟说的理论努力也就宣告失败。①

胡军通过对信念产生的途径而将信念区分为有推论性质的信念和不具有推论性质的推论的努力，来解决上述理论难点。他认为：

> 所有关于逻辑学的、几何学的、数学的信念似乎都是借助于推论性质的途径产生的。我们相信甲，是因为我相信乙；而我相信乙则是因为我相信丙。如此类推，以至无穷。而关于经验事实的信念中的有些信念似乎不是通过推论性质的途径产生的。事实就是这样的。正因为如此，所以我们决不能够说，所有的信念都是通过推论性质的途径产生的。②

胡军力图找到这样一种可能，即一个信念在一种方式上看是推论性质的，或是由推论方式产生的；而在另一种方式上看却是非推论性质的，或是由非推论方式产生的。他认为相当大一部分信念都具有这样的品格。

但是，能够说存在有纯粹非推论的信念么？任何一个信念都是判断，而只有具有推论能力的人才能够作出判断。这的确如同胡军所不满意的那样，如果是这样的话，那么这一无穷延续的系列就十分类似于证实回溯论证。

看来，还是应该回到马克思那句话上来：

> 全部社会生活在本质上是**实践的**。凡是把理论引向神秘主义的神秘东西，都能在人的实践中以及对这个实践的理解中得到合理的解决。③

但是，要用实践的观点合理地解决联贯论的难题，还有很长很长的路

---

① 胡军：《知识论》，北京大学出版社 2006 年版，第 255 页。

② 同上书，第 258 页。

③ 《马克思恩格斯选集》第 1 卷，人民出版社 1995 年版，第 56 页。

要走。

（四）实用主义真理观

《不列颠百科全书》认为，实用主义"作为一种思想体系，则对未来的科学分析和发展仍不失为一种有用的遗产"①。实用主义的真理观在以探索真理为目的、还是以探索真理为手段进而服务于人的改造世界的特定目的问题上，明显地钟情于后者。詹姆士说：

> 掌握真理，本身决不是一个目的，而不过是导向其他重要的满足的一个初步手段而已。②

但问题是，它由此抹杀了人类千百年坚持下来的关于"真的"的基本信念，把它修改成了"'真的'不过是有关我们的思想的一种方便方法，正如'对的'不过是有关我们的行动的一种方便方法一样"③。实用主义的名言是："'它是有用的，因为它是真的'；或者说：'它是真的，它是有用的'。这两句话的意思是一样的"④。

实用主义并不反对一般地讲符合论，它主要想追究何为"符合"？譬如，对于不可感觉的东西我们怎样建立一个与之符合的摹本？这样的提问，导致实用主义的真理观倡导者从效果的角度看待真理：一个观念能产生好的效果即是真。在这里，"真"就悄悄地等同于"好"了。但是，"好"是很主观的体验，好与不好，都因人有不同甚至对立的世界观、人生观、价值观、审美观以及风俗习惯甚至年龄、性别、健康等等而异。这样，实用主义就失去了应有的根基。

为了修正它的有用论，詹姆士解释了他关于有用是"望着世界最遥远的前景"。⑤ 对此，罗素反驳说："回教徒相信，如果他们在打仗的时候为保卫'真正的信仰'而死，他们就要进天堂，……难道我们因此就认为这种信仰是真理，即使那死了的回教徒在事实上并没有享到他所向往的那个极乐

---

① 《不列颠百科全书》（国际中文版）（第13卷），中国大百科全书出版社1999年版，第445页。

② ［美］詹姆士：《实用主义》，陈羽纶、孙瑞禾译，商务印书馆1979年版，第104页。

③ 同上书，第114页。

④ 同上书，第104页。

⑤ 同上书，第66页。

吗？如果他在事实上真享到了那个极乐，我们对于从前基督教的那种与回教徒相反的信仰又要怎么说”？①

詹姆士把真理被认可视同货币被允许流通一样，是由信用维系的。他说：“我们的思想和信念只要没有什么东西反对它们就可以让它们成立；正好像银行钞票一样，只要没有人拒绝接受它们，它们就可以流通。”这就陷于了彻底的主观主义立场。

实用主义以下的见解是深刻的，即真理是在事后或者更确切地说，是在实践中被证实的，在当初人们拿它做行动的指导来说，它只是一个假设。“所有概念、学说、系统，不管它们怎样精致，怎样坚实，必须视为假设，就已经够了。它们应该被看做验证行动的工具，而非行动的结局。”②只是实用主义在做了这方面的强调之后，没有看到，在那个指导行动的、被看做“假设”的内容中，容含着以前的真理性认识，那种“假设”却是应该被视为“联贯论”的内容，所以它才有资格被人们作为真理来期许。实用主义者没有重视这样的事实，因而就轻易地否定了真理的客观性。

在哈克看来，实用主义是“把符合与融贯这两种因素结合在一起”的。③实用主义真理观强调真理是个过程，“它的真实性实际上是个事件或过程，就是证实它本身的过程，就是它的证实过程，它的有效性就是使之生效的过程”。④ 从过程说，真理被证实有直接的，即个人非常具体地经验到从而归纳一种观念为真，对于这部分真理，强调符合即可。但生活中尚有一部分间接观念，它们之真是从直接证实的真理中推出来的，就“要求在我们的真信念的集合中，所有的真信念是一致的；如果两个矛盾命题都在这个集合里，就必须排除一个”。⑤ 生活中的确是这样，从最理想的检验方式说，当然是检验观念与对象的符合与否以及符合的程度，符合论是首选。但是，如果时时处处都只靠符合，未免过于狭隘，那就会将很多真观念排除在真理之外。为了认同这部分真理，持联贯论是必要的。但是，对于实用主义者来说，作这样主张的问题是严峻的：如果作为检验标准的话，符合论与联贯论是一个

① ［英］罗素：《我的哲学的发展》，温锡增译，商务印书馆1982年版，第162页。
② ［美］杜威：《人的问题》，傅统先译，上海人民出版社1965年版，第78页。
③ 参见［英］哈克：《逻辑哲学》，罗毅译，商务印书馆2003年版，第20页。
④ ［美］詹姆士：《实用主义》，陈羽纶、孙瑞禾译，商务印书馆1979年版，第103页。
⑤ 何向东、吕进：《论实用主义的“真理论”》，《哲学研究》2007年第2期，第92页。

层次上的吗？或者更尖锐地说，由联贯论所通过的观念就有资格称之为真理吗？我们知道的是，联贯论无非是对观念的逻辑检验，而经过逻辑验证的观念的真理性是或然的，它最终还是要过符合论这道关卡。在这道关卡没有通过之前，人们可以“信”它、“用”它，但不是“信”和“用”那种严格意义上的真理，而是关于“信”和“用”的一种信念。实用主义真理观的长处是把真理同于可证实性，使我们认识到它为一些还未被证实的可能是真理的东西提供了列入真理的合法性。但是，它留下来的理论问题是复杂而严峻的。

其一，有用不一定都是真理。如果过分看中有用，把有用视同真理的本质属性，则肯定混淆了真理与谬误的区别。在这个意义上，至少可以说实用主义真理观在定义真理的问题上并没有积极的建树。

其二，实用主义提供从价值的视角看待真理的思绪，这对于认识真理固然有积极意义，但是，“有用”是价值论的，但是定义真理，与价值相区别仍然是应当的。实用主义没有体现这样的原则。

其三，实用主义的真理观并没有使研究变得简单明白，反而把问题搞得更加复杂，断定一命题有用可能比断定一命题真更复杂。

其四，从逻辑上说，实用主义的真理观极不利于区分真、假命题。因为，真命题往往无用，假命题往往有用。

（五）语境论

传统的符合论把真理理解成建立在纯客观的证据和普遍可靠的方法论基础之上，所谓纯客观的证据，是指与研究者无关的、可重复的、可传播的实验结果或者感知经验或逻辑推理。所谓可靠方法论是指这样一组方法、技巧、程序或规则，运用了它们且只能够运用它们，就能够确实保证获得真理性认识。因而，这样的符合论建立了一个信念，即真理具有客观必然性和无错性，认为可错非真理。传统的符合论受到来自各个方面的批评，这也促使了另外一些真理观的产生。真理的语境论（contextual theories of truth）就是其中一种。

真理语境论不再从对真理作个别研究结果的意义来看待真理，也不单一强调结果的纯客观性，它从追求真理的理想化目标上把握真理，它把真理当做是有赖于语境的概念。它把符合论与联贯论看做是由不同视角而产生的对于真理的理解而含于自身。它所看中的过程性依然强调理解的客观性，也认可“去主观性”的合理性。但又认为，语义、语用的变化及其所表现的不确定性、论证中所含的修辞与社会因素等，应被视为使真理逼近真实的具体体现，从而给真理研究中的主观性因素以合理的存在基础。它为人们描绘了真理的语境化图景。

语境论的真理观是以动态性与开放性为本质内涵的。它不执著于那种基于二值逻辑思维方式所特有的极化了的理想状态——对对象的镜像反映与主观意愿的满足，它看到中间状态的存在对于体现对对象作不同程度或层次理解的意义。语境性是语境真理观的第一要义。它强调真理是即时性的；承认真理认识中有真的东西，也有假的内容，他所说的“当下的语境”，既是对过去的真理的批判继承，又为未来真理性认识的诞生准备了扬弃自己的条件。真理作为对当下的认识，不会有终结形式。这种语境性必然又是动态性的，它由理论与对象之间的相似程度从根本不同到理论上的同一来负载，即是说，它认为，由理论描述的可能世界与真实世界的相似是有条件的、动态的。真理的客观性表现为它的逼真度高。

> 这是对基本的认识论概念的逆转：传统的逼真性理论是用命题或命题集合的真理作为基本单元，来衡量理论距真理的距离——这种做法由于没有可操作性而饱受批评；真理语境论则正好反过来，是通过对逼真性概念的理解来达到对真理的理解。因此，它是对‘把科学研究的目的理解为追求真理’这句话的最好解答。①

真理是开放的。语境化也意味着局限性，真理的求索要求不断进行“去语境化”（de-contextualized）和“再语境化”（re-contextualized）。通过学科交融的途径，来完成横向的语境变迁，检验与拓展真理性认识，通过学科演进的途径，来完成纵向的语境跃升。

当然，这种真理观又主张真理的多元性与多层次性。语境论的真理观为人们解释了历史上曾经有过的、起了良好作用然而是错误的理论，为对付相对主义的挑战提供了一个解题思路。另外，它也比较容易用来解释科学概念、科学观点的可修正性而又不推翻含有部分错误的真理性认识仍然属于真理的这样一个认识论的重大问题。但是，谈论真理到底要涉及客观性及其检验，而在这方面，语境论距离这样的核心内容，似乎比较远。

---

① 成素梅、郭贵春：《语境论的真理观》，《哲学研究》2007 年第 5 期，第 76 页。

（六）共识真理观

哈贝马斯希望建构共识价值观。他将“兴趣”引入认识论后，为了回答认识的客观性问题，致力于对认识的客观性与认识的真理性作出分殊。在哈贝马斯看来，他将客观性限定为“经验客观性”，认为这种“经验的客观性在于它具有主体通性，并为人们所共有。因为经验的出现带有客观性的要求，所以就存在着谬误或者误解的可能性。在这种情况下，表达一种（所谓）经验的意见‘纯系主观的’。就此而言，这种被肯定的经验的客观性，不等于一种被肯定的陈述的真实性”①。哈贝马斯强调经验的客观性与陈述的真实性的区别，这是有意义的。真假只有在有了命题之后才存在，其实早在亚里士多德那里就指出来了，但是，亚里士多德在指出这一点之后，始终没有忘记与对象符合与否这样一个核心问题。在哈贝马斯这里，与对象符合已经被淡化了，他是要诉诸公众一致同意。他说：

真理，作为包含在肯定中的有效性要求的根据，不同于经验客观性，它不表现在后果受到监督的活动中，而只表现在富有成效的论证中②。

以公众意见一致为真理，这不是新鲜主张。“不表现在后果受到监督的活动中”，这里的监督活动就是指实践检验过程，而“只表现在富有成效的论证中”，就是指只表现在逻辑证明及其对公众的说服上。这已经离开了真理的符合论。哈贝马斯把实践分为“劳动”和“相互作用”，前者是人操作工具对自然进行技术性改造，后者是人们使用语言进行道德交往。这样的区分是有意义的，实践的确包括这两个大项。问题在于，这两大项不该分家也不能分家。可是，哈贝马斯却从这种二分中获得了关于设置劳动和相互作用的认识论框架，并且进一步将真理局限在讨论以便达成共识上，同劳动断开了。他说道：

“命题的真理只能在对话的框架内，即只能在一种理论的对话的框架内受到检验和论证，或者被抛弃”③。

哈贝马斯挑战了真理问题的底线，即判断一种认识究竟是不是真理，不

---

① [德]哈贝马斯：《认识与兴趣》，学林出版社 1999 年版，第 318 页。

② 同上书，第 319 页。

③ 同上书，第 322 页。

能在主观领域解决，必须通过主观见诸客观的实际过程。

但是，也要看到共识真理观对真理观的发展所具有的重要意义。笔者认为，共识真理观的合理性在于，它将主体间对话和论证作为获得和证明真理的环节之一，在服从实践是检验真理的标准的前提下，它可以发挥重要作用。尤其是在社会政治生活领域，更能现出它的价值。所以，应该充分重视哈贝马斯在真理观问题上突出主体间性的努力。

（七）去蔽说

海德格尔提问：符合说中一方面是不依赖于主体而独立存在的被认识的对象即客体，另一方面是主体对客体的陈述和判断或认识，独立自在的物质对象与认识者，并没有同质性，这如何能符合？德国哲学严整的思维，使我们欣赏到两个看上去不同的事物，一定要寻找到它们的同质性，然后才能谈及它们之间相互转化这样的执著追求。这里，笔者联想到马克思当年批判古典经济学商品价值论把使用价值当做是价值实体时，也是通过寻求构成矛盾统一体的事物之间的同质性来求证的。海德格尔同样要求相符合的东西首先必须具有同质性，在思绪上，与马克思研究不同商品何以能够交换是一致的。在海德格尔看来，事物只有呈现于人时，它才是有意义的。事物在没有被人陈述的时候，自然独立自存，但只是一种“蔽”的状态，那样的事物本身无所谓“真”“假”。与人不相干的物没有意义，这一观点，马克思也特别强调过，这样的没有意义的物，仅仅如同中国古人所说的混沌未分状。人陈述事物时，决不意味着这事物独立于人之外了，相反，事物只有与人关联，才是可陈述的。在这个基础上讲“符合”，才具有同质性。陈述意味着把事物的意义揭示出来，事物在人给其揭示意义之前，无所谓意义，海德格尔认为这是事物的遮蔽状态。陈述即揭示其意义就是给事物“去蔽”。

> ……当一个陈述或判断揭示事物的本来面目时，事物就达到了去蔽状态而为人所见，这个陈述或判断便是真的。这里显然包含了符合的现象，但符合是派生的，符合的基础在于：陈述或判断之所以成其为真，乃是源于人（“此在”）的揭示、展示。简言之，“此在与世界”的融合关系这一存在论的基础是第一位的，认识论上的符合是第二位的。①

① 张世英：《哲学导论》，北京大学出版社 2002 年版，第 72 页。

我国学者赵汀阳也特别强调应该从主体性与社会关系方面来理解陈述的本质。他在解读先秦名实论时主张，“名”远远不仅是名称，而是一个关于事物或人的伦理意义结构，并指出至少包括两个原理：

> （1）任何事物都必须理解并定义为“在生活中的某物”而不仅仅是“在自然中的某物”，任何事物都按照它的社会位置以及该位置的社会关系来定位。于是，“名”定义的是某个社会位置的价值以及它在关系网络中的意义，而不是知识论上的一组摹状词（descriptions）。
>
> （2）“名”所定义的那个社会位置意味着一组责任/诺言，承担这些责任和诺言是占有这个社会位置的充分必要条件，于是有：p 是 q，当且仅当，p 做了 q 规定要做的事情。可以看出其中暗含着这样一个思想结构：“做”优先于“是”……“存在即做事”（to be is to be）或者“做什么因而是什么”（to be thus to be）。①

说事物自身没有意义，不是说事物的意义是人能够随心所欲地给予的，事物当然可以离开人而存在着，问题是，那个就意义而言还是遮蔽着的独立自在，怎样去其蔽，那就离不开人了。事物自身没有揭示其意义的“能力”（这只是一个比喻的说法），人尽皆知的事实是，只有具有精神现象的人，才能揭示事物的意义，事物本身无真假可言，当且仅当人对事物作陈述或判断，才有所谓真与假，因此，说“真”与“假”，是说某个陈述的“真”与“假”。地球围绕太阳运转，乃是没有人的时候就如其所是，但它那运转中的一系列规律，只有人开始揭示它们时，才产生了将这一揭示做出陈述的真与假。海德格尔特别强调：由于在人与物相关联的现实世界里，人已经参与了物，所以，人对物的陈述，一方面是人解释着物、显示着物；另一方面也是人按照物之所是的那样陈述着物，陈述是受物制约的。

张世英这样评论：

> 海德格尔的去蔽说同我们当前讲的人类实践是检验真理的惟一标准，有其相通之处。只是我们当前讲的真理观仍然属于以主体——客体关系式为前提的符合说，即认为实践能解决主观认识是否“符合”于客观现实的问题，并且认为人生的全部意义只在于主客之间搭上认识的桥梁而已。……其实，实践以人与世界万物的融合为前提。我们强

① 赵汀阳：《没有世界观的世界》，中国人民大学出版社 2005 年版，第 18—19 页。

调实践的第一性地位,也应该同时意味着强调人与世界万物的融合,只有这样融合才是最现实的生活世界。那种把客体与主体分立为二的观点是抽象的、派生的……人与万物的融合为一,构成我们现实的生活世界,这种看法丝毫没有否认人以外的万物的独立存在,它只不过是把我们的兴趣放在世界万物如何显示于人面前的问题上。这样来解读真理标准,也并不是简单地否定主体——客体关系式和认识论以及与之相联系的符合说的真理观,而是使之从属于人与世界合一的整体观,使之从属于存在论和去蔽说的真理观。事实上,海德格尔把主客之所以能符合的根据纳入到人与世界合一的整体中,也不过是对传统的主客符合说的真理观做一种新的解释,当然是一种超越。①

海德格尔认为,人通过"超越"来"参与"到事物之中。人"参与"到事物中,为的是"让存在者按其是什么和如何是而显示自身",但这种显示不是孤立地现出自己,而是"让人与存在者整体相关联",这才是所谓存在者或事物按其本来面目显示自身。做到这样,就达到"自由"之境。这"自由"乃是"指人具有从某一个别存在者(个别事物)的束缚中解放出来而不死死盯住一点个别在场者的能力和特性。人的'自由'的特性使人超越在场的个别的存在者,把它与不在场的'存在者整体'('世界整体')关联起来,结合为一,从而让某一个别存在者如其所是地显示自身。……自由把存在者带入在场与不在场结合为一的去蔽状态,使存在者显现其真实面目(如其所是)"。② 海德格尔这样论述问题,显然有意撇开了主客二分的西方传统认识论框架,开创了一种从人与万物一体的存在论框架探讨真理的路子。一般认为,我们的感觉器官所接触到的单一的某物,是我们最切近的东西,但海德格尔不是这么看的,他认为,被这样认为的东西不过是"现成的东西"(das Vorhandene),而真正同我们最切近的东西是一种"上手的东西"(das Zuhandene)。当我们看某物时,我们不是在单纯地知觉它,而是在"领悟"我们在生活实践中与它纠缠在一起的东西,即"领悟"那使得人与世界融合为一的整体。

① 张世英:《哲学导论》,北京大学出版社2002年版,第76页。

② 同上书,第75页。

二、有机真理

有机真理观①所强调的"有机",指的是全宇宙万有一体的大生命之有机。它的思想来源是中国哲学的"生命性"总特征。中国文化所关注的是生命,中国文化的生命意识,是不可以被范限在现代生命科学所理解的生命概念中的,现代科学所理解的生命,对于中国哲学来说,是过于狭隘了。在中国文化中,"生"乃是无所不包的宇宙大化流行生生不息过程。"生"是一普遍的造化,"命"乃是秉受大化流行。中国哲学大气磅礴的宇宙生命论,具有天然的合理性。无论科学怎么发展,宇宙作为一个大化流行的生命过程的论断,总是不可颠覆的。只要这一基本的见解不可颠覆,我们研究所谓真理的客观性就可以自圆其说了。

人们在研究真理的时候,总是被认识是否符合外界事物、凭什么说认识就符合了外界事物这样的问题所困扰。按照中国传统哲学的思绪,这太小气了,缺乏"大其心"的气派,缺乏"至大无外"的见识。不能"大其心",必不能"穷神知化",其所论不免小见。人们认为,其所以如此,原因是那个主客二分的思路。这样说也是对的,但是,如果进一步追问主客二分的缘由,就必须追溯到西方民族早期缺乏中华民族那种包罗万有、大化流行的宇宙生命学说。西方的主体意识中的问题是,把统一的大生命过程切分为生命与无生命两个截然不同的系统:一个系统拥有思想的精贵,另一个系统拥有时空的无限;以"以我为主"来看另一个系统,那个系统便只具有"为我所用"的价值而已,它不是生命,就算是生命也是为我取用的"活物",人的任务只是认识这些广袤物体的运动规律。这样一种生生的切割,在认识论上必然带来的无法解决的问题,就是"我们怎么认识了外部世界,我们怎么能够证明自己的认识就与外部世界符合了",等等。

如果站在中国传统的哲学上,这个问题就根本提不出来。因为宇宙大生命与我们人类的类生命、个体生命(就"造化"、"秉受"意义上的生命观而

---

① 笔者于1999年在黄山召开的全国真理问题讨论会议上,宣读了一篇名为《论有机真理》的论文,试图吸收各种真理观点的优长。近几年,笔者对"有机真理"又进行了研究,在此予以系统论述。

言)具有生命的同质性,绝不是异质性的。这样,就不必劳动海德格尔去寻找独立自在的物质对象与认识者的同质性了,因为本来就没有"异化",何必要寻求"同质"?整个的化育是天地在运作,而人在其中所能够发挥的作为只是"赞天地之化育",人因其"赞"而挺立了主体性,而有资格"与天地参"。

有学者将中西方哲学的生命精神与非生命精神进行了比较,认为,中国文化和哲学中的形而上的大道,是一个合精神与物质的创造不息的母体或本体,其中有象,其中有精,其中有信。是物质与精神的统一体。西方文化和哲学,从"物质"概念出发,把人和万物看成是物质的存在形式;或从理念出发,从神秘的精神实体出发,从上帝创造人和万物出发,又把人和万物看成是精神的。西方文化和哲学思想家不管怎样想把二者联系起来,都没法弥补物与心、肉与灵的割裂。因此也就造成了唯物论与唯心论的对立。中国文化和哲学则不然,它把整个宇宙万物都看做是生命精神的存在,它们全来自生生不息的大道,最后又归化于大道本体。其变化、转换的法则就是阴阳对立统一。大道见乎隐,显乎微,无所不存,无所不在;阴阳之变,阴中有阳,阳中有阴,阳极生阴,阴极生阳,变化无穷;无所不载,无所不覆,小德川化,大德敦化,创造了宇宙无限的生命精神的存在。整个宇宙不凝滞、不空寂,全是大化流行的生命世界,是一个满目生机的世界。要求人体会大道运行的生命创造力,体悟生命的伟大,并与之同流合化。①

这样,像海德格尔那种要把真理问题的研究置于"存在论"的思绪,在中国这种大生命哲学观中是有着良好的文化精神氛围的。同时,中国传统的大生命哲学观也有利于诠释马克思哲学解决上述由西方主客二分的思路带来的主观认识如何符合客观事物的理路。马克思并不承认与人分离的物,认为那对人来说等于"无"。他主张从主体性方面理解对象、事物、感性,坚决摒弃那种"只是从客体的或者直观的形式去理解"的"反映论",自然也反对那种只是抽象发展了能动性的唯心论。马克思诉诸实践和这种实践在他那个时代的典型内容——大工业。

有机真理沟通了西方那种科学情结与中国传统哲学那种大生命情结。在西方,所谓真理就是认识外部事物发展的规律,只是由于主客二分,才带

① 参见司马云杰:《大道运行论》,山东人民出版社1995年版,第26—28页。

来了认识与对象之客观规律能否符合、何以证明符合的许多麻烦。在中国古代,它是用生命现象来解释真理,所得到的真理是用生命去体悟生命使然。譬如,“诚者,天之道;思诚者,人之道”。在这里,“诚”与“规律”是相通的,规律就是必然的联系,由这种必然联系构成的运动,具有确定不移的趋势。这种确定不移的趋势,从诗意地说,从审美认识上说,可以是“诚”,诚者,不二之谓,口应心之谓,也就是必然如此。譬如,由太阳与地球之间的内部联系构成的地球绕太阳旋转的运动,具有春去夏来、夏去秋来、秋去冬来、冬去春来的必然性,于是农夫尽可以放心地春耕,不必担心没有秋天。“诚”也是讲这样的意思,“四时行矣,百谷生矣”。[①] 所谓天不欺人,也就是突显大自然的运动有它确定不移的规律。中国哲学不出规律这类知识论的术语,盖因它属于大生命的哲学系统,它是人用自己的生命对于所从而出的万有生命的体悟。是以生命观生命。所以,诚者,天之道,蕴涵着大自然运动有其规律的知识论观点,但要比所蕴涵的这个意思更富有开启力;思诚者,人之道,蕴涵着人行事要遵循事物的规律,同样要比所蕴涵的内容富有开启力。因此,有机真理与真理问题上的“反映客观规律说”不仅并不冲突,反而把这个说法当做支持自己论点的观念。它主张,对于一事物,所有支配它运动发展的规律都是有机联系着的,这些规律作为一个规律系统而存在。既然规律从来都是规律机体,那么,正确反映规律的真理当然也就是有机真理了。海德格尔一再强调认识真理就是认识存在整体。笔者以为,这里的认识真理必须认识规律的有机体系,是与海德格尔思想相通的。把真理从规律机体中切割成孤零零的东西,再一个一个地去遵循,全无遵循之意。伞兵如果只遵循万有引力定律,就根本不可能跳伞,只遵循空气浮力的相关规律,张开伞下来固然安全,但却不能准确到达目的地。伞兵跳伞的过程是能动地遵循一个规律机体,他们才获得行动自由。自由是对必然的认识,完全是指对必然之机体的认识,决非孤立的一个一个的必然的认识。

有机真理强调真理的自组织性。真理的自组织,经过了以下阶段:

第一阶段,从“真理因子”到体系真理。

虽然我们强调认识规律是认识一个规律系统,但是,就一个具体的认识过程看,它必然是由少到多、由片面到相对全面的。最初得到的被人们称为

---

① 《论语·阳货》。

“真理”的东西，其实可以叫做“真理因子”。对于有机真理而言，它们并无内在结构。西方的真理论最大的缺点是只讲“真理因子”，就是把一个认识对象从整个宇宙机体中切割之后，得到了一个所谓“正确认识”，再也不顾及在它被生生切割之前是怎么回事了，真正是真理研究上的只见树木，不见森林。历史地看，人们最初得到的只是“真理因子”，这是合乎逻辑的（只是不要忘记这样做是情非得已，真正的问题还是要弥补这种做法造成的伤害）。因为，只有通过思维，将外部机体在思维中割成许多碎片、碎点，才能打破对对象机体性的直观描述的笼统性与含混性。这些“碎片”、“碎点”也是认识跃纵到有机真理的涨落。但是必须清醒地认识到，它们是无序的，虽然一般在指导实践上也有效用，达得到“预期目的”，但是，那些实践活动很有可能是在切割大生命的基础上进行的，或者它们虽然不是这样，却也会被“真理因子”导入那种状态。因此，就存在一个大问题，即所有被称为真理的内容，都要在与大生命健旺存在相安这一最高准则上衡量。大生命尺度是永恒的尺度，是思想的家园，是理解一切问题的最大情境或解释条件。尽管各种具体的认识所得到的真理可以是各种各样的，譬如，我们考察宇观对象、宏观对象、微观对象所得到的真理，我们研究自然界和人类社会所得到的真理，可以有很大差异，但任何类型实践活动所获得的真理，应该有基于生命有机性的同构。中国传统哲学有“大化流行”、“天人合一”的生命体系性，在真理观问题上意味着具有比西方关于真理的解释框架更为广阔前景。因为，在西方的结构里，真理是冷冰冰的概念的组合，缺乏必须具备的生命要素和机理。其真理的堆积只是知识论所囤积的东西而已。人的一切活动及其产物都必须放到大生命里检验其合法性，真理也不例外。这就摆脱了机械论的真理框架。因此，在切割式思绪看来的所谓“正确反映”和“达到预期目的”，很有可能在大生命标准下呈现出完全相反的情形。这就是有机真理高于“真理因子”的地方。因此，在有机真理看来，即使是与大生命之健旺存在标准相安的“真理因子”，也不过是一种“真理感”而已，即感觉和猜测到有机真理的某个片段、特征等等。更何况那些与大生命之健旺存在标准不相安的“真理因子”了。近代科学产生之前，人类基本上靠这种“真理因子”指导实践，因而社会进步缓慢，同时也积累了不少令大生命有存在之虞的后患，仅仅是当时人类的破坏能力不那么大，因而危害性不那么明显而已。所要说明的是，西方知识论的弊病其实不在于它认识“真理因子”，而在于它对这种“真理因子”的固执。

……人“远离神秘”，只是执著于个别的“此一存在者或彼一存在者”，“执著于有效用的和可控制的东西”，人变得贫乏了。……“人愈是把自己惟一地当作主体（按：指主客关系式中的主体——引者注），当作所有存在者的尺度，他就愈益迷误”。①

在大生命观的角度看“真理因子”，应该把它们看成是构成生命的元素，如同人这一生命体内的氮、钙、铁等等元素一样。与大生命之健旺存在相安的“真理因子”积淀到一定程度，必然会使得研究对象越来越明晰（即理解到对象是什么以及是怎样的一个机体），同类内容的“真理因子”之间亲和性也越来越显然，于是就发展成“有序真理群”。不妨将此情同激光器内材料的活性原子通过光泵辅以某种形式给系统输送能力超过一临界功率后由混沌光转化为激光作一类比，如图所示：

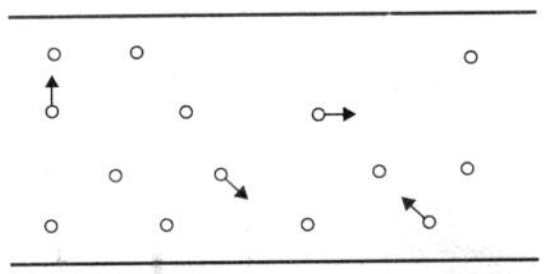

（a）少量活性原子独立地发出自然光

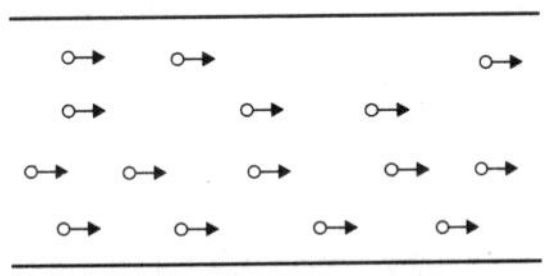

（b）光功率泵超过某临界值，诸活性原子绕一频率、方向、相位发射出激光

注：引自沈小峰、吴彤、曾国屏：《自组织的哲学》，中共中央党校出版社1993年版，第5页。

以下二图是受以上启发而构想的。

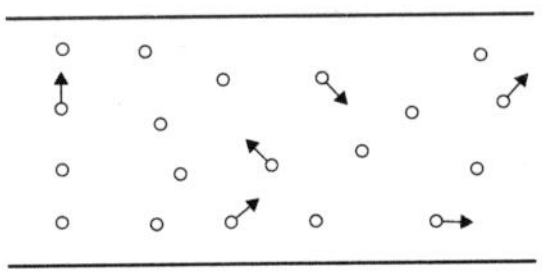

（a）少量重要的“真理因子”自发地指向对象的某一片段、部分

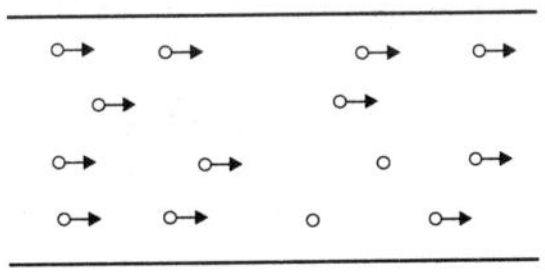

（b）通过实践与思维相互作用的整合，当其超过某临界值时，属于对象边界内诸“真理因子”有机统一地指向对象

由“真理因子”发展为“有序真理群”，实际上是主体对足以揭示对象本质的“真理因子”群作有利于大生命之健旺存在的合理安排。以某种架构理顺相关“真理因子”之间的关系，使它们有自恰性，这是“有序真理群”产

① 张世英：《哲学导论》，北京大学出版社 2002 年版，第 77 页。

生的理由。"有序真理群"最显著的特点是:理论上,诸"真理因子"经过了大生命标准的合法性检验,具有了合规律性与合目的性(大生命意义上而非人类中心主义意义上的)统一。于是,"有序的真理群"就获得了真正的方向性,其中的"真理因子"得到了整合,相互间良性互补,深化了人从大生命视域对对象的认识,倍增了人基于对大生命的呵护从而对自身生命的增益而改造对象(中国传统认识论范畴中的"裁成"、"辅相",在笔者看来是提炼"基于对大生命的呵护从而对自身生命的增益而改造对象"的认识论范畴的宝贵思想资源)的能力。只有在这个意义上来理解人的本质力量的显现和提升,才是正确的。

"有序真理群"必须表现出来,也就是道必须道,虽然可道之道非常道。欲道就必须有一寓所,就像人要有"皮囊"一样。这寓所不是客栈,客栈意义上的寓所是可寓于其中也可不寓于其中,而这里的寓所是宿命的,犹人必寓于其皮囊之中,不管这皮囊是黄是白。在今天,这寓所是学科,但在亚里士多德之前,希腊人也没有学科和学科意识,中国更没有,但都有真理。那漫长时段,真理的寓所,就希腊而言,在"学说"中;就中国而言,先秦在"诸子"之中。有汉在"经"中。必须指出,"有序真理群"虽然寓于特定寓所,但寓所不能等同于"有序真理群",就像人必寓于特定"皮囊"中,不能说皮囊等于人一样,我们也不能将"诸子"、"经"、"学说"、"学科"与"有序真理群"划等号。为了不至于混淆,笔者将获得寓所的"有序真理群"名之为"体系真理"。这样的"体系真理"可以被看成是一个真理系统。这个真理系统的边界由各该体系真理研究的对象的情形确定,其中以定义、定律、公式(由于研究真理,故不列假说)等形式展示的、被整合了的真理,在体系真理中是其因子,但显然不再是"真理因子"了,它们必须相互依赖、相互制约、互为中介,互相渗透,互相转化、互补相协,以便畅顺地展示自恰的风采。这就是说,它们已经有机化了,演化成了某种有序结构,已经赋有生命了。从大生命视域看,这种"体系真理"有点像生命在母腹孕育成功,或者已然来到人世间,但还没有社会化,还需要经过特殊呵护,需要经历很长的社会整合过程。这就是说,这样的"体系真理"毕竟有局限,在机体性和组织化程度上还不甚理想。因此要进一步扬弃自身。

第二阶段,从"体系真理"到"机体结构"。

从"真理因子"到"体系真理"的演化,只是真理自组织过程的第一阶段，其有机性有限，它只是在某一平面上描述着对象固有的规律系统，且仍然有人为“切割”规律之间有机联系的问题。M.普朗克认为，科学是内在的整体，它被分解为单独的部门不是取决于事物的本质，而是取决于人类认识能力的局限性。实际上存在着由物理学到化学，通过生物学和人类学到社会科学的连续的链条。普朗克谈论的是科学的整体性和各门学科的有机联系性，但基本道理适合于理解体系真理之总和的整体性与诸体系真理的有机联系性。正因为这样，真理的运用实际上不是以科学为本位的，相反，是以对象为本位，根据人合理改造对象的需要去重组学科。在这一过程之前，诸“体系真理”呈离散态，或是混沌态。如同婴幼儿要哭要笑要吃要尿一任自然性情流露，而没有接受社会约束的意识与修为一样。“体系真理”需要在改造对象的实践活动（譬如，我们所熟悉的工程技术系统）中加以整合，形成“机体结构”。“机体结构”是贝尔纳创造的一个概念，其特征为：它的结构单元不是学科而是“学体”，即学科的综合，亦即围绕某一缘起学科，将其分支学科、交叉学科、综合学科以及相关学科内在地联系起来，形成一个科学群。“机体结构”打破了学科本位制，按社会工程技术项目的需要对现存学科进行安排，构成有机整体。这时的学科仍然并未泯灭，但进入了新的关系格局，是新系统中的子系统。贝尔纳所解释的是学科如何由离散态组合为有机体，笔者借用这一概念指称“体系真理”经过基于社会实践需要的整合以后获得的高度的有机性状。

20年前，笔者与人合作研究了“大科学”现象，指出：

> “大科学”这一概念的内涵是指科学在大分化、大综合的基础上形成的整体化趋势。其特点是，研究活动大规模，科学结构大变化，学科范畴大开放，为社会服务大能量。从本质上说，它还包括与当代“大经济”、“大教育”的高度协同化以及自身所已实现的大系统的有机性。①

虽然解释的是科学出现整合的大趋势，但基本精神有助于理解从“体系真理”到“机体结构”的发展。“大科学”的呈现，已经显露出真理的“机体结构”之端倪。最重要的是它的“大”化。不过，这种“大”化还不必然是朝着呵护大生命健旺存在方向的那种“大”化。但这种“不必然”只是有待于人类认识境界的提升，只要人类在科学昌明的今天，克服掉那种贪婪的人

① 夏禹龙主编：《社会科学学》，湖北人民出版社1989年版，第158页。

类中心主义、人类利己主义，真正践行诸如“横渠四句”，那么，这种“大”化朝着呵护大生命健旺存在发展，是不成问题的。那样就能够形成笔者所说的真理的“机体结构”。也就是说，只要满足了“朝着呵护大生命健旺存在发展”的条件，“大科学”这种“大”化，从真理的角度观之，就是真理的“机体结构”。不过，为了防止混淆，笔者将这种现象称为“体系真理大化”。“体系真理大化”对“体系真理”具有组合上的原则性要求：

第一，在以人类终极关怀（如中国哲学最高范畴——天人、与天地合其德以及横渠四句所要求的境界）为立其自身存在理由这一根本前提正确解决之后，对诸“体系真理”按照它们实际功能是否与“机体结构”需求吻合来决定弃取，再对所接纳的“体系真理”按照实践活动需要的原则进行配置。消除它们之间了的隔障，相互协调。

第二，对诸“体系真理”实施有机化处理：确定它们的适当角色，赋予它们必要的功能，统筹他们的运作。“体系真理大化”的实际过程是根据今人称之为“课题”的实践内容需要，把诸“体系真理”当做资源对待，不再过于看中原来“体系真理”的完整性。因为那种鉴于学理性要求的完整性，在开物成务的意义上并没有绝对重要的价值，它们必须服从“实用”。“体系真理”的真理性实际上是在这样的过程中被检验的。

这种整合遵从以下原则：一是可能原则。其建构必须满足起码的资源需求，如果整个社会的“体系真理”聚合起来还达不到起码的资源需求标准，则过程不能发生。二是优势原则。其建构必须充分考虑到优势“体系真理”的主导地位。苏联科学家凯德罗夫认为，科学各学科的发展不是齐头并进的，总有一门或一组学科作为先导走在前面，它们有力地引导和推动其他科学的发展。受这种观点启发，笔者也认为，真理的“机体结构”的建构，也必须服从这种优势原则。现实生活中真理的“机体结构”建构所发生的偏差无非是：(1)没有优势“体系真理”的支撑。(2)虽然有，但没有必要的其他“体系真理”的合作。(3)虽然有，但建构者将其配置在次要地位，充当了次要角色。在上述三种情形下，“机体结构”都会发生畸形变化。

这种整合，原则上是将“体系真理”分为“实体性体系真理”与“形式性体系真理”进行的。这两个概念是笔者受了亚里士多德提出的“质料因”、“形式因”的启发而提出来的。“实体性体系真理”是研究者研究实体性（基本上可以说是可感性实体）所得到的“体系真理”；“形式性体系真理”是研究者研究那些形式的东西所得到的“体系真理”。由于对象既有实体一面，又有形式一面，因而，基于能动改造对象的“体系真理”之组合，不能不具有将“实体性体系真理”与“形式性体系真理”结合起来进行的特点。当然，对于这种区分，也不能绝对化。“机体真理”整合“实体性体系真理”与“形式性体系真理”，如同运用经线纬线织物一般，为自身的构建服务。如图：

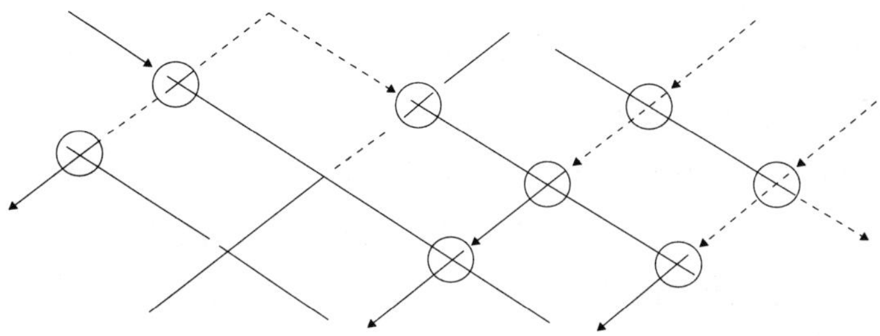

（注：引自鲁品越《论科学的“旁系发展”》；《自然信息》1984年第1期，第17页）

“体系真理大化”是一个巨大的创造源。所包容的诸多“体系真理”在“大化”中互相碰撞、互相交叉、互相融合，生成许多新问题、新课题、新挑战。从而催生许多新思想、新理念、新方法，开发出更多的真理的生长点。

必须指出，“机体结构”整合“体系真理”绝对不是也不可能消解“体系真理”，“体系真理”仍然存在，并且在“大化”过程中仍然具有鲜明的离散性。这种情形好比是个人被整合到特定的社会系统，但个人并不因此也不可能因此而消解其个体性，个体与个体的边际仍然存在，但由于整合，明显地具有了社会性。“体系真理”在参与“机体结构”总体运作中，自身又发生结构性变动，变得越来越利于“大化”趋势，如同人在社会整合中变得越来越有利于社会的大发展一样。

有机真理演化的路径。涉及真理的演化路径，止于“真理因子”的思维模式和“有机真理”的思维模式的异质性就分外显然。在止于“真理因子”思维模式中，真理演化的路径是以“真理因子”为质点构成的线，如果将其作形而上学的描述就是“——”；如果稍微辩证一点，那线就是“~~~~”

在“有机真理”思维模式里，考察真理演化的路径充满新陈代谢，一些“真理因子”不再发展了，一些“真理因子”新生了，生生不息。真理还可以新陈代谢，这在不少人看来是不可思议的。其实，没有新陈代谢才真正不可思议。真理不过是规律的反映，而规律的存在是有条件的，永恒的规律并不多，许多规律的寿命仅仅被规定在它们赖以存在的充分必要条件所给定的时空。从大生命观看，整个宇宙也是有寿命的，既然如此，一切都应是限寿的。原始人茹毛饮血自有一套饮食真理，现代人的饮食真理则必须连同食物、火、调料、工艺一并考虑。从认识论看，实践的内容是新陈代谢的，不断地废止过时的活动内容，发明创造新的活动内容，这就会造成不再某活动中发展真理，而在需要的活动中发展真理的情景。女人们并不世世代代地深化手工纺织的真理，当有大工业后，她们自然去"探讨"机器纺纱的真理。没有"不发展"，就没有大发展，进化意味着退化。

如此，有机真理的演化便有两个向度：一是同一层次上的完善（简称"横向发展"），一是向高一层次的跃迁（简称"纵向跃迁"）。通常，真理刚进入某层次时，总是粗陋的，需要在该层次上由简单到复杂，由不完善到相对完善，呈现出同一层次的水平演化。但是，水平演化过久，则熵增会令它失序，往往在这时，实践会另辟蹊径。这样一来，原先的真理探讨便冷落了，对新的真理的探讨热忱就高涨。实践中的这类"喜新厌旧"就是"真理因子"在纵向跃迁中新陈代谢的原因。跃迁之后的真理新形态，起初亦是粗陋的，需要横向发展，最后跃迁到第三、第四……形态。如此循环，呈现出"沉舟侧畔千帆过，病树前头万木春"的壮丽景观。如图所示：

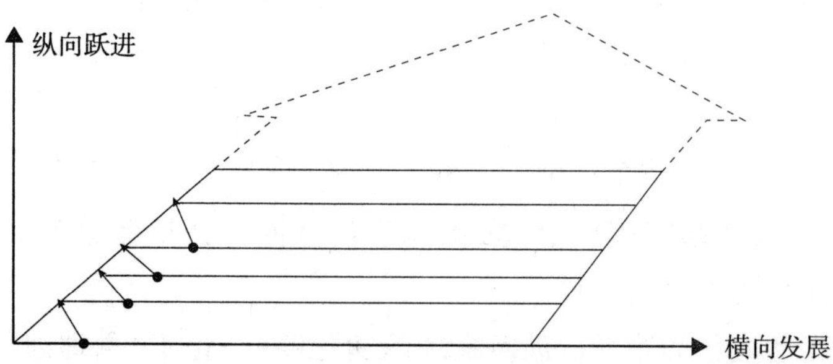

注：两条斜线组成的区域表示真理的演化路径，虚线箭头表示演化的无限延展，各层上的原点及小箭头表示横向发展中出现的分叉，它们实际并不规则，下文将阐述。本图形的构思，受到自组织进化图的启式，参看沈小峰等：《自组织的哲学》，中央党校出版社 1993 年版，第 15 页。

这条路径是由竞争机制开辟出来的。竞争不独是社会生活中的术语，现代物理科学也广泛使用它（例如在描述激光的生成、贝纳德对流中）。真理是人类活动的产物，实践充满竞争，自然，真理系统之间内部诸要素之间亦有竞争。例如电脑,一代一代不过各领风骚数年,竞争带来极大的精神磨损,这类磨损就包括与特定电脑制作和操作相关的真理内容。当然,已经过时了的东西依然是真理,绝非成了谬误,但由于竞争机制,就成了"隔世之谈",失去了追求的魅力,追求热转到了最适合时代需要的高新层次的真理,这样,原有真理继续探求下去的可能路径就终止了,代之以新的真理的探求路径。

有机真理演化的内在随机性。真理在跃迁到新一层次的自组织状态之前,分叉处应同时存在若干分支。这意味着演化的多种可能方向,究竟选择哪一分支,这是由其内在的随机性因素"涨落"决定的。涨落即系统此起彼伏的波动,包括系统内部的涨落及系统与外部环境之间的涨落。涨落在真理发展过程中并非总是有决定意义,但是,当真理的演化处在两个层次的临界点附近时,小涨落便会被关联放大为巨涨落,从而具有决定意义。在真理的追求中,多有"意外发现",它们往往能成为真理突进的推力。学徒工无意用前后两透镜看东西,成了诞生望远镜的发端,使天文学发展一发不可收拾;柏琴合成奎宁失败,不期提取了苯胺紫,开辟了人工合成染色剂新途径;伦琴意外发现 x 射线,叩开了微观世界的大门;贝克勒发现放射线,缘于随意地将铀盐同密色的照相底片混放;弗莱明发现青霉素也只是下班后忘记盖实验盘;电流的磁效应也是一个偶然的发现,等等。科学史上也有意外受到某种启迪而使真理跃迁的。阿基米德洗澡时获得了关于浮力定律的启迪,蒸汽革命不能不追溯到瓦特儿时观察老祖母烧开水。有学者将科学事实、科学概念、科学原理、科学理论的相互作用形式列出矩阵,指出至少有 15 种相互作用。每一种作用引起的科学飞跃,均有足够多的案例表明真理演化的随机性是普遍的。

这并不否定真理演化中的必然性。必然性只能寓于偶然性之中,不是偶然性之外的怪物,静态的、僵化的、先验的框架式的必然性只有借助神目来审视。内在随机涨落对于真理演化的意义不可忽视。首先,它是有机真理寻找或进入更有序态的重要动力。任何真理一旦被公认,就无法避免熵增,从而走向不稳定性。它要想存在,就要寻找或进入更有序态,就必须通过涨落。例如,物理学正是经过数学关于最大序数和最大基数悖论以及光速实验"零结果"与黑体辐射而摆脱其经典形态跃升到现代形态的。其次,涨落有利于为真理演化提供优势积累。系统在相变之前,序参量为零,各子系统在竞争中,一开始应该是平权的,正是涨落使得子系统逐渐拉开差距,优者积累优势,劣者每况愈下。市场涨落中优势劣势产业、企业、产品的优胜劣汰,也伴随着与之相关的真理发展的新陈代谢。

"有机真理"概念是运用现代系统科学的最新成果对真理所作的哲学概括。19 世纪的第二次科学革命使真理观克服机械论,与辩证法有机结合,20 世纪第三次科学革命不会使得真理观无动于衷。"有机真理"概念可以看成是真理观改变自己形式的信号。它的方法论意义在于要求不再以"真理因子"观观察真理,而要求以大生命观观察真理。

参考文献

《诸子集成》,中华书局 1954 年版。

北京大学哲学系外国哲学史教研室编译:《古希腊罗马哲学》,商务印书馆 1982 年版。

北京大学哲学系外国哲学史教研室编译:《西方哲学原理选读》,商务印书馆 1982 年版。

冯友兰:《中国哲学史新编》,人民出版社 1998 年版。

金岳霖:《知识论》,商务印书馆 1963 年版。

侯外庐、赵纪彬、杜国庠:《中国思想通史》,人民出版社 1957 年版。

牟宗三:《周易哲学演讲录》,华东师范大学出版社 2004 年版。

牟宗三:《中西哲学会通十四讲》,台湾学生书局 1998 年版。

张岱年:《伦理学原理》,商务印书馆 1983 年版。

陈鼓应:《老子注释及评介》,中华书局 1984 年版。

朱光潜:《西方美学史》,人民文学出版社 1979 年版。

黄楠森主编:《人学原理》,广西人民出版社 2000 年版。

张世英:《新哲学讲演录》,广西师范大学出版社 2004 年版。

汪子嵩、范明生、陈村富、姚介厚:《希腊哲学史》,人民出版社 1997 年版。

任继愈:《中国哲学发展史》,人民出版社 1983 年版。

舒炜光主编:《科学认识论》,吉林人民出版社 1990 年版。

蒙培元:《中国哲学主体思维》,人民出版社 1993 年版。

蒙培元:《人与自然》,人民出版社 2004 年版。

叶秀山:《前苏格拉底哲学研究》,三联书店 1982 年版。

赵汀阳:《没有世界观的世界》,中国人民大学出版社 2005 年版。

王树人:《回归原创之思》,江苏人民出版社 2005 年版。

冯天瑜、周松明:《中国古文化的奥妙》,湖北人民出版社 1986 年版。

孙正聿:《哲学通论》,辽宁人民出版社 1998 年版。

俞吾金:《实践诠释学》,云南人民出版社 2001 年版。

许苏民:《人文精神论》,湖北人民出版社 2000 年版。

衣俊卿:《文化哲学》,云南人民出版社 2001 年版。

陈中立等著:《思维方式与社会发展》,社会科学文献出版社 2001 年版。

方天立:《中国佛教哲学要义》,中国人民大学出版社 2002 年版。

李德顺:《价值论》,中国人民大学出版社 1987 年版。

张祥龙:《海德格尔思想与中国天道——终极视域的开启与交融》,三联书店 1996 年版。

胡军:《知识论》,北京大学出版社 2006 年版。

张曙光:《生存哲学》,云南人民出版社 2001 年版。

唐文明:《与命与仁——原始儒家伦理精神与现代性问题》,河北大学出版社 2002 年版。

宋继杰主编:《BEING 与西方哲学传统》,河北大学出版社 2002 年版。

张志刚:《宗教哲学研究》,中国人民大学出版社 2003 年版。

[德]康德:《纯粹理性批判》,韦卓民译,华中师范大学出版社 1991 年版。

[德]康德:《实践理性批判》,韩水法译,商务印书馆 1999 年版。

[德]康德:《历史理性批判文集》,何兆武译,商务印书馆 1996 年版。

[德]康德:《论优美感和崇高感》,何兆武译,商务印书馆 2004 年版。

[德]黑格尔:《哲学史讲演录》,贺麟、王太庆译,商务印书馆 1978 年版。

[德]黑格尔:《小逻辑》,贺麟译,商务印书馆 1980 年版。

[德]黑格尔:《美学》,朱光潜译,商务印书馆 1979 年版。

[德]海德格尔:《存在与时间》,陈嘉映、王庆节合译,熊伟校,三联书店 1986 年版。

[德]尼采:《悲剧的诞生——尼采美学文选》,周国平译,三联书店

1986 年版。

[德]恩斯特·卡西尔:《人论》,甘阳译,上海译文出版社 1985 年版。

[德]恩斯特·卡西尔:《启蒙哲学》,顾伟民译,山东人民出版社 1988 年版。

[德]恩斯特·卡西尔:《神话思维》,中国社会科学出版社 1992 年版。

[德]马克斯·韦伯:《新教伦理与资本主义精神》,于晓、陈维纲等译,三联书店 1987 年版。

[德]伽达默尔:《哲学诠释学》,洪汉鼎译,上海译文出版社 1994 年版。

[德]M. 石里克:《普通认识论》,李步楼译,商务印书馆 2005 版。

[德]道夫·奥托:《论神圣》,四川人民出版社 1995 年版。

[英]罗素:《西方哲学史》,马元德译,商务印书馆 1988 年版。

[英]汤因比:《历史研究》,刘北成、郭小凌译,上海人民出版社 2000 年版。

[英]爱德华·泰勒:《原始文化　神话、哲学、宗教、语言、艺术和习俗发展之研究》,连树声译,谢继胜、尹虎斌、姜德顺校,上海文艺出版社 1992 年版。

[法]列维-布留尔:《原始思维》,商务印书馆,1981 年版。

[法]让-皮埃尔·南:《希腊思想的起源》,三联书店 1996 年版。

[法]丹纳:《艺术哲学》,傅雷译,安徽文艺出版社 1991 年版。

[美]詹姆士:《实用主义》,陈羽纶、孙瑞禾译,商务印书馆 1979 年版。

[美]杜威:《人的问题》,傅统先译,上海人民出版社 1965 年版。

[美]蒯因:《从逻辑的观点看》,江天骥等译,上海译文出版社 1987 年版。

[美]威尔·杜兰:《世界文明史》,东方出版社 1998 年版。

[美]菲利普·李·拉尔夫等:《世界文明史》,赵丰等译,商务印书馆 1998 年版。

[美]查尔斯. L. 坎默:《基督教论理学》,王苏平译,中国社会科学出版社 1994 年版。

[美]A. 热:《可怕的对称》,荀坤、劳玉军译,湖南科学技术出版社 1992 年版。

[美]成中英主编:《本体与诠释》,三联书店 2000 年版。

[加]威廉莱斯:《自然的控制》,岳长龄译,重庆出版社 1993 年版。

[比]伊・普里戈金、[法]伊・斯唐热:《从混沌到有序——人与自然的新对话》,曾庆宏、沈小峰译,上海人民出版社 1987 年版。

[瑞士]荣格:《心理学与文学》,三联书店 1987 年版。

[日]中村元:《比较思想论》,吴震译,浙江人民出版社 1987 年版。

后　记

写这本书花了笔者整整十年的心血。十年前，笔者接受了给博士生授认识论课的任务，当时，校方联系了很多书店、出版单位，也买不到专供博士生学习认识论的教材。实际上直到现在也还是买不到合适的。但是，我被告知，课必须开，就是印成讲课提纲也得开讲。在很无奈的情况下，我只有赶写讲稿，仓促上阵。但我并不是在一种“临战”状态下应付了事的，我的个性不允许自己在讲坛上应付，所以，教学效果总是得到领导和学生的嘉许。我既不愿意轻车熟路敷衍，那就只有“拓荒”了，于是倾尽全力靠近前沿进行研究。很多次在孤灯下，常有凄惶之感，但每到困厄之时，总是想到此生不可虚度，不敢懈怠。2005 年，学校有意让我在讲稿的基础上撰写成著作，并热情支持，提供许多方便。考虑到这本书面临的问题多，难度大，所以一直都在继续思考和研究，迟至现在才杀青。即使是这样，内心仍然忐忑不安。本书参考了国内外学术界许多研究成果，在此衷心致谢！

本书在写作过程中，多年来一直得到空军雷达学院前任院长张祥将军的鼎力支持。现任院长蓝江桥对本书的出版给予大力支持和鼓励，科研部长王永良也极力支持帮助。人民出版社纪律检查委员会书记沈水荣先生积极推动本书出版，人民出版社哲学部主任方国根先生给予很多帮助和指导。责任编辑李之美女士热情细腻地审校书稿，及时与我沟通，提出不少好意见和建议。她卓有成效的工作，使本书增色不少。对于以上同仁，我永志不忘，表示诚挚的尊敬和感谢！

作　者

责任编辑:李之美

图书在版编目(CIP)数据

中西认识论视域融合之思/喻承久 著. -北京:人民出版社,2009.10
ISBN 978-7-01-008038-3

Ⅰ. 中… Ⅱ. 喻… Ⅲ. 认识论-研究 Ⅳ. B107

中国版本图书馆 CIP 数据核字(2009)第 109209 号

中西认识论视域融合之思

ZHONGXI RENSHILUN SHIYU RONGHE ZHI SI

喻承久 著

人民出版社 出版发行
(100706 北京朝阳门内大街 166 号)

北京集惠印刷有限责任公司印刷 新华书店经销

2009 年 10 月第 1 版 2009 年 10 月北京第 1 次印刷
开本:710 毫米×1000 毫米 1/16 印张:24.75
字数:400 千字 印数:0,001-3,000 册

ISBN 978-7-01-008038-3 定价:52.00 元

邮购地址 100706 北京朝阳门内大街 166 号
人民东方图书销售中心 电话 (010)65250042 65289539